木戸孝允関係文書 1

木戸孝允関係文書研究会 編

東京大学出版会

Selected Papers of Kido Takayoshi,
Volume 1
Edited by Kido Takayoshi Archives Research Group
University of Tokyo Press, 2005
ISBN4-13-097991-4

1　明治２年11月28日付青木周蔵書簡　３青木周蔵－３番書簡

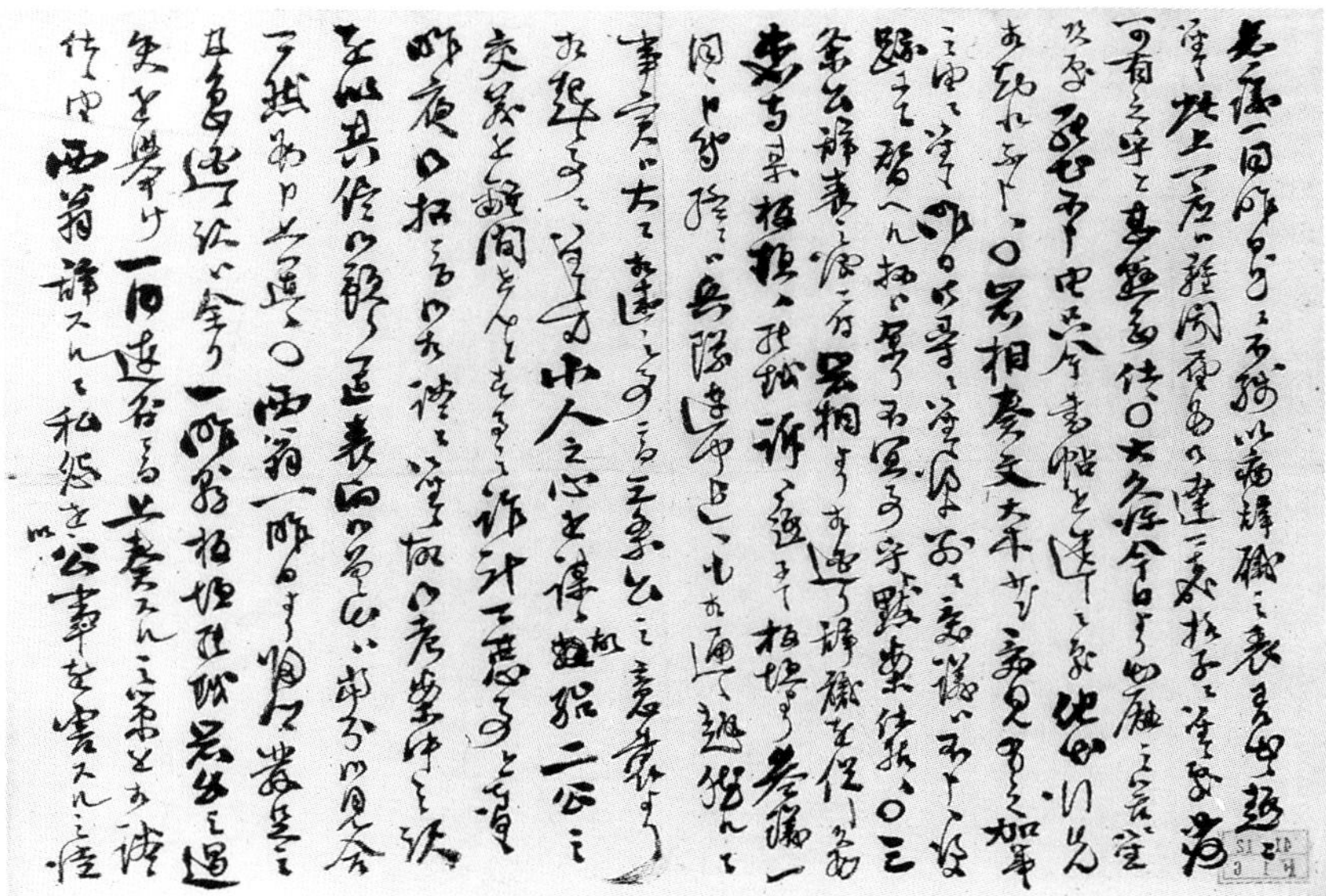

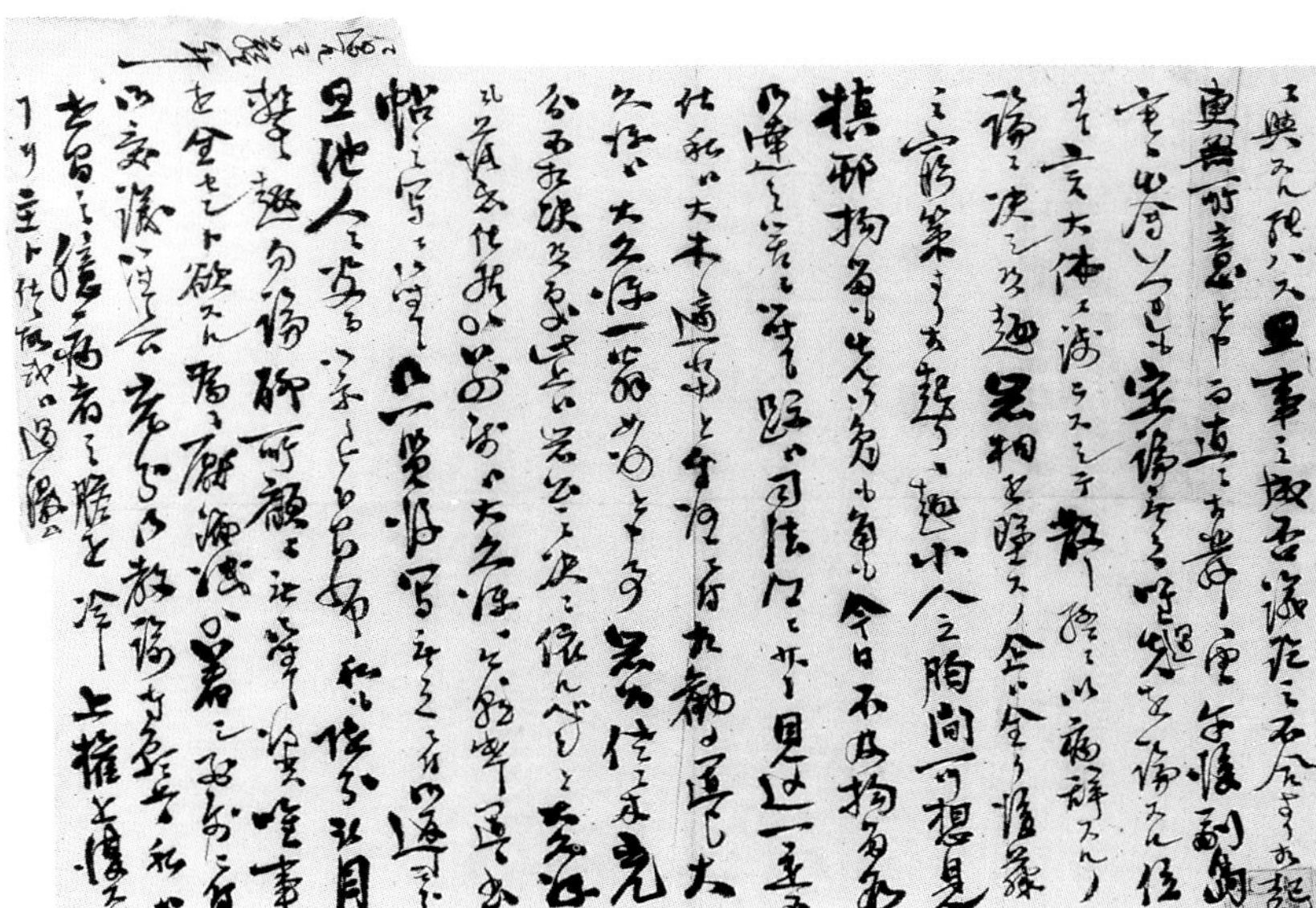

2　明治(６)年(10)月(25)日付伊藤博文書簡　54伊藤博文－63番書簡

刊行にあたって

木戸孝允（桂小五郎）は、大久保利通・西郷隆盛と共に維新の三傑としてあまりにも著名である。幕末の倒幕の立役者として、また維新政府の中枢を支えた一人として、近代日本のスタートの時点を代表する政治家であった。

木戸関係の史料の多くは木戸の正伝というべき『松菊木戸公伝』編纂のために整理保存され、また後述のように多くは公刊されている。そのなかで、木戸宛の同志などからの書簡はほとんど活字化されていない。

本書（全五巻）はおよそ三千五百余通と言われている木戸宛書簡を翻刻したものである。匆々の間に巻紙に墨書された書簡の解読や年代推定は困難を極めた。また外国から洋紙にインクで書かれた書簡には破損の烈しく解読不能な部分も少なくなかった。しかし出来る限りそれらの文章を忠実に復元しようと試みた。

明治十年に四十歳代でこの世を去った木戸が活躍した期間は三十年足らずであった。書簡はその間のものとしては厖大な数である。長短あわせて一年に百数十通である。木戸が倒幕運動、維新政府のキーマンの一人としてその時期を駈け抜いたとき、彼をめぐる人々が、長州から、京都・大坂から、維新後、東京を始め全国各地から、また外国から、どのような情報やそれぞれの気持ちや意見を伝えたのかは、書簡がコミュニケーションの手段として大きな意味を持っていたこの時代を知るためには必須のものである。それはまた、その当時のそれらの人々の生の声でもある。木戸がそれらの人々に出した書簡（それらのうち重要なものは『松菊木戸公伝』編纂の時に収集され『木戸孝允文書』として昭和初期に刊行され、後に東京大学出版会から復刻されている）や『木戸孝允日記』（これも同様）

と照合しながら読めば、波瀾万丈のこの時期のさまざまな事実や雰囲気を生き生きと再現することが出来るであろう。

木戸関係の史料は大切に保存され、戦後木戸家から天皇の許に献納され、現在は宮内庁書陵部に移管となっている。未整理の部分を除いて多くは公開されている。本書はその公開されている部分の木戸宛書簡を底本とし、『松菊木戸公伝』編纂の時に謄写されたもので未公開分と原本紛失分を補うという形を採った。書誌的なことは、最終巻に「解題」を、また各巻には巻の概観を予定している。本書の刊行が、ひとり木戸孝允研究にとどまらず、幕末維新はもとより、近代日本の研究に貢献していくことを切望してやまない。

木戸孝允関係文書研究会

編集代表　伊藤隆

木戸孝允関係文書　目次

58　井上馨

凡例

一　本書は宮内庁書陵部所蔵「木戸家文書」（函架番号Ｆ一―五）の「人」・「特」所収の文書（書簡類）および逐次公開されつつある木戸孝允宛書簡類（函架番号Ｆ一―六～）を底本とし、そこに含まれず「木戸家文書謄本」（函架番号二七三―九八）の木戸宛書簡に写本でしか存在しない書簡はそれを底本として、翻刻・編集したものである。

二　原本と謄本がともに存在する史料は特に表記せず、原本しか存在しない史料には分類の年月日の下に「＊」を、謄本しか存在しない史料には「＊＊」を記した。また参考までに原本が存在する物は巻子番号（例えば「人一二三」）か新規公開の請求番号を記した（例えば「Ｆ一―六」）。青木周蔵の史料に関しては新規公開の通数が多いので、枝番まで示した。

三　配列は、発信人別・五十音順とした。

四　同一発信人内の配列は、年月日順とし、日本年号を用いた。改元があった場合は改元後の年号で記した。不明書簡は末尾に掲げた。但し幕末であることが明瞭な場合は、慶応三年末に並べた。

五　編者による年代推定には（　）を付した。謄本で推定しているが編者で確認できない場合は、「年代推定は謄本による」と注記した。謄本で「カ」が付され編者で確定できない場合にはそのまま「カ」を傍注し、編者が確定できない場合は「(カ)」を傍注した。

六　表記法は、漢字・平仮名を原則とし、仮名遣いは原文のままとした。漢字は常用漢字については現行の字体を、それ以外の漢字は原則として正字体を用いた。異体字・俗字は正字体に改めた。人名に関しては使用されている漢字が異体字の場合は原則としてそのままとした（正字で常用漢字があるものは改めた）。変体仮名は平仮名に改め、片仮名は、外国人名・擬音語など特に原表記を残す必要がある場合以外は平仮名とした。

七　合字は分解した。「㽞」→「とき」、「𪜈」→「とも」、「ゟ」→「より」など。「ヿ」は「事」とした。「ヶ様」、「六ヶ敷」などは「ヶ」を用いた。

八　明らかな誤字及び推定には、〔ママ〕〔カ〕〔欠カ〕を傍注した。明らかな脱字は〔　〕を用いて文中に入れた。その他必要な校訂者注は全て〔　〕を用いた。〔破レ〕〔虫損〕など。謄本しか存在せず、謄本に傍注がある場合は謄本のまま〔　〕を用いず傍注とした。判読不能箇所は□で示した。

九　袖書は文頭に二字下げで、追書は文末に二字下げで示した。

一〇　句読点は編者が補った。

一一　濁点・半濁点は原文のままである。

一二　平出・闕字は再現していない。

一三　圏点・傍線などはできる限り再現した。

一四　脇付などは追い込んだ。差出人は日下に表記したが、明瞭に宛名の下の場合はそのように表記した。

木戸孝充関係文書　第一巻

1　青江　秀

1　明治(2)年11月23日＊＊

芳墨難有奉拝読候。御一別後弥御清栄御起居可被為在奉恭賀候。過日は緩々得御閑話万端御懇切被仰聞御厚情之程難有奉感銘候。先一年余も御隔絶仕、定し意外之変遷も可有之と奉想像候。決而山中え御引移りは御放念可被成候。山狂頑生始乍晩年も聊為邦家素志相尽度と只管相考、万里風濤相渡候次第、何卒不撓御維持千祈万禱此事に御坐候。野村、三好生も御発港後に参着、残念不過之、早速御真話之都合閑談に及候処、素より彼等も老台を相分れ前彦推挙仕心底は毫も無之、猶広沢より御内話致候義も粗相噺、彼等も従来の次第好々腹入仕候間、御放念可被成候。已往と申候而も決而老台を御疑仕候義彼等も無之、只々些少之事に付御立腹無之様所祈に御坐候。孰れ両人共帰京之上得拝青縷々御真話可仕候間、右様御含置是祈。余は海外新聞御報迄申縮候。早々頓首

十一月廿三日

二白　幾回も時候御自愛第一に奉存候。弥揚帆も明廿四日に決定仕候間、乍憚御沈慮可被成候。乍失敬御満堂様宜敷御一声奉希候。以上

松菊大兄坐右　　　青江生

〔注〕年代推定は謄本による。

1　青江　秀

2　明治(8)年10月10日＊　F一―三四

謹奉持一書候。閣下益御清雅奉万福候。例之弊社新聞紙之儀は最初より別而蒙御愛顧候上、去月拝光之節も厚き御内意も被仰聞、難有仕合奉存罷在候。偖而者今般之儀に付而者兼而井上公より確乎たる御説諭も御座候に付而者、九月初旬来断然其方向を変更仕、指を屈して唯天命之下るを相待罷在候処、豈謀政府之御内意者当社えは御申附不相成との御決議を奉拝承、不堪驚愕候。弊社之義は御覧之如く八月迄者乍微力侃々儻湯〔蕩〕仕、聊忌諱を避さるにより甚四方之愛顧を重ね大に声価を得申罷在候処、九月初旬以来方向相改申に附而者、諸新聞上にも藉々論弁被仕候如く甚以卑倔之汚辱を招申事に御座候。去迚兼而奉申上候通万一御用も被仰付候末は、資本も充分仕候

得者、体裁も相更へ社員も相選ひ其根底を固め一朝声価恢復可仕心得に御座候処、最早一社え御申附と御決相成候時は東京日々新聞社え御申附に可相成は勿論之事と奉存候得者、小生之望は已に絶断仕候。其故如何となれは同社儀は先達而太政官諸事印行御用も相勤罷在候上、社員と云ひ資本と云ひ門地と云ひ、東京日々新聞え申附との御明言は無御座候共断然弊社えは御申附不相成事に付其覚悟罷在候。其儀に付去月来福地源一郎より渋沢栄一え依頼仕候而弊社を買潰申度旨篤く頼談仕候様子に而、同人より懸合有之候。小生儀も是迄九ヶ月間千辛万苦仕一旦恢復仕候声価を損申候上御用も不仰附候而は最早此新聞紙発行永続之目途も無御座候に付、相譲り申候共被買潰候共何れにも可仕心得にて段々決算仕候処、余程之負債も有之、福地之申分にては所詮債額にも相満不申、其上聊勉強仕呉候而債額迄近附き候共廃業之翼〔翌〕日より糊口之相通り申候も難渋至極仕候儀に付、何卒相当之額を以売渡申度心得にて、井上公始、渋沢、芳川等えも相頼罷在候得共未た相運兼申候。付而者重々奉恐入候得共、若井上公に御会も被為在候得者閣下より御一言を被為添候様被仰付候得者、井上公にも猶亦御一層御尽力も被仰付候半歟共奉存候間、不顧失敬奉哀訴候。軽々布奉冒威厳候段誠に不堪戦慄候得共小生一身之浮沈此機会に御座候様奉存候得者、先達而一度奉汚御清雅候恩顧に狎れ、伏而奉歎願候。宜布御諒察奉願上候。伏而は破格之御仁恤を以井上公え御一言を不被為吝候得者難有仕合奉存候。轍鮒之悲情難黙止、誠恐誠懼奉哀告候。拝首謹言

十月十日　　青江秀拝

木戸孝允様閣下

1　青江　秀

3　明治（8）年10月21日＊　F一一三四

謹而啓上候。閣下益御清福奉南山候。然は兼而奉願上候弊社始末之儀に付、本月九日を以、井上氏を始渋沢、芳川、福地之諸氏大に尽力被成下弥日報社え相譲可申迄結局相附申候得共、右は政府と日報との御約定済之上ならては相片附不申に付指を折て御約定相待罷在候。然るに弊社儀既に譲与之決心仕候上は別段資本も相募不申、枚数も減却仕、且社員も夫々方向相定他え移転仕候者も出

来仕、已に末広重恭も朝野新聞社と約定仕候に付而者、本月廿四、五日後は発兌無覚束、閉社之外無之候様奉存候に付、何卒閣下等格別之御垂仁を以御道も被為立候御事に御座候はゝ、何卒至急政府日報之御条約御取結被仰付候はゝ千万難有仕合奉存候。窃奉伺候はゝ当節は政府に於ても不容易御配慮も被為在候御折柄之様奉拝承候。其時会をも不奉恐察如此細事を御促奉申上候儀は誠実奉恐入候次第に御座候得共、小生一身に取申候而は亦安危浮沈之堺境に御座候得者、何卒格別之御垂憐を以御道も可被為立候儀にも御座候得者、至急御結約之御所分被仰付候はゝ誠に難有仕合に奉存候。此段奉願上度推参仕候。以上

十月廿一日　　青江秀

1　青江　秀

4　明治(9カ)年(1カ)月(　)日＊＊

奉賀新年

先達而一寸被仰聞候人物の事当節漸相分申候に付奉申上候。

浜町二丁目野村氏邸内山形と申方に同居罷在候。

山口県士族内務省等外壱等出仕　福井家規

右は諸新聞屋の内より少々の手当を受、色々通知いたし罷在候人物に御座候。

青江秀拝

閣下

〔注〕年月推定は謄本によるが、謄本にも「カ」がついている。

2　青木研蔵

1　文久(2)年(8)月(　)日＊　人一七三

池鯉鮒発之尊簡今日奉拝読候。さて此度之御陪行実以不容易御勅労之御事、御決心之処奉感心候。付而は御内々被仰聞候趣御尤にも候へ共、御書中に一番に罷出どこ迄も論弁不仕而はと申事に候へは、長く拷問に逢衰弱仕候事も一息之所存、一気之所通まては百回論弁御誠意洞徹いたし候様仕度、奉愚案候。宋文天祥は在獄三年所謂鼎鑊甘如飴求之不可獲之訳にて、時宜により候而は、死するにも死なれぬ場合も有之事に候へは、必々御忍被成以

動天之精忠百回御論弁なされ候半ゝ如何なる獄吏も必感悟之時可有之、又一方にては飲薬而死候様なる事却而形迹疑似に渉候事ともは有之ましく哉。是等之処も御熟考之事には可有之候へ共、兼而之儀ゆへ愚案申上候。御取捨可被下候。夫の薬方之儀、僕未嘗投死方於人候へは、格別之確説も無之、其上これは医家之大禁忌にて、如何程人に責られ候とも授候訳之ものには無之候へ共、格別之御懇請ゆへ左に申上候。

　古渡

　　阿芙蓉三分

　　　右一頓に服尽

これならは大抵死なれ可申哉。乍去幾回熟考いたし候とも此儀は於僕は破禁、老兄におゐては格別無益於事事之様に被考候間、必々御無用可然奉存候。くれ〳〵も前条申上候処今一応御熟考有之度奉存上候。大事之御身上随分御用心専一に奉祈候。草々拝復

再按するに申上候薬方ならは万死無疑と申訳にも参り申さす。旁御熟考可被成候。分量五六分に増候而可然哉。

〔注〕差出人は妻木忠太『木戸松菊公逸事』による。

2　青木　研蔵

2　明治(元)年11月15日＊　F一―三五

一筆拝啓。時下寒気之候候処先以執事益御機嫌克被成御奉職と恭悦之至に奉存候。然者京師滞留中者段々拝謁御厄介相成候上、報事御推輓故不図朝命、実に医門之光栄、御高庇之段者忘却不仕候。此千載之一時御陪輦不得仕段者遺憾此時に候得共、申上候通家郷懸念之儀有之奉背尊慮帰国相願候処、御発輦前に先般被補典薬医師候処、病気に付段々申立之次第、無余儀筋候間暫御猶予被聞届、一応帰国加療養、快気候はゝ上京可致旨御沙汰候事之寵命相下り、誠以感泣之至に奉存候。就者来春早々上京拝朝命御勤仕可申上候。譾劣不才不堪其任候得共、執事御在勤被成候得ば附驥尾一奮発仕候て、為吾道尽力仕度候。奉別後早速御礼謝可仕之処千里相隔り御機嫌も不奉伺奉恐入候。此度石斎上京に付呈寸楮候。北国逐々平定御還幸当冬之説も有之如何候哉。執事方〔カ〕叔〔カ〕召虎之御要職にて嘸々御配慮之儀と奉察上候。何卒為国家御保護奉祈候。

恐々敬白

十一月十五日
研蔵拝具

木戸様御侍者中

尚々、今一応気分取繕急に上京之朝命相下候はゝ此元君上向之都合宜しく尚決然上京も相成候間、此段不悪被思召候はゝ御配慮被仰付候様奉願候。来二、三月頃迄御滞輦に相成候得ば東京府迄罷出度候。正親町殿へ此段被仰置候事と奉存候。多分俗事纏綿不能脱候。幾応も前件之策御行被仰付候様奉懇願候。縷々者石斎より御聞取奉祈候。東京府におゐて雲煙遂に御手に入候事と奉存候。来春者上京拝観仕度候。此片紙者私所持仕居候付奉入尊覧候。差上度情も有之候得共来春携登り可申と奉存候。

3　青木周蔵

1　**慶応（　）年1月19日＊　F一―一〇―五七**

正月十九日誠頓首謹寓書木戸執事足下。旧臘伺候於門墻有命云々、心窃喜焉踴躍告別即日退矣。時寒気酸骨帰路入夜行歩者二里許、全軀忽熱復忽栗、将何者所祟歟、就家沈痾萌芽宿恙幷茁小腹拘攣両脚浮腫、明日不能躍従高命徒臥病蓐、方寸蒠蟄慊々忡急治装竢恢復耳。而高命遅慢多罪々々、恐蒙執事之譴怒急馳欵介口授以疎鮮焉。会執事西奉命於筑州不在也。因裁小書倚竹田、日野請鳴謝左右。爾来経旬者二、賤軀漸健疾患始夷矣。主出鳴城拝趨謝罪遂欲赴崎鎮、時執事東入於備州又已不在、発軔之後第五日也。出崎淹滞茫不知所裁、就竹田諮詢焉、教諭曰、回轅非遠遅慢之罪跼蹐拝謝須領再命躡屨乃回轅郵筒当報也。十六日復帰家杜門鬱勃屏営自咎、日祈回轅之近耳。顧国歩艱難公務繁冗東西奔馳執事労矣。微臣誠恐々々惴々跼蹐不自安也。他可言者万縷而毛穎不能悉又不可軽言、併期旦夕面陳執事川沢之量仰恃納汚糞、察下情勿罪怠緩千祈万祈蒼卒作東先而左右回轅之日執事惟粲入辰下春寒甚、伏乞上為宗社精調寝興。誠頓首敬白

青木誠拝具

木戸執事足下

二陳

蒼卒之際不暇刪正惟要通事耳。句法恐有錯位字体亦甚欹歪。一賜尊覧乞便付火。

〔注〕青木誠が周蔵と同一人物か確定できないが、3番・6番書簡より、とりあえず同一人物として整理し、本書簡と2番書簡は幕末の物と推定。

3　青木周蔵

2　慶応（　）年2月10日＊　F一一〇一五九

誠泣血復寓書木戸執事足下。前月十九日拙束一封挓布施保譜致達。不知今果賜接覧、未爾来久濶、伏惟近況如何。自古伝京畿之地川流百岐水気蒸騰不以宜人。執事諸択居処調寝膳。誠前月上浣疾患始夷矣。主出鴻城遂欲赴崎鎮也。而執事不在教諭有命躊躇又留矣。仔細先書啓焉。高明唯鑑亮。迺日公駕入萩城、家父出拝診矣。陪宴之際公親垂下問曰、誠已躡履否、時執事之梁轅尚未回恭対以病后未宜行歩也。昨会南貞助具語以実、貞助曰、執事回轅未可期日須赴崎鎮、余将東上乃面執事代子鳴謝。因謀諸竹田也。教諭改命矣。是以明日将出国門顧不能待執事之回轅疎慢拝謝以領再命。多罪々々。而今日已逝明日将来執事請鑑亮又海涵焉、且願他日回轅則使誠速遂宿念。抑此挙也誠一代之大事也。如事泄世人猜忌者多矣痛被冤議讒嘴刺膚心灰終寒、則上無由報君恩万分之一、下不能継二代之祖業。然則雖厚顔面目不可復対世人討芝桂訪茘蘿能踏東海而死耳。高明幸察下情辱賜唯諾則何等之賟貺如焉、一代之恩顧生死不必諼也。他可言者千万総附諸能美、竹田及日野等之口頭邂逅之日親垂下問。誠泣血頓首々々

二月十日　青木誠拝具

木戸執事足下

3　青木周蔵

3　明治2年11月28日＊　F一一〇一〇一

〔I〕

当府「ミニストル」局より之的便に挓し一書拝啓仕候。時下皓寒先以老台下愈御機嫌よく被為在御坐重畳奉恭賀候。二生寝膳□旧之儘〔約七字判読不能〕御降意可被遣奉願上候。却説先日差出候一封并に照像(ママ)数片定而〔約一〇字判読不能〕、爾来各国も強而異常之形勢無之唯々新聞之記載するを抜萃し大略左に記し以て尊覧に供す。

一、仏　(アキママ)国政〔約五字判読不能〕モナルヒー」貴族惣裁の義にして国事総て「三代ナポレヲン」氏之独断に出て国民

従来之寛典を失し怏々不楽〔カ〕「レブルチオン〔カ〕」（内乱の義）の徴照□□□存申候。尤□□之仏政は決て〔約五字判読不能〕無御坐候得共、黠詐〔約五字判読不能〕税を増しめ農商を圧し□□俸金を増しめ士卒を□□□攻戦侵略□□□□止ざるより自然国民〔以下一行判読不能〕数「ナポレヲン」氏之家を去るべし抔種々評判仕申候。

一、英〔アキママ〕〔約一〇字判読不能〕従来の国論を一変し土地侵略之意を絶ち海外之戍兵も追々減殺或は国本え呼寄〔二行判読不能〕主張仕申候。

一、北独乙合衆国〔アキママ〕商法の盛なる〔約五字判読不能〕候得共従来土地〔約一〇字判読不能〕商船甚た夥しからず候処、孛露生王合衆之棟梁に相成□□軍艦商舶夥多敷造営せしめ申候。且追々啓する如く彼の「イルヘルム王」は従来仏国之暴威を殺く之素志あり。即位来主として意を練兵に注居候処、前四年の一戦より強兵欧地に冠たる之〔約一〇字判読不能〕農商□税は年々加増し、或は不平を鳴して米州え亡命する者□□□有之申候。

一、魯〔アキママ〕国人文学に暗くして人物甚た鮮く御坐候。併し自他の各国に異説し土地の不便より商法□□□ず、主として土地侵略を志申候。尤孛露生之四隣に□たる間は欧地侵入不得仕候得共〔約五字判読不能〕亜細亜地方え侵入仕居申候。〔約一〇字判読不能〕亜細亜の鈍鋒焉そ□□□□ぐを得ん。須く三虎之口頭に付し一言以て猖獗を〔一行判読不能〕。

一、伊利亜〔以下一一行判読不能〕。一揆処々に起り従来之属国復ひ独立を企申候。早晩面目を改め国威を殺る者□□□前徴申候。

一、〔以下一二行判読不能〕。

先は右拝啓仕度其内時下御自重可被為在為天下奉祈上候。恐々頓首

已巳十一月廿八日　　青木〔破レ、文字数不明〕拝具

老台木戸参与閣下

二白　先便懇願仕置候生稟俸之義御詮議に叶わゝ万々恐入候得共御席〔カ〕御高配慮奉願上候。最早明歳に相成候わゝ大学校入門仕覚悟に御坐候。就而は俸金御加増不被仰付候而は万端費用を増し□□□之官給中に其費を償不申候。但し此迄も相応之勉強仕り可

なり大学校入門之礎を置候間、従此は一入精勤仕り他年□□□聊奉報国恩度覚悟仕候。

三白　近来承候得者〔約五字判読不能〕洲え御負笈被為在候よし。為邦家〔約七字判読不能〕尋常之士官幷に商賈等□渡海被仰付候半、分課に依而は当府え御差越奉待上候。毎々啓する如く政事科陸軍科医科舎密科等に至候而は欧地の諸□に而も、孛露生に及ぶもの無之候。

四白　末毫乍失敬□〔御カ〕□〔満カ〕□〔館カ〕様え宜敷御鳳声奉願上候。猶毎々恐入候得共、別紙一通愚父処まで転致仕候様御童奴え□頼申出候。不宜

〔II〕

過日当国の官便に托し、一行書拝啓仕置申候。定而御接覧被遣候事と奉遙察候。爾来経旬一二先以老台益御機嫌よく被為在御座候半、重畳奉恭賀候。二生無異依旧儘勉強仕居候間、乍恐御降意被思召可被遣候。さて追々拝啓仕置候当北独乙国より長崎府出張の「コンシュル」リンドウ」と申者、兼々老台の御高名を承りながら、于今一回芝眉に接ず遺憾罷在候処、此度重て長崎府出張仕申候。尤中途之便宜より一先横浜着、且東京之勝地に遊覧可仕申候。生此行中途は勿論、解鞋后も不容易厄害に接候間、一封愚父え転置し、厚意を謝せしめ度、且つ御国法に叶候わゝ、錦地の勝境え誘引被仕度奉存候。巨細云々愚父まで申越し、概同人より御同会の栄願出、且つ老台御官暇有之候わゝ、一回御同筵之栄可被下賜奉願上候。彼の「リンドウ」の素質たる、博覧卓識を貴ひ、殊に志を政科〔ママ〕を宿し、黙詐権謀頗る政家の門に深入仕居申候。尤現に一商長として強而要路の重任を負ず候得共、前途の望も有之申候。已に井上判官、後藤知府事抔は御面識も有之、殊に平井機密方訳官氏は同人の素質何も詳悉親験仕居申候。先は拝啓仕度、其内時下御自重為天下奉祈上候。

恐々頓首

青木周蔵拝具

木戸参与老台下

二白　欧地別に異常の形勢なく、唯々仏国の動静日々趣を添へ申候。」〔「」ハ原文ニアリ、以下同〕「スヱス」堀亜細、亜弗の間の成落、唯に英人之先見に暗きのみならず、追而「ヱヂープテ」「トルコ」の間に殺気生せば、仏人「ヱヂープテ」に応援すべく、随而彼の「スヱス堀」を境壌に

算入せば、亜細亜欧羅巴の全権は独り仏人の手に落べし抔と而、各国に而新聞の披露有之申候。」頃日の日誌に依れは、魯国は更に方嚮を改め、□□亜細亜に爪を掛べしと記載有之申候。」支那よりは当府え来使有之、近日家宅を買ひ□□滞在仕□□□承申候。先日拝啓仕候□〔当カ〕国「プリンス」の□〔東カ〕行は先つ亜非利加迄に而延引相成候様承申候。」英は土地進略を〔ママ〕意を絶候様噂有之申候。

一、写真義□□片差□□間御叱納被遣候様奉願上候。

一、陸軍兵科医科幷舎密科脩行として航海被仰付候わゝ当国□最□佳境かと奉存上候。此節佐賀藩よりも□□負笈仕申候。□□純朴主として文明□□申候。〔約三字判読不能〕不計の幸より横浜出張の「ミニストル」ブランド氏舎兄より□□懇情に接し大に仕合罷在候間乍恐御降意被下候様願上候。

一、「リンドウ」の発程に臨み□〔二カ〕□〔抄カ〕□を以て認置仕候処字句不綴定而煩尊読候半奉恐入候。猶追々細書を呈し拝謝可仕申候。

一、此書侍史下え達候わゝ、万々恐入候得共、別紙愚父処まで早々転致仕候様御童奴え御命被遣候様奉願上候。左候わゝ愚父より彼の「コンシュル」方まで音信可仕申候。恐惶々々。

一、先日拝啓仕□候生俸金の一件□満々恐入候得共宜敷御承引奉願上候。実に羈旅とは乍申衣類もせめて寒暑の凌は不仕ては自然健康を失ひ、随而勉強も不相成申候。□此□「□□ドル」の官□ゆへ切倹□□を極め〔約三字判読不能〕而も尚夏衣を着□□程の事に而御坐候。〔約五字判読不能〕奉願上候。実に所謂〔約十五字判読不能〕ドル」に□一歳を支へ候得共、読書講会に□而は負笈の官名に戻るべくと苦慮罷在申候。

一、〔約五字判読不能〕一片併而差上候間御覧の上同人え御出□□□様奉願上候。

〔III〕

毎次拝啓、生当府着后、商長「リンドウ」之介を以て「ホン、ブランド」氏（横浜出張の北独乙国大商長兼常居使節「マックス、ホン、ブランド」氏の舎兄）幷に内外事務の要路輩より意外の懇情に接し、招飲会同之際不求して種々要談緊話承申候。就而は近日魯西亜之猖獗蝦夷地侵入及び日本人の残忍横浜にて英国常居使節「セワリパーク」氏を殺害せんとする者有之、よし、自他彼是「ポリチーキ」政事之義に係候件々生より老台辺え拝啓可仕催促仕申候。畢竟魯之猖獗は之に防禦の術あり、必す倒戈を起す可らず、但し日本と三国英、仏、孛露生之間、万世の友義を納結す可し、兵士好戦は近く西隣に誘導す可し、誓て三国に敵する勿れ、常備已に四十万兵あり、緩急百万充つべし、諸公侯及ひ富商の遠遊を促す可し、発明実地を踏に在り抔、噂仕候。乍併山県恭介〔ママ〕、西郷信吾両兄已に蒙大命居よし承申候。就而は詳悉達尊聞候半、五尺童之挿嘴差控申候。縦令一々拝啓仕候而も東京非一日之成都、一伐亦不倒木之謂に而、事体非小候得は、果而一朝之御勇断にも難被為決候半、兎角国歩艱難幾重奉恐入候。尤被為叶御意候わゝ、数多幼齢之学徒負笈被仰付度、此のみ奉祈上候。土人英仏の風儀に背き、勤めて怜悧を忌み軽薄を嫌ひ候故、万事鎮着に基き脩学科にては真に最大の佳境に而御坐候。万一陸軍家ども負笈被仰付候わゝ、錦地出張の常居使節より一封之転書御持せ可被為在候。左候わゝ銘々望に従ひ、当国兵隊に編伍し、実地の調練教授仕申候。但し体格不強固候而は入隊不相成申候。尤造船科器械科商法科は是非英米之間に限り申候。其他の学術は独乙国之長する処に而、隣境総て一二階を下り居申候。先は右追啓仕度、其内時下御自重可被為在為邦家奉祈上候。恐々頓首

　已巳十二月五日追啓　　　　青木誠

老台木戸閣下執事

　　身をわすれ　世を思ひつゝ旅人の
　　　寝られぬ夜半の　一人の□□かな

　口占不成体格聊表微衷耳。御笑殺奉願上候。

〇近日仏帝諸執政「ミニストル」を一掃し更に「リーベラール、パルタイ」略正義党と名べき一社にして旧弊を看破するもの等より数人の「ミニストル」の抜擢仕候。尤帝固有の意趣に戻り決て自己の英断に而は無之、畢竟全国士民の望に任せ不得已決置仕候。尤新執政等は大に邦人の望を得居申候。追々政体を変革仕候わゝ大廈未傾候間一先は切狂言之芝居繁盛可仕とも相見申候。但し此辺の相場日々易変、一日は百目に三斗、明日は四斗より五斗に升る程の事に而、吃度見留の高は拝啓難仕御坐候。

同月八日追啓

〔Ⅳ〕

皇巳十二月八日即洋暦千八百七十年正月十日追啓

今日午后、仏の巴利斯府に於て非常の一挙動あり。公議所連署の一人某（兼て苛政を抗議し、当主「ナポレヲン」より仏国退領申付置候処、近日国人の望に任せ再ひ入国、公議所議衆、に充られしもの）自ら日誌を編し「プリンス」ナポレオン」（帝の従弟）氏を放議仕候処、「プリンス」より最大の暴言を以て無礼を討せり（書中に「汝日雇の輩の者ども何ぞ。吾胸膈を探るを得ん」等の語あり）。然る処彼の議衆より更に其暴言を討し、某二人「プリンス」城え罷越し親く「プリンス」の非道を質すべしと。已に「プリンス」の居間まで推参仕候処、「プリンス」重て汝日雇輩と云へり。時に推参の一人、怒気自ら不得制握腕「プリンス」の面を衝撃せり。面して「プリンス」亦之に応し、直に「ピストール」を取て其敵を倒し、早く自ら衙吏に就て獄に下れり。○此報伝信なれは、□〔巨カ〕□〔細カ〕詳悉せず、追て再啓すべく奉存候。畢竟気軽の仏人ゆへ、毎々ヶ様の出来は有之申候。併此度は当主も憮かし心あしき事と奉存上候。下獄は「プリンス」に決し少しく残忍の様相見候得共、亦欧地の国法に而御坐候。

〔封筒表〕日本東京或京師、木戸準一郎様侍史下、孛露生「ベルリイン」府より、青木周蔵拜具。Herrn T. Kiddo / Der kaiserl japanische Sanyo / Eddo Japan

〔封筒裏〕破損大、「Kiddo」のみ明瞭。

〔注1〕本文書は、四点の書簡と封筒が一文書に整理されている。封筒に四つの書簡が同封されていたと考え、同一番号に扱う。また本書簡は、インク腐食のため破損・裏写りが激しく、読解困難な箇所が多い。破損・裏写りを区別せず、□や〔判読不能〕と記す。なおⅢ書簡のみ謄本が存在する。

〔注2〕青木書簡の封筒には、整理の際の書き込みと思われる、鉛筆書きの、「年」と「月日」の異筆の二種の書き込みがある。書簡以上の情報はないので、全ての書簡において掲載しなかった。また本書簡封筒表の「青木周蔵」に「周蔵」を消して「誠」との、おそらく異筆の書き込みがある。

〔注3〕欧文の宛先は改行箇所を、／で追い込んだ。以下同じ。

3　青木周蔵

4　明治(4)年(6~7)月(　)日　F一―一〇―〇四

近来は御不音に打過何とも申訳無御坐候。時下益御機嫌

よく御在位被為遊候哉。家厳遠行之後は一行之郷信も無之、随而台下寝膳之御様子も絶而承知不仕申候。二此元同志輩一統無異勉学仕候間、乍憚御放念奉願上候。

一、先月中は伊藤大典医に会同、御挓言之意趣難有奉領掌候。固より本国出足之節は心に自誓中途にして癈業仕間敷奉存候処、良父死亡之後は辱く亜父之尊諭に接し如何とも拝謝難申尽候。

一、良友陸奥無異帰朝仕候よし。伺門之日は下情御聞取被為遣候哉。爾来も両三回呈書仕候。御意に称ひ候はゝ件々可然御配慮奉願上候。

一、近来御国情如何。定而追々進跡に相向候半。何より之御事に奉存候。疾く往き速に来は世間之弊習、間々御意に不被為称候事も多々可有之奉察候。併し所謂一代不倒木之理に而、同志輩も永く期晩成居申候。

一、藩庁之近状遠耳に承候得は滑車油断あつて走路に就ず候よし。千万遺憾に奉存候。此度は久保翁へ投書仕度別封差出候間、一応御覧被為遣、御意次第に而糊封御転致奉願上候。野村、藤井両翁も近日当国へ周遊仕候よし。会同之日は談論とも互に交易可仕奉存候。

一、先日来公使「ブラント」帰国、追々談話仕申候処、亦自負之禀性啗笑易受強項忽逆、要するに無術無学之迂漢に過ず。併し十歳横浜に客たるを負ひ妄りに本朝政治之当否を論し、随而執政を譏議する等、彼是大失敬仕申候。乍去時勢之関跡、国士之強弱、極而生等をして其議議を聴聞せしめ申候。

○密啓

一、近来兵部之制妄りに仏式を疑似し、軽浮　不当、随而成時風候よし。処置之由来するや固より見識之乏に依り候半。当否得失敢而筆紙之論し尽すべき事件に而御坐なく候。要するに故轍を踏み新に日本式を制するに過ず。法方を条列せば、手段恐くは別途に出ざるべく奉存候。

△第一　帝詔を下し土地を住民の有に帰し、随て一般の兵賦を課し、以て各自の有を保たしむへし。

但し藩屛之抗命照々見るべし。故に、

△第二　先つ令を一般に布き、主として事を両都の府下に起し、随て其圏を広むべし。

蓋し両都の府下人民已に多し。代謝戍兵を置くも員数殆んと数万箇あるべし。加之其圏を広むるに至らば、近隣幸に大藩の命を抗する者なし。強ひて小藩県を屈するも豈何ぞ厭ふべけんや。然るときは大藩帝命に抗するも又已に患るに足らず。況んや同志之徒一、二大藩之主宰に当らば進跡両際に起り首尾之合するや久く歳月を曠せざるべし。

○但し事此際に至らば金庫の官吏容易に首肯せざるべし。勿論軽浮不当之故轍を踏まば費用勝て謀るべからざれとも紀藩已に其験を証せり。況んや其風に準せば工夫更に其右に出つべし。

徒らに名義のみ唱へ、今の兵賦を存し、今の府藩県を存せは、大庁之政治豈得其宜や。歳一百を数ふるも尚ほ不抜の国是を基本する事難かるべし。一朝脱刀を命し、或は四民合一の令を布き、総て開化進跡を介するの意なきに非ず。然れとも直達人意に戻れり。迂達却て直達の実効を奏するに非れは、顚蹶且躊躇、随て歳月を曠ふすべし。抑々普国に在ては一般兵賦の制起りしより門地世禄之余弊独り自ら其跡を滅せり。故に強ひて士格を廢する等直達人意に戻らんよりは寧ろ迂達にして実効を奏するに在んか。花族を廢し、公侯士民同等の議論を唱る者は一に政理に暗きものなり。要するに花族は一国府の柱基たるべし。欧地の各府此際に異論するも極て鮮し。況んや米洲合衆国の政体すら今尚名称を異にして此基本を存せり。政家将た此際に注意せざる可からざらんか。

一、右条々巨細拝啓仕度候得共筆紙難申尽、且つ尊慮如何、受意無便宜、永く期拝話之日置候。乍去秦胡県隔、帰期亦不可謀、空天賦之魯鈍を恨み、痛く学科之進跡せざるを歎居申候。

一、昨年来生徒追々御差越に相成、大政之果断幾重も奉感佩候。「ふり出し」より已に魯帝の勇断に優るのみならず、盛挙五洲に比なし。数百之学徒追々自己の学業を脩めは、中興之事業亦「伯徳」氏之忌猜を取るべし。兎角銘々勉学可仕は勿論に而御坐候。併し常習は第二之稟賦とか申世諺、真に不戻于事実、負笈之諸彦或は幼齢、或は所謂「発明風」之輩も不鮮、随而日本風之軽浮も漸く易顕、時には「いらぬ」事と傍観せず、

「やかましく」説諭仕居申候。抑々鮫島小弁〔務〕使当洲滞留之初より、小生も生徒御世話役様之目を負ひ、当府「別林」へ滞学之諸彦えは万端教導、且つ伏水〔見〕宮御開鞋来は一宅に同居し、恰も傅輔の位置に当り、何も日本州之御為なれば如何なりとも致し、以往之中興士を育すべくと精々骨折仕候得共、已に多人数へ之独逸全国中に四十八人、就中当府へ三十六人配意なれは、自己之学業にも妨けられ、千万々々々々々迷惑仕居申候。就而は別紙愚案之儘併て呈上仕候間、可然御懸〔カ〕慮可被遣高処置奉仰候。

一、抑々学徒を海外に遊ばしめ中興之士御養育被為遊候段、已に宇内之美事、官庁自ら学費を給し、数百の生徒を海外に負笈せしめ候事件、古来歴史之載せざる盛挙に而御坐候。意趣之所起誰か間之哉々々々。併し学費賦給之一事に至候而は亦五洲之嘲笑御免難被為成候。如何なれは長幼の差なく、沈着軽浮之鑑別なく洋行之徒へは銘々千金宛頂戴被仰付候間、異郷に而は別に官庁の按察も無之、各々千金に自主し、随而儷悧之都俗を学ひ、却て官課之学業を次にする輩も不鮮様奉存候。固より要用之諸費は可被差立候得共、漫りに千金に自主し、不羈之学徒と被為成候而は、中興士養育之御目的に反し可申候。畢竟人心之錯乱するは金の無きにも又有にも係り候間、此際には中庸之節度可被為在奉存候。要する可然小弁務使一名生徒統〔アキママ〕の為め別に当府へ被差立候哉又は生徒連名之別紙に御決被為遊候哉、両条尊慮之所帰に御坐候。勿論御国の為に謀り広く五洲公同之法方に比較し、尋て生徒之「身勝手」を申上候わゝ、小弁務〔使〕被差立候方可然奉存候。

「序言

△凡五洲官庁の首務たるや政家先つ自国を知り、尋て外国の関跡を察し、始めて一団国の目的を定むる等是なり。辺塞鎖鑰絶し、長城関を撤せは福利亦已に一人の有に非ず。而して独立隣境に対し自主其国を維持せんと欲せは、貧福強弱最も注意すべきの条箇たるべし。然るときは政治経済或は箇条を増し、或は方嚮を改め、臨機応変以て五洲の秤衡を安全せざる可らず。意趣茲に反せば患害輙ち多し。蓋し啻に些しく外国の関跡を察し、却て自国の時勢を弁せず、

漫に他流に疑して故轍を癈せは事亦誤位置の尤甚しきものなり。夫れ一国の存するや人に倚るべし。人の保此生や更に金貨に倚るべし。而して金貨の人に帰するや、多少貧富差等特に最甚し。故に甲人の甲国を守り、乙人の乙国を守るも、手段必す別途に出ざる可からず。試に独英両国を比較せは其貧富殆んと一と三なり〔一、原文ニアリ〕「但し本朝と独逸と比せは啻に一と三の差等ならす、嗚呼遺憾哉」。貧普の官庁若し此際の差等を弁せず、一朝富英の国風疑似し執政官吏妄りに各自の俸禄を加受せは、啻に金庫の空かるべきのみならず、文明の国民豈収斂の重荷を負んや。一揆忽ち起り国家の運厄往々謀る可からず普国に在ては尋常執政の月俸一歳間五千両に上らず、以下推して知るべし」。但し本国之政庁経済如何、近状〔ママ〕　青〔↑ノ書キ忘レカ〕態弁に詳悉不仕候間、敢而私議挿嘴仕候訳に而は無御坐候得共、畢竟富島之住人気土之暖和に馴れ粗糙之衣食に安し、随而過度之好賞なければ生活之法方尤も容易く、近隣往来之間所謂「吾之物彼之物」と云へる差別欧州諸国に在て人の才智を精し、或は法律今日之精整に至りし原は一に此差の厳なるに因り申候も厳重ならざれ、上下総て所謂経済心ある者尤鮮く、就而は大庁の上に在ても処置の転倒被為在候辺亦有之歟に奉察候「近来大庁の命あって二十年を期し軍艦二百艘御求可被為在歟之風評参申候。固より道路街頭之浮説に而も有之候得共、実事左様之御一挙有之候而は二十年後の国運今より杞憂に堪兼申候。抑大英に在ては軍艦大小之数六百二三十箇も有之候得共、商船亦称之大小之員数已に「二万八千五百」を数へ申候。仏は軍艦四百六十九、商艦一万五千六百余、伊太利亜は軍艦九十九、商艦一万六千箇も備居候関係に候得は、妄りに軍艦のみ御造築に相成候とも往来商法の繁多ならざる間は啻に軍艦を養ふの費あるのみならず、却て無益の長物を御制被為成候に外ならず、畢竟北島及朝鮮之瀬戸に碇し、西北の日本海を控する事件は往々大庁之御目的なるべく、真に至重々々々々之国務に候得共、現に受身之商買に安し、却て働き掛之衒買へ御配慮無之候而は軍艦御造築之一挙真に無益に陥り申候。意趣之所起豈。経済心の無によらんや」。近く生徒に就て論し候而も銘々莫太之金貨に自主し、放縦、随而続くものは素として大庁に「経済心」なきに起り申候欧州各国に在ては男子生れて二十歳を閲し未た独立の権威を有つ者なく、随て五百金に自主する者一人も無御坐候。

一、甲乙両国友義を脩め交際を結はゝ官務の多少を論せず各々常居の使節を送り、且つ甲国より弁務使を送らは乙国も亦弁務使を遣し、甲乙「レチプロチテート」交互の義を維持するは已に輓近宇内之交際之公法に属せり。然るときは本朝に在ても小弁務使「ブラント」に対し、頓に常居之弁務使一人当府へ御遣し不被為成候而は已に「交互」之法に御戻り被為成申候。況んや今日之独逸なれは特更御丁寧にも可被為成候わゝ、自然大庁之御為にも相成申候。殊に生徒五十名已に当国へ滞学仕候間、交際已に開けり。官務弁達生徒都督の為早々一名之弁務使御差遣被為成候方宜敷歟に奉存候。尤鮫嶌五位已に其任に当り居候得共、一人両使之職を任し却て一国に偏居仕候義、亦「交互」に戻り嚮に「メキシコ」帝より一人の使節を独逸の二小国に送り候得共、一使英仏に兼職し、或は独魯の〔ママ〕に兼任するの例式、古来未た有らざるの事件に而御坐候、且つ弁務之職掌を充さず候間、千万々々御不都合之御事に而御坐候。

但し此条は毎々拝啓仕候通り陸奥氏へも談置候間、親く御下聞可被遣候。畢竟小弁務使之用事は大概生徒之都督に過申間敷候得共、此件已に々々相応之一役に而御坐候。

一、尊諭に応し此度も何か一小篇差出度奉存候得共、何分生徒之世話と自己之勤学に追はれ半刻も他事に給する之閑暇無之候間、戻本意御不沙汰申上置候。

一、医師両人頓に錦地へ着仕候半、宜敷御駆引奉願上候。此度は長門よりも重而教師一名御雇入之御様子、千万奉賀候。実は学校一件に付も種々申上度候得共、蝟務学務裁書に暇無御坐候。畢竟末枝に走る之弊風速に一変仕度ものに而御坐候。

先は久々ぶり御伺旁如斯御坐候。恐々頓首不尽々々々々

青木周蔵拝具

木戸参議様侍御史下

二白　時下御自重可被為遣為国土奉祈禱候。

〔裏〕面書之条々千万不平勝に申上候得共、実は無言之徒四十銘へ世話仕候義中々軽荷に而は無御坐候。此辺不悪御推恕被為遣不悪御領掌可被為遣奉願上候。

〔封筒表〕A san Excellence ／ Monsieur le Vice-ambassadeur Jusammi Kido ／ No10 Rue de Presbaurg ／ à Paris ／ fco ／ 木戸副使様。

〔封筒裏〕Expediteur : S. Aoki ／ Tauben St : 15 ／ Berlin ／ Prusse

〔注〕封筒と書簡は対応していない。

3　青木周蔵

5　明治4年8月29日＊　F一—一〇—〇二（品川弥

二郎書簡、品川弥二郎・吉武桂仙・池田謙斎と連名書簡）

先以御安全御奉務可被為在と奉遙察候。此度は何も別に不申上候。何卒御多忙之中甚恐入候得共、本文の事件篤と御勘考被為遊、〔カ〕御同席様方え御含み別以御再談被成下、早々御命可相成候様、伏して奉願度候。実に千金之大金を空しく万里外に費し候輩不少、失敬も不顧此段御願申上候間不悪御海恕奉願上候。其中御自愛御奉職奉千禱候。草々頓首

八月廿九日夜　　野児郎拝白

木戸様

二白　池田氏は前小典医池田正七位に而、東校生頭取に而、此地へ淹留仕居申候。吉武氏前肥生七八人中之頭取様仕居候。

第一

独逸国生徒世話役中へ之御規則

一、今般生徒数銘、独逸国へ遊学被仰付候に付而は、其方等何人其地世話役申付候間、已に解鞋之徒は勿論追々負笈之者に至まで申合せ、可然教導并差図等可致候事。

二、生徒へ被差立候学費金、一切其方達へ御委任相成候間、一々致取締、歳末毎に銘々之歳費如何程に相成候歟、小割并総計等委敷本朝府へ可申越候事。

但し会計不始末之義有之候節は、其方達落度たるべく候事。

三、御国発足之生徒へは常典之旅費并に若干之学費令持参候間、其地到着之上は旅費并に残金之総計、早々本朝府へ可申越候事。

「此条唯々生徒をして中途に無益之費金を小遣せしめざる目的に而御坐候。」

四、負笈之徒、其地解鞋之後は質素勉学専務に候間、費用等一切其方等之見計を以相渡可申候事。

第二

同国滞学之生徒可相心得御規則

一、独逸国へ負笈之生徒は官、藩、私生之差別なく、其国到着次第兼而て倚托申付置候世話役中之差図致犯背申間敷候事。

二、学費金持参之上は直様世話役中へ相渡、同人等之了簡に就き、毎月之初末要用之雑費受取可申候事。

三、最初持参之学費、歳末に至有余有之候とて、固より銘々之私金と相心得申間敷候。

但し、学科に依り非常之入用有之候節は、世話役中之見計を以而相当之雑費被差立候事。

四、従来一銘之生徒へ毎年千金宛可差立諸条約相立居候処、爾〔カ〕今御国費莫太之時に当り海外負笈生之学費に而も不容易候間、以来は質素勉学に注意し、毎月世話役之者より唯々要用幷非常之雑費而已可受取被仰付候事。

五、放盪幷懶怠之処行有之往々修業之目的無之者は、淹留帰国之裁判世話役中へ御委托被仰付候事。

以上。

右之条々御熟考奉願候。実は已に下書を認め、随而彼是挿嘴仕候段、千万奉恐入候得共、事実周蔵之制声に戻らず候間、速に御処分不被為在候而は幾重も中興士御養育之御目的に違ひ申候。

一、学費金之義は銘々之学科に依り不同有之候得共、生徒をして千金に自主せしめず、却而生等より世話仕候わゝ、一般に千金は費へ不申候。乍去従来之弊を蹈候わゝ、一人前千金に而も不足勝に而、已に官金払底に相成候者も有之歟に御坐候。何れ生等へ御委托被為成候わゝ、残金之総計等銘々へ当り、詳悉可申上候。猶其上に而重而運輸之学費其国に而御引取可被為成候。

一、由来渡海之生徒、中途に而莫太之黄金を費し、已に歳費にも手を掛け候而已ならず、皆々半減之学費のみ持参仕候者有之候間、此亦予防仕度奉存候。以上

未八月廿九日　　青木周蔵（花押）

〔異筆書込〕「明四」　　品川野児（花押）

吉武桂仙（花押）

池田謙斎（花押）

木戸三位様

〔注〕一紙に続けて記されている。

3　青木周蔵

6　明治4年10月20日*　F一―一〇―〇三

家厳遠行之後は郷信殊に疎濶僑居寥々之際、間々被煩郷愁居候処、頃日野村、藤井両老為視察欧州へ航海、随而

当境へ周遊之節は御近況彼是詳悉奉領掌候。且両老御国発足の節は忝御伝言被為遣、御様子此亦謹而可得尊慮、于時日誌之報に依れは、六月中国是之真体重而御一変相成候御様子、国土人民之ため奉大賀候。去なから要衝之御駆引、幾々御多忙に被為在候半、奉恐入候。何卒時下幷世間之関渉に御注意被為在、尊体御保護折角之御課録御成功可被為遣、為国土奉祈願候。

一、当境之情態も聊か両老へ噂仕置申候。御会話之節は親く御聞得奉願候。尤も巨細之事体は生脩業之上、御土産として沢山に持帰可申候。

一、先日差出候一編幷に細書最早頓に御接読被為遣半、奉察候。豪論逆尊慮候わゝ、生徒之空論と被為思召、凡而御海容奉願候。近日は縁組之説及其法則且男女両性之真賞等重而起稿仕候。尤脱稿之期は難計候得共、意趣之大体を挙候わゝ、章句之文飾を顧ず早々差出、皇典之欠に補給仕度奉存候。実は外にも急務之制典沢山に御編可被為成候得共、国民之不行議も可成丈け早く改制仕度事と奉存候。

一、先日拝啓仕置候両条「ブラジリー」国之姦計、「ホンブランド」氏の私裁、是なり屹度御注慮可被為在為国土奉祈候。殊に「ブラジリー」国之姦計は千万油断相成不申候。一回其策に陥候わゝ、中々回復之目的無御座候。已に欧州に在ては各国其例を証し、依然予謀罷在申候。爾来其国より当府へ出張之「コンシュル」及公使之史官等数々小生を訪ねて、日本国之人員等巨細に「親問」仕申候。扨又「ブラント」之私裁は未得官許之間強而彼是と申訳も無御坐候。併し遺憾なる事には、日本之弱くして外国之事務に暗きゆへ、出先之小弁務輩、殊に尋常之迂漢より彼是御なぶられ〔不、欠カ〕被為成候こそ欲し申候。生之「ブラント」氏に於る、固より程よく応援仕候得共、人位を論候得は漸く日本国に公使する程之者に而御坐候。

一、品川先滞学之義も、公然御許容相成候、大に増扶助申候。桂、静間両生之義は篤と両老へ申入置候間、御聞得奉願候。猶両生之人位は兼而殿下之御鑑別を歴候間、何卒留学生中に御算入被為遣、公制之学資被為差立候様、小生よりも奉願候。実に長人は長する処ありて孰も大出来に而御坐候。

一、日誌之御開局、追々御繁昌仕候御様子、何より之御進跡に而御坐候。五洲各国之形勢は毎書日新之報知に接候得共、却而本国之情態に疎く、随而五洲学士之真賞に背居申候。巨細両老へ申入置候間、幸便之毎々日誌葉御恵投可被為遣奉願候。

一、和哥山に而兼々雇入置候独人「キヨペン」氏、此度当境へ帰省、随而重会話候処、稟天之器量を備へ、大に気に入申候。勿論普国に而は賞誉之声高く御坐候。

一、伊藤、井上、山県各台、孰も御忠壮之御様子、乍恐可然御鳳声奉煩候。

先は右申上度。早々頓首敬白

辛未十月廿日　　青木誠拝具

木戸参議様侍御史下

〔別紙1〕

内陳

陸奥兄を介し拝謝申上置候小生之転学之事故、重而両老之口頭に附置候間万端可然御納得被為遣、東校之取成及御沙汰之ふりかへ等宜裁判奉願候。且日外は尊諭も有之旁留学之存意は長く維持可仕覚悟に而御坐候。併し政科修業之目的は啻に紙上之学文に留らず、公私之制典殊に内外事務経済会計等、総て政理に係候科目は、現に日課罷在候間、追々は隣境へも奔走、実地之功験自ら証し度奉存候。制度民律は一境を局し、随分当府のみにて試験相成候得共、外務、経済及会計之□□〔破レ、真体カ〕探候には、地形と理民官之関跡及其之情性まで篤と探索不仕候而は、勿論学科之秘奥に達せさるのみならず、一般之方嚮も中々難定程之事に而御坐候。幸相識之官吏も不鮮候間、明歳よりは春秋両度之休業に事寄せ、先つ南北之独逸及墺国之州県に周遊官吏之教導に随ひ、山野牧沢地園等之制格及税制且諸府里閭之向け込みまで親く視察可仕覚悟に御坐候。就而は兼々被差立候公制之学資に而は、と而も旅費を給すると申訳には至兼申候。何卒生徒之世話料とでも御目被下、多少之旅費被差立候御都合には参り申間敷哉。此段両老へも噂は仕置候間、御閑暇之節一応御熟慮可被為遣奉願上候。勿論現に御国費御多端之御時節、殊に「出格」之希望にも候得は、強て懇願請官許と申訳に而は無御坐候。猶一身之見識を富し自得懶漫仕候存意に而も無之事は、知己之同国人は勿論土地之知人まで屹度証居申候。意趣之起因は畢竟早晩之御国益を営度、随而要

親験申候。兎角此条は敢而試拝啓候間、一応御熟慮可被為遣奉願上候。謹言

辛未十月廿日　　青木周蔵拝具

木戸参議様侍御史下

〔別紙2、井上馨宛書簡〕

光田生渡海之節は、久々ふり細書御恵投難有奉拝誦候。尋而野村、藤井両老も当境へ周遊、御近状彼是詳悉奉領掌候。爾来も弥御機嫌よく可被為成御坐と重畳奉遠賀候。猶六月来重而御転任被為在候歟之報に接し、為国土奉賀候。

一、日外之尊書に答へ、生よりも聊か申上度事件有之候得共、学課多忙なれは先つ此度は差控申候。且生負債金之義も商長「リンドウ」氏之帰国次第早々可申上奉存候間、千万宜敷御取計奉願候。

一、当地之情態及生身上之義も、巨細両老へ申入置候間、御会同之日は御聞得可被遣奉願候。

一、伊藤明府へは別に呈書不仕候間、可然御取成奉頼候。

一、何れ近日之内細書奉呈可仕候。猶尊諭之事件、一々奉銘肝候。実は生義も相応に勉学仕居候間、万端御放慮奉願候。併し唯々生より倚頼申上候義は盟台御機嫌よく荆薮御刈除被下、生を御見棄下されず様と奉祈候。天賦魯鈍と而も思ひ切たる御奉公は得仕間敷候得共、人生之天務を充し、時代之方嚮は決して取ちかへ不申候。

先は幸便に任せ呈一行申候。早々頓首

辛未十月廿日　　青木誠拝具

井上民部太〔ママ〕輔様

尚々、昨年は御令室様御迎に相成候御様子、重畳々之御義奉賀候。

〔封筒表〕木戸参議様無異啓、普露生、青木周蔵拝具。

〔封筒付箋〕

青木様より御書翰爰元え渡来、則壱封奉御届候。

五月十三日　　馨

3　青木周蔵

7　明治(5)年1月25日(西暦)＊　F一—一〇—〇五

前日原田生負笈之節は久々ぶり御細書頂戴被為仰付、難

有奉拝受候。先以老卿時下益御機嫌よく被為在御坐重畳に奉恭賀。然は時運変転形勢随而移り、日誌之報知を載するも真に日新に銘す事に而、宇内之関跡各国之来往日々覚近接申候。一月来郵簡之浮説に依れは、老卿、岩倉卿幷伊藤老台之御航海有之歟に承候得共、事体非小候間、敢而不倚依風言孤疑罷在候処、過る十五日已に「サンフランシスコ」港へ御安着被為成候御様子、幾重々々奉恐悦候。固より此行は天使之御重任も可被為負候得共、併に御西游之尊慮にも称ひ、別而奉大賀候。乍併異域之気水動すれは易来祟候間、申まではなく候得共尊体御自重可被為在、為国土奉祈候。先は御伺まで如此に御坐候。恐々頓首

西第一月廿五日　　青木周蔵拝具

木戸参議様侍御史下

二白　先書御懇諭被為下候事件講而奉銘肝候。実は生義も聊放縦に失し、関心之廉も有之申候。乍去品川弥二郎等に至候而は別而入懇之友義を結び、些少之隔意も無御坐候間、万々御放念可被為遣、前以奉願上候。猶巨細は同人よりも可申上、追而再会之栄に接せは親く御観了奉願候。

S. Aoki
Bernburger Strasse No. 8
Berlin Prussia

右は当府に而小生之僑居に而御坐候間、一応達尊聞置申候。

三白　伊藤老台へ別封不差出候間、乍恐可然御取成奉願上候。

〔封筒表〕米国「ワシントン」府、日本国公使館に而、
木戸参議様御親拆。

3　青木周蔵

8　明治(5)年4月2日(西暦)＊　F一―一〇―六〇

洋暦三月七日之尊書昨日拝受難有奉拝誦候。時下益御機嫌よく于今「ワシントン」府へ御滞留被為在候御様子、気水御慣習も違居候間申まではなく候得共一入御自重被為在候様奉祈候。

近藤、山県無異解鞋仕候間、乍恐御放慮可被為成候。

魯行生、土肥某、清水谷氏一同四、五日前当境へ到着、

直様「ペートルスブルヒ」へ可罷越之処、医官之診察に憑り候得者弱体不可堪北地之気団〔カ〕と申事に付、暫時当境へ引留置申候。静間生も不幸肺患に悩み万々掛念罷在申候。何れ得拝話候節は患状之子細懇々可申上覚悟に御坐候。

山田少将も御同行のよしに而投書之栄に接申候。追日可得拝話候得共、宜敷御致意被為遣候様奉煩候。先は右拝復まで一行如此に御坐候。恐々頓首

西四月二日　　青木周蔵拝具

木戸参議様侍御史下

S. Aoki　今僑せる記号

Chez Baron von Hoitzendorff

Tauben strasse No. 15

Berlin

3　青木周蔵

9　明治5年4月2日　F一一〇〇六

近藤中助教へ御附托被為在候尊書難有拝受仕申候。時下春和以台下愈御機嫌よく被為在候御様子重畳奉賀候。二生等一統（但し静間健介を除きて）無異滞学罷在候間、乍憚御放念可被為下奉願候。

一、蒙尊論候件々承諾仕申候。併し辱知之迂生と而も々々御意を充す程には難参、千万汗顔罷在申候。拝話一回を経候わゝ果して望外之迂漢と御笑被為在候半奉恐入候。尤品川申合せ少なくとも男子之重任は脱せさる覚悟に而御坐候。

一、英国へ御渡海相成候わゝ枉而推参天使を労するの覚悟に而御坐候。病患之起因傍症及顕状実に御認難被為成御簾〔廉〕も有之べく万々奉察候得共、処剤之薬味種々之元素物を御混和被為在候辺は将た如何可有之歟？？？？？。脳神（宗教の事）之御救療にも余り放神緩和之御処剤は却て神心之錯乱を誘引可仕歟とも奉愚察候。

此条は挿嘴ヶ間敷万々奉恐入候得共、日誌に迷ひ杞憂に悩され黙止に堪す候まゝ拝啓仕候間、必すく〵御譴怒不被為在候様奉願上候。

交際応接之間定て不一形御配慮と万々奉洞察候。併し主上より棟梁へ被下候御書簡之意趣、誠に平和沈着に起り至当之御国論と、乍恐私評仕申候。実に歴代の青

史に証候而も貧賤にして富貴を希望し軽浮にして沈着を慕ふ者は人にして顕栄を致し至誠に達し、国に在ては富強を招き土壌を保ち候間、進跡之下已に々蹉跌之予防無之而は一家すら亦難保、当然之事理と奉存候。

一、山田少将及長与専斎老両名何卒早々当境へ御差越被為下候様奉祈候。尤小将は仏国へ着目相成居候様被察候得共、実地之親験は意外に出可申候間、品川申合せ一般之事理予め当地にて取調させ度奉存候。猶長与老に至候而は医政之全体及救療之妙辺等総て当境ならでは調理難相成候間、曠日弥久錦地へ倍(陪)従仕居候辺千万無益之御事と奉存候。

一、独逸帝旅行云々と御挓言慥に奉領掌候。併し此辺之義は欧州へ御航海之上にて御手都合可然と奉存候。猶帝は固より親ら大使を御引受可仕奉察候。

此書御秘見被為下、必々々御譴怒被為下間敷精々奉願上候。

周蔵

参議様

五年四月二日

3 青木周蔵

10　明治(5)年4月2日＊　F一一〇一六一（長与専斎宛）

S. Aoki　今僑居せる記号

chez Baron von Holtzendorff

Tauben Strasse No. 15

Berlin

近藤中助教へ御附挓之尊書慥に接手仕申候。且「サンフランシスコ」港より御投被下候書も頓に飛落一々煩尊慮申候。

当境へ早々御出被成度之御情実入々御察申上候。弟に在而も啻に御同意と申のみならす固より一日も早く会同を得て万端拝話仕度候間、速に御発途可被成奉祈候。尊諭に随ひ木戸参議まで早々御発足に相成候様申越候間、猶又御せき立可被成奉存候。余は拝眉を期し万申残申候。

恐々頓首

四月二日

周蔵拝具

長与賢台梧下

〔封筒表〕米国「ワシントン」府に而、長与専斎様。

3　青木周蔵

11　明治(5)年6月24日(西暦)＊　F―一―一〇―六七

米洲御安着の初より両三度呈書仕候。時に無聊に被為居候御様子なれは定而御答柬にも可接と楽居候得共、長与専斎子解鞋之後は御近状と而も一切承り不申万々掛念罷在申候。御滞留も裘葛殆と御一変可被為成に至り、嘸々御心急きに被為在候半奉察候。異土気水随而御自重可被為成為国土奉祈候。

伊藤、大久保両台も頃日は復ひ御着に相成候期刻とも評判有之申候。左候わゝ不日欧洲へ御渡洋被為在候半と日々御待申上候。先書如啓竜動府へ御着之上は早々参労新聞雑説種々得拝啓度奉存候。

御買物等も御地に而は程々に御求置被為成候而如何御坐候乎。何品に限らす物価は当洲之方却而賤しき様奉察候。全体隣家之店売のみに掛り買えるは畢竟地位之弁宜〔ママ〕より聊か足労を減する程之事に而、市街一般之相場に引当候わゝ利害固より顕著たる訳に而御坐候。独逸抔は名医も多く薬家も随而精く候間、扈従一行は固より本国に在ても難病に煩居候者は早々当境へ可罷出御披露奉願上候。

得拝啓度件々以万数候得共一行書敢不悉意枉而期拝話置申候。恐々頓首

西六月廿四日　　青木周蔵

木戸参議様

尚々、御地御発足之期相定候わゝ乍恐御報可被為遣奉願上候。実は品川申合せ聊か英行之心仕度奉存候。

品川、桂無異勉学罷在申候。独り静間は肺患を煩ひ随而友朋之気遣を増申候。其他滞学之諸彦皆々出精してよき旁嚮〔ママ〕に帰居申候。就中品川抔は学文頗る進達、併し生と同様聊か婦女の感に富居候故か、毎々会話して泣申候、泣申候、泣申候。

生の僑居差出置候間尊書々面如此御認被為遣候様奉願候。

S. Aoki

C/o Baron von Holtzendorff

Tauben Str: No. 15

Berlin

Prussia

〔封筒表〕Sr. Excellenz ／ dem kaizerl japanischen Vice-Gerandten ／ und Minister ／ Herrn Kiddo ／ c/o Legation of Japan ／ in Washin-gton ／ U. S. America なお「木戸様」の書込みがある。

〔封筒裏〕Absender : S. Aoki ／ Tauben Str 15 ／ Berlin ／ Prussia

3　青木周蔵

12　**明治(5)年(8)月(3)日**（カ） F一一〇〇八

昨夜品川へ御懇諭被為成候事件内々承知仕申候。身蒙顕栄固より不平心抔蔵蓄仕候訳に而は毛頭無之候得共、世情を察し前途を慮り候ときは更に迢選小弁務使之任官を以て今より概ね三年之独逸国へ滞留仕度奉存候。公務と而は非常重大之事件に携る義も有之間敷、要するに生徒取締に過ざる事とは奉存候得共、去歳来申上置候通り、独逸も亦交際国之一州にして、方今富且強比隣為之不止心痿等生敢て喋々せず、且往々欧洲に在て朝政之最可倚頼ものは独り独逸にして、英仏を離間し魯国の暴威を挫く等、亦米洲之敢て為得る処に非ず。就而は今より懇親之手始め被為成度、随て公使一名は早々御遣し被為成度奉存候。所謂「交互」之論に依り候わゝ中弁務使御遣し可被為成筈に候得共、前段啓する如く公務は生徒之世話に過ず、且独逸政府に在ては「交互」に原き、下等公使は御引受不致と申様之様子も無御坐候（但し仏普兼任之公使と申義は聊不喜事に候）而。台下税〔ママ〕精已に相当之人物御鑑別相成居候乎も不存候得共、国人にして独逸語に通し、及其国体風習等を熟知する者は聊自薦ヶ間敷候得共、恐くは小生に過ず。就而は右之使官何卒小生へ御委任被為遣度奉存候。左候わゝ一入勉励、外向之事は万端手短かに取計、決して不都合之事も出来為仕間敷様相勤め、内は品川、長与等と申合せ生徒一統を程よく教導可仕申候。畢竟小生にして此願あらは尊慮如何万々顧念仕候得共、所謂身を安逸に置き、敢て位官を望むと申訳に而は毛頭無御坐候。要するに前途之階梯を設け得実学度迄之事に而御坐候。聊か得地位候ときは学科を進跡せしむるにも方便を得、往々は内外。。。。。。。ともに都合宜敷件々実に不鮮候間、此段御照亮可被為遣候。猶独逸に固着し国歩之艱難を傍観するとでも申訳は夢々無之、却て一通り之学域に踏入候わは一日も早く帰朝股肱之任自ら期する処にて御坐候。蒼卒に属し、余は拝眉を期置申候。恐々敬白

青木

木戸様

〔裏〕極々御内覧可被為遣候。猶御下問被為下候上、逐一可申上候。

〔封筒表〕木戸参議様御内披、青木。

〔注〕年月日推定は謄本の「カ」付きの推定による。あるいは二日か。なお封筒裏の書き込みは「五、八、三」である。

3　青木周蔵

13　明治(5)年9月6日(西暦)＊　F—I—一〇—七五
(品川弥二郎と連名)

滞英中は毎々参堂、空語時刻を移し、随而妨台下之公務候事も可有之、万々奉恐入候。生等錦地発足来中途無異、今暁六字迄当府へ着仕候間、乍恐御放神可被為遣奉願候。先は為其。恐々不乙

九月六日　品川
　　　　　青木　拝

木戸参議様

尚々、伊藤老台へ可然御致意可被為遣奉願候。岩倉世子及山本等も同然無恙罷在申候。

〔注〕University of Cambridge の Extract From Class List と Extract From the Report（いずれも印刷物）が添付されているが省略した。

3　青木周蔵

14　明治(5)年9月11日(西暦)＊　F—I—一〇—七六

奉別後益御機嫌よく御滞竜被為成候御様子重畳奉拝賀候。然は別紙一封長与氏より差出候間、御接手可被為遣候。医師御雇入之義に付、当然之箇条申出置候間、御判決可被為下との事に而御坐候。

別に教師三名御雇入之義に付、本朝より老台下まで申参候書面、及使僧「フルベッキ」より建言仕候文書等内々拝見仕度候間、不日幸便も有之候わゝ御贈致可被為遣奉

願候。

蜂須賀君転学之義、何卒御説諭可被為遣奉願候。畢竟生等之希望は同氏当境へ転移する事に止候間、可成早々御配慮可被為遣奉祈候。

小生身上之義は、臨別拝啓仕置候ごとく、即今より帰国仕候而は誠に股肱之責にも当り難きのみならず、却而所謂「生聞生識」に流れ、随而時風を助成候而は国土に在ても空く、更に一抹〔カ〕已を養添に而万々奉恥入候。就而は留学三歳質疑問験実地之主意愈々維持仕度候間、必々御心長被思召可被為遣候。故園父母在兄弟存、況んや国歩益艱難之時に当り、小生と而も生中帰国可仕乎とも存候事は已に不記幾回候得共、静に慮前途候ときは軽挙して尊諭に応し難く候間、枉而定省を欠き、強て自己に克ち、遅暮羈客たるは倦はずして、是非々々成一器度奉存候下情亦御恐察々々々。

臨別に願置候事件果而御熟〔カ〕慮被為遣候乎。事理拆毫巨細申上度候得共筆紙不尽意候間、何も尊慮之嚮候処に而御坐候。乍去事体前途に関し内外に係り候間、強而も希望仕度奉存候。

当国も静謐、新聞奇談別に申上べきことの無御坐候。三帝会して復た散し、城前三万之歩騎兵日々大調錬を開居候に過ず。但し山田少将来着彼是と視察罷在申候。恐々敬白

九月十一日　　青木周蔵

木戸参議様呈梧下

3　青木周蔵

15　明治(5)年9月21日*　F一―一〇―七七

本月十四日之尊書難有拝見仕候。秋冷之時下先以台下益御機嫌よく被為在候御様子奉恭賀候。然は長与氏へ被仰越候事件は、同人より条約（御贈致之分）書を以今文部大丞へ相談仕候よし。最早此節は田中氏より之呈書にも御接被為成候半奉察候。随而雇入候人物を験等之義は、台下当境へ御出之上に而も可然乎に奉存候。尤尊慮次第、生に而も今より心遣仕置度奉存候。乍去田中氏より相談無之までは、生より挿嘴仕候義却而不都合と奉存候間、于今手始不仕申候。

二度之御投東に対し今日まで一封も不差出、嘸疎漫〔慢〕之者

と被思召候半。誠に奉恐察候得共、先日来佐々木太輔、山田少将及黙雷上人等追々攻寄、所謂多寡難敵之訳に而誠に繁忙、随而拙答にも疎候間、此段不悪御海容可被為遣奉願上候。来廿六日より「スコット国」へ御出可被為成乎之御様子、左候わゝ御発足前万々恐入候得共、先方之「アドレス」のみに而も、唯々一行御残置可被為遣奉願上候。先は為其。恐々頓首

九月廿一日　　周蔵拝具

木戸参議様

3　青木周蔵

16　明治(5)年10月5日(西暦)＊　F一一一〇一七八

前月廿四日之尊東難有接手仕候。爾来益御機嫌よく御滞英被為成重畳奉恭賀候。二生等無異罷在候間乍恐御放神可被遣候。ときに先日も申上候如く、御投書之毎々答翰を疎漫[慢]し千万奉恐入候。乍然真に閑暇に乏く無拠背本意居候間、不悪御海容奉願候。

田中大丞も弥々普人を雇入候迄には先日より落着仕候間、猶百方に説得仕候処、頃日に而は至極大出来に相見申候。就而は相当之世話役撰択可仕と、生も大に配意仕居申候。然処普国に在ても今春来文部変革罷在候間、従来之官員中には可然人品も無之様奉察候。猶百方に探索仕候而、老台下当境へ御出之頃までは是非々々一名を見付置可申奉存候。実に田中氏之方嚮動揺仕候而は前途文部之一省も如何可相成乎と、種々配意罷在候処、前段之参掛至極面白様に奉存候。乍去新嶋氏えは生も一面会仕候迄に而、彼よりも往来を欲ず。尤長与其外より承候得は、何か不都合之事不鮮様奉存候。固より同人之維持せる方嚮を致度とは夢々不存掛候得共、畢竟僧侶にして文部省之官務にども携ふ而は此往之国害夥敷事に付、事務上に而は所謂敬して遠置度奉存候。猶巨細は又々可申上候。

蜂須賀氏へ懇に御説得に相成候御様子、然処同人に在ては于今判決に阻居候云々被仰下、奉領承候。乍去今より一年も英学に従事せしめて語学に通度抔、全く同人之臆説にて畢竟筆文之真賞を弁ぜざるに起り申候。後一年も経は当国負笈するとの事に御坐候わゝ、何卒今より方嚮を改させ度奉存候。抑々学科殊に制度政事科を以て宇内に鳴るものは普国に止り、現場に事体を調理する官吏も

当国尤富有、且本邦人にして当国に負笈せば啻に学科の精理を脩業するのみならず往々官途に立ち万事を処行するにも疑似して害なき者最多き様奉存候。此と申も歴代之関陟吾朝に類似せし事恰も瓜を両断するが如くなるに、前千八百年の初より国難屢々迫り随て新政を起し事務を改革せし事亦比隣に類なし。而して当時貧弱之普国加之政理に未熟の人民を駕御し進跡する者は之を抑へ驕奢する者は之を懲し云々々々々々々、終に今日の富強を致せし辺の処行は、今日の邦人尤も可注意参掛と奉存候。畢竟軽浮挙動に迷者は強て之を深沈実着に帰せしむるに止可申候。是節普国之致富強招文明所以ならん云々々々々〔ママ〕。筆頭敢不語尽申候。生等之考る処に而は邦人の疑似欣慕すべきものは英米仏国にあらず、却て貧なる普国にあるべく奉存候云々々。また転学して損失を致等の戒は万々無用なる訳に而御坐候。此等は従来負笈の諸彦等も已に経親験申候。永井氏なる者即其一人に而方今は転学せし事を不慮之大幸となし、随而英語も失忘に帰せず却て進跡罷在申候。要するに難き独逸語を学はゝ即ち英語の根本を識る訳にて、重て英語に就候ときは万々容易に脩業可相成抔申、由来欧州之学師達も論判罷在候間、此辺之事実を以て老台下より今一応御説諭被下、是非々々転学仕候様御配慮奉願候。且度々申上候通、当境負笈之上は永井氏及生等合力して如何様にも周旋仕度、随而学文も非常に進跡仕候様、「請合」て御世話可申奉存候。

北白川宮御礼装之義如何御判決被下候乎。万一「ゼネラール」服にて相済候者、山田少将当境へ滞留中に雛形取せ置度候間、乍恐急々御報知可被為遣奉願候。先は為其。

恐々敬白

　西十月五日夜三字燈火に而認　　青木周蔵拝具

木戸様侍史下

二白　日外申上置候東久世二子之義如何判決相成候乎。実は幸便次第早々帰国被仕度奉存候。実に々々放逸懶怠、最早手之付様無之のみならず極而不都合を醸し候事も不鮮、万々究居申候。

〔封筒表〕Sr. Excellenz ／ dem japanischen Ambassadeur ／ Herrn Yusanmi Kido ／ c/o Palace Hotel Buckingham Road ／ London

〔封筒裏〕Absender : S. Aoki ／ Tauben Str : 15 ／
Berlin

〔注〕二枚目裏に、「御内披」とあり。

3　青木周蔵

17　明治(5)年10月16日(西暦)*　F―一一〇―七九

御内披

本月十三日之尊柬辱接手仕候。先以老台時下愈御機嫌よく被為在重畳奉恭賀候。

田中氏云々被仰下謹而奉承諾候。元来同氏は良善之稟賦に候得者、従順に説得仕候ときは程よき都合にも相至可申乎と奉存候。新嶋氏は一種之僻漢に而所謂米性狂症之風を脱せず。随而入懇に談話仕候事も無之、唯々随意せしめ置申候。挑撥逆其意等之場合には不至申候間、夢々御掛念被為下間敷奉願候。

先日当国内務卿に招致せられし比文部省官員之者にも会同、随而招賢之義も聊噂仕置候処、万々程よく引受呉申候。就而は不日文部卿次席某氏に謀り、老台当境へ御周遊之比までにも、是非々々可然人品鑑別仕置可申候。尤本朝より申参候条約書中には種々不都合之義も不鮮候間、生含尊命多少之気付書加申候 但し文章近日之内一応供尊読積に而御坐候。就中本書に依れは、招待の人を直に文部卿次席となすべしとの事に御坐候得共、愚案に而一先少輔之位階を与へ、勤功を以て太輔に上せ度奉存候。尤御高案有之候わゝ早々御申越可被為遣奉待候。

且長与氏より申出候医師雇入之義は、近日之内条約書入御覧可申候。人物は誠に相当之者見出候間、一先生より内談仕覚悟に而御坐候。

御注文に相成候裘一領〔カ〕于今整裁不仕申候。実は時候早すぎ可然物品を見当不申、尤昨十一日之比裁師に就て可然頼置候間、今明之内には物品お手に入可申候乎と奉存候。何れ整裁之上は早々差出可申候。

帰朝之期不可延行云々又々御説諭被下奉領掌候。乍然例の一挙は止め直様老台へ扈従可仕と之御事に而候乎?。又は一挙後に代謝可仕との御事に而御坐候乎?。前後迷惑罷在申候。万一直様老台へ扈従可仕との思召にも候わゝ是非々々固辞仕候。給〔ママ〕急之尊慮万々奉照亮候得共、此辺には拝眉ならでは難申上事理もあり情態も存し候間、可然御含置可被為遣候。且例の事件弥御周施〔旋〕被為遣候わゝ今日より心組仕置度義も不鮮、猶事成就之上は一日も偸安せざるのみにらず国基を立べき様（此段は追て佐々木司法太輔より可申上候、但し佐々木氏例の事を語りし訳に而は夢々無御坐候）尽力可仕申候。

先は為其。恐々謹言

十月十六日　　青木周蔵拝具

木戸参議様

二白　今月中には仏国へ御渡被為成候乎？

〔封筒表〕Sr. Execellenz ／ dem japanischen Ambassadeur ／ Herrn Yusammi Kido ／ c/o Palac〔e〕Hotel Buckingham Road ／ London

3　青木周蔵

18　明治（5）年11月1日（西暦）＊　F—|—|〇|—八〇

乱筆御推読奉煩候。

先日は細書飛落難有拝見仕申候。時下益御機嫌よく御滞留被為在重畳奉拝賀候。文武兼任之一挙御新典云々、実に当然之御憤懣に而、等閑〔ママ〕歎嗟仕申候。併し殿下は彼之老翁に比すれは春秋にも御富被為成居候間、必々御こゝろ長く前途に御楽置可被為遣候。佐々木（今日当府発足）、田中、嶋地等も錦地に而奉別（但し三氏と奉別）来、頗る改面目候様奉察候。学校世話役幷医師御招聘之一事も追々無断間配意仕候得共、先日如啓当国之文部省すら大混雑之時節に候間、急に人撰仕候而は却而不都合之事出来可仕奉存候。尤同省太輔までは小生含内命事体を略々申入置候間、追而同人より世話仕候事と奉存候。医師は真に適当之者一名見出申候間、小生より内々日本行之義申入候処、随分承諾仕候様相見申候。就而は条約（但し二箇に引当、一は世話役一は医師へ引当候分）書も大抵書調へ、田中氏まで相渡置申候。日本より送致之文面に而は少々不都合之義有之候間、不顧失敬聊か文飾仕申候。就中世話役引当候条約書は、追而田中氏、長与氏より持参之上入尊覧可申候。

御注文之裘（直は「十三封度」に足らず）も漸く今日整調仕候間、早々差出申候。品物は上々と申訳に而も無御坐候得共、今之品より一等上品を撰候時は直価余り飛騰仕候間、先つ上の下に而済置申候。裁制之形も最初より船頭多く、聊か砂瀬にくらひ乗上候様奉存候。尤御思召に称はざるときは又々改而御注文可被為下候。「御下り」は頂戴仕候もの可有之奉存候。女主〔ママ〕御面之上は早々大地へ御渡可被為成奉祈候。実に得拝眉候わゝ百万申上度事のみにて、日々御挙動を伺居申候。

日外願置候桂、静間其外究生へ官費可被差立云々、過日鮫嶋中弁務使まで一封之願書差出候間、御多忙中恐入候得共可然御配慮奉願上候。畢竟留学生中長人最貧究、前後小生之手元より取替金のみ仕居候間、千万不都合に相成申候。且小生と而も即今は莫大の雑費有之、中々御定之官費（今六月よりは半年分六百六十六弗頂戴之都合に而御坐候）に而、終に自用に不足申候。

先は右拙答旁。恐々敬白

西十一月一日夜三字認　　青木周蔵

木戸参議様侍史下

尚々、先日は実父より之書翰御転致被為遣万々奉恐入候。故国に而も皆々無事罷在候よし細々申越、大に慰羈愁申候。

3　青木周蔵

19　明治(5)年11月13日(西暦)＊　F一一〇一八一

六日之尊東慥に拝受仕申候。憎生田中大丞は隣洲之都府へ視察旁罷越候得共、定而今晩之内には帰府仕候事と奉存候。

裘差出之後于今御答無之、御接手如何掛念罷在申候。御多忙中恐入候得共近日一行に而も御投可被為遣奉待候。御発英之期も御一様御延引に相成、嘸々御こゝろせき被為在候半と察候。

此度Bowls Brothers会社滅亡に付、邦人夥多敷迷惑仕申候。生等も今〔汚レ、カ〕日までに四千八十余封度損失、猶別に心掛之簾〔廉〕も有之申候。実に不慮之不幸に会し、詮方無之義に者候得共、官庁に対し万々奉恐入候。黙雷、佐々木太輔等も不大形迷惑に而、已に嶋地氏へは生より取替置不仕而は不相済都合に相成居申候。錦地及巴利在留之邦人も定而十分に蓄〔カ〕の者不鮮事と奉察候。先は拙答、新聞申上度。恐々頓首

十一月十三日　　青木周蔵拝具

木戸参議様

3 青木周蔵

20 明治(5)年11月15日(西暦)＊ F一一〇一八二

病床強て作拙答候間縷述極て不綴御推読奉願上候。

本月十二日夜半之尊書難有拝読仕申候。時下益御機嫌克過る九日重而竜動へ御帰着被為成候御様子奉大賀候。猶廿一日比には女王も帰英仕候よし、御面会相済候わゝ早々大地へ御渡海被為成度日々奉待候。

尊裘御接手被為遣候よし、品物製格称御意候乎否掛念罷在申候。

小松云々被仰越誠に仰天仕申候。併し事体最初より属秘密殊に再三之尊諭も有之候間、生、品川よりは一言半句も吐露仕候事無御坐候。生、小松より寺嶋翁へ不問語之語気を察するに全く彼之作意にても有之間敷候得共、予防して焼餅仕候事と奉存候。其故は過る八月中当国にて某日誌「ベルリイン之日本」を申表題を出し滞留之邦人を褒貶仕候処、生を首酋之位置に置き、日本政府より生徒総代之全権を負へる者とし学文行状を記載して、賞讃殊に甚し。随て方今独逸之全国生之微名を知る者殆んと十に七、八なるべし 此義は生の身に取て頗るよき都合に御坐候。依而先日小松氏南独逸へ罷越候節も、旧識之士人より定て生之微名を揚け云々と語り候事を帰后〔カ〕よりは、却て憎生に思ひ、転して寺島翁へ焼け置き候事と奉存候。来書に普人より小松へ云々語候と有之候得共、元来小松と申者普国には相識も無之、殊に此度は普国之境まで臨候程之事にて御坐候。猶日外も面述仕候通、士人之知己生を目し以往之公使抔と申候に付彼是と評判高き迂漢と相成居候間、此等之事より自然推量ヶ間敷事出来仕候事と奉存候。且小松と申者は元来生よりも徳を負せ置候事も有之候得共、御承知之蒼卒家なれは何も引当に仕候事無御坐候。来書に彼之旧師云々御尋越有之候得共、彼は先年滞留中専ら医家に入門仕居候間、南独逸之都府にて多少之知己を医師に存し俗務之官員等にも殆と知己も不〔有〕之、殊に普国にては承知仕候者も無御坐候。先は拙答申上度。恐々頓首

十一月十五日　青木周蔵拝具

木戸参議様侍史下

尚々、近日「ホン、ブランド」公使御地へ罷出候共決して彼よりは御咄仕申間敷候。尤も推量咄は何とも難計候得共、彼は生を憎む者にては夢々無之却て反対せる待遇にて御坐候。併し事遅漫に係り候ては又々不面白事も出来難計、速に御処置之方法どもは無御坐候や。尤生及品川之口よりは決して泄漏不仕候間夢々御掛念被為遣間敷奉願候。

3　青木周蔵

21　明治(5)年11月20日(西暦)＊　F—一〇—八四

十六日之尊柬昨日拝受、別封二箇も早々転致仕申候。生よりも過十二日之尊書に後れ十五日付之拙答差出置申候。定て御接手被遣候半奉察候。

御雇入之人物も無間見付出さるべき都合に相成申候。就ては万端申上度義も有之随て親く御差図に不接ては不叶事件不鮮候に付、来る廿二日夕より田中大丞、長与、教授両名御地へ可罷出との事に御坐候。随て生よりは彼是と不申上候間何も両兄之口頭に御接可被為遣候。医師航海之節は書籍器械等少々持参仕度との事に御坐候間、若干之金子可被差立奉存候。尤書器共買得之上は全く官庫之有と相成り可申候（此条も両兄より。巨細に可申上候）鮫島中弁務使も一昨夜当府へ罷越申候。随て医家招聘之義は大丞兄より巨細に掛合仕候処、格段異論も無之都合よく示談相済申候。左候わゝ此旨は成就仕候間一先御安慮可被為成奉存候。

小松云々重て御懇諭被仰聞何も奉領掌候。併し先書に縷述を□(破レ)重て達高聞申候。抑も生過日渡英之比は当境之生徒中にも漫に推察ヶ間敷彼是と噂仕候よしにて御坐候。已に知己之両三輩は他人を介し自薦可然と程々気付申越候得共、陽に不肯を示置申候。尤も長与氏は独り不同意之様子に相見へ、万一命あらは不肯然るべし云々内々気付呉申候。

但し長与之不同意と申者は決て猜忌ある訳にては無之、唯々同行帰朝之意趣に起り候様奉察候。随て異議と雖夢々可悪心実に而は無御坐候。併し生今暫く滞留仕り候時は同氏に在て何か気済不相成様奉察候間、此度拝話之節に而も生之身上に付彼より何か申出候節は、可然よく／＼に御説諭被為成可被遣候。

右は参り掛にて御坐候間今尚ほ推量仕候者も不鮮、随て又々達御聞候事も可有之乎と奉察候。併し事体国務に係候間品川及生よりは決して発言不仕申候。小松生御鑑別之義は愚存に違反せず。左れはと而従来之事跡を陳し彼是申上候時は生より却て彼を讒し且つ婦女子之「さゝやき」語に不過候間、此辺黙止仕申候。「ホン、ブランド」氏は毎々如啓只今之様子に而は決して生を敵視する者にて無御坐候。

　此は内々なれとも、同氏より生之待遇を改候事は生にして殿下及岩倉大使之毀傷を蒙らざれは容易に動べき様子も無御坐候。但し細事は拝眉之節可申上候。先は拙答申上度。恐々頓首

　西十一月廿日　　青木周蔵拝具

木戸参議様侍史下

3　青木周蔵

22　明治(5)年12月15日(西暦)＊　F一—一〇—八五

昨七日之尊柬難有奉拝受候。且昨日は田中大丞到着旁接御近状大に安心仕申候。先日は女王へも御謁見相済候御様子重畳奉大賀候。猶不日仏国御渡海可被為成との御報、追て得拝眉候事と日々奉楽候。

一、一少輔御招聘之条約に付ては台下殊之外御配慮被為成候御様子、大丞君より伝承仕申候。然処生より差出候草案中第一、第二条は頗る御点作(ママ)相成随て句調も無障様被覚申候。乍去第一条中

　「自己之経験ニ証シ」「教育」

第二条中

「某君別断ニ緊要トシテ任スベキ事務ハ大小学校ニ在テ教師及生徒ヲ試験スヘキ方法ヲ調整スル事是ナリ」

等之文字御取除に相成万々嘆息仕申候。畢竟某氏御雇入之上は校内に在て啻に俗務位之事に御駆役は無之事と奉察候処、豈計右之文字御取除に相成候上は某氏之事務啻に俗務位之事に係候様奉察候。元来俗務調理位之事には米人仏人を嫌らわずして適当之者沢山に可有之候得共、「教育至当之方法ヲ設ケ」及ひ「教師生徒ヲ試験スヘキ方法」を調整するに至候ては頗る普人之

長技にて、現に普国之文明を以て五洲に鳴所以かと奉存候。愚考にては邦人招某氏之目的は全く此辺に帰すべく、随て豁国教育之方法を一途に帰せさる可らずとのみ奉存候。

生政規草案中の一章に云、

「公私学校ヲ差別ナク教授ノ科目及其ノ方法ハ可成的全国ヲシテ同一ニ帰セシムベシ故ニ私学校ヲ建立セル者ハ予メ校内講習ノ規範ヲ条列シ之ヲ文部省ニ示シ其ノ許可ヲ経テ始メテ講場ヲ開ク事ヲ得ベシ」

従来本国の諸校に在ては教授の下所謂規範の定額なく、両都府下各自に随意を張り更に一定之事体を存せず、随て生起せる利害得失啻に紙片に不申尽候。畢竟文部省の大目的と申に而も右等之外他無かるべく奉存候。然に其目的と奉存居候文字御取除に相成候段幾重も不堪歎息申候。尤某氏東京着之上に而省卿より重而右等之事務を申付候都合にも相成候わゝ、必しも泣くにも及申間敷候得共、別に御雇入に相成べき米人へ御条約相成候時は書中に決して方法とか試験とか之文字御書入不被為成候様と神以奉祈候。要するに啻に船頭多きの患のみならず、よき教育の方法を設け全国を同一に帰すべき等之目的は終に打崩可申奉存候。右等事務御挖不被為成候ときは固より『外国諸教師之頭取トナスベシ』云々は条して陳述するにも不及事と奉存候。生に在ては余り歎息に堪兼候簾〔廉〕々有之、所謂「難義さ余り」鳥渡申上置候。「巴利府御着之上御淹留一月に過くべきか??。雑沓しづまり候後にて生を鳥渡御呼寄被為成候わゝ万々都合よき事と奉存候。猶拝眉之上「恩怒」も御懇申上度奉存候。

先は拙答旁「難義咄」拝啓仕申候。恐々頓首

十二月十五日　　周蔵拝具

木戸様侍史下

尚々、乍再三米人へ条約書中へは必々試験及教育之方法等を任する抔は字は是〔非〕々々々御書入無之様至願之至に奉存候。此等之事は田中とも相談仕候得共、為念殿下へ申上置候。併し田中之口気にては殿下へ此等之又々申上候通にては却て御迷惑可被為在と申事にて候得共、事体大切に係候間生よりは強て内啓仕置申候。

弥二よりも呈書可仕筈に候得共此度は疎漫〔慢〕に打過生
へ加筆申付候。

〔注〕折りの表になる面に「御密訴」とあり。

3　青木周蔵

23　明治(5)年12月23日(西暦)*　F一一一〇一八六

欧州各国にて帝王達互に親睦なるときは他国之主を以て
自国大隊之酋長となし或は称表（例の胸部に帖するものを云）を代ゆる等、
固より生之説話を待ずして邦人之已に領意する事と奉存
候。然処此度独逸帝より安南王及其執政之銘々へ例の称
表を遣し候よし、就ては事之ついでと従来之好義を顧み、
乍恐我主上幷に両三之大老へ称表差出度内評有之申候。
尤折角厚意にて差出候称表我朝に而は却て「をかしく」
御引受被下候而は万々後悔すべしとの事に付、今朝当国
政府より公使「ブラント」を以て内々生処迄探索に及申
候。乍去生の即答と申候ても夢々公事に係らざるべく候
間「不知」との〔ママ〕而已答候処、重て公使より申にては、何
卒迅速に老台下まで内々御相談申上呉との事に御坐候。
此等之義所謂万国之公法に携候事件にも無之、唯々甲乙
両国之親睦を表するまでにて御坐候間、生之愚案にては
快く御引受被為成度事と奉存候。左候わゝ両国之人民も
安堵之思をなし可申候。老台下御不同意不被為在候わゝ、
岩公へ御相談之上早々可否之御答被為遣候様奉待候。猶
全く御同意と申訳にて候わゝ電信を以て唯々「よし」と
のみ御報可被為下候。実は政府にも都合有之万々差急居
申候。先は為其。恐々頓首

十二月廿三日　　青木生

木参議様侍史下

尚々、幾重も御不同意なきよふ奉祈候。

3　青木周蔵

24　明治(5)年12月27日(西暦)*　F一一一〇一八七

御細柬之意趣早々「ホンブランド」氏まで申入候処、普
国第一等賞表は啻に耶蘇信仰之帝王へのみ差出候訳にて
我皇帝陛下へも乍恐第二等之分差上可申との事に御坐候
（生承知仕候処にては先年普王より「トルコ」帝へ非常の好誼を以て第一等賞表を贈申候得共、自他両亜洲之帝王へは通例第二等賞表を贈申候）。尤此等は公使之内意かとも奉察候得共、政府よ
り生へ直々之相談にては無之候間、強て招問難相成御坐

候。猶右賞表差上候趣意は、我皇帝陛下御即位之初より毎々御勇断被為在随て日本国之開化日々進歩仕候辺、独乙国帝に於而も恭賀不斜候に付、往々両国之友誼を維持仕度まゝ右賞表を差上可申との事に而御坐候。猶両三老卿之御労へ差出候も意趣同前之訳と申事にて御坐候。然処公使「ブランド」氏は来る正月三日、四日之比より発足日本行仕候間、皇帝へ差出候賞表を同人在国中には決して本朝へ御掛合之御都合にも御運難被為成事と同人に而も万々遺憾罷在申候。尤主上之分は暫時見合に可致候得共、諸老殊に岩卿、三条卿幷に参議諸卿之分は老台方追つて当境へ御出之節差出度との事に御坐候。此等も全体本朝御掛合之上ならでは御承諾難被為成事かとも奉存候得共、前条申上候通り公使も近日より発足仕候間、諸老之分は御引受に相成候而如何と奉愚案候。猶此辺も「ブランド」氏之私嘱に而火急に老台下まで御伺申上呉との事に御坐候。畢竟事実帝之親意に起り又は政府之気附に出乎は生にても篤と探索仕兼候得共、実は縦令「ブランド」氏之献言に仕候而も友誼丈けは実に傷み入候訳にて御坐候間、何卒諸卿之分丈けは特命使之全権を以御受納被為成度事かと奉存候。兎角「ブランド」氏発足之期近日に迫居候間此書御接読之上は可否とも以電信御報知被為遣候様奉待候。恐々頓首

十二月廿七日　　青木周蔵拝具

木戸副使殿

二白　御書面之尊慮領承仕候間唯々以書翰拝啓仕申候。

3　青木周蔵

25　明治6年1月3日＊　F一一一〇一〇九

田中大丞も今日当境を発足仕申候。追而巴利へ御出候間、条約之一件等親く御聞得可被為遣候。殿下方には何日比御地御出立に相成候や。「フランド」も明日より日本へ発行仕申候。此辺之義も何か不快之事共に而、万々御気之毒に奉存候。

改暦之元旦慶賀不斜奉存候。廿九日之尊柬元日飛落奉拝誦候。ときに賞表一件御尊案有之本国政府へ御掛合可被為成云々、巨細領尊意候。就而は事実を疎解し、公使ブランドまで程よく申まわし置候間、可然御承知可被為下

候。全体被仰越候云々中、当国政府之者へ生より直達に申諭度事件有之候得共、先日如拝啓最初より公使之紹介に阻れ、且同人に而も邦人に対而は周旋之徳を独り自己之一身に帰度様奉察候間、何事も受流し置而周旋可致様取成置候間、左様御承知可被遣候。随而同人申入にて日本出張之上、必周旋可申上との事に御坐候。猶巨細拝眉之節可申上候得共、事体平穏に相済而此段報知申上置候。先は為其。恐々頓首

明治六、正月三日　　青木周蔵拝具

木戸参議様侍史下

尚々、本書之事件に付而は、生より一行書を以鮫嶋中弁〔務〕使へも可申入筈之処、火急之際超制仕候間、此段殿下より同氏へ可然御説諭可被為遣奉願候。

〔封筒表〕木戸様無異至急要用、青木生。

3　青木周蔵

26　明治6年1月7日＊　F－－〇－〇

文部省御雇人一件に付而は、含内命種々周旋仕候処、兎角彼是之所望齟齬不鮮より談話動すれは難相投、随而結局調印之期は尚更遷延可仕やに相見候間、田中氏事も内談之事件は総而小生へ倚托し、過る二日発当境申候。爾来文部大輔当国之分に而も斟内情認事体、更に二名を撰択し、条約之内意も略々両銘へ申聞候よしに而、万々配意仕呉申候。然処俸金些少之齟齬より孰も納得不仕のみならず、同人之申処に而は従前之主意に而可然人品を雇入候義は万々六ヶ敷と而、次之気付申聞候。

第一、大使より当外務卿へ一封之報告

第二、俸金加増

尤此両条に付而は別に多端之意味合も有之、拝眉之上ならでは中々拝啓難仕事のみに而御坐候。就而は殿下当境へ御出之節まで談話を廃止仕置へく候や。又は小生之巴行を御はやめ可被為成や。文部省に而は余程締〔諦〕兼候半と奉存候得共、前条之手掛りに而候間、拝眉取決候上あらでは最早小生よりは催促も難相成次第に御坐候。此段不取敢達御坐候。恐々頓首

酉正月七日　　青木周蔵拝具

木戸参議様侍史下

S. Aoki

Tauben Strasse No. 15
Berlin

〔注〕S. Aoki 以下は本紙に続けてかかれている。

3　青木周蔵

27　明治(6)年2月8日*　F―一―〇―五八

時下益御機嫌よく御滞巴被為在候半奉恭賀候。二生無異罷在候間乍憚御放念奉願候。さて錦地奉別後は絶而不呈一行候に付、定而不実者と可被思召候得共、月末之蝟務と幷に公使館借用之俗事に迫られ帰普後は殆と寸暇に乏く、随而御不音申上候間、不悪御海容奉願候。

白耳義、和蘭へは不日御発程に可相成奉存候。日外も啓達候御帰朝之義は、可成御急ぎ被為成度奉存候。御滞欧遷延仕候より彼是世評も有之候得共、細縷期拝眉可申上候。先は差急ぎ唯々呈一行申候。恐々頓首

二月八日　周蔵拝具

参議様侍史下

3　青木周蔵

28　明治(6)年(2)月23日*　F―一―〇―八八

過る十七日錦地へ御安着随て謁見之式も無故障被為済候御様子重畳奉拝賀候。日誌に憑れは国王設大式近日之内招致可仕歟に承申候。引続儀式彼是万端御用済に相成候わゝ、追て和蘭へ御転駕可被為成奉察候。先日鮫島公使まで申越置候通り、独逸帝も来る四月初旬之比には魯行可仕候間、錦地幷和蘭に而も御用御済被為成次第格段御淹留不被為在、晩くとも来月中旬までには当境へ御出可被為成方万々御都合之儀不鮮様奉存候。

別紙一片日誌中之一二章を翻訳せしめ候処直訳にして真意之徹底せざる処許多有之申候。併し一応呈尊覧候間、御一見後早々御贈却可被為遣奉願候。実に奉別もまだ〳〵沢山になんぎ雑話たまり居候間、何卒早々当境へ御〔ママ〕御出被為下度、弥二と共に御待申上候。恐々頓首

廿三日　青木周蔵拝具

木戸様

3　青木周蔵

29　明治(6)年(2〜)月(　)日＊　F一一〇一一

草稿。但し本書は已に山県へ差贈申候。

亜米利加、仏蘭斯国の新聞誌に憑れは、輓近日本国の政府妄りに西洲の開化を疑似し、所謂「トレランツ」〔諸般の宗旨を信仰する事各自の好賞に帰すべしとの義なり〕を許可せりとか。且つ英吉利斯国の日本郵便と云へる新聞誌に憑れは、皇帝の政府遠く外国の僧侶を招き、其徒と共に「トレランツ」の事体を商議せんとす云々の説あり。然れとも是果して英仏米国の僧侶等、自己の欲徳を逞うせんとて、百誌を仮つて甚麁暴軽率の説慮を播布し、以て自己を衒売をするものなるべし。何となれは日本国に在ては二百年来一箇の典則あつて其民の耶蘇教を信仰する事を厳禁せり。而して其典則今尚ほ国内に公通すれはなり。但し一両年来政府漫りに神統教を偏愛し、却つて其国に裨益あるべき釈茄教を疎せりと雖、亦之れ日本固有の教法にして、更に他教に転宗し或は所謂「トレランツ」の謂に非ず。現に府下村落の間、密に耶蘇教に転宗する者鮮からず云々の説ありと雖、要するに其徒国害を醸さゝれば、政府復た長崎の故轍を〔踏、欠カ〕ず。随つて、残忍の懲治の加へざる事と察すべけんか。然れとも日本人にして現に其国の要路に当る者は、処置の際毎に小心翼々の意あらざる可す。抑々欧洲の開化文明なるものは進跡順序あつて、彼の鎖国数百歳にして一朝開国の利潤に悟り、素手無謀にして其隆盛を致せしものに非す。素手無謀にして其趾を挙ば、蹉跌豈免るべけんや。且つ現在の政家軽挙事務に失せは弊害数十年に遷延し、他日後進の政家は啻に其害を掃除するを以て業となすべし。然れとも今日勤労して過失せる業間（てま）と、其金資等の費用を算総計し、随つて利害得失を判するときは、不経済之より巨大なるはなし。仮りに一国の存在を以て人間の生活に比すべし。望欲日々に変し、昨日要用とせしもの今日は無用に属し、今年幾望するもの来年は唾して顧みざるもの鮮らす。要するに人生の急務は、甲乙相害せず各々毎日の自用に給弁し、以て其生を維持するに帰すべし。政家国の為に謀るも亦同し。主とし当時の要用に給供し、前途の要用は後進に依つて之を弁せしむべし。日本国に在て彼の転宗等の事件は将た今日の要用に属すべけんや。特に教法の事件は、人生の最も鋭敏に知覚して愛悪するものなれは、容易に処置あらざるべし。古来各国の歴史の証すれは、教法変革の弊害、終に甲国内の民和を鎔解し、随つて外寇其間に乗し、甲を逐ふて其位に当り、更に乙国を成すの例亦鮮らず。故に日本国の政家は外姑く我耶蘇徒の漸次に進跡する事を詳に視察し、内耶蘇教に転宗する者あれは姑く黙して其動静を伺察すべし。政府の大令を以て二百歳来の典則を廃止するに非れば、姑く猶予するの故を以て、已に耶蘇教の侵入を黙許せしと云の理なく、且つ邪教の名を目して他教を非放〔ママ〕せざれは、更に西客の恨を招く事なし。頃日米国「ニューヨルク」府の一日誌に憑れは、一箇の「バプチステン」僧日本国に遊び、其皇帝陛下をして「バプチスムス」（耶蘇教の一派）に転宗せしめたり云々を載せり。嗚呼米人何ぞ言語の軽率なる。生も邦人（独逸人を云）誰か之を笑却せざる者なし。凡そ五洲中教法万端に分派し、甲は乙を却け、乙を〔ママ〕丙を非放し、嘖々譁に堪ずと雖、要する万般の教法にして啻に其祖師の主意のみを存し、中古の世蠱惑姦佞の僧侶等、自ら利して其本然を矯め終に今日の弊害を致ざれは、殆んと何教の差別なく万箇の教法は即ち万箇の明法なく、予等独逸人は夙く此際に洞観せる事ありと雖、国歩艱難の下、当路の諸老極めて閑暇に乏しく、猶予数十年を経過せり。然れとも前二年、仏国と和睦せし後は、漸次に手段を設け、蠱惑人民を詿誤するの僧侶は総て之を国外に放逐せり。想ふに蠱惑を仮つて業とする者は、欧州に在ても生産を軽んし、或は必す東洋にも航海する事あるべし。請日本国の政府は臨時相当の曲則を制し、彼の徒の足をして其国の土壌に接せしむる事勿れ。彼等にして一回其居を日本国に占めば、路を迂直に仮り、必す政務を障碍する事あるべし。

〔「　」内追而書、抹消〕

「右当府の日誌中より抜て翻訳仕候まゝ貴下まで差出申候。御序之節新聞雑誌へ御書加被下候わゝ、邦人之目に触候而も一二は助言とも可相成候廉有之乎に奉存候。猶閑暇之節は彼是翻訳して差出度もの有之候間、可然御含置可被下候。頓首

明治六年正月卅一日　青木周蔵

山県篤蔵様」

〔封筒表〕To His Excellency Kido Sangi ／ HYJ 2nd Ambassador ／ to Europe ／ Shang hai
〔封筒裏〕木戸参議殿煩御親展、従上海。
〔注〕明治六年一月三一日山県篤蔵宛書簡写を木戸に送った書簡であり、とりあえず二月に掲載する。但し封筒発信地などとの整合性を含め、問題点は多い。

3　青木周蔵

30　明治(6)年5月29日＊　F―一一〇―六二（品川弥二郎と連名）

中途御無礼、最早今朝は巴利へ御安着被為成候半奉恭賀候。生等も無異義帰府仕候間御放念被為遣候。さて昨日は千万里の奉別と存候故歟握手惜別の瞬間時より神心何となく動揺熱涙淋々、両生共車床に対坐して中宵までも無言に打過ぎ無究百万之想念を労し候。

限りなきなごりのなさけしる人も
知らるゝ人も幾人かある

特に周蔵義は昨年竜動に而拝謁之日より一入抜群の恩顧に接し云々之厚庇拝謝に堪ず。彼是追想之間、別に奉別を惜みて口占仕候。

相識らぬ昔は人に別れても
涙に袂はしぼらざりけり

先は御安着を賀し併而奉別の情を表候。恐々頓首
五月廿九日　弥二郎
周蔵
木戸参議亜父呈梧下

〔封筒表〕Sr Excellence ／ fco! Monsieur Kido ／ aux soins de la Legation du Japon ／ a Paris ／ 24 Avenue de la Reine Hartense

3　青木周蔵

31　明治(6)年6月2日　F―一一〇―〇七

廿九日之尊翰難有頂戴仕申候。巴利府御安着被為成候御様子奉大賀候。生も無異罷在候間、御降慮奉願候。併し奉別後纔に三日を消候得共、恋々三秋之思に御坐候。
「逢ふ間も短き夢のなごりかな」
教頭氏雇入之義痛く御催促被為下頓着仕申候。併し生も着府之明日文部省へ罷こし切迫に申入候処、近日之内

「ほり出」可仕との事に御坐候間、御降慮〔可、欠カ〕被為遣奉存候。附命之書編火急に草案仕候処不出来千万、併し時日迫り候間草稿之儘差出申候。尊案之条々固より斟酌仕候得共、意緒漸々順序を改申候。且生之書中毎々「就て」とか或は「随て」とか種々案癖を重ね、句調甚た穏ならず、他人も容易に青児之手跡を察候間、意味之疎洩は勿論なり、文字迄も子細に御調和可被為遣候。

昨日は当府へ「ペルシヤ」王来着、御引受は格外丁寧之事に而、皇帝、皇族及「ヒスマルク」氏、「モルツケ」氏等も総て「ステーシヨン」へ出迎ひ、其より途中は来客之前後に騎隊数百計り保護いたし、帝と王と六馬の乗に同車し、諸街を馳せて帝館に着仕申候。生等も明日は謁見可致との事に而御坐候。其外府下之形勢は依然昔日之泰平なり。

日本より之新聞何か尊聞に達候や。生等は僻地に離れ万事迂遠に打過申候。

西郷氏之来欧如何。臨別申上置候通り新公使到着之上は猫也々面を包んて後背に進可申候。猶其際に臨み不都合に滞欧を請はんより寧ろ帰国に如ずと奉存候間、万一帰朝仕候わゝ両三年間を期し重て欧州へ御派出可被為下奉願候。欧地なれは何国と申嫌ひは無御坐候。尤已に此度新公使到着之上に而、生義を直様他国に御移し被為下候様之御都合にども参り候わゝ、帰国之時間を費さず、一入難有奉存候。畢竟手伝を設て文も術も交々脩行仕度候故、急に欧洲を見棄候義は一世之大憾と奉存候。四年間之脩学纔に語学を終ゆるに過ず。御愍笑可被為遣候。御帰朝之後は嘸かし御多忙と奉察候得共、時々一行に而も御恵投可被為遣、猶云々之義有之候節は何事に限らず被仰下候様奉待候。府下賢明之知己あり、忖度せば亦奇珍之説話をも御取次可申上候。時に暁に作るより夜の五字なり。睡眠閣筆を要す。自他は又々明日之序に可申上候。恐々頓首

六月一日（二日と作るにより）

青木周拝具

参議木戸亜父呈梧下

〔注〕謄本の年代推定は五年。

3　青木周蔵

32　明治(6)年6月2日＊　F一一〇一六三

「マルセイル」に而は御旅館今より御取極に相成居候わゝ何卒被仰越度奉待候。

桂太郎氏来十月より兵科大学校へ入門仕度奉存候。然処当国の制に而兵校（大学を云）へ入門之者は已に士官たり。就而は同人義も日本士官之性質に而平常軍装を着け入校之間は丸で学校之支配に預からせ度奉存候。左なくては啻に入門不相成のみならす同門弟の交際も無之、随而脩行相成不申候。併し日本之軍服を着候義は同人士族とは申ながら私潜に取計候訳には難参候間、事実を山県太輔（ママ）へ陳述し軍装着服不苦候段公然官許を得させ度奉存候。巨細は太輔まで申越置候得共、御帰国之上は老台よりも、右之都合山県氏へ御噂被為下候様奉存候。軍装を着し士官の性質を受候と而別に給金を取ると申訳に而も無御坐候間、事体格段妄りヶ間敷様にも不存申候。

昨夜認置候書中縷々私利論を吐出し憮々「をかしに」被思召候半。万々恐入候得共、黄嘴乳臭尚ほ成人之伍にも列せざる程之迂漢に而候間何卒御憐恤被下、手伝を得て脩行相成候様強而も御高配意を煩し度懇願に堪不申候。誠に「マテリアール」（実物様の義）の私利を欲し親眷家族を顧み枉而丹心を擲つ覚悟にも候得は、固より滞欧は下策に而候得共、一回身を以て国に許し政家の負責たるも大抵何々と申辺覚悟罷在候間、せめて今暫は滞学致し追而肢体之労を任し度奉存候。心緒筆紙に尽し難し。高明幸に御照亮可被為遺候。恐々頓首

六月二日　青木周拝具

参議木戸亜父呈梧下

3　青木周蔵

33　明治(6)年6月13日＊　F一一〇一六五

本月七日之夕「マルセイル」より御投被下候書難有拝受仕申候。二生過る八日別林発車当境へ罷こし申候。大使其外にも重而会同、例之「かしましき」口に而又々多言を費申候。

寺嶋より承候得は制禁の高札を下け候節政府失策を極候よし。愚考に而は其御高札に代ゆる一典則を以て彼是予

謀を仕置度事と奉存候。此義は過日も申上置候通り騒擾一揆等を戒め外国之僧侶をして「まぜをらせぬ」に有之申候。〔此条之処置は今日に而も間に合申候〕（〔 〕内この段落の上欄外に書込）

邦人と欧人と婚姻可致云々公然御法令に相成候よし、実否如何は不存候得共亦一つ失策之様に奉存候。固より彼れは欧人は貴きものを賛とは致申間敷候。就而邦人之家産を顧み外人の意を迎へてならでは中々此等の事を申付る訳には不申様奉存候。

金紋先箱之評実に嘩し。請老台御尽力可被為成候。御傍観有之候而は事体は変に移り、且つ当路之責にも御反き可被為成候。

△多言も少々之益には仕度ともの〔ママ〕と折角骨折申候。但し一身之利を益と云訳に非ず。何卒として老台に帰せしめ度奉存候。御会同之日は漸く功験あるべし。尤も姑息之利に而も必御見捨無之様奉存候。

先は為其。恐々頓首

　六月十三日夜「ビエナ」に而認　御ぞんじより

木公閣下

〔封筒表〕日本に而、木戸参議様閣下、墺国より、青木周蔵拝具。

3　青木周蔵

34　明治(6)年6月21日＊　F一一〇一六六

生徒呼帰之世評実に諠譁に堪がたく、就而は銘々或は愚痴を起し或は不平を鳴し、または懶怠に流れ、千万不面白有様に而御坐候。畢竟此参り掛に而は一日も不相済候間、何卒御指揮有之度奉存候。生之愚存は兼て申上置候通りなり。要するに実着に処し時日と金子と失せざる法は別に有之間敷候間、長与氏へ申遣置候趣意に而田中氏をも御説諭被下早々御処置可被下奉願候。猶御終局次第電信に而御報被下度奉待候。此条至至急に御処分被下度奉願候。

金紋先箱之一挙如何相成候半。掛念々々々々。

「マルセイル」より之御投書難有拝受仕申候。先は為其。

恐々頓首

　六月廿一日　青木拝具

参議様

3　青木周蔵

35　明治6年7月7日＊　F一一〇一一二

文部省へ御雇人之義、余程運候得共今些と半途之義有之候に付、後便には必すよき御もと可申上候。乍恐此旨田中、長与へも御伝意被為遣候様奉願候。

参議御撰挙云々如何之御都合に而御坐候や。政体改革と申朝意に而も可有之候得共、所謂外貌に失し候半奉察候。兎角最早泥に酔ひ居候鰭をば大小に係らず転して、清水に御溶がせ可被為成候得共、気骨ある鰭等は今以泥に酔ひ不申候よし、頃日佐々木前太輔〔ママ〕よりも申遣候。要するに跋扈するものを圧し、是非々々分限中に押し込度事と奉存候。事実を証し評判仕度候得共、新聞紙贈致無之候に付迂遠に打過申候。春来兎の価最騰貴仕候よし。従来錦地に而「おもと」草の価上有之候よし承居申候。定而亦同様之無趣意に起候半。此等も税法と「ポリス」法之なき故と奉存候。長与共へ申遣候義、至急に御処分被為下度、毎日々々奉待居候。

先日増野氏へ御挓被為下候衣二領、難有拝受仕申候。先は為其。恐々頓首

明治六、七月七日　　青木周蔵

参議様侍御史下

欧洲には奇珍之形勢も無御坐候。我大使は此比「スヰツ」に而楽居候。時々音信有之申候。

3　青木周蔵

36　明治6年7月26日＊　F一一〇一一三

拝啓　井上、渋沢之辞職云々、縦令両氏之論説漸々確定之事件有之候共事体議議に移り、政家之可恥処行と奉存候。右両氏にして、今より三、四年前に斯かる実着之議論を出し候わゝ、台下之御胆も今日程には焦もすまく〔し、欠カ〕候。随而蒼民も仕合之事と遠方より推察仕居候申候。頃日生徒之結局（欄外注記、佐賀県之威権生徒にも係り、文部省之処行不公平と而、生徒等も云々もまし申候）に付、鮫島より直談仕段申越候に付、鳥渡巴利まで罷越大使へ重而面話仕候処、岩公、伊兄も前条之云々に付而は頗る困究之体に相見申候。自他鎮西之一揆等云々日々心

痒を起申候。実に定規なき随意政治に而は、往々と而も々々国威之隆ならざるのみならず、只今之様に行議も崩れ治法も癈候形勢に而は、終に国歩何程艱難之際に陥候も難計、誠に々々掛念此事のみに而御坐候。

御帰朝後之形勢、万一御余暇も有之候わゝ一行に而も御洩被為遣度奉願候。実は于今外務省より新聞紙も金も贈致無之候間、半餓に而迂遠に打過申候。

萩之留主より、帰国待兼候に付荆婦を招寄べく云々、頭痛に相成程之ヶ条申遣し、千万困究仕申候。婦女之小心万々加推察候得共、実に「インガ」なものと奉存候。

一、桂太郎も借金重り、留学難仕候に付、一応帰朝仕申候。尤同生義は前途之目的屹度不鮮候間、重而兵部省より派出相成候様山県氏へ御説諭奉願候。実に如此人物は今より両三年も滞学令致候わゝ、屹度日本之御為にも相成候得共、只今帰国之上彼是糊口に役し、随而寒心灰候而は、私情は丸と差置き、為御国無益に奉存候。恐々頓首

明治六、七月廿六日　　　　青木周蔵拝具

木戸参議様侍御史下

3　青木周蔵

37　明治(6)年7月26日＊　F一一一〇一七二（山県篤蔵宛）

「千八百七十三年第七月廿六日、独逸国ノ一日誌に云く、頃日魯西亜国ノ一日誌に憑れは、魯帝より、嘗て東「シビリア」洲を本営に都督せしめる一将「ゼネラール、ポルトルキ」氏、地理学家数銘を招聘し、及其管轄せる軍隊中よりも地理掛の士官数銘を撰択し、満洲及「モンゴール」の地方に派出し、支那北境の地理を精細に探索し、随つて図取等致すへし云々を、命じたる由なり。魯人は狼貪、已に奪へるも亦未た飽ざらんか。嚮に其黒竜河境上を屠略するや、前一年地理家数銘を派出し、後年終に之を奪へり。而して近日「ポルトルキ」氏の一挙、亦頗る其轍に類せり。支那は土壌広大、人民繁植すと雖、事若し争戦に逼らば固より魯兵の進衝を支ゆる事能はざるべし。且つ奪ひ且つ制し、魯人早晩朝鮮に臨まば、日本人も亦必す其土に安する事能はざるべし。米なり英仏なり、宜しく海威を張つて亜細亜の東浜を保護し、日本支

那の人民をして独り開化を知り、各々富強を致さしむべし。」

右、当府日誌中之一章を訳し差出候間、御序之節雑誌中へ御加可被下候。尤従前之如く拙之名前は御記被下間敷候。事体之両国に関係すると否とを問はす、万国公法に証し、已に書記官たりとも、友義を以交際仕候国之動静を彼是日誌等へ書ちらし候辺は、痛く憚る処に而御坐候。就而は以往一行之新聞申上節は、雑誌へ御載被成候文之冒頭に「独逸新聞中に云」之字御題置可被下候。先は為其。恐々頓首

七月廿六日　　青木周蔵

山県篤蔵様

魯人之屠略、実に腹之立候訳に而御坐候。此度支那へ押入彼是企仕居候よし。固より近来之志確ならず候得共、于今確実之報には接不申候。

3　青 木 周 蔵

38　明治(6)年8月22日*　F一一一〇一七四

今日「セイゴン」御着前に御認被為成候壱封飛落難有奉存候。熱海も御無異に御経過被為成候御様子重畳奉賀候。且つ此節は順に御帰国被為在候半。故園之風色如何に御坐候や。時下初秋之候には候得共、葉落渓流出木橋之体に共〔ママ〕は相見へ不申や。一揆抔も所々蜂起し、会計局は于今「ドサクサ」之風評承申候。日誌類一見之上は、云々御尋申度義も可有之、且つ挿嘴も仕度候得共、辺隅之羈客枉而迂遠に打過申候。先日桂太郎其外私費生は総而令帰国申候。併し桂生義は何卒如何としても今一応御派出可被仰付奉願候。

此条極々内啓。文部省御雇人之義、爾来大骨折に而心配仕候得共、空く十三人を試験し遂に壱人も手に入不申候。此と申も銘々大金之月俸を幾望し、且つ妻子見継金（但し若し当人死折せばとて、此もヶ条に入れて申出候）とて月給之外三年間を期し毎歳壱万円頂戴仕度なぞと、強而日本行を欲するものなし。然れとも兼而之御尊諭も有之候に付是非壱人可然人物可見出、今以心配罷在申候。尤も田中よりは、以電信条約未定に候わゝ雇入不可然と申越候得共、昨年来文部卿之世話仕呉候簾〔廉〕も有之候に付、まだ近日之内に人物を見出候わゝ是非々々雇入仕度奉存候間、此辺内々御含置可被為遣奉願候。

長々之御船中沐浴と而も嘸御不行届に被為在候半。御帰国之上に而皮懐に痒みども生し候わゝ、果而「ひぜん」と可被為思召奉遠診候。

品川も明後日より博覧会に出掛、程よき都合に候わゝ彼地へ長滞留致し度奉存候。

先は唯々拙答申上度、一行のみ走らせ申候。恐々敬白

八月廿二日　　　　青木周蔵拝具

木戸参議様閣下

尚々、時下御自重可被為下為国奉祈候。

3　青木周蔵

39　明治6年9月16日＊　F一一〇一一四

久保行之書は御帖封之上御転致奉願候。

「サイゴン」御着港前之御親束落手仕候後は、丸々御様子承知不仕申候。固より御機嫌よく御帰国被為成候半重畳奉恭賀候。二生等無異在勤乍憚御放慮奉願候。于時故国之風光は如何、御意に叶候や。後便には彼是と御洩被為下候様奉願候。

田中も近来英人に恋着し、頻に英語へ着手仕候よし。外部之「ポリチーキ」上より論し候ときは、挙動固より可然事に而御坐候。併し巷説に依れは原地之国語に従事仕候辺、迂達〔達、ママ〕に禁止仕候よし、亦至拙之一挙と奉存候。

副嶋卿帰国のよし、随而「ホルモサ」嶋之結局如何に相成候や。魯人東伐之旧念、近日頻に燃上り候よし、北部の辺境には決して手も足も掛けさせぬ様、予謀有之度事に奉存候。

仏にも近日は又々「シャンボルト」（旧の王族）を王に致し度抔と而、民間も政府も確乎たる目的なしに盲騒動罷在申候。伊太利亜近日此国に来訪、独帝と会合仕候よし。伊独之「インテレスト」は、仏之挙動に従ひ、愈々親密に相成可申候。畢竟両国之期する処に而は、法王を斃し（併し縦令殺ずとも威権を奪うことなり）宗旨（但し僧侶外貌〔カ〕及蠱導等を云）を遠くる之主意なり。仏国特に「シャンボルト」輩に至候而は、僧侶を仮りて政治するの「インテレスト」に而御坐候。

大使も本月三、四日比には帰国有之候半。墺国より申上置候通り、尚調合仕置候間、政規論は是非々々御主張可被為成奉祈候。尤草稿にて差出置候編中之章句、改正仕候分は追々可申上候。

萩行之一書御転致奉願候。生余り長滞留仕候故、先日荆婦より此元へ参り度抔申遣候。併し兼而之参掛も有之候間、許諾不仕而已ならす痛く否と申遣置申候。

生等于今無俸に而在勤、千万困究仕申候。且生身上之結局も今以半途に属し、誠に不都合に堪へ不申候。内外不都合之御義も有之候わゝ、墺国へ転居し肥前公使之後続に相成度候間、可然御配慮奉願候。当境へは維納へ参り度人有之候様被察候間、同人を御遣し可被下候。

先は右申上度、其内時下御自重可被為成、為邦土奉祈候。

随而「プライベート」は相応に御骨折可被為成候。弥二も先日は墺国に而案外之豪敵に出会し、殊之外骨折候抔と而もの語罷在申候。早々頓首

明治六年第九月十六日　　青木生拝具

従三位参議様

〔封筒表〕木戸参議様無異内陳、□〔汚レ〕在中、青木周蔵。

3　青木周蔵

40　明治6年9月24日＊　F—一—一〇—一五

前略

香港上海辺よりは定而一行御恵投被為下候半と楽居候処、「サイゴン」御着前之御投書後は丸々御様子不承候に付千万掛念罷在申候。就而は長く気遣はせずに唯々一行に而も無異帰国した御申越可被為下奉待候。当境に而は生等一統無異在勤仕候間乍憚御放慮奉願候。〇昨日は頓に呈電信、所謂「オノギョフ」に相見候得共、兎角金資無之候而は彼是不可言不都合も有之候間、出先之参り掛け御推恕被為下、早々金資等御贈致相成候様、其筋へ御申伝へ可被為遣奉願候。

〇鎮西南陽之一揆実に可大息形況に而御坐候。畢竟旧規に頑習する眼をたゝきつぶし、視力を革へて新規なる物を常習せしめんとするは、中々頓に挙へき治療に而無御坐候。福岡の頑良或は民等朝意を体せず官員等を刺殺し彼是狼藉仕候得共、旧藩之家老制すれは即ち之に聴候辺、愚鈍之土民不免旧習之証拠に而御坐候。併し彼等に「ヒイキ」して判候ときは妄りに自己之固有を癈ずと云一点之良意有之、生兼而申上置候郡県固有政治には頗る当てはまる御廉有之申候。名東県には学校三十六軒も焼失仕候よし。斯く乱妄之民へは学校之利益丸而無之もの之様

に相見候得共、畢竟人を制するに無形（スピリチュエル）〔但し形あれとも考のみより出しものなり〕之典則を以すると有形（マテリアル）之損費〔民に損費あり〕を以するの間、不容易相違有之可申候。教育は急務々々と申立候得共、急務を理するに法も手段可有之、就而は新に人民の損費を急に増加せずとも従来之手習場を潤色し無形の典則を加へ、色々暫時之間済し候は、充分之出来事歟と被存申候。○浪華の土功〔川浚築港を云〕よく承知仕候得は無益之一挙歟と存申候。畢竟港あしきより「都下不繁昌」なりと申起土功候よし。併し其都之盛衰は他の源因に係り候間、よき港成落仕候而も二百万円之利足を取戻すわけには可参兼歟に奉存候。

欧州も「ポリチーキ」之境内誠に平穏。尤伊王当朝へ来訪〔着昨廿二日にあり〕之一挙日誌に而は云々賀したり、焼餅したり喧々に不堪申候。生も昨日各国之公使に伍し謁見仕候処、懇切に本朝之形勢を問ひなぞ仕申候。

先は右申上度、其内時下御自重可被為下為邦土奉祈候。恐々頓首敬白

明治六年第九月廿四日　　　青木周蔵　拝具

木戸参議様侍御史下

尚々、奉別前御内諭有之候通り南部美樹〔家厳之門人に而其遺子之世話仕候者なり〕へ御説諭被下候や。妻子なき身ぞ浦山敷奉存候。

〔封筒表〕従三位木戸参議様閣下無異急、青木周蔵。

3　青木周蔵

41　明治6年10月2日*　F―一―一〇―一六

拝別後之呈書于今一回之尊答を報せず、御近況如何千万掛念罷在申候。固より御帰朝之初日は嘸々御多忙に被為在候半奉察候得共、最早一行にても御近況御来示被為下候比と日々相待申候。御帰府前長門へども御立寄被為成候や。

先日以電信伺置候文部省へ御雇人之義、千万不都合之参り掛に相成困究罷在申候。畢竟当国文部卿并外務官員之申所に而は、大使より御倚頼に相成候事故田中より否申道理も有之間敷抔と、生より田中投信之義を不申聞以前に以書簡申伝候〔想に「ホン、ブランド」より内々注進いたし、文部省に云々説ありとでも申越候歟〕。

就而は先日申上置候通り、罪は生之身に引受候ても当政府へ信義を失せざるため人物雇入差出覚悟に而御坐候処、

条約草稿之文面を争ひ、可雇入当人より申候には、下拙罷出候わゝ固より他人御雇入に相成候とも決して上席へ位置せしめ、或は事務を共にする様之義無之事と存抔申出候。併し一応田中より雇入之義は断申越候位之事故、生出先に於而許諾仕候而も後日不都合之義出来候節は、啻に生の罪のみならす、随而政府之不都合にも可相成と存候故、態々及御掛合申候。尤未た別に御雇入に相成候人無御坐候わゝ、幸に見当候人物は傑出之教頭英、仏、独、伊等の語に通ずに而候間千万都合よき事と奉存候得共、田中より巨細不申越候に付、生出先に而困究罷在申候。

一、欧州の形勢別に拝啓すべきもの無御坐候。

一、弥二も生も無異に在勤罷在申候。併し生へは留主よりいやみ半分不平様之事計り申参り、実に困究罷在申候。就而は御思召次第一応御呼帰被為下候様之都合には参り申間敷歟。私情は扨をき、左候わゝ両国交際之間にも万々好き都合なりと、脇方よりも推亮ヶ間敷忠告仕候者不鮮候。尤願出置候通り墺国辺へ転任仕候様之都合にども相成候わゝ、直様居続に仕候而も決して不都合之義無之様被存申候。全体最初より之参り掛も有之候に付、後日は重而此元へまいもどり候とも、一応は帰国とか又は他国へ転候方、千万世習にも叶ひ都合克事と奉存候。

先は右拝啓仕度、其内時下御自重可被為在為邦土奉祈候。

恐々頓首　　青木周蔵拝具

明六、第十月二日

参議様膝下

毎々恐入候得共別封長門へ相届候様御家扶へ御命可被為遣候。実に此節は金はなく不都合は多く、其上荆婦并に留主一般之件には心既に紆ひ何とも筆紙に而は難申尽ほど気を腐居申候。男子にもせよ女子にもせよ苦界の鬱を忘れ候にて、両性親和して交互に懇諭するに在るへし。然に不幸生之如きは配あれとも懇諭を交ゆる事能ざるのみならす、音信を通すれは却て鬱気を生し苦界に存するも殆ど懶しと申程に御坐候。身から出し鏽とは申ながら下情御愍察奉願候。養母より又々荆婦を当境へ呼寄べし抔と申遣候。慈母之情を打消候義は殆んと人情にも背候得共、世の中に「伊屋」と申事あるは誰もよく理解して呉度ものと吾儘申上候。
養母より投候書片呈尊読候間、苦情御愍察奉仰候。
不尽々々々
出たらめ「なさけあらば解けよしる人吾胸のこころの緒端今ぞもつるゝ」

3　青木周蔵

42　明治6年10月14日*　F―一―一〇―一七

一筆啓上仕候。然は昨十一日附之電信を以而被仰下候文部省顧問師雇入之義に付而は、同省出仕田中正五位より両三日前電報有之候旨に而、独逸政府へ周旋之義謝絶申入置候間、可然御含可被為遣候。誠に入々御依頼相成居候事件頓に御謝絶相成候段千万不都合之義に而、拙者等出先に而迷惑仕候耳ならす、違約重而出来仕候而は交際之下自然鈍政府之信任候間、向後は屹度注意仕度奉存候。就而は此段一通田中正五位迄申越置候得共、自然御序被為在候わゝ交際之関跡〔ママ〕猶又御説諭可被為下奉存候。尤内国之形勢不許顧問師之雇入云々之義は亦無拠御都合に而候間、此辺之事情は篤と外務宰相へ申入置候。先は右条回答申上度如此に御坐候。恐々謹言

明治六年第十月十四日　独逸公使館在勤　青木周蔵

従三位木戸参議殿御閣下

3　青木周蔵

43　明治6年10月22日*　F―一―一〇―一八

先日被為下候電信幷長与氏より之来翰に而、御機嫌克御帰朝被為成候段奉承知候。乍去于今御投書不被為下千万待長く奉存候。形勢談は差置き、御一身之御近況引続御手際宜敷被為在候や。生等無異に在留仕候間御放慮奉願候。

当館御手当金之義に付而は最前岩公幷に大久保卿へも入々申出置候処、于今為何御沙汰も無之千万困究罷在申候。就而は先日老閣下幷に岩公宛に而電信差出候処、此比岩公より答信有之、云々鮫島迄可申遣との事に而御坐候。併し云々計に而金資到来不仕候而は、最早不都合に不都合を重ね何とも難申上程苦敷御坐候。乍去遠隔之地に而は万事思耳而不能為、暫く寛恕に悟り「棹をさへとらでゆく見ゆ川舟の流るゝまゝに世もわたるかな」抔と

口占罷在申候。

土耳児墺国之境上に而前日両国之人民小せり合仕候処、土よりは墺より主張せる領事官等小せり合を慫慂仕候抔と黠詐を以て世間に疎解を播布仕申候。就而は墺国之宰相頗る立腹之体に而、方今は両国之際ヒットいたし候わゝ不和、左なく土より維納へ出張之公使を呼帰し穏々和睦を復すべき歟と相見申候。畢竟右之公使より彼の疎解文を各国之公使等に投致仕候より大に失策仕候。全体他処之世話を仕候わけに而は無之候得共、土耳は長活き六ヶ敷様之形勢相見申候。此と申も国主不賢之上世話人は相長(タケ)之者計に而、大船動もすれは梶木より方嚮を誤られ申候。大蔵は極て貧きよし。左れは先日も八百万或は二千万金之国債を募り置候得共、纔に二万金計を得而已。所謂「クレヂート」悪しき故なり。一国之重点は何処に而も大蔵に落候わけに而、吾邦之事抔思ひ効べ、為に嘆息仕申候。

仏にて立君之説益々増長。只今之形勢に而は「シャンボルト」氏王位に就べくやに相見申候。併し仏の形勢ゆへ見洞し事は難申上候。畢竟同氏も王位に就くは一時之顕栄とは乍申、一身を無異に保つ策には固より無之、況んや王たるべき人物には無之様承申候。但し仏の独帝は法王へ長書を投して来「ピョプラリテー」人民の望を得る事益々増加し、此比は墺国之博覧会に出掛候処彼地に而も千万誉られ申候。仏国を除く之外彼の書柬に而欧人愉快を呼ひ、日誌も為之金モーケ仕申候。

先は為其。恐々頓首敬白

明六、十月廿二日　周蔵拝具

木戸参議様閣下

尚々、日外魯より扈従仕候節御走金を願置候処、右之金高于今返納不仕よふ覚申候。何れ土産なりとも持帰可申候得共序ながら申上置候。我礼氏御算用方罷在候間御清算之節可然御申聞可被為遣、後れ々々に申上万々奉恐入候。

3　青木周蔵

44　明治6年10月29日　F一一〇一九

八月十三日之御書九月七日発横浜、今月廿二日此元へ飛落仕申候。先便申上候通り御機嫌よく御帰国被為在候義

は長与、野村靖等より連々に申参り候に付、一通り安心仕候得共、時勢に御処被為成候辺は如何之御都合に候半と遥に掛念罷在候処、来書に憑れは彼是御納得に難被為参時勢之実有之との御事、切迫之御情実幾回も奉遠察申候。且一面目を改るに非れは救済之手段不被為在との御事、生海外に栖居し、固より物情形勢之本体等丸々承知不仕候得共、広く旧轍に照し合せ候得は、即ち可然候事と奉存候。就而は御滞駕中拝啓仕置候通り「カビネット」之変革は兎角一人之手に帰せず候而は都合よき場合に難立至候間、徐々として今一応御死力御奮ひ可被為下、為邦土懇願に堪不申候。〔「原文ニアリ、以下同〕「井上老兄は丸々辞職之上秋田辺へ被出掛候よし、政府之機密を洩らせ而少々罰金とか被取候よし、理可然事にもせよ朝庭〔ママ〕之大臣云々之参り掛より終には如此醜体を世間にさらし候段、幾重遺憾に奉存候」。

「七月中地税御改革相成候よしに而、昨日『地税改正法』一部本省より来着仕申候。十七条之文句は扨置き根本之主意小生に而は了解に難参候。一々批評仕候而申上度候得共、事非小、期後日之拝眉置申候」。欧洲に奇珍之形勢なし。先は為其如此に御坐候。恐々敬白

明治六第十月廿九日　　青木周蔵拝具

参議様呈閣下

二陳　南部云々何とも恐入候得共、可然御配意可被為遣、日夜奉祈候。

3　青木周蔵

45　明治6年11月10日＊　F―一―一〇―二〇

益々御機嫌よく被為在候半重畳奉恭賀候。

先月三十一日之電報に憑は岩公太政大臣に御昇進之御様子、随而諸局共定而人物進退有之候半。面目将已に一新せる歟、挙動或は仮歟、希望せる形勢迄も可転移、変革は啻に人物のみを進退してはと而も不足之御義奉存候。況や其人を其位に被為成御復候位に而は時勢之要用未充塞事と奉存候。要するに「カビネット」之変革は唯々壱人之手に帰し、以往少なくとも十年を見洞し候処分ならては決して思ひ通りには参り難き事と奉存候。就而は何卒手腕之筋肉御滋養被為成、好機有之候わゝ一期に十年以上之御処分被為成度奉祈候。否ざれは欧亜之各国毎々

邦人之定志なきを議議仕居候折節、先日来は一入大蔵之有様を狐疑し千万不面白様子に相見申候。畢竟何事を挙候にもよき「クレジット」無之候而は「スピリチュアール、マテリアール」とも決して隆起仕申間敷候。

長与専斎より先日来両度投書云々、不平憤懣様之事而已申参候。同人義は辱知之人物に而候間、相当之位置へ御引挙被為下度奉祈候。

欧州之形勢依然平穏に相見申候。仏人も「シャボルト」氏之愚にあきれ先此度は王に撰挙する事も止に仕候様相見申候。

宿本へ遣候壱封乍序御転致奉煩候。先は為其。恐々頓首敬白

明治六年第十一月十日　　　青木周蔵拝具

木戸参議様呈侍御史下

尚々、品川義も無事に同居罷在候間御降慮可被為遣候。同人よりは別封不呈候に付可然加筆可仕申付候。

3　青木周蔵

46　明治6年12月2日＊　F一一一〇一二一（品川弥二郎と連名）

乱筆高許

良久不接御近況掛念罷在候処、今日黙雷上人より書翰到来、承候得は老閣下御義過九月比とか不計中風症之疾に御罹り被為成、右足之運動不随御意候御様子、生等為国土祈閣下之健康日々なり。而も此変状あり。然らは所謂神者は将不在歟。抑々生等之祈願神将不受納歟。不日重而拝芝顔は賀健祝康種々懇諭可申上覚悟罷在候処、卒然不慮之報知に接し悵然、所為までも存知不申候。乍去御発病之節は何等之症状顕申候や、卒倒人事不省ども申様之御容体有之候わゝ、御摂生之際一入御注意可被為成候。肉味は人体之滋養を給し候得共、無益之油臓質を増加するものに而は無御坐候。反之草木質之滋養味は滋養之功鮮なくして無益の油臓質を人体に増加仕候よし。油臓質増長し貴体随て肥満せは格段不宜義と奉存候間、申までは無御坐候得共何卒々々此際に御注意可被為成奉祈候。尤御不随之症状最初より局部に発顕仕候御様子にも有之、決して深く御掛念被為遊候義は御無用之御事と奉存候。去ながら何れにもせよ太切に御養生可被為成、此のみ奉

祈候。不随之症状右足のみに止候わゝ馬車に而新鮮気中に逍遙被為成候義は固より御日課中に御算入被為成、一日も御疎慢無之様奉存候。

日々御怠屈に被為在候半。何とか新奇之形勢談ども有之候わゝは陳述仕候而聊に而も御慰諭申上度候得共、近来は欧州も誠に平穏之時態を普通し別に可申上事も無御坐候。尤亜之合衆国伊斯巴亜国之「モツレ」合は頓に御聞得被為成候半。一時は合衆国より已に「クバ」嶋を侵略する之様子にも相見候得共「伊」より不調法之申訳など仕候よし。方今は急に兵端を開様にも不相見申候。乍去「伊」国之威権にて「クバ」嶋を制得不申候節は直に合衆国より進入いたし「クバ」嶋を略して己之附属とも仕可申歟と被察申候。

先は上人之報知承候まゝ唯々御一行御見舞申上度如此に御坐候。恐々頓首

明治六、第十二月二日　青木周蔵
品川弥二郎　拝具

木戸参議様　閣下

尚々、幾重に々々々御保養専一に奉存上候。

3　青木周蔵

47　明治6年12月6日＊　F－一－一〇－二二

不遠当境発足、可省御近況覚悟に御坐候。何卒太切に御加養被為成、御地帰着之節までには全く御回復之御容体伺度奉存候。細縷は不仮筆頭親く拝啓可仕申候。先は為其。恐々頓首敬白

明治六、第十二月六日　青木周蔵

木戸参議様呈閣下

二白　御治療幷御深養之法を彼之「ランゲンベッキ」及「フリョーリヒ」（現今世界一之内科医なり）に質問仕候段長与まで申遣置候間、専斎之言に随ひ深く御用心可被下、為邦土奉祈候。

3　青木周蔵

48　明治(7)年(3～4)月(　)日　F－一－一〇－二三

生義一旦帰国仕候間、今些しは滞留いたし、国内之形勢事情等大概は親験仕度候得共、数月を出ずして復々外国へ在勤仕度奉存候。就而は先日内啓仕置候如く某氏に扈

従仕候わゝ敢而請求を待ず即今に而も派出可被仰付歟に被存申候。乍併現今之名目に而再度別留林へ在勤仕候義は兼々其国之卿輔より内々説諭仕候参り掛も有之、且自他其地之友人等に対し候而も頗る不面目之簾〔廉〕有之候間、此義に付重而長官より内諭有之候わゝ平穏に固辞可仕覚悟に御坐候。然らばとて生亦航海之念勃々罷在候間、特に御派出被仰付度希望罷在申候。私情を啓し千万恐入候得共、在勤と申候而も過半は留学同様之都合に候間、此度は改而英国に在留仕度、左候わゝ欧州に而我亀鑑とすべき二大国之事情形勢等併而領承可仕申候。折節英国には現今別に派出之公使も無之候に付、一入同地へ在勤仕度奉希望候。尤万一右申呈之条御許容にも相成候わゝ、先年鮫島氏蹉跌之例も有之候間、御派出前更に予防之御手段被下度、此亦奉願候。頓首敬白

周蔵

〔注〕謄本の年月推定は、「四月カ」。

3　青木周蔵

49　明治(7)年6月6日　F一―一〇―二四

乱筆高許。

奉別後中途御機嫌よく最早方今は御着京之比と日々噂罷在申候。さて過る三日府下には何処よりとなく風説有之、老閣下御義伊勢辺に而御怪我被為成候云々取沙汰仕申候。御懇意之者は勿論世人までも千万煩念仕申候。抑老閣下御義は従来此類之評判に御会被為成候已に数回なれは、此度亦無根之妄説なるべくとは相考候得共、二日間は殊之外掛念仕申候。然処中途より二日付之御書簡到来いたし大に安心仕申候。固より無罪之閣下に抗し、世人豈失敬を加んや。乍併用心して滅亡する国なし。万端御注意可被為成は勿論なり。殊に暑気已に強候間、気水之感一入御予防可被為下候。

御発軔後格段之奇異之事なし。要するに政府はいまに「大小ポテーツス」のもめあり。愁眉何時に伸ん。あゝ。奥様へ別に書簡不差出候間、宜敷御鶴声可被為遣奉願候。御滞留之地方より時々御留守番之者へ一行御投可被為下候。

先は右申上度。恐々頓首

六月六日　　周蔵拝具

木戸大人呈梧下
尚々、小生義も無異罷在候間、幸に御放慮可被為遣候。
桂太云々之義も同人より之頼有之、小生より程よく三浦氏取成置候間御放意可被為遣候。

3　青木周蔵

50　明治(7)年6月10日＊　F－一－○－六四

野村より之返東御旅情を慰める為差出申候。
京師へ御安着の御様子恭賀々々。追々御下向にも可相成、併し余計に長滞留は御無用に候。頓首
六月十日　周蔵
木戸大人呈坐下
〔裏面〕
拝誦　近比御清然と存候。
木老発足縄金去　独有天翁依旧飛
此句は如何哉。○弟も折々荒神社の夜相撲え頬冠にて出掛候位にて児玉蔵人等の手相にも余り出逢不申、ちと御出会致と楽居申候。大抵御退出後は御内に候哉。時には弟等の地下えも御越相待候。決て講抔（ダッ）へは潰（ツチ）不申候（田舎の規則を云）。呵々。拝答
六月十日　野素
〔巻封〕青木殿内答

3　青木周蔵

51　明治(7)年6月27日　人二一三

生之身上は今以生ま殺に御坐候。固より妄りに顕栄を企望するに非れとも、無我無症に飛出し度奉存候。御序あれは彼の公にでも御催促奉願候。尤大人ならでは決して自薦は仕た事なく、また往々たりとも不仕覚悟に御坐候。

大坂へ御着之御様子伊藤氏より伝承仕候。爾後引続御機嫌よく被為在候半、奉恭賀候。さて当府之動静も追々御伝聞被為成候半。実に杞憂と申も疎かなり。先書に啓せし如く、政規一件も山田抔と種々工夫を尽候得共、世人大半は高案を解さず、よしまた解悟せる輩は究屈を嫌ふど〔ママ〕ても申風習にて、大息々々。巨細の手段は木梨より御聞得可被為遣候。固より軽挙して事を敗ると申程には拙

を究まじく候間、此辺御降慮奉願候。山田も流儀違ひの科〔「科」の横に印有り、欄外に「しほー」と注記〕に就き奉務するも計り難し。併し焼直しする際に当らは固より廃止すべし 此義に付ては同人より内々相談に預り候得共、脇幷も有之候間、強て留めざるのみならす、往々波動を起す積りなれは、「めだか」魚にて小飛するより寧ろ「こいとか又はふな」にて飛たり蹴たる〔ママ〕する方宜敷哉に奉存候間、脇幷にすべしと答置申候。○台湾一件も万端半途に属せり。本月廿四日出板せる日新真事誌中に掲載せる支那の福建都督より西郷中将への投書は果て御覧被為成候哉。議論妙々、且支那政府よりも重ねて贈書し、我政府の答辞を催促せり。唐人唐人に非るなり。全体此挙に関跡する者、先前心切に内政を調理せし事あれは一箇の横文字を知らでも最早兵を引帰す事位申すべきに、実に腰の強き先生等と為国土人民怨望々々。兎角賢人君子に憑〔ママ〕つて政事をさせ、確乎たる政規に則つて事務を調理さぬ間は、百万の事止矣々々。請大人賢慮すべし。鬼の居ない間に豆を焼て喰はしむる勿れ。御〔「御」の横に印有り、欄外に「但し廿、卅日を限るに非す」と注記〕都合あれは名を仮りて迎ひに参り度奉存候。頓首内陳

六月廿七日　　青木周蔵

木戸大人膝下

爾他啓したきもの百万なれとも、余り悪口を叩候ても到底無益に属候間、黙止して泣く。

3　青木周蔵

52　明治(7)年7月10日＊　F一—一〇—六九

（端裏）御読之上投火奉願候。

本月二日之尊柬今朝飛落、先以大人時下益御機嫌よく被為在候御様子奉恭賀候。尤扈従中には病人も有之候御様子、嘸々御配慮にも御不自由にも被為在候半。御気之毒に奉存候。畢竟時下気水交換之際に有之候間、世間一般に病人は有勝之様奉存候。大人宜敷御深護あるべし。廟堂も混雑少しく止み候よし、両山の出勤定而悉敷事御承知被為成候半。大なる芋は未勤之よし。兎角不都合は如山一々拝啓するに忍びず。台湾より退兵さする、させんの義に付議論有之よし。失策を重ねず速に退兵せしむる事勿論なれとも、云々盲説を主張する者有之よしに而于今議論一定せずとの巷説に御坐候。尤此は極々秘密に候

得共、在清公使より昨今電信有之、支那より償金可差出との事申参候。支那人は実に大馬鹿、しかし邦人の出先に在る者は為之一層猪勇を出まじきやと掛念千万に御坐候。

山市の進退固より大人之尊慮に反候事とは万々推察罷在候得共、同人之心事亦可憐、世間之釣合も亦不可失と存し、暫時の勤仕位ならは権謀可然と助言仕申候。兵家にして法律家之事務に関渉するは其間違ひ有と云も疎にて、中々長続は六ヶ敷様奉存候。併し同人は世間へ対し長く混雑の種を播置く所存にては毛頭無之候間、此段御安慮可被為成候。畢竟魚は水、鳥は木と申都合に参らぬ世の中、実に々々腹が立申候。○小生も先日来条公へ度々召れ「コンスチツーション」之談申上候。併し事の成否因不可知、嗚〔呼〕々々。要するに天下の人唯々「ポリチーキ」のみに意を寄せ、真に国務を調理する者鮮し「ステーツメン」。之を平く申せは生ま智者多く、正実沈着の愚者は鮮きなり。頃日大久翁へ懇話せしに、独逸へ生を遣わすとの内意を承申候。併し障碍あらば亦止ん。随而哥あり。

「時はいまてりふりわかぬ五月哉」

大人此回は気長く御保養可被為成との御事、決して御邪魔は不仕積に候得共「叶はぬ時の神頼み」、スワと申時は「ミンナ」も黙して居ませんよ。

先は右申上度、余は後鴻に可挓申候。恐々敬白

七月十日　　青木生拝具

木戸大人膝下

二陳

奥さまへ別に呈書不仕候間、宜敷御致意奉煩候。

三陳

萩地の云々は尊慮を以て、可然結局と相成候様奉願候。実は先日も能隆より投書いたし彼是とか懇諭候得共、いや心今尚確乎たり。養母幷に荊婦に対しては万々気之毒に御坐候得共、生よりも寛大に出掛候間、彼等も合点仕候様御説諭奉煩候。尤今日に至りては種々妄りヶ間敷事まで聞及候間、決して階〔偕〕老すべき所存無御坐候。

寛大の限は丸で大人の裁判に帰し申候。

3　青木周蔵

53　明治(7)年7月10日＊　F一一〇一七〇

扇州之書は御序之節御返贈奉願候。

一昨日呈一行置候処昨日品川より別紙到来仕候間、御解頤旁入御覧申候。書中之条々世人共に可語人に乏し。御憐察奉仰候。恐々敬白

七月十日　　周蔵拝具

木戸大人膝下

奥様へ可然御致意奉煩候。

3　青木周蔵

54　明治(7)年7月15日＊　F一一〇一七一

弥御機嫌よく過五日三田尻へ御安着被為成候御様子、先書には病人居留云々被為仰越候故万々掛念罷在候処、中途無故障御帰県被為成候こそ何より目出度奉存候。此元御留守にも上下御無事に有之候間幸に御放念可被為成候。将又防府へ御着之上吉田能美へ早々御面会有之、新堀川さらへ之義も端緒を御開被為下候御様子万々難有奉存候。固より火急切迫に申立候わけには無御座候得共、相成義に候わゝ「はやく」と申程には倚頼申上度奉存候。先便にも拝啓仕置候通寛宥之処に而結局に為至度候間、現場之都合御見計被為下、つまり北堂位は生之引受に仕候而も宜敷御坐候間、可然御料理奉煩候。実は吾身より出し鏞を大人之手を仮つて掃除する段千万恥とも又御気之毒とも奉存候得共、痴情亦御憐察可被為下奉願候。先は右拙答而已申上度。恐々敬白

七月十五日　　周蔵拝具

木戸大人膝下

二白

時下御自重奉祈候。奥様へよろ敷御致意奉煩候。

三白

奉別後不平は多し。金は少し百五十両は政太郎より拝借仕申候。温める事は殆んど「やめ」に仕申候。御一笑々々。近日より金もーけ旁著書する地を函嶺辺へ可占かとも奉存候。しかし今以休暇に不相成候間此亦半途之思考に御坐候。

〔巻封表〕従三位木戸殿内啓御親拆。

〔巻封裏〕青木周蔵。

3　青　木　周　蔵

55　明治7年7月31日＊　F―一―一〇―二五

御読後乞投火。

弥御機嫌よく被為在重畳奉拝賀候。二生無異幸に御放慮奉願候。

台湾之一挙よりして遂には支那と干戈を交ゆべきも難計形勢に立至候よし。一、二廟堂之友朋より内々承知仕候義は、已に半月之前に有之申候。固より期滅亡政治にも有之間敷候間、彼我之談話不相投候運より遂に此際に立至り候半。幾回遺憾に奉存候。就而は知己之諸彦丈えは速に顕栄（ヲノール）を全して出先の兵を御引揚可然と、三ツ子も云へる説を申込候得共、諾と承知する者も無之大息々々。尤新陸軍卿は海軍大輔などゝ此義に付而は説も一途に出、兵端を開事は万々不同意之よしに御坐候得共、多寡不難敵有様に相見申候。実は処分は如何様にも可有之候得共、或は血迷ひ又は剛情を張ると申様之気味可有之歟、誠に歎息之至に御坐候。此上は弥兵端を開候わゝ欧米より「インテルベンチョン」中和を為致度ものに而御坐候。尤此と申候而も恥辱を余計に受様にマゼクラレ候而は寧ろ無き優可申候。全体宜敷事は今日に而も廟議を変革するこそ幾望に不堪申候。

山田等と云々申合候義は丸々水泡之空に属申候。併し一回申触候先には篤と腹入丈けは為致申候間、此程に而も少々取所に而御坐候。全体人は銘々賢者風を致しがり候間労は与候得共功は与へざるのみならす、立る功さへ横にする有様にて万々困却せる世態に相見申候。何卒世外兄を今一応御説諭有之、自身を相応に富し候わゝ一国を富強にする様思直し候様仕度奉存候。誠に生は世外が一番すきに而御坐候。先は久々ぶり難義之一端申上度如此に御坐候。頓首

明治七、七月卅一日　周蔵拝具

木戸大人膝下

尚々、時下折角御自重為国土奉祈候。奥さまへは別紙不呈出候間、可然御致声奉煩候。新堀川浚一条何卒「はやく」と申程には奉願候。生も程次第近々渡欧之都合に運掛候間、在国中に何も取締置度奉存候。

随而数は不要候得共、御代り位の場合には運ばせ度考居申候。御一笑々々。

3　青木周蔵

56　明治7年8月7日　F一―一〇―二六

御覧後火中々々。

先月廿六日之華翰昨日接手仕申候。先以大人時下益御機嫌よく被為在重畳奉恭賀候。

台湾一条昨今は盲騒極度に至り浩歎之至に御坐候。就而は何卒して支那とは干戈を不交様御処分有之度ものと浅慮を以百方説諭仕候得共、甲は廟議已に決と云、乙は吾不能と云ひ、一も々々取留なき答辞に接し申候。尤諸老中には悔軽挙者も有之歟に被察候得共、畢竟偸安家は多く、猪勇家弥逞意形勢に押移申候。先月下旬より世外兄幸に出府仕候間、同人幷に山田等に諮詢之上、彼是療法を案し、為誘導発砲でも可致やなど種々工夫仕候得共、人皆知我是耳而欲遂已非、嗚呼事止矣。少将中にも鳥尾、三浦は辞職するとか申、皆々本気を出すに懶がり申候。山市も固より辞表を出せり。就而は陸軍之左右手となるべき人物等比々退去仕候間、仮令開兵端にもせよ勝利どころか維持さへも無覚束被存申候。此等巨細之事情は三浦よりも申呈仕候よし。猶伊藤よりも近日何とか可申上様子に承候間、迂生よりはわけて細密に不申上候。世間にも廟堂に而も頻りに大人之御出府を企望罷在候得共、大人生等之言を待ず率爾には御出も無之事と奉存候。

「カビネット」之組替位はつまり出来可仕候得共、其のみに而は何事も救助するとか立派に処分するとか申わけには難参事と奉察候。

山口萩地土人之状態云々被仰越、誠に左こそ可有之と手掌や背後に汗を浸し、惛然罷在申候。それに猪勇家等は軽挙するかと思へは、実に奴輩を粉骨に成しても怒を慰むるにも人民へ言わけするにも足り不申候。実に此度之一挙より続て昨今之情態まで見聞之儘申呈するに、中々筆紙に而は縷述難仕候間、近々拝眉之上泣咄申上度ものと奉存候。

先は右拙答申上度。恐々頓首

明治七、八月七日　青蛇生拝具

松菊大人膝下

二陣
○奥様へ宜敷御致意奉煩候。先日は来原も無異に米洲より帰省、嘸々御安心被為成候半と奉存候。〔以下圏点のみ残る、途中切れか〕
〔封筒表〕松菊大人坐下内陳御親訴、青蛇生。

3　青木周蔵

57　明治(7)年8月17日　F一一一〇一二七

弥御機嫌よく被為在候半奉大賀候。二生近日より独逸国へ在勤可仕段指令有之申候。性質はもとの木菴代理公使に而御坐候。併し大人は御不在之事ゆへ一言之不平もならさず直に発足之覚悟の御坐候。尤何日発程と申事は今日に而は屹度分り兼候得共、何れ拝青は難仕事と奉存候。新堀一件も半途に御坐候間、山々掛念罷在候得共、此件は是非々々発足後に而も御処分奉願候。先書にも申上置候通り、本人之身に御坐候間、家内之生類を饑渇せしめ候而は人生之義務をも欠候間、御尊案次第四人之者は引受可申と奉存候。就而は二百余円之月俸は発足後丸々大人へ預け置覚悟に御坐候。先は差急き一行如此に御坐候。余は後日細書に而可申呈。頓首敬白

八月十七日　青木周蔵

木戸大人膝下

〔巻封〕松菊大人内陳　青蛇生

3　青木周蔵

58　明治(7)年8月20日＊　F一一一〇一七三

本月七日并十一日之尊柬昨日と今朝とに連々飛落難有奉拝誦候。先以大人時下弥御機嫌よく被為在重畳奉恭賀候。陳十一日之御書には台湾一件より追々差迫候形勢に付御憂慮被為成候条々懇々御洩被為下、紙面溢々之御情義唯々感泣領之申候。生は辱知之青面児如何程張出臂〔カ〕候而も其甲斐は無之候得共「シチーゼンス」之義務に就き、本月一日より五日までは第一順道に就き、大臣公并大久保、山県諸老へ、何卒蕃地より退兵可然と古今之例害を懲し泣血申入候得共、山県は不得已参り掛けも有之（此条は追て申呈すべし、同人の心事最憐むべし）遂に料理も相叶不申候。黒田参議にも懇々利害を説き脇道より諷諫仕候得共是亦無益に帰申候。此上は詮方なくと存し第二には逆道にて制止を企望仕候

得共、寸兵なき身の智恵だをれ、然ればとて他人へ反逆を慫慂仕様には難参と、泣々決心いたし、供〔拱〕手亡国の期を待様なる有様に而御坐候。先前大人之御辞職すら不変廟議候間、況んや生等之挿嘴可奏功筈は無御坐候得共、開化狂人之盲声にて幾重々々々々憤懣に不堪申候。左候而是非々々与支那交干戈候積に候わゝ、姑息之処分なる台湾へ援兵とか申様之浅見は「よすべき」に、此亦「ポテーツス」徒に説得せられ候様被察申候。弁理大臣も崎陽より一軍艦に乗して渡海のよし、昨日電報あり。実に有余なき勢力を小切遣に致候而は啻に不利のみならす、文武之境界不正に有之候而は到底万端取締六ヶ敷事と苦慮此事に御坐候。而して蕃地より頻に援兵を請参候よし。此は要するに却而味方不服之兵士を制するに在らんか?。昨日独逸公使より承候〔ここにて表終了、以下裏〕得は、在清同国公使館より電信有之、北京政府に而は必交干戈と決議せる様の報ありと。弁理大臣之一○〔書込ノ記号〕決次第来月下旬か十月上旬には必開兵端可申候。嗚々々。全体事至于此遠因固より存と雖、近因は貧弱之諸彦金がほしさに強従せしに在るなり々々々。遺憾と申も疎にて往事前途を想像すれは腸も絶する計なり。生も帰朝後已に六閲月、内国之事情大略腹入仕申候。そして如何。更に頒一事更に重歎息耳。頃日宮中之御様子抔承候得は口外へ難出事而已に而、侍従之輩、実に々々糞船にも乗度程に奉存候。併し人は皆々己を肥しさへすれば生類之義務と計考へ候歟。一人も相手取がたき様相見へ申候。恐縮々々。

此までは昨夜認置候処今日更に十二日之御一行飛落、十一日付之書は返贈可申上との御事奉承知候。併し大人三条之高説生に於而は一代之亀鑑とも奉存候間、決而返贈不仕申候。請大人も亦よく熟慮を垂賜ふべし。右等之高説を合点する者世間幾人ぞ。要するに友人間にも唯両三輩に過ず。而し生義は〔カ〕特に大人之眷顧を蒙り、御高案承候義は何より之弘栄なり。焉返贈せん々々。生も些と小児らしくは候得共仮初にも大人と見認し人より言れ諭れし事は毎々服膺仕度奉存候。況んや天下之大人と見当せし人も別になければなり。情義筆紙に尽し難し。啼泣筆を閣す。

八月廿日　　周蔵拝

木戸大人膝下

〔表、付箋〕

頃日欧地の新竹枝に云、宇内の精兵孛露生に集り欧地の和戦は「ビスマルク」に係る。併し三代にぼけて（仏帝の老を云）世界の幸ひ、鬼（「ビスマルク」を云）も無理にはきゝ腕（ゼネラール「モルツケ」氏を云）出すまい。

〔裏、右脇書込〕

○弁理大臣発足前生挿嘴せし内に、支那と交干戈の義は勝ちても益なし、敗れて大害あり云々、切に血泣して申入候。併し翁之意見を動かせしや否を知らず。唯々然り々々と答辞あり。

〔裏、右上書込〕

温物に付ての御礼も御断も後の便に啓すべし。

〔裏、左上書込1〕

高東決して他人に示す存意なし。

〔裏、左上書込2〕

〔本文内に対応する記号なし〕○日外伊勢翁が大人え御前なぞと懇意にもの言はれし情合、其価千金に優れり。人世は恐しく頼母敷人なき様になりては楽なし。生之大人に慈慕する亦其意なり。

3　青木周蔵

59　明治7年9月7日　F一一〇一二八

大乱筆高許。

函館に而独逸領事殺害せられしより△〔上欄外注記ノ記号、後掲〕以来幷同国と我国或は人民に関係仕候訟（十四ヶ条）之裁判を担当せしより、同国公使と日々往来談判に時刻を費し、御投東ゐ一々答書も不得差出、誠に々々相済不申候。併し大人には依然御機嫌よく被為在候御様子重畳奉大賀候。陳旧温一件に付而は謝し尽し難き御配慮を煩し、何とも申わけ無御坐候。七年間之「ノロケ」幷桂の引言云々、実に御恥敷「体たく」に而御坐候。養母にても不平之余りとまた活路を探んとて斯く内閣之云々まで拝啓仕候半。同人之心事は万々可愛様（そふ）に御坐候得共、中間に御立被為下候大人ゐ不足やら嫌疑（いやみ）やら種々様々之事を御耳に入候上、強而一件之結局まで願出、嘸々々御迷惑に被為在候半。幾重々々御気之毒に奉存候。就而は賞表として青蛇に反せる蚯蚓の御引当位は固より辞する所に而は無御坐候。野素之口頭幷に度々之御書に而拝見仕候而も実に「いやな」一大御困却と万々奉遠察候。併しつゞまる処離縁とまでは御たゝき付被為下候御様子、左候わゝ養母より申出候二ヶ条之内百方思慮仕候処、退身と申義は余り苛酷に存候間、生義依然青木家相続仕候上、養母、義弟并に妹二人（併而四人）丈けは万端世話引受可申奉存候。随而生義航海仕候わゝ萩地之留守えも活計相立候丈けは毎月之俸金中より扶持差立可申候。猶旧温義は脇方へ再縁を結候わゝ現今青木家に存在仕候貯蓄中より四百両之高持参金として遣し可申候に付、此段御含被為下候上、早々結局に至候様御高配意奉願候。尤左程切迫に申立候とも未た別に青蛇之引当あるには無之候得共、右一件は身に取りて一代之大事中にも算入可仕程之事に而御坐候間、朝夕何となく心頭を纏はれ欝閉罷在申候。

生義も昨今之間重而特命全権公使に被任申候。併し此も独逸公使より之申立に起因し、何か「ひよんな」心持に御坐候。発足前一寸なりとも帰県仕度候得共、政府より不可然段内諭有之、無拠戻本意申候。併し固より昨今之如く多用に有之候而は一日も当境を離れ難く、随而発港前には最早拝眉不相叶事歟と奉存候（発足の期は来月初旬に可有之奉存候）。尤程次第内海之郵船にも被乗候わゝ大坂より馬関三田尻之間に着岸仕候而、是非々々一応拝眉仕度奉存候。大人之御心事も大略野素より伝承、実に御尤に奉存候。嗚々々。青木家所帯辺之処并に彼之持参金之義等は弘中方へ掛合、長沼惣二郎、島田良岱へ倚頼可仕申候間、此辺は御安慮奉願上候。不尽々々々々。細書は後便に譲申候。敬具

明治七、九月七日夜三時書之　　周蔵拝具

木戸大人膝下

〔上欄外〕

△残賊田崎某と申者は已に自訴仕候故、此度は司法局之手も程行届き、特に明日明後日之内には右の賊を除族斬罪を以て罰との廟議に御坐候。併し兎角事務渋滞之癖有之候故、此等之件差起候節は中間に立つ応接人千万迷惑に御坐候。

一、（欄外続イテ）支那派出の弁理大臣よりは未た一報も無御坐候。唯々柳原と総理衙門之応接有之候事のみ今日承知仕申候。尤応接の月日は先月七日比に而御坐候。且応当日応接の大意は柳公使何処までも蕃地を侵略する権利あると申張候処、総理衙門にても格段名説の答無之様相

見へ申候。尤李鴻章は柳と天津にて会候節は暗に兵端でも開くへしと申様に「をどかし」掛申候。併し柳公使は此を顧みす北京へ進行仕申候。

3　青木周蔵

60　明治(7)年(9)月(　)日　F一―一〇―三一

旧温物へ御着手之義は御出萩之上云々被仰下奉承知候。然処先便にも申上置候通り、航海之期在近候間（大久保、寺嶋より内沙汰有之申候）、何卒可然御含被為下、発足前には是非とも晴〔青〕天白日之身と相成候様御配慮奉願候。日外御内諭被為下候通り青木家を二箇に分候義は於生固より異論無御坐候処、頃日官府より布令有之、

　以往士族たる者分家致候節は分家之分平族に属すべし云々

左すれは生現に本人として分家にも難相成歟。固より身平族より出候間、其族に帰候義は万々甘心に御坐候得共、却而本株之青木氏を平民に令帰候義は万々不忍処に御坐候。就而は別に御高案も不被為在候わゝ、唯々旧温物を他家へ御遣し被為下、北堂はじめ四人之者共、つまり生へ御引付可被為下候。尤旧温物も彼是と愚痴言申候よしに御坐候得共、此と分離仕候には事体を公けに仕候而も立派に名義有之申候。先日一友人之妻萩より参り候に付、一人を介し探索仕候処、生留守中之義は言語同断之様子に有之候よし、一々証拠など取出、実に赤面仕申候。誠に愚痴を申様に候得共、親子共其心実怨敷々々々奉存候。

〔注〕九月一日付木戸書簡に対応。

3　青木周蔵

61　明治7年9月13日　F一―一〇―二九

本月三日之御細翰昨朝飛落拝誦候。先以大人時下弥御機嫌よく被為在候御様子重畳奉賀候。然は過日来御配意被為下候青木家一条も終に小生之退身を以結局に至候よし縷々御申越被為下、逐一奉承知候。養母、荊婦等大人幷に島田等之説諭をも承諾不仕候而、終に一件を及破烈〔ママ〕候段、為青木家幾重も気之毒に奉存候得共、此上は先方之意に任せ立派に退身可仕申候。就而は引続御面倒に可被為在候得共、此段先方へ御通達可被為下奉願候。尤小生

義は先年来青木家より相応世話にも相成居候間、此度退身仕候に付而は謝礼として金子三百□□〔破レ、五十〕円先方へ差贈度、且亡養父研蔵遺娘千代と申者は小生方へ引受万端世話仕度（但し同人を小生之妻に致すべき了簡に而は無御坐候）候間、此段も併而御通達可被為下奉願候。先は為其一行如此に御坐候。恐々謹言

明治七年九月十三日　　青木周蔵

従三位木戸様侍史下

3　青木周蔵

62　明治(7)年9月13日　F一―一〇―三〇

尚々、三浦少将とは先月六日浩歎にて分袂仕候後今以面会不仕申候。併し無異之報は時々承申候。固より同氏も大不平なるべし。

本月三日之御細書に報別紙一片差出候間、可然御取計可被為下幾重奉願候。実に婦女子とは乍申初発よりむやみに癖痴之情実のみ持かたまり御応接之間、嘸々御面倒に被為在候半。百万御気之毒に奉存上候。長沼惣二郎世話仕候故内輪之云々は同人に而も程よくたゝき付候半と奉察候処、此も尼将軍へ降参仕候よし。畢竟右一件及破烈〔ママ〕候とて、小生に取候而は一点遺憾之簾〔廉〕無御坐候得共、婦女子之愚痴にはあきれ果申候。乍去大人にも飽まで御配慮被為下候末かゝる参り掛に相成候間、此上は御指図通り立派に退身可仕申候。且涙金之高も五十円増加仕候而三百五十差遣度候間、可然御含可被為下候。亡父遺娘は方今大島郡に罷在候間、先月中此元へ可罷出申遣置申候。此娘義は将軍配下に而最可憐者に御坐候間、何れ之手段にもせよ小生より屹度扶助仕度奉存候。然処小生退身と申手続は如何に可相成歟?。現に青木氏之本人に而御坐候間、一人を養子にでもいたし候上隠居之体に而退身と申事か、又は別に手段御坐候や。固より大人之御気付に候間、一点懸念は不仕候得共、思付候まゝ御尋申上候。兎角退身之都合に相成候わゝ、一身之落着何も大人へ倚頼可申上と先前より決意罷在候処、此度は木戸家之はごくみにまで可被仰付との御高意御申越被為下、実に々々難有仕合に奉存候。実は右様不被仰付候共、小生におゐては大人を已に々々大人（をとゝ）とのみ存居候処、重而御高意に被為成候辺、生死之際と雖決而忘却不仕申候。就而は退身手切之手続并にはごくみに相成候辺まで一応拝眉之上

に而倚頼申上度候得共、先書に申上候通り現今帰県と申事は千万六ヶ敷御坐候間、此際之事実も心実も不悪御照亮可被為下奉願候。尤発国之節内海に航し得候わゝ浪花より馬関之間に而是非々々得拝眉度奉存候。万一大久保参議之一報次第至急発国不仕候而は不相叶と申義に候わゝ、此度は御目に得かゝり申間敷候間、万端可然御配慮被為下候様伏而奉願候。実に言ひ出難き程之一事を願出候末言ひ尽し程に御配慮被為下候間、何とも拝謝之言ひ出し様亦無御坐、情意切迫感泣々々々々々。

小生月俸金は御家来藤井へ托置候間、可然御含置可被為下候。

大人御不平之条件早速山と野に談合可仕と存、昨日飛檄に而掛合、今日会同可仕之処、午前より于今大風雨に而外出も不相成、随而今日は彼条に係り何事も不申上候。併し近日〔明後日を云〕之内報知可申上候。

支那之応接如何に進み行候歟承知不仕候。尤三十日前柳原公使北京に而其国閣老等とは随分程よく応接も仕候よし、昨今同人より報知仕申候。其大意は何処までは台湾を間地と見効〔ママ〕し、我侵略に権利を付申候。併し其後弁理大臣之舌戦如何に相決候や于今一報無御坐候。到底支那人も一口に唐人とは難申、時日を弥久して頻に兵備を整候よし、一昨日鮫嶋より電信に而北京之政府軍艦三箇を買入候段報知仕申候。英製か仏製かは不相存候得共、三箇之内一箇は鋼鉄艦之よしに御坐候。左候而我政府には陸軍省へ百五十万円を渡候処、今日に而は已に金はなきとか申よしに而、昨今は諸省へも切倹〔節〕之法を案ずべし抔と御布告有之申候。実に々々採事体顧念仕候得は切歯憒〔憤〕懣と申も疎に而御坐候。嗚々々。

〔「原文ニアリ〕「山県が引出され候参り掛は野素に篤と申残置覚悟に御坐候。実に人は如何程随意になるとて友人を「だます」様な事は山々面白敷事に而は無御坐候〔此条内密に候故、野素より申上べし〕。

先は為其如此に御坐候。不尽々々

九月十三日午後第三時　　周蔵拝具

木戸大人膝下

3　青木周蔵

63　明治(7)年(9)月(　)日*　F―一―〇―八九

時下弥御機嫌よく被為在候半、重畳奉恭賀候。

支那と之掛合も今以埒明不申、大久保も支那帝に謁見仕候よし（此条は英公使より内々告知）、随て応接は次第に長引申候半、不思不知已に彼等之術中に陥居申候。遺憾と申も疎にて思至于此切歯仰天浩歎仕申候。

山口県下之事にも追々御着手被為成候末先書之御文面に而承候得は、中野云々御不平に被思召候事件差起候よし、早速山田、野村へ申伝候処、両人よりは重て井上を介し県令へ御趣意之条々申通候よし、全体生亦県下之一民に候得は内輪云々之条件にも以浅慮浅見参与仕度候得共、因縁薄き身分に而彼是と挿嘴仕候而は却而不都合之義と存候まゝ、右一件は勿論自他之事たりとも一向さし出口不仕申候。乍去山田より承り候得は、井上之気付と処分にて山口県管下之官林は総而其県之士族に払下相成度思立有之候よし、固より遊民を駆而俄に力役為致候には一時姑息之手段にも可有之候得共到底根治之療法に無之のみならず、後日に至候而は家禄之害と同一之理論に可帰候間、此件は大人より一般官林法之利害を以御論破可被下、為国土為人民希望仕申候。爾他山口県之事のみならず広く皇国之政紀風紀に係り数々申上度義有之候得共、昨今之如く糞泌み〳〵に蕩され且多忙罷在候ては万事与心反遺憾千万に御坐候。政規論も丸而逆風に吹倒され山田等も灰心罷在申候。尤草案は再稿仕置候間、同氏えも示置申候。

逆風の字大人は御覚も可有之、実は彼之人さへ首肯仕候得は世は順風のみにて御坐候。

小生帰県可仕云々追々御厚意に被仰下承知は篤と仕居候得共、外務卿幷岩倉殿より強て制止せられ候故、種々右大臣公へ申入候得共到底外交を俄に親くせんと云趣意之取ちがえよりかして許可不被下勢に御坐候。上野大輔も先日は英国在勤之命を蒙候処、右大臣殿之内諭に而は来月十日までに同行して日本地を出発可仕との事に御坐候（此も昨今重て切迫に被申立候間小臣者の「あさましさ」には言ひ付通りに不致而は如何と奉存候）。尤上野は程次第十日までに行装不調も難計、左候得は小生は期限通りに府下を発し内海に航して十四日後に香港に着可仕と奉存候。

3　青木周蔵

64　明治7年10月21日　F一―一〇―三二

前略

九月廿四日之御細簡幷に桂太郎へ御托被為成候十月初一日之御書連々落手仕申候。生よりも一々拙答可差出之処、出発前実に多忙罷在候間、極々々々々乍失敬終に今日まで御無音申上候。実は生より倚頼申上候事件を大人には火水に入て御配慮被為下候上、其事之情実まで毎々御報知被為下候に、一行之御答も不差出候辺、疎漫〔慢〕不敬之恩義知らずと憮々御怒被為成候半山々察仕候得共、実際之阻障不能如何、唯々奉恐入候。尤此辺之情は伊藤、山田両人えも相明置候間、同人等より御聞取被為下不悪御寛恕可被下奉願候。

先月廿四日之尊書を以て縷々被仰下候寛恕之処置云々一々領尊慮申候。就而は旧温物と分離仕候共青木家一族四人之者は総而小生より万端救養可仕申候。尤養母は御存之性質に御坐候間、東京之留守番を托候ては不経済無此上、依而小生帰朝迄は依然萩地に残度奉存候。先日桂太郎より承候得は明年六、七月までは弘中弥七と申者へ兼而預け置候金子にて小遣等には究不申候由。左すれは八、九月比よりは小生より毎月十円或は十五円に而も此は萩地之相場に任十円なりとも小遣金差遣可申可申候〔上欄に注記〕奉存候。固より此位の給与にては中々満足仕候将軍にては無御坐候得共、小生帰朝までは可成切〔節〕倹為致度候間、此辺は島田老人へ同人えは欧洲より細書を以て可申越候篤と御含置可被下奉願候。固より少々之出入は老人之断にて加減仕呉候様御申伝可被下候。

亡父之遺嬢は近日東京へ出掛候様切に申遣置候。左候わゝ同人は其従兄佐田正一佐田と申者は在京、内務省に出仕罷在申候〔上欄に注記〕と申者幷小生実父三浦玄仲此は番町之留守番を托置候間、大人御帰京之上参殿仕候はゝ万端可然御引廻奉願上候より一切世話可仕申候。

旧温物も尊諭の如く実に可憐者にて御坐候間、追て脇方へ形付候節は固より少々之出費には不係可成寛恕仕候て贐物も遣度奉存候。尤小生月俸も来年六月までは取越候間、七月よりなれば大人之思召に任せ相応之高は屹度差遣可申候。併し其内にも入用と申様之事有之候わゝ、青木家に貯蓄之古金二簾〔廉〕古金二簾云々は大人え御世話を願候ても余り恐入候間、別に島田幷米田稔助生の甥の妹と申者まで可申遣覚悟に御坐候有之候間、其内よりに而も分ち遣可申候。

呉服丁壱丁目を引入候て如何。近来は橋本之大橋も短小云々被仰越候得共、実は別に着目仕候簾〔廉〕も無御座候間、今後帰朝仕候わゝ可然女性壱人択出可仕候に付、何卒大人之養女と申わけにて配偶被仰付度奉願候。固より従来之恩義は生死之際と雖忘却は不仕申候得共、前条之通りに御親み被下候わゝ、義男之心得にて、乍不肖向後は木戸家之事に於て万端尽力可仕申候。

拝謝之言は碇泊中腰掛之躰にては中々筆頭に難尽候間、万欧洲より可申上候。恐々敬白

明治七、十月廿一日香港にて認　青木周蔵拝具

木戸大人膝下

〔別紙1〕

国事に係候条件は欧洲より可拝啓。先日大山弥介帰朝仕申候。内々承候に一調和可仕覚悟之よし。大人には固より容易に御再勤も被成間敷候得共、為国土人民には少々之御不平は到底御忍可被下候。大人、井上、伊藤御在勤無之候而は満朝鬢をはがし前途実に々々杞憂罷在申候。要するに長州種（此種は当分朝上に欠可からず）を播布するは大人等之御務なり。山狂も迂遠之簾〔廉〕と頑も不鮮候得共、芋之頭を圧する之器と被思召、相応には御容置被為成候方可然やに奉存候。山市も不平之簾〔廉〕々有之候得共、到底怒らぬ様縷々申合置申候。全体兵部も今之容体にては格段之功は無之様奉存候。要するに八百万を費も不費も是非々々二万五千位の常備兵無御坐候而は政規も立ず、士禄の分利も難く、藩論を砕くわけにはとても々々参り申間敷候。大蔵は今日之体にては三年之維持如何。嗚々々。

今日当境にて我領事より承候得は、過る十月五日北京にて大久保大臣応接せしに、彼は何処までも蛮地を以其所領と言張候由。就而は大臣の答に、然は其由を日本政府に告け帰ると云しよし。彼云可然、併し我〔支那〕より決して平和を傷る意なしと。就而は八、九日比までに結局の答を作りて支那政府え遣はす云々と。右領事え公信にて上海辺より申参候由、嗚々々。

別紙官林云々の件は、先月廿七日書掛候一片言に御坐候得共、篤と御勘考奉仰候。尤士族之官禄一件に付ては大人も先年より御説有之、小生亦聊気付候一簾〔廉〕有之候間、尚今一応欧洲にて知識富たる者へ質問之上、巨細に可申上候。小生此度は一層勉励いたし、余間には内外一般之政治を実験者に就て聞質す覚悟に御坐候。尤其内にても内務、大蔵之「アドミニストレーション」は屹度骨折候て聞質す覚悟に御坐候間、此辺は御含置可被遣候。不尽々々敬白

明七、十月廿一日　　　周蔵拝具

木戸大人膝下

尚々、生も欧洲行此度に限り仕度候間、三年位は滞在被仰付度、左候わゝ力を少々は強まり、金も思ひ切つて、役目を勤め得る位には貯蓄可相成歟に奉存候。

〔別紙2〕

大人御心事幷に御身上之処は入々条公へ申入候得共、「思召通りには難参」との事に御坐候間、今暫天気御見合被為成候方却而宜敷歟に奉存候。伊藤も余程心配仕候よし。杉、野村等は固よりなり。併し生之愚案（或は察）に而は一、二月之内必す一分利可有之奉存候間、先々夫まで御気をゆるやかに御待可被為下候。

〔別紙3〕

駒場之御領地に隣せる地面先日不斗したる参り掛より山口から買得仕候。此義に付ては巨細藤井政太郎、平田磯右衛門へ申残置候間、御入用候わゝ御引取可被下、また大人之方にて御領地を他人へ御払にでも相成候わゝ、寧ろ小生へ相応之価にて御譲可被下奉願候。左すれは金は来年にも上納可仕申候。

〔封筒表〕日本山口県に而、従三位木戸孝允殿、従香港、青木周蔵、此書は木戸殿之御留守宅へ御届可被下候。

3　青木周蔵

65　明治7年12月3日＊　F一一〇一三三

欧州の形勢も政事地平線中には別段異常之件も無御坐候。随而此度は何事も拝啓可仕申候。

前略拝啓

弥御機嫌よく被為居候半重畳奉恭賀候。二生海路無恙昨十一月廿七日（横浜より第四十五日目）馬耳塞、翌三十日同港出発今日当府まで安着仕候間、幸に御放慮可被為下奉願候。

当国着之御電報之信に接候処、支那との談判極上手際之結局に至り候御様子、兎角為国土人民大賀此事に奉存候。反之支那人之迂拙（但近因なければ豈迂拙ならんざらんか）実に笑止仕申候。併し邦人は何卒此後は取分実着に帰候様切に希望罷在申候。此度之如き望外之大幸を常規に仕候而、又々征韓論に而も再発仕候而は実に々々重拙策の上、国力はと而も継兼可申候。要に当路之諸先生は平生鎮痙散を印籠に絶へざる様願度奉存候。乍去生出発前之形勢に証し、今日和談済後之様子を遙に想像仕候得は何となく掛念之簾〔廉〕夥敷、実に杞憂此事に御坐候。

一、香港より差出候書は御落手被為下候半奉察候。其後処々之港より呈書可仕筈に御坐候処、船中は前後不手際に酔倒候而居留、枉而戻本意申候。拝啓中新堀一件に係候条は御高断之上緩々に而も御一行を以御示可被為遺奉願候。青木家へ遣す積之小遣金は固より御高断を仰候までに而、決而苛察に可仕所存に而は無御坐候。且旧温物にも同様之わけに而御坐候。此件之御裁判を願候以来出発前終に不得拝眉のみならず、呈書も疎漫に打過、実に申わけ無御坐千万奉恐入候。先は当府まで安着仕候段報知申上度、其内随時御自重被為成候様為国土人民奉祈候。恐々頓首

明七、十二月三日巴里に而認　　周蔵拝具

木戸大人膝下

尚々、末毫乍失敬奥様へ可然御致意可被為下奉願候。出発前御手紙被下候処今以返答不差出誠に恐入奉存候。何れ「ベルリン」より御わび可申上候。

御内覧之上御火中々々。

3　青木周蔵

66　明治7年12月28日*　F一一〇一三四

不悉御近況殆三月、時下益御機嫌よく被為在候半。中地心候得者復球界之上下に拆居いたし鳴〔カ〕不往鳫亦不来徒然之際想像、百万夜々之夢は総而向郷関飛申候。○生義本月六日当境へ安着仕候処、再度赴任仕候義は当国政府幷世間一般之評判に而も千万引受宜敷、特に昨十六日独逸皇帝え謁見仕候処、陛下にも頗満足之意を表し種々懇切之勅語有之申候。又翌十八日には皇后へ謁見仕候処、最初対其面乎否、近状如何、足下義公使之性質を以再度当境へ可有駐剳旨頓に承知之処、先日着府之由喜悦不斜、然処前年以大使来訪有之候諸君中木戸卿は暗殺之厄に陥り、岩倉卿は負傷有之候との事日外日誌に而致承候処、木戸卿云々は虚説に属し、岩倉卿之負傷も軽易有之候由、千万幸甚に存候、序之節は両卿幷に諸君へ可然致意可有之との事に御坐候。○欧洲政家之地平線には別段沃氛も無之候処、昨年来当国特命全権大使を以巴利へ在勤仕居

候普人「コント、ハリー、フォン、アルニム」と申者、任所在勤中種々不審之処行有之候由に而前日辞表退職罷在候処、一朝刑官より縛せられ家財点験とて所持之秘書類まで差出され候上、刑部裁判処に而方今は頻りに験治せられ居申候〔この記述の欄外上部に「此条尤内啓」とあり〕。然処欧洲に而彼輩高官之者、かゝる刑部之験治に罹候義は万々非常之事体に候間、近隣各国之評判誠に喧嘩と申程に御坐候。全体同人験治之原由は公金を私する等（現に験治之口実なり）之小近因に非ず。主として「ビス」氏に抗抵し、往々は「アルニム」氏自ら独逸宰相になるべき所存有之、随而「ビス」を譏し「ビス」を議し終に自滅を致候なとゝ世間には内証咄有之申候。惜哉。右「アルニム」氏は真に傑出之人物に而有之候処、軽躁に失し終に誤其身申候。否れは「ビス」之跡続は必ず同人ならんと前日は噂有之申候。〇征蕃事件結局後、本邦之形勢如何に変転仕候や。此上は唯々々内政に注意いたし実着に調理有之度奉存候。先便にも啓置候通り此度之「こぼれ幸」を常規にいたし重而征韓之廟議再発仕候而は為国土人民無此上不幸と奉存候。全体政府より往々韓国え着手する趣意は何等にあらんか？？。同国には北部に数万里方之荒地あり。全国之人民之員数随而未充分、然し韓土を「たゞ」に而貰ひ候而も現今に而は持余之姿かと奉存候。況や破所帯に於をや。尤韓と我は唇歯之国に候故我政府より着手を可漫理決而無御坐候得共、莫大之金を費も持余之土地を増し却而人民を減し候義は万々不功者之政理なるべし。然は如何と云に一説左の如し。

貧弱なる国力を以て風紀言語より政治之思慮に至迄全く殊異せる朝鮮の土地人民を征服帰順せしむる事到底不可出来、然とも我と韓は唇歯の関係ある国なれは彼若し滅せは我随而危し。魯なり支なり万一韓に害せは我より宜く救助加勢すべし。併し此亦現今之国力に而は容易に不可企一挙なり。左すれは少々口に憚る説なれとも着手の法他なし。宜く彼土之人民を「なま」にでも文明開化之入口に教導し至急に彼等の為すべき事を知らしめ自力にて其国之不羈独立を保たしむるに在り。然れは我と支魯之間には不要為県之藩屏を致し皇国は随而危難なかるべし。畢竟我政府にて前途に着目せは韓土を支魯の有と成さしめざる手段之外 他なか〔る〕べし。

家禄賞典之一大事件爾後御高案被為成候や。本年五月十三日付会計表御布達に憑れは

　家禄　壱千九百四十八万四千九百十一両
　賞典　百四万二千九百八十二両
　寺社年租　二十三万六千七百九十七両

総計　二千零七十六万四千六百九十両也

此金を壱石五両（但し五両とは余り下簾〔廉〕なるべけれとも仮り例するのみ）之米に直せは

四百十五万二千九百三十八石

地面壱反毎に二石壱斗の米作あるものとせは此反数は

壱万九千百七十五町八反九畝余なるべし。

一国之内にかゝる無益之大出費あるは不経済、固より言語にかゝらざる程之事に候間、到底は是非とも此費を可省御手段不可無なり。然れはとて方今家禄奉還之法に従ひ政府より出金して往き六ヶ年分之禄を買取り依而全く償却せしむるとなさば其出金之高は、

壱億二千四百五十八万八千百四十両なるべし

家禄を償却之目途に此高を七朱之利息に而借るときは毎年之利子

八百七十二万千百六十九両余（に相成候間、此八百七十二万千百六十九両を現今毎年出費せる二千零七十六万四千六百九十両より差引候わゝ政府え残る利益之金員）

一千二百零四万三千五百二十二両なるべし

然るときは土耳児国に而も毎年「五千三百五十七万九千五百四十八ドル」之利子を払ふ類例も有之候間、我朝に而も右壱億二千四百五十八万余之金員を内外に而借用いたし家禄賞典を滅却致し、毎年一千二百余万両之利益を得候わゝ、政府にも人民にも経済の資本出来いたし候に付、早速借用之一事に御着手有之度様一通りに而は相見候得共、非なり拙なり々々。「なま」開化「なま」文明之国に在ては政府も人民も右経済と可相成資本を無益に費し、或は資用すべき法を解ささるべし。左すれは償却と云には絶て手段はなかるべく候に付、「やっぱり」大人之御素志通り所謂「人の牛蒡にて法事を営む」方、平穏無事にして万全之謀と奉存候。尤積金償却之法は貴説

通り重歳月候方万々可然奉存候に付、最初より三十六年位を期し御着手有之度奉存候。

其法

毎年家禄賞典之六分一を官府に豫〔預カ〕り収め（六分一とは即二千零七十六万四千六百九十両の六分一に而此高、三百四十六万七百八十両余なり）三十七年之初に総計を分賦して与ゆべし。

但し、六分一及三十六年と限候わけは官禄奉還之法に従ひ「往き六年」と云趣意に基申候。仮令は甲人六石之禄を奉還せしに「往き六年分」なれは三十六石なるべし。六石より毎年一石を引去り積て三十六年に至らは亦三十六石の割合なり。尤右六分一之金を官府に預り置く法方最大肝要の領なるべし。愚案に而は各府毎県之庁に官禄消滅掛り之官員を備へ、夫等之専務に帰して其事務を取計はせ度奉存候。

調理之順序は、

第一　毎年可賜官禄之高より六分一を引去り證書を与へて其高を預る事。

第二　預りし翌年即発起之第二年よりは右預りし金高（今年は全国に而三百四十六万両余、明年は六百九十二万千五百両余）を手堅き地面等之質物を取り且短き期限（二、三年に過可らす）に而県下之農商等へ貸し付る事。但し利子六朱に上らさるべし。

貸付金の利子を五朱にしても第二年（即初年なり）三百四十六万七百八十両之利は十七万三千三十九両に而、明年は三十四万六千七十八両なるべし。如此下簾〔廉〕之金を借り得れは、農商とも容易に経済之資本を見出し、自然全国の繁栄を招くべし。且三十五年間之利子は、誠に莫大之高金となるべし。随而官禄消滅掛之官員は仮令其月俸を此利子より受取候とも残余之高夥多敷候間、三十七年目の春には六石扶持之士族三十六石前之金高に付添へ若干之利子を貰ひ、暖風和気之極楽に生れ可申候。

第三　預り金之出納幷一切之世話は政府之「レスポンシブリチー」に帰せざる可らず。依而政府は正簾〔廉〕之者を択て消滅掛之官員に充つべし。

預り金は利子余り下簾〔廉〕に相見候得共決而不然、不開化之国に而起経済には亦一箇の良策なるべし。士族之牛蒡に而政府には其法事を営む様に当り候得共、是亦不得止事に而候間、士族も折合可申歟。固より政府に而何そ不抜之見込あつて右預り金及利子を鉱山、鉄道等之新築に用ひ、或は新規に有益ある「ハブリーキ」を設置する等に借り受ても可宜候得共、一先十年間は前条之手続に致し置度奉存候。其内には上下之「なま」開化に漸く花を生し実を結び、経済と云事も世間一般に通知せられば消滅之期限三十六年を出ずして終る事もあるべし。固より元金と利子を有益に用ゆる法は百万も依而起るべし。現に今とても非乏候得共、小児に金銭を手渡仕候とも金嚢に貯置く間は無之、また老人之貯蓄は死金に陥可申、万事可決き時勢哉。且三十六年は余り長しと云者あらんなれとも、此亦軽躁家之言に外ならず。愚案に而は今より三十六年も経候はゝ小児漸く成長に至、金銭を手渡いたし候而も左程気遣は無之程之開化と文明に至候半奉察候。右出〔破レ〕□□□□□一も新案あるに非ず。畢竟大人之高案に伏し復し申候。余は後便に可啓。恐々不乙

明治七年十二月廿八日夜　周蔵拝具

木戸大人膝下

尚々、奥様へ一封之借有之候得共、後便まで御猶予可被下御伝奉願候。

旧温一件は誠に以高庇結局に至り旅寝之夢も安らかに結居申候。多謝々々々々々々。猶又内輪之事幷旧温物之身に付出金要用に候節は、外務省に而生え可被差立来年七月より十二月まで之俸金御取下させ被下、可然御配慮奉煩候。尤右月俸は五月或は四月之末に可受取筈に御坐候。且外国在勤之者は半年分前渡之都合に候間此段御含可被遣候。〔汚レ〕□し尊諭有之候通り決して百と二百両には係り不申候。

〔欄外注記1〕先日拝啓仕置候官林云々之義は何卒御同意可被為下為国土人民奉祈候。

〔欄外注記2〕先年吉田太郎を以借用被為成候金高は千何百万に過ず。如何之手段に而償却を企候半。実に恐敷思ひに罷在申候。且吉田氏は日本官員中に而は第一之金持と云噂なり。嗚々。

〔封筒表〕従三位木戸孝允殿、青木周蔵。

3　青木周蔵

67　明治8年1月24日＊　F一一〇一三五

時下益御機嫌よく被為居候御様子今便田中顕介より報知仕候。恭賀々々。二生無異幸に御放慮可被為遣候。我政府之近情巨細は承知不仕候得共、支那一件結局に至候上は定而追々内国之事務に御着手有之候事と奉遠察候。山県より投書中に、是非設政規可保権衡等之語有之申候。山田は固より之政規に而候間、生在国中は主として井上、山県等え政規之真味縷々弁置候処、当時より右両人は程よく納得仕居申候。何卒此上は可然御鞭撻を以大事業速に成就仕候様御配意可被為成懇願罷在申候。

昨冬は小野商社破産、院省県及「プライベート」之人も往々迷惑仕候よし。浩歎之至に奉存候。不要再啓候得共、生義は御存之通り従前此に慨し刑典及商法典之御編輯を催促仕候得共、在国中誰も引当に可示談者無之徒に閉口罷在申候。抑々各国商客との取引（外務省之事務中に八、九は商売取引のもつれなれとも、誰も商法典を編んで此裁判を司法省に移し以て事務の調理を節するを知らず）は扨置き、内国之人民互に商売し或は営経済にも所謂商法典（百般の商社、会社の取極も亦在此中）無之候而は、生民其産を起さざるのみならす慥に保其産も無覚束程之事に御坐候。在国中見聞仕候処、畢竟我会社に而は子も親もまた仲間同志も互に責任と権利之限制無之、随而条約之取極は例之疎洩のみならず最大緊要之監寮（コントロール）（察カ）は全く欠典仕居申候。然らは、何等之商社とて到底よき程之所に而破産と唱へ閉店せざるものは有之間敷奉存候。先年来破壊仕候会社幾箇ならんか。斯る歎敷事件あるは総而政府之落度に帰可申候。一人に而重而二万五千円も失候者有之候よし。如此有様に而は人民何時に可得其生産歟。浩歎之至に奉存候。

典則編輯之法は大人御在欧中に佐々木前大輔、幷に生在国中は伊藤兄えも篤と申入候得共黄嘴之贅言一も聴れず。浩歎々々。併し別に編輯之法はあるべからずと奉存候。尤邦人は軽躁俊速を貴候間、拙なればとて費用あるとて一物眼前に成就するを期せり。

馬関に而伊藤兄え御会同有之候よし。此亦田中より伝承仕候。御進退如何申までは無御坐候得共、方今は田舎に而御養生有之度奉存候。品川も伊藤并に両山より之挓言に而は今秋帰国可仕之処、大人御屏居なれは未可帰と決意罷在申候。愚案に而も亦可然奉存候。

奥さまへ乍遅慢返詞差出候間御転致可被為遣候。且御好之品有之候わゝ何なりとも無御用捨御注文可被仰付御申伝可被為下候。栗原御後室さまえ御序之節可然御致意奉煩候。

提携仕候二箇の額は今以先方より取り不参（但し取る来る約束）候間、公館に而預居申候。「フォン、ライト」は昨年「ゼネラール」に昇級いたし「コブレンツ」より「メッツ」え転移仕申候。

兼而願置候旧温物一条に付金子入用有之候わゝ、来五月（或は四月下旬）中外務省より生之月俸御受取被下可然程御遣可被下候。今年六月より十二月まで一千九百両之分は大人より御受取可被下、御申出有之候わゝ到底全高でも可差出と同省庶務之相識（七等出仕古沢経範）え申遣置候。固より尊諭有之候通り右之一件に係つて費候金は多少に関せず喜んで差出申候。且今年七月比よりは定而青木之母より何程とか小遣金所望仕候半。此亦相応之員数は喜んで可差遣奉存候。能実隆庵え云々と在国中被仰越候得共、現に金子を不残置候間思召次第前条千八百九十円之内より御見計を以御遣可被遣候。畢竟此千八百九十円之内に而東京へ留守番仕居候実父母を今年中さへ養救仕候得は、他は旧温と青木家の費用に給し或は能隆に加勢仕候而一向遺憾無御坐候。つまり今年は「たゞ働」之覚悟に御坐候。

先は右申上度其内時下御自重為邦土人民奉祈候。恐々頓首

第八年一月廿四日「ベルリイン」に而　周蔵拝具

木戸大人膝下

「わかれをもつげで古里出にけりつもるなごりを跡に残して」

追啓　御国に而も寒気烈敷御坐候や。当地などは随分相応之冬気色に御坐候。併し、温めるに由なく困究仕申候。

3　青木周蔵

68　明治8年2月23日＊　F一一〇一三六

時下弥御機嫌克被為在候歟。近来御親束は勿論自他友朋よりも大人之御近況一切申越もの無御坐候。往復懶漫〔慢〕は邦人之常習固より覚悟罷在候得共、時々御近状をば承度

候間此一行御落手被為下候上は、何卒一行之親柬御投可被為下候。当地に而は品川はじめ皆々無異に奉職罷在候間、幸に御放神可被為遣候。先は火急之便宜に托し一行如此に御座候。恐々頓首

八年二月廿三日　　寒き青蛇拝具

松菊大人呈梧下

尚々、時下御自重為邦土人民奉祈候。

乍失敬奥様へ可然御致声奉煩候。

〔封筒表〕従三位木戸孝允殿御親展、青木周蔵。

3　青木周蔵

69　明治8年3月8日＊　F―一―一〇―三七

時下弥御機嫌克被為在候半重畳奉恭賀候。二生無異乍憚御放念奉願候。

一、昨今英国公使館より之報に而承候得は、正二郎殿御義御帰国有之候よし。果而大人より御呼帰被為成候歟？？。生も此度は英国へ避暑旁渡海いたし帰府之節は御賢息を強而当府へ携帰るべく候間、帰郷無之様取計呉候様兼而中井、三宮等へ申遣置候処、不次に御出帆有之候よし、遺憾に奉存候。抑々何等之原由に而御呼戻被為成候や。正二郎君も只今教育を怠候而は前途に而迷惑可仕候間、何卒一年を出ざる内重而御差遣可被為成候。和漢之言語文字位は傍らより教授可仕申候。川瀬氏後見可仕居候よしに候得は、御賢息之去留は固より大人之思召に出候事と奉存候得共、今日より二周前に右帰朝之噂承しならば一時は大人之尊慮に戻候而も弥二一同申合是非拘留可仕候処、遺憾千万とは此事に而御坐候。不要再啓候得共、是非々々再度御差遣可被為成候。

一、近日本邦之形勢如何に変転仕候や。公信は例之疎洩に流れ、友人等も認書之労を厭ひ、且大人よりは四、五月来絶而一行之御投書も無之千万寂寥罷在申候。就而は先便にも申上候通唯々一行に而も宜敷候間御無事を報する御親柬頂戴仕度奉存候。

一、欧洲には近来絶而非常之形勢無御坐候。右各国とも「白」等は頗る勉励仕候間、触目之際実に欣慕すべき条件不鮮、就中普国に而は郡県之政治に頗る着手いたし国本を固め申候。此に付而も従前防長之美政治唯々

感伏仕候而已ならす、今日に而は斉く中点政治之風に流れ郡及村落等は随而自主独立様之権利を失候段、実に々々遺憾に堪がたく奉存候。畢竟嘗而御高案有之候通り、仮令半開地之国と申候而も邦人之度に引当てゝ愚案仕候得は、政務之権を総而中点大政府に集候義は万々不宜事と奉存候。併し邦人にして誰かよく思を茲に馳する者あらん。大息々々。

一、別紙中、島田より之呈書は後証之為早々返上可仕御指揮候処、出立前謄写之暇乏敷只様遅慢に相成千万奉恐入候。右一件は実に不容易御配慮被為下拝謝するに由も無之、唯々日々思出して感佩罷在申候。

此は笑事雑り真面目之心底に而御坐候。抑々昨年旧温と分離と申御報有之候後は「プール、ウーメン」之身上心事悲察いたし万々笑止罷在候得共傍ら再婚之念を勃起し速に相応之温物を求め恣に青蛇を翻へし度ものと奉存候。併し当時は出発前に而俗務之多端に此念を制せら〔れ〕居り候処、已に乗船後一周を経るや否青蛇頻りに好敵手を求めて止ず。依而諭すに「巴利」までと云ひて鎮制仕置候処同地に而は捜索の機会なく、随而当境え着仕候後は青蛇も親と同一之顕位に置れ向見ず之敵対も難相成空く身も包茎に蔵め朝夕横座弁慶罷在申候。斯る情実承知仕候親の身には可成青児の早く満足する様と百方思を焦し候得共、青白は不敵当の色に而候間此亦詮方無之、徒に伍組に托し懇諭して黄開に邂逅するを待しめ申候。兎角青年壮剛之児は親之胆を焼ものに而はたゝゝ困究仕居申候。

先は右御伺申上度其内時下御自重為国土人民専一に奉存候。恐々頓首

八年三月八日　　周蔵拝具

木戸大人膝下

尚々、奥様え可然御致意奉煩候。

〔封筒表〕日本、木戸参議殿御親展、在独逸、青木周蔵、昨年十二月廿八日之尊書正に落手仕申候、尤拙答は後便に托可申候。

3　青木周蔵

70　明治8年3月15日*　F一一一〇一三八〔品川弥

二郎と連名）

別紙認置候処、寺嶋より電線を以て大人御再勤之旨報知仕申候。就而は時下益御機嫌よく被為在候證〔ママ〕証に而、生等之掛念頓に排申候。近来本邦之形勢如何に変転仕候歟、固より承知不仕候得共、御再勤之義は定而御心事に被為背候御事と奉存候。併し人民は挙而唱万歳候半。我邦之幸甚過之もの無御坐候。何卒少々之御不平は枉而御堪忍被為成、為国土人民百年之予謀御工夫被為下度此而已奉祈禱候。実に昨年御退職後は生等も心事齟齬不鮮、快々不快に罷在候処、右電報を得候而より気分頓に覚爽快申候。為国土人民実に大幸々々依而祝之。敬白

八年三月十五日　　周蔵
弥二郎

木戸大人膝下

尚々、電信は昨夜到来仕申候。
周蔵は昨年今日染井之御別荘に而、梅を見し事ありとて口占す。
「今日といえばいとなつかしや経る年の
けふは染井に梅をめでけり」

3　青木周蔵

71　明治8年3月27日＊　Ｆ一―一〇―三九

昨年十二月廿八日之朶雲本月十六日飛落難有拝読仕候。久敷不接御近況候処不計細縷之御教示有之実に排掛念申候。

先便にも申上候通御再勤之挙は固より御甘心之わけとも不存候処、御来示果而此に符合仕申候。併し不要再啓候得共、御再勤之上は何卒御尽力可被為成為国土人民祈処に御坐候。

法律編輯云々之御教示、固より小生之持論に而二年前佐々木前司法太〔ママ〕輔、尋而昨年は伊藤参議、山田太輔えも縷々申込候得共、絶而可被行様子も無之誠に落胆仕申候。尤法律之基礎たるべき政規さへ御設置無之候間、最早徒らに多言を費候より寧ろ一身になり共脩其学度奉存候。山田も右一件は篤と合点之上同意すべくとの事に御坐候得共、終に二の句之続人も無之実に遺憾千万奉存候。尤政規なり、法律なり御設置は容易にも可有之、併し人民をして之を遵奉せしむるには十分之兵力必用之事と奉存

候。況や諸県之内には今以藩も有之候間、此辺えも同時に御着手可有之奉存候。御来書中「さつ」云々御合点に不参との御事に候得共、小生は固より之「ボテーツス」嫌ひに而、方今は特に藩論を張る者を抑制仕度奉存候。西陲之朴訥先生、豈文教政治之真賞を知らんや。兎角御国閥に閉口仕申候。

鉱族え御着手之御趣意千万可然事に御坐候処、只今之様子に而は後患不鮮様奉存候。畢竟政家は「吾死後は野となれ山となれ」と申意に而一時之顕栄を期し候而は万々不可然候。前途後世之人まで今日より顧み候而政務を調ゆるは総而大家之深慮に而候わずや。石炭、銅、鉄を掘出すには最此辺に御注意有之度奉存候。官林は永世官府之有と御取極置被為成度候。御売払之義も時宜には依り候得共、此は一般之山林御測量之上ならでは不可然奉存候。

「バンク」典則欧語に而「スタツー」は急々御設可被為成為人民懇願に不堪申候。此も大蔵省も兎角英人に効ひ度候わゝ第一「コントロル」験察。。。の義厳に御取設可被為成候。否れは人民之困危、実に々々笑止に不堪申候。

旧温一条、実に不容易御配慮被為下何とも拝謝之申上様も無御坐候。御来諭之通り二、三百、四、五百位には代られがたく候間、此段島田えも可申遣候。固より「門戸を出に臨候ても」啻々気之毒のみに而決て「をしき」事は無御坐候。右に付金子入用之節は、今年七月より之月俸を引当に致置候間、必用之高丈け大人之御名前を以外務省より御受取可被為下奉願候。猶青木祖母えも一報次第毎月之小遣可差遣覚悟に御坐候間、此段御降慮奉願候。右拙答申上度。恐々頓首

八年三月廿七日

憶起去年如此日春山幾度見花帰　青蛇拝具

松菊大人膝下

時下御自重為国土人民奉祈候。奥様え可然御致声可被為遣此亦奉願候。

〔別紙〕

議事堂礼式

第一　会議ノ時限至リ議事鋪設具備スレハ鐘ヲ鳴シ之ヲ報スヘシ衆議員之ヲ聞カハ直ニ議事堂ニ着席スヘシ〔朱〕而テ議長着席各員礼ヲ為シ而后議事ヲ始ムヘシ

〔欄外に朱で、「而テの字句を加へ候方可然や」とあり〕

第二 議事中ハ議員礼儀粛整タルヲ要ス或ハ欠伸吐唾雑話私語シ或ハ議場中ヲ往復散歩シ議長ト発言ノ議員トノ中間ヲ遮過スル等ノ事一切禁止タリ

第三 議論ハ忌憚ナク心腹ヲ尽スヘシト雖トモ〔朱〕・或ハ天皇陛下及皇后皇族ニ対シ不敬ノ言アルヘカラス或ハ〔朱〕・人名ヲ指シ罵詈非議スル等ノ言ヲ禁ス

〔欄外に朱で、「第三条の中朱点より朱点までは削除候方可然や」とあり〕

第四 一議事中其弁論ニ付或ハ其本議ヲ離レ枝葉ニ出テ終ニ他事ニ遷ルヲ禁ス

第五 若シ議事礼式ヲ乱リ又ハ他ノ粗暴ノ挙動アル時ハ議長起テ之ヲ戒メ尚止マスンハ退席ヲ命スヘシ若シ議長之ヲ戒メサル時ハ議員中誰ニテモ心付タル者ヨリ之ヲ議長ニ注意スヘシ

3 青木周蔵

72 明治(8)年(4~5)月( )日* F一一一〇一四

八

本年二月十二日浪華御認之短簡昨日飛落、弥御機嫌克被為在候御様子重畳奉恭賀候。二生無異乍憚御放慮可被為遣候。陳浪花之会議は、唯々政規を目的と被為成確実不動に御着手可有之御一決之御様子、随而大人之御宿志も稍被為遂候御都合云々、且諸老とも御投意之御様子、大略御申遣被為下奉承知候。実に此挙は国土人民之大幸に而、大人積年御配神被為成候甲斐も有之、旁唱万歳之祝詞申候。御上京後左院御癈止、新両院御設置有之候由、電報に而承申候。此上は両院之名実より Organisation Condition 幷に Competent 等一日も早く承知仕度、知り好みに燃立罷在申候。到底一伐之斧不敢倒樹木之わけに而一朝に御成切と申事は不思寄候得共、右之基礎御設被為成候義は、我国未曾有之御盛挙に而、微軀といえ共感泣仕候程に娯敷奉存候。抑々政規一件に付而は、伊藤老兄前後不同意之事と打明た処、内々懇望罷在候処、事実反之候義は愉快、筆紙に而は申尽しがたく、且自身之浅見等閑〔ママ〕汗背仕申候。国土人民之為大賀々々々々。不尽

青木周蔵拝具

木戸大人膝下

追啓
品川其外孰も無恙勉学罷在候間、此亦御降慮可被為遣候。先日は同氏北堂不快之義に付縷々御申遣被下深く感佩罷在申候。猶患者漸々回復仕候よし追次郷信有之大に安心罷在申候。

二月十二日之御書短簡といえ共、旧温一件もちらと御申遣被為下、御懇情之程と而も拝謝する方法は有之間敷と徒に奉感佩候。

欧州之新聞中些と実之入候箇条有之候間、密信を以寺嶋外務翁まで申遣置候。御序之節御一読有之候わゝ、□〔汚レ〕是一箇之「インテレスト」と奉存候。固より「スボラ、ネクー」外務省に而は格段面白く聞取候者も有之間敷候得共、両三年来欧州に而 State と Church 間之戦争は実に前代未曾有之一事に而、屹度注目すべき事と奉存候。特に戦争之根本は普国に而候間、後進之生等日々見識を広め候簾〔廉〕不鮮候。

追而当国新公使赴任可仕候間、御懇意に御引受可被下前以奉願候。生義は再遊後特に丁寧に被引受、諸卿等とも毎々受招飲申候。


但し昨冬来青蛇は全く蚯蚓と相成候得共、拝領名ゆへ記し申候。追而入御覧候上は改名を願度奉存候。呵々々。

青蛇

3　青木周蔵

73　明治8年5月19日＊　F一一〇一四〇

先日重華翁より投書有之、承候得は御再勤後弥御機嫌よく、特に御精勤被為成候御様子、公私之大幸一に奉欣賀候。二生無異〔異為之音通〕在留罷在候間幸に御放念可被遣候。

「サガレン」島一件も弥結局に立至、全島を魯国え引渡し代に十八島を御受取被成候よし、此頃同僚榎本氏より内々申伝候。固より右一件は政府之決議に憑り同公使一入尽力仕候半、万々奉洞察候。併し生には先年竜動府に而拝啓仕置候持論有之候間、右之御処分には一向感服不仕候而已ならず五回重歎息切に遺憾罷在申候。何卒此後は南海之小笠原島にもせよ他国より土地之所望申出候節は容易に御承引無之様為国奉祈候。

爾来内国之形勢如何之手続きに而如何に変転仕候や？？。御間暇〔ママ〕之節一つ書に而御洩可被下奉願候。実に寺嶋翁よりは「ポリチーキ」に関渉仕候事件とては一切報知無之候間、外勤之生等徒に迂遠に陥候而已ならず交際之下不都合百万に御坐候。尤生之了簡に而は「出先に而生まに失せんより寧ろ愚に止候方〔ママ〕」却而公私之為と奉存候。要するに糞船之舟子とても瀛船之国等には追付がたく奉存候。依而無為を時とし方に英語に骨折申候。此と申も畢竟内外之政務に心掛候得は英独之外愚眼に而は規範と可仕国は無御坐候。

駒場之御地面は如何被為成候や。程次第頂戴仕度候。大人には脇方にも御所持之地面沢山に被為在候間、到底飛地は御厄害にも可有之候間、右之御領地に強而御固着之思召無之候わゝ是非々々御譲可被為下奉願候。

兎角金之義に付而は別にも願度義有之候間御一報を以而御承引否被仰下度、左候わゝ「臍くり金」を取集早々進呈可仕申候。

先は為其。恐々敬白　　周蔵拝具

木戸大人膝下

時下御自重為公私奉祈候。且乍失敬奥さまえ可然御致意可被為下奉願候。

杉翁之報によれは奥翁も引続「木太刀」之教諭勉強有之候由重畳に奉存候。また夕方羽翼を収められ候後は定而廿一前後之「シー」や「ツー」を「せしめられ」候半、怨望罷在申候。生は形況反之候間青蛇を止め「蚯蚓」と号し度程に奉存候。

昨年御国出発前品川昇級之事を願出置候処「チョーチ」ずぼら翁今以運ひ呉不申候。此は伊藤兄も同意之上申立置候事に候間乍御面倒大人より御一言寺翁え御申入可被為下候。爾他公使館之「ヒョットッコ」は芋之手伝に而僥倖を得候者計りに候間弥二郎え気之毒に奉存候。

〔封筒表〕日本東京、従三位木戸参議閣下御親展、在別林、青木全権公使。「Legation von Japan zu Berlin」と印刷あり。

〔注〕公使館用箋、欄外に「Legation du Japan Berlin, le 187」の印刷があり、「Legation du Japan」を抹消し、「〔Berlin, le〕19/5〔187〕5」と年月日を書き込んでいる。

3　青木周蔵

74　明治8年6月13日*　F一一〇一四一

弥御機嫌よく御奉職被為在重畳奉恭賀候。御再勤後、絶而一行も御恵投不被為下候得共、不日桂少佐着欧之上は縷々御近況可承と日々相楽居申候。

長松文仲義弟
松野磵

此者事、先年北白川宮当国え御負笈之節、家従之名目を以扈従いたし勤学切〔節〕倹申分なくよく出来居候処、貯蓄金最早留学之雑費を支へ難く即今終に帰国仕申候。人物は御見掛之通格段英才家に而は無御坐候得共、実着之性質を具居候間、先年より小生之気付を以留学中は全く山林学科を令修業申候。抑々山林学之一国に於る至重之経済科たる事は大人御承知有之候間、別に要贅言不申候。併し従来御国に而は右学科全く欠典に有之候間、往々何卒此辺えも御着手被為成度奉存候。就而は松野義、右之科学已に成就仕候と申程之者に而は無御坐候得共、一通り試験も相済専門之大略はよく合点罷在候間、内務、大蔵之内え右之科学脩業之廉を以八等或は九等之際え出仕仕得候様大人より御厚庇可被為下、小生よりも呉々奉願上候。此者義は貧窶こそ不幸に御坐候得共、「プライベート」之方に而は千万僥倖之者に而、当府留学中邦人中第一之美男と唱られ、諸家之「アッパイ」さま幷に「ゴー」さま、ツー等、ルー等よりも恋慕せられ候末、終に一処女（南貞介婦の類に非ず、中等幷町人之美娘なり）より婚姻之約束申掛られ、昨年小生帰国之留主中無拠許配之事に決申候。此可羨慕情談は小生帰国中品川の報知に而篤と承知仕居候得共、事体全く情郎之軽挙と而已遠察いたし、痛く松野義を遺〔ママ〕責仕置申候。然処昨冬再勤之上右之様子精敷探索仕候処、松野方には自身之位置幷家産等之真面目を吐露し、と而も可配偶目途無之とて種々謝絶仕候様子に御坐候得共、彼之娘何分承知不致、死生を此事之成否に決しなと〻頻に恋慕仕候故、終に情まけいたし其儘許配之約束仕候よしなり。且彼娘も女中に而は上之下位程之学文も有之候間、身持等聊可難廉も無之（松野も随而一回でも温め候わけに而は無之唯々口吸を以相済居申候）、千万上品之温物に而御坐候。探索得実如斯候。併し未婚未温已前は違約も相成候間、約束を「無」にせしめ候も一策に而候得共、第一両人特に娘之恋情実に可憐恤、第二には人種混合之良策を見る々取離すべきも遺憾に有之、第三には右事件当府にも承知罷在候間令違約候而邦人え欺詐之醜痕を附候も万々不忍成、旁々之参り掛より小生も終に内許可仕申候。就而は松野義帰国之上得位置候わゝ、右之美婦人押掛可参都合に御坐候。此条は全く学科外之私情に属候得共、人之婚姻を助候義は公私之義務に帰候間、此辺之情実も御顧被為下、何卒松野生を御厚庇可被為下呉々奉願候。小生義も、追而娘之航海仕候節は五百円程之金を貸す事約束仕申候。此は余り極上過たる扶助と可被思召尊慮も顧候得共、実に無拠参り掛も有之且女房一件は自身に取而も骨髄に徹したる親験有之候間、しかく憐恤を旨と仕申候。猶巨細は松野より可申上候。恐々敬白

明治八年六月十三日　　　　　　　　青蛇拝具

松菊大人膝下

奥さまえ可然御致意奉煩候。

本文松野義は「ツー」等「ルー」等よりも恋慕云々と申上候得共、決して温め散したる身持仕候者に而は無之、唯々男ぶりのよきに「空ぼれ」せられ候まででなり。白婦等之好賞は日本婦人と異なり、小生幷野児などえは脂を斥ものも無之焼餅罷在申候。

3　青木周蔵

75　明治8年6月17日*　F―一―一〇―四二

本年四月十九日之芳翰正に接手仕候。先以老大人時下益御機嫌よく被為居候御様子重畳奉大賀候。

諸先生等自画自賛とならぬ様に丈けは云々御着手之大眼目承知いたし大に排掛念申候。猶巨細は桂少佐之口頭に可接日々相楽居申候。

旧妻再縁之義に付養母より金談申上候処、尊慮に而は六、七百円奮発可然被思召候よし。万々領尊慮申候。此義に付而は先前も申上置候通り、全体之裁判丸々大人之尊案に帰置候間御相談不被為下候而可然之処、遙に御下問被為下御深切之程幾重奉多謝候。就而は日外願出置候通り、小生へ可被差立今年七月以往之月俸丸々外務省に而預り居候間、此内より右有用之高御取下させ被成可然御取計奉願候。固より新参の青蛇別に貯蓄之余財と而は無御坐候得共御気付之金高は満足して奮発仕候間、此後之御配神何とも宜敷奉願候。不要贅言候得共 poor woman 再嫁之後持参金をも取られ重而たゝき出れぬ様に養母幷に

親類共より屹度注意仕候様、御序之節同人まで御申伝可被為遣奉願候。塞き青蛇之字に而被仰越候愛惜と内情如何云々は固より無之心底に御坐候得共、「かわいさふ」とは奉存候。併し到底引留とか或は某芋先生の如く門戸に立て離縁したる婦人之帰去を妨（薩人に御聞被成候わゝわかる高名之一奇談なり）と申程には難仕、また仕度所存無御坐候。先は用事而已拙答申上度。恐々頓首

明治八年六月十七日　　青蛇生

松菊大人膝下

尚々、奥さまえ可然御致意奉煩候。正二郎君は如何被為成候や。何卒再遊御命被為成度奉存候。万一当国えども御遣被為成候わゝ実に適当之学校も有之候間、毎時品川と噂仕居申候。今便は松野に托し已に呈書仕置候処、四月十九日之尊書実は今朝飛落仕候に付不取敢回答申上候。

〔封筒表〕木戸参議殿御親展、青木周蔵。

3　青木周蔵

76　明治(8)年6月27日*　F一一一〇一六八

旧妻え可附与持参金之義は先便七百両云々申上置候間贅言不仕申候。将又萩之留守宅へ可差立毎月分小遣金之高は如何程と取極可然歟、此段伺尊慮度奉存候。実は遠方より推当算仕候とも過不及有之候而は却而無益之事と奉存候。昨年北条翁之経済話を寸尺に取候得は大抵方角も相立候得共、到底大人之思召に而御取極被為下候わゝ青蛇絶而不満には不存申候間、何卒御面倒序に此亦御取極被為下、右七百円御贈致被為下候節半年分なりとも前渡之都合に御取計可被為遣奉願候。生も今年は所謂無賃奉公之覚悟に而先前申上置候通り七月以往の月俸は旧温弁に萩と東京之留守宅雑費え引当に仕置候間、外務省え預け置候高之内に而何分とも宜敷御指図呉々も奉願候。厚庇を蒙り一身而已栄華罷在候とも家族等貧窶に苦候而は更に栄華之甲斐なきのみならず「極けち」に出掛け候義、青蛇平素之感覚に而は無御座候間、何も御遠慮不被為在総而大人之感覚に帰順仕候様御尊配意奉願候。養母は辱知之「きれ物」に候得共、冷き金銀を水同様に遣ひ果しも仕間敷、また青蛇も来年より非常之物入も有之間敷候に付、入用丈之金は満足して憤発仕候間此段御含置

可被為遣候。頓首敬白

六月廿七日　周蔵拝具

木戸大人膝下

3　青木周蔵

77　明治8年6月30日＊　F―一―一〇―四三

桂少佐着府に付御近況詳悉、安心仕申候。

新両院之組立幷権限等大略は承知仕候得共、何分流義違ひのもの語に而は巨細領承相成がたく、後便之公信而已相待居申候。併し諸卿参議の贅官も今以御癈無之候由之「カビネット」有之候上、元老院、大審院幷に地方官会議所まで御設置有之候辺全体之組立余り御多端之様奉遠察候。尤大眼目之公議と諸卿之責任之二ヶ条は定而細密に御取極有之候事と重畳前よろこび罷在申候。桂え御噂有之候御辞職云々之一条は是非御成功後にてそ御思立可被下候。折角之芝居、半途に而瓦解仕候而は大人之御素志遂ざるのみならず国土人民之不幸何等歟加之。何卒々々持久に御尽力可被為下為国土人民懇願罷在申候。

欧洲之近状拝啓可仕との御事に御坐候処、近来は政家之地平線に絶而気氳も無御坐候。尤各国共内務には余程勉礪、特に当国郡県之新制等は実に可疑似ものに而旧藩防長之郡県政治猶更相慕ひ居申候。

別に新奇之事件有之候わゝ早速拝啓可仕申候。

別紙一片は桂少佐到着前認置候処、同人之口頭より承候得共萩地之留守宅へ可差遣毎月之小遣金は月々十円位に而可然尊慮之よし。就而は半ヶ年分例之六、七百円に御付添之上御贈致可被為遣奉願上候。

第二青蛇含蓄云々誠に閉口して聴聞仕候。実は今春之比ちらと報知申上置候得共打明たる披露に而は無御坐候間、定而御気に付不申事と奉存居候処、今便之郷信、特に実父母等之来書中には一品『無恙分娩男子出産喜悦此事』なそと親青蛇之失策を却て手柄之様に祝し参り、且つ軽き考に而養育を引受るなどゝ本然醜態之上え又々味噌を塗られ申候。実に赤面々々、「モラール」之「ホラ」も此挙に而吹止可申候。併し、「自然之典則」には聊も違背不仕候間、所謂「マケン症」やら又懇諭諭旁左之通口占仕申候。

温めけりなでふ冷えずに居らりよふか

　掘れば出て来る道の当然呵々々々。

松野礀儀何分可然御厚庇可被為遣呉々奉願候。

桂も第三「シー」を得候由重畳に奉存候。畢竟行儀も作法も一「シー」之有無に依而興廢仕候間「やまめ」之青蛇は万々浦山敷奉存候。

先は拙答申上度其内時下御自重可被下為国土人民祈願罷在申候。恐々頓首

　八年六月卅日　　　　　　　　　青蛇拝具

　松菊大人膝下

〔封筒表〕日本東京に而、木戸参議殿御親展、在独逸、青木周蔵。

3　青木周蔵

78　明治(8)年8月12日　F—一〇—四四

弥御機嫌よく御奉職之御義と重畳奉恭賀候。

一、御注文之麦酒「ガラス」は早々一「マニュファクチュル」へ命し、只今製造最中に而御坐候。硝子は「キリコ」にいたし、蓋は銀に而茶人風之人形を鋳させ申候。唯々残念なる事は高門之家章⊙（は余り不風流、「菊之葉ちがへ」は葉数しずれ）を暗記仕候者無御坐候。

一、窓向之硝子も広狭之度御示不被下候に付些と迷惑仕居候得共、申合せ御益に立ものを可差出覚悟に御坐候。

一、華士族家禄之義は今以御着手無之事と奉察候。右事件は何卒急には御着手無之様奉祈候。事体百万之生民に関係いたし、与奪之金高全国歳入出之重立たる一簾〔廉〕に係候間、御処置之可否、一国之盛衰に関係可仕候。愚案三十六年之数も懸考仕候得は、まだゝゝ余り短き様奉存候。ときに此頃当国に而一人物を見出候処、同人義は年来自己之良意を以御国之為に高大無限なる名策を思付居申候。但し策とは倹約箱（或は貯蓄役所之名穏当なら〔ん〕か、前島密郵便局に而其端を開居申候）を官より設置いたし、生民之貯蓄金を営む之趣意に御坐候。固より事之真賞は手紙位に而は難申尽候間、品川帰国之節万縷同氏之口頭に附可申候。愚案に而は右倹約箱御設置相成候わゝ家禄之始末も同時御着手可相成歟に奉存候。尤まだ入々懸思慮候わけには無御坐候間、何分之義は追而可拝啓、併し前段独逸人は是非本朝え差出度覚悟に御坐候。

一、松野色男は頓に帰着仕候事と奉察候。不要再啓候得共、可然御高庇可被為遣奉願候。
一、苞式生は来年帰国候とも暫時在国之上都合次第北京府へ在勤仕度内意に有之候間、此段御含置被為下、可然御配慮可被為遣、生よりも願上置候。畢竟支那之情状をよく承知仕候義は往々日本政家之一大要件に属候間、青蛇義も追而一年間位は彼地え転勤仕度奉存候。此亦御含置可被為遣候。
一、西藩主之頑固幷藩臭気之吾儘、実に々々腹か立申候。ヶ条を枚挙して不要拝啓、大人にも嘸々御切歯之事と遙察罷在申候。
先は右申上度、其内時下御自重為国民奉祈候。恐々頓首

　八月十二日　　　　青蛇生

松菊大人膝下

　尚々、奥さまえ別紙不差出候間、宜敷御致声可被為遣奉願上候。

〔封筒表〕従三位木戸参議殿、乞御親展、青木周蔵。

3　青木周蔵

79　明治8年9月22日＊　F一―一〇―四五

弥御機嫌よく被為在候半重畳奉恭賀候。且又閲日誌候得は、春来御奉職之末、過日県官会同之節は議長御拝任之上精々御尽力被為成候御様子、全体支梢之末々まで嘸御煩慮被為在候事と、毎々御噂申上候。乍去此度之一挙に而、先政規之雛型も相成候間、多少之不充分を除候わゝ、大人にも定而漸々御満足被為成候半。

　独逸人曰

　　昨日之事悪矣　今日之事宜矣　明日之事将最善也

到底一時には万事不適尊慮事と存候得共、何卒此度は御堪忍、強く前途之目的丈は略ほ御取極置可被為下、為国土人民此而已幾望罷在申候。
近来は御患状如何御坐候や。秋季芳春之際は一入御保護被為成、芳香気発之食料は、絶而御採用無之方可然云々、辱知之ランゲンベッキ氏より忠告申上候。
先便申上置候「マイエット」氏と申者、十月上旬には当地出発御国へ航海仕候間、貯蓄箱幷士禄結局之両条、御

懇考被成置度奉存候。巨細は品川氏も帰朝仕候間但し扇州之着府は来年二月之末に可有之候、愚考丈は同人之口頭に附可申候。井上省三も今月十一日終に欧洲を見離申候。此書御落手被下候節は、定而候門之後と奉存候。同人義は熱心に織工科精敷脩業仕候間、屹度御用に相立候事と奉存候。就而は大人よりも工部卿へ可然御取成可被為遣奉願候。池田謙斎も過月試業相済し、非常之褒賞に而「ドクトル」ト相成申候。

欧州之形勢先平穏と申内、土耳児に而は三月来墺国境「セルビア」国に於而一揆蜂起仕候処但し一揆之原由は「セルビア」国之人民中「キリスト」系派之者、土耳児之苛政を厭ひ之を離て独立する主意に御坐候、今以結局相付不申候。先月来三帝国魯、独、墺より土耳児在勤之領事を以鎮静和睦之事務に任し、戦地に入而令周旋候得共、此亦今日までは不奏寸効、抑又土耳児政府は鎮圧之力に乏敷、已に数千之兵を派出仕候得共却而敗走仕申候。畢竟方今之勢に而は冬より積雪之比までは戦争相続候事と被察申候。併し「セルビア」独立之一挙は、独魯国之利に而御坐候間、二帝国及其他に而は容易には首肯不仕事と奉存候。其他「イスパニア」国之内乱は到底新政府之勝利と可相成勢に相見申候。

先は右申上度、其内時下御自重可被為成奉祈候。恐々頓首

明治八年九月廿二日　　周蔵拝具

木戸大人膝下

奥さまへ此度は呈書不仕候間宜敷御致意可被為遣候。

陸軍省へ取替候別紙

独逸貨幣

日本金貨に直し田中光顕より大人之御手元え持参可仕候間、千万恐入候得共、別紙へ日本金貨之員数名宛幷に月日等記載、御家来えなりとも御命被為下、金と御引替被為下度、猶金子は御面倒之義恐入候得は、御手元え御預り置可被為遣奉願候。

旧温一件已に落着とは乍申、再嫁成就如何と掛念罷在候間、御面倒之義恐入候得共、結局相付次第実父を以大概之参り掛被仰下度奉願候。猶実父義毎々参館仕候上御懇意に被成遣候御様子、千万々々拝謝仕候。義妹も出京後縫織読書等勉強仕候よし、誠に満足罷在申候。旧温之妹も来年は門を代へて東京へ呼

出し度、此旨尼将軍へ申遣置候。併し御許可如何と掛念罷在申候。

〔封筒表〕日本東京、従三位木戸参議殿御親展、在独逸、青木周蔵。

3　青木周蔵

80　明治8年10月20日＊　F—一—一〇—四六

前略拝啓

弥御機嫌よく御奉職被為在重畳奉恭賀候。日外御注文被仰越候麦酒盃  形印漸く此節相調候に付、箱積にいたし、

「木戸参議殿　青木公使
His Excellency
Kido
Yedo Japan」

右之名宛に而、横浜まで差出申候。就而は此書御落手後大低三周も相過候わゝ、同港税関より御照会之上御受取可被遣候。尤箱内には硝〔子〕盃廿六箇有之候処、半分は極「ケチ」に候得共大人え献納仕度候間御笑留被為下、其余半数は青蛇之留守宅え御転致被為下度奉願候。但し十三番目之大硝盃は銚子に而御坐候。御注文は不被仰越候得共当国之風習に真似いたし押而差出申候。尊慮に叶候わゝ本懐に可奉存候。

先日願出候四百余円之金子は田中光顕より御落手被為下候次第実父三浦玄仲え御渡可被為遣奉願候。老人臍くり金を取なやみ候義千万然〔カ〕に相成候由に御坐候。駒場御所有地を所望仕候義に付態々御報被為下奉拝謝候。猶小金辺云々御懇意に御気附被為下亦多謝々々。実は生義辱知之偏癖有之、孔夫子所謂「小人懐土」と申気味に御坐候得共、「ヤタラ」に土地を抱度奉存候まゝ失敬に所望申上候。併し別に金と而は無御坐候間、高価物を入買候程之力も無御坐候に付、徐々「ケチ」に経済仕度奉存候。呵々々々。

右拝啓仕度。匆々謹而頓首

明八年十月廿日　青蛇拝具

木戸大人膝下

〔封筒表〕木戸参議殿御親展、青木周蔵。

〔注〕図はそのまま入れ込んだ。参考に原文の箇所を一〇三頁に

掲げる。

3　青木周蔵

81　明治（8）年11月16日＊　F—一一〇—八三

益御機嫌被為在重畳奉恭賀候。陳近来は意外に御無音申上何とも申わけ無御坐候。実は気候咄より少しは気之利き候事件達御聞ものと頓に比より思立而は罷在候得共、公務、就中仲間之交際に時日を費し且少々快々之心事も有之、つい々々疎漫〔慢〕に打過申候。併し二周間には一案を拝陳可仕覚悟に御坐候。

松野磵は厚庇を以内務省へ出仕被仰付候由、御懇情之段青蛇よりも万々奉拝謝候。許配之婦人も閣下之高恩遠方より感荷罷在候由但し「由」とは青蛇唯々聞伝候而已に而、色男帰国之後は絶而館えも不来申候。果而青蛇之生まくさき呼気を嫌候歟。尤も白物に而候間苞莖は好物と相見へ品川義は時々見舞に参候処至極先方之引受宜敷抔との評有之よし。御一笑々々。然処兼而申上置候通松野義于〔カ〕今不熟之者に而候間、何卒万事御用捨なく御叱正被為下候様奉願候。

頃日郷信有之承候得は、九月中大人弊宅御来臨被為下何かと御懇切に被仰聞候由、実父母等得鬼頭候如く相喜縷々報知仕候。併し其喜は青蛇にも波及いたし等閑〔ママ〕高庇を奉感荷候。

反之無理からざる事には候得共、近来青木梅月院よりは種々不平やら風諫やら又は千代に当付候焼餅やら様々之事申参大に頓着仕申候。其上大嶋郡之老母千代之保嫗に而御坐候よりは終身両三口之給与を希望いたし、彼是万々面倒に込申候。猶島田良岱よりは旧恩あり付方は青蛇帰国之上に而可示談などゝ金ほしき様之「なぞ」を掛られ申候。青蛇心底は御承知被為在候通り可堪力丈之世話も金も可遣所存にて候得共、到底一族を令帰協和候義は無覚束可有之歟と、或は研蔵之素行を追歎いたし、又は小縄三尺之世諺を思出候て、頻りに気をもみ申候。併し此も一時颶風同様の混雑と覚悟仕居候間、決して短気は不出申候。

此条実は御聞に達間敷と存居候得共、大人幷島田良岱之外別に可控訴者無御坐候に付つゐ々々費多言、

誠に恐縮々々々々。

先は余り御無音仕候故呈一行度如此に御坐候。其内時下御自重為国土人民奉祈候。恐々頓首

十一月十六日　　青蛇拝

松菊大人膝下

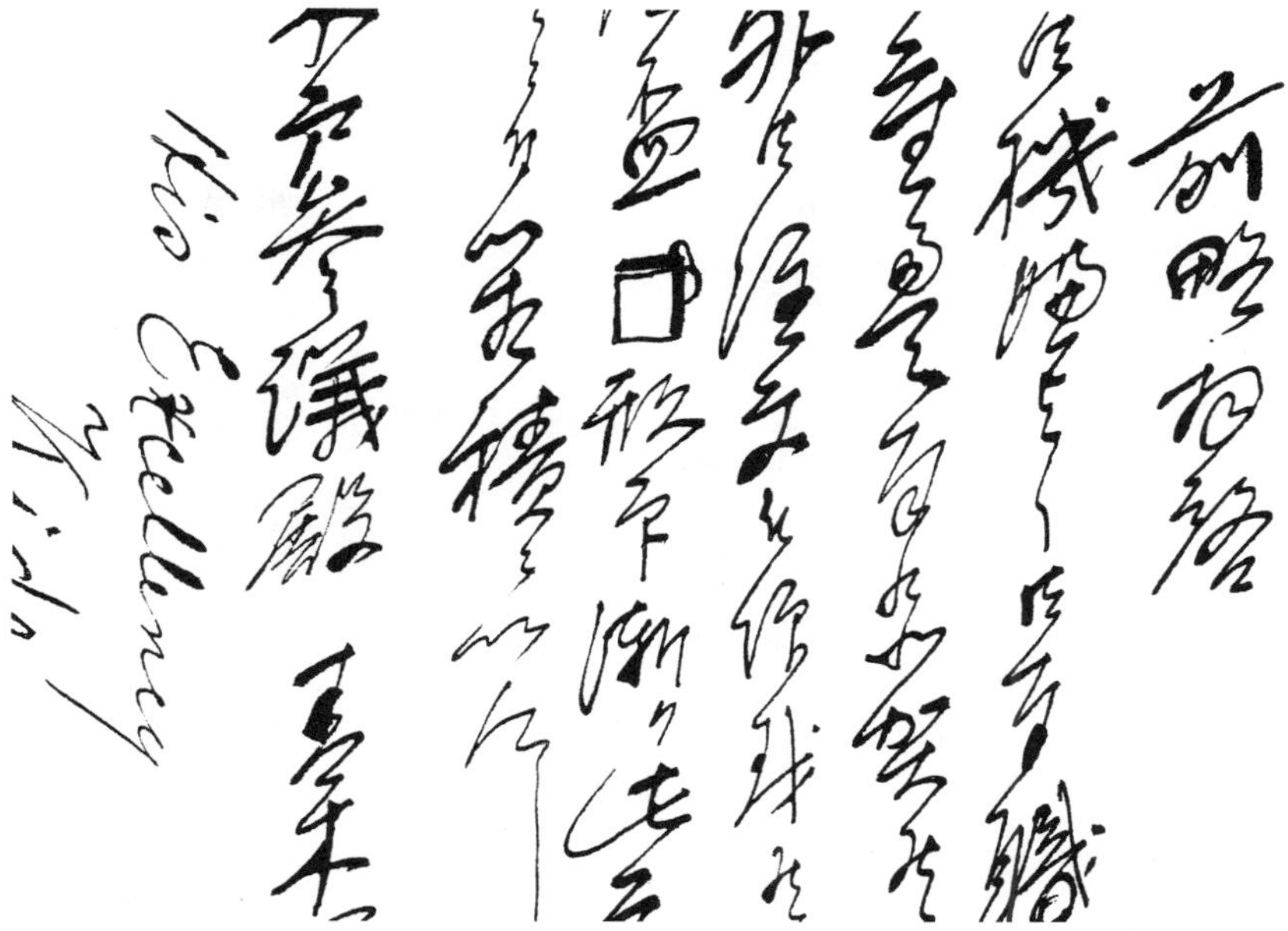

追而奥さまえ可然御致意奉煩候。いづれ近日呈書之節は「スボラ」仕候段深く拝謝可申上覚悟に御坐候。井上兄は如何相成候や。誠に掛念罷在申候々々々。先日杉翁より扇洲へ之投書中「最初より苦痛と泣せたり」云々之語有之候処、定而近来は別に一青蛇顕状仕候歟、此青蛇は春来花風病様之厄に陥り頭毛も鱗も「シダイ」々々に殆と脱却仕候。外部より温浴せずして内部より油膩強壮之食料を取りては不健康など〻医師も残忍を極め、葡萄酒などは丸々為飲不申候。併し三十男に候得は自分に而動かすわけに難参候。呵々々々々。

〔封筒表〕木戸大人閣下御親展、青木周蔵

3　青木周蔵

82　明治8年12月2日＊　F―一―一〇―四七

九月十一日之御細簡十一月廿三日飛落、先以大人時下益御機嫌よく御奉職之御様子重畳奉恭賀候。二生無異罷在候間幸に御放神可被為遺候。陳二周前之呈書中には此度何と歟御耳新敷事件可申上と先触仕置候得共、時下交際

多忙之候に属し又々疎漫〔慢〕に流申候。尤欧洲に而近日可驚歎候事は英国政府之一挙動に而、「ポリチーキ」之世界も「ファイナンス」之世界も徒然供〔拱〕手して、英人之断に感居申候。其因は先年「ヱジプト」国「スエス」「カネール」之土功は、御承知被為在候通り、素として仏人之加功に成り、金資も多分仏国に而相集め、二億万「フラン」（大低四千万円の高なり）程之高を四十万之貸株証文を以取集申候。此四十万貸株証文之内弐十万余は、現に仏国人民之手に帰候得共、十七万七千余は「ヱジプト」王政府之固有物なりし。但し当時「ヱジプト」王現金を投して此証文を得し歟否は承知不仕候得共、其国之公債証文を其国政府に而所持するは固より大経綸なり。日本政府に而も英に而公債する「ポンド」を買上る位之力量有之候わゝ極めて妙なれとも、七朱九朱位之利子にて遊ばせし金の余剰は有之間敷、遺憾之至に御坐候。畢竟公債証文を我政府に而所持せは冷き利金を外国に散布せさる大利益あるなり〔割注下ニ記号アリ、対応シテ右欄外ニ書込アリ、「我邦公債証文買上或は入る事に付一案有之候得共此度は不申上候。」〕。然処「ヱジプト」王之大蔵省に而近日返却すべき公債有之候に付、此期を時とし英政府より右十七万七千余之貸株証文を頓に買得仕候（但買入候前は仏も大「ヌカリ」、各国に而も丸々評なかりし）。左候而例之「カネール」政理は貸株証文主之存意多少に依而こそ可否を取極候規則に有之候間、名義は兎も角実際之処は追而英国（但し証文十七万七千に而はまだ々々仏国に下候間二十万余までは頻りに高価を投して買入れ候積のよし、左すれは証文持主英国に多き都合に而御坐候）により「カネール」之政理を裁し、随而「カネール」は実地英国に附属可仕道理に御坐候。固より現今に而も右「カネール」を致通行船三艘之内二艘は英国之旗章に属候間、商売之「インテレスト」第一之目的には候得共、第二には印度中亜細亜之「ポリチーキ」に係り大功之出来事に而御坐候。仏人は随而已の大「ぬかり」を悔ゐ、魯人は焼餅口気に而頻り英政府を非放仕申候。併し何も已往に属し候而、両国之「ぬかり」こそ可笑わけに御坐候。兎角金なくては叶いませぬ。征韓否之細情丸々承知不仕候間御閑暇之節一行に而も可否之決御漏被為遺候様奉願候。生等は辱知之軍嫌ひに而候得共、金貨さへ有之候わゝ此度は是非一戦仕度様奉存候。

御投書中政府にも種々之元素混入云々之御浩歎、実に我邦第一大患之義と奉存候。欧洲に而は「カビネット」変革有之候得は、太政大臣たる者自ら自他之諸卿を撰択いたし一致同腹之政治仕候得共、我邦に而は維新来幷に其前よりの「人情づく」有之、兎角思召に不相叶事而已と生等も重もに此のみ浩歎罷在申候。将又民権之急を論候義は素として無謂わけには候得共、別に大蔵を験査仕候一体無之事こそ亦生等の案に而は我邦欠典中大之至大なるものと奉存候。況んや大蔵卿は良意に而こそ政理可仕候得共、前後大体之齟齬を示し一も引当には相成不申候。何卒深く此辺にも御注意被為在候様奉祈候。兎角民撰論之趣意も各人已之義務に苦み随而権利を希望仕候と申様之わけに而、四民賦税之圧に苦み終に大蔵之歳入出を査点すると申事に原因仕候得は至極道理有之候得共、到底義務之真意民間には理解仕候者も鮮く可有之歟。今度地方官会議之節も「ポリス」之費用公私配分云々実に筋道相立不申候。畢竟公私と申に而も到底均く公費（其素は更に私費なり）に外ならず候処、各県々令吏銘々賦税之増加を嫌ひ候様相見申候。固より県令之位置に而は万々可然わけには候得共、随而人民之義務は為尽不申候。全体生之考に而は、所在十万人之内え壱人之「ポリス」有之候得共実際禆益は無之候間、可成一村或は一郷之内え是非壱人之「ポリス」差置度奉存候。併し然れはと而各「ポリス官」へ政府或は県庁より月棒差立候而は全国之歳入も不支之候間、都府常備之（三府のみを云に非ず）「ポリス」幷に「ゼンダルメリー」を除き候外は総而無給之「ポリス」差置度奉存候。是即英独両国之県治広く五洲に冠たる所以に而御坐候（尤長州に而は漸々此に類似仕。候田舎の常習有之申候）。如何となれは「顕栄（オノール）を以人民之手間を買」趣意に而御坐候。勿論人民中不望顕栄者に在而は多少之迷惑には候得共、即亦人民之義務に而、手間損は到底一村一郷之徳に相成可申候（長州其他各県に而冬時穢多宮番の夜回り等は総て旧政府の規典に属し、或は村方之習慣法に而有之候処、維新来総て癈典に相成、遺憾百万千万に御坐候。欧州に而此法に優るものは。鮮し）。然るに六、七十之令吏中壱名も此際に考付（但し「思ひ出す」の方宜し）候者無之、左すれば義務（固より経済も知らず）を不知人民に而候間、権利を渡す道理一も無御坐候。然ればと而大蔵出納を験査する権利は人民に難渡候わゝ、皇帝陛下より別段独立之吏を御差置被為成度、到底独立と申趣意は大蔵卿は勿論自他之諸卿よりも黜陟難相成、唯々陛下御壱人之思召（固より思召は良からずては叶わず）に御進退被為遊者に而、全く大蔵出納之験査を専務と致候者に而御坐候（英国に類似の官あり）。先は所謂「でたらめ」之事而已申上候間、前後御推読可被

為遺奉願候。其内時下御自重為国土人民奉祈禱候。恐々
不乙

　　八年十二月二日　　　　周蔵拝

木戸大人膝下

　尚々、奥さまえ可然御致意奉煩候。時々一行可差出覚悟には候得共実に何とも難申多忙に罷在候間ついゝゝ失敬仕申候。

〔別紙〕

　別啓

島田、長沼より之呈書御差添に而御申越被為下候千円云々之義奉承知候。実に破縁之御談判而已ならず引続き種々様々之御配慮を掛候段、千々万々奉恐入候。拝謝は筆紙に而も鈍舌に而も難申尽唯々深く銘肝罷在申候。固より御承知被為下候通、青蛇義は書生半脱之新参者に而別に貯蓄金と而は無御坐候得共、右にて千両まで之高はカツ々々力に叶候間、思召に任せ且婦女子之情をも隣恤いたし、断然満足を以而差遣可申候。就而は外務省へ預け有之候今年下六ヶ月々俸之内より御差遣可被為下猶又奉願候。元来青蛇心底は大人御承知被為下候通り、破縁一件は真に不得已参り掛に而候間、随而迷惑を掛候当人えは何歟其償を遣度ものと遂に金円投与之結局に至候得共、世諺に所謂「与銀は更に乞金」之意に而此後重而非常之所望被申掛に而は最早可充其意（ママ）国力無御坐候に付、何卒此上は毎月之小遣に而堪忍可仕候様島田、長沼を以尼将軍へ御説諭奉願候。全体青木家には周弼、研蔵時代より古金類小沢山に貯蓄有之候処一部は弘中弥七方へ預け有之、壱部は尼将軍之手元に秘蔵、有之申候三年前より妙なる噂も有之旁掛念に御坐候故、今春之比右金類は総て県庁之金庫へ可預入申遣候。然処弘中へ預け置候分此高は千両は終に愚存通に相成候得共、尼将軍預り之分は有無とも不申越候此高は青蛇之知る処に而は。弘中へ預け候分よりも多し。尤昨年破裂後之事故種々孤疑に迷ひ隠に前途を予謀し内証金とする趣意ならんと推察仕候間、爾後も此件に係りたる事は一行も不申遣候。乍併青蛇心底に而は右古金類は青木家祖先之貯蓄物に属し、特に方今に而は容易に難得貨宝にも有之候間固より青蛇義は右金子之内より一銭も可譲受心底無之候に付此義は三年前より度々申遣置候、慥なる官府へ附托いたし置き、追而義妹等成長之日は銘々え配分可仕とこそ存候処、却而良意を孤疑いたし申候。かゝる所へ又々此度之千円内より別に内証金を差

引（随而旧妻の利に非ず）且毎月若干之小遣金をも被貪候而は、尼将軍之希望余り度に過候様奉存候。研蔵遺孃のみ東京へ差置候而は又々焼餅論沸騰可仕と察し、旧妻之妹とねと申者も出京如何、万一不同意無之候わゝ府下之友人に托し縫織学文等に骨折せ可申と、今年初秋の比尼将軍へ入々申遣置候（但し此挙は尼将軍へ機嫌を取候わけに非ず、到底同人も青蛇の世話内に属候間、可成よく「エジュケート」仕度良意。に御坐候）併し此挙も青蛇手元に而は多少之費有之候に付、当り前なれば「気之毒」と歟又はまけても「可然」と位には可申越之処、種々非放議議なぞ申参候。全体金貨を投け上に而招非放候事は万々不面白随而小腹も立候得共、何も昨年之余波と理解いたし入々堪忍罷在申候。将又実父母等を東京へ呼寄留守番為致候義は、尼将軍大に不満足之由に而公然大不平を申参候。依而推察仕候に此義に付而は島田、長沼等も多少妙には可考候得共、青蛇昨年出発之節は別に留守番可為致者も無之且急場之事故差当勝手に就而処分仕置申候。尤も熟考仕候而も、青蛇之開悟に而は孝も義も一点同源之心実より起り候間、格段非放を可受わけ無之事と奉存候。併し大人之思召は如何可有之歟。

右条々いつも同様之不平口気に而、嘸々御聞苦敷被為在候半。又余計之事は申上るにも不及候共、青蛇之心実は実父母等も丸々承知不仕候間、唯々大人え而已序を以て控訴仕候。尤先書申上候通り「三尺之小縄〔「原文ニアリ〕云々は実に臍を令噛候共一旦負担仕候義理はどこまでも立通し度覚悟に而御坐候。先は其而已。恐々頓首　　青蛇拝具

松菊大人膝下

追啓　欧州に而所謂人之幸は婚姻に基とこそもふし、実に人と申者は坐を占めて温める前には屹度熟考不仕候而は人も吾も終には不可言不幸に陥候ものと、近来は特に小心に相成申候。此上はスキ、スカレテならでは決して温め間敷と奉存候。併しよき程之温な手を得候事極而六ヶ敷事と此のみ懸居申候。呵々々々。

〔封筒表〕従三位木戸参議閣下御親展、青木周蔵。

3　青木周蔵

83　明治9年1月5日　F—一—〇—四九

御内密

恭賀新正
扇洲も弥昨夜当境より出発、伊太利亜通り帰朝仕申候。多年客地に而水魚之交を結居候処一朝分袂、今朝は何ともいへぬ寂然たる心持に而御坐候。

征韓一件に付御建言被為成候由、大体之御趣意は拝承仕候。兎角懸隔之地よりは何とも判断仕兼候得共、軍資乏敷候得は保和親之外別に名策は無之事と奉存候。尤此度も芋を以重任に当させられ候辺万々々遺憾に奉存候。巨細は扇洲より可拝啓。

井上兄は如何相成候乎。多少之猜忌には御顧省無之大蔵之庁は是非とも同人之政治に御托被為成度奉存候。明治六年より同八年十一月まで邦金（但し金貨を云）輸出之高弐千万円を越申候。到底大蔵も従来之派理（ヲルガニセーション）に而は前途累卵之危殆を徴候間、一刻も早く大体之（固より大蔵之）変革に御着手被為成度奉祈候。

貯蓄金預り局設置之義は細縷扇洲と示談仕置候間、同人より御聞得可被為遺候。出納之事務は（些と前島密之良意に逆候得共）断然諸県之各庁へ御課賦可然様奉存候。畢竟設局之趣意は固より全国之人民を引当には候得共、近因随而最上緊要之主意は貯蓄之力に而一般士族之禄を消滅仕度見込に御坐候間、此段篤と御勘考被為遺奉願候。

先便「マヰヱット」氏建白之翻訳書三稿拝呈仕置候。字々句々口調に不合簾〔廉〕は沢山に可有之候間、御削正奉煩候。猶扇洲へも七稿計托置候間、事体思召に叶候わゝ御同志之人えわけて御示可被遣候。此度扇洲同行に而帰朝仕候平田と申者は会計之一科に従事いたし大分学識も集め、当国にて「ドクトル」之名称を取付候間、右御設局之際なぞには屹度御用に可相立奉存候。就而扇洲より紹介可仕候間、可然御引回被為遣度青蛇よりも奉願候。

御賢息君之義に付扇洲と示談仕置候間、御勘考之上愚存に御任せ被為下度奉存候。

墺国公使館へ兼任之義は種々都合有之、御断申上候。細縷は扇洲より可申上候間、不悪御含置可被為遺候。畢竟外務省に而疎漏仕候間、右事件より彼是不都合を醸しかけ申候。

先は右申上度。恐々頓首
九年一月五日　青蛇生
松菊大人膝下

時下御自重為国土人民奉祈候。奥さまへ長々御無音申上候間、可然御取成可被為遣奉願候。
旧温一件に付伺尊慮度事も有之候得共、時年初に属候間、又之便まで申縮置候。
扇洲提携之写真葉中大形に而役者（固より女なり）様之照像有之由に候間、無理に引出し白状御催可被為成候。此像は府下「ライプツヒ」街之籠屋〔旅、欠カ〕之娘とも云ひ、或は「カイゼルホフ」ホテル之娘とも云ひ、世評種々には候得共、到底苞苴を頂戴いたし候美婦には相違無御坐候。兎角一物之骨格、欧婦には「大もて」なりしなぞと出発之節は吹散らして白状仕候。

〔別紙〕

極密

扇洲義は支那行之念有之候処、北京之虚位は森氏を以御充被為成候由、左候わゝ暫時滞府仕も却而宜敷事歟と奉存候。乍併同人は従前之履歴も有之、且学文も不浅、また芋等へ釣合之都合も有之候間、帰朝がけ早々四等官え御引上可被為下、為公私奉願候。但し超遷之義は如何と存し、四等と申上候得共、思召次第に而は三等えでも御引上被為下度、当人は辱知之人物に而候間、自薦と申事は不仕事と奉察候。全体県人は用捨多く候故、又しては々々芋に先駆為致候様之心地仕申候。

〔封筒表〕従三位参議木戸孝允殿御親展、青木周蔵。

3　青木周蔵

84　明治9年2月7日　F一一〇一五〇

御賢息御再遊之義は如何被思召候や。巨細は品川へ申含置候間、篤御勘考可被遣候。

昨年十一月廿日附之芳簡本月一日拝受仕候。先以大人時下益御機嫌よく御奉職被為在重畳奉恭賀候。さて十月来又々不珍紛紜出来、浪華に而御結盟之箇条も多々齟齬仕候よし、且九月比には御旧痾再発、彼是御苦心被為在候との御報、実際之細縷は遠察仕兼候得共、御心事は万々奉洞察候。併し命はもの種之世諺、幾重も御銘肝被為成候様奉祈候。将又来原伯母さま御事従前御不快に被為居候処、十一月十七日終に御遠行被為成候御様子、御同人は大人におゐて唯に壱人之御妹に而有之候処、不幸にして頓に此世を御辞被為成、誠に笑止千万、随而大人之御悲傷憮々之御義と奉推察候。乍併天意は人間之駕御に帰せず候間、痛く慟哭を御持長被為成候義は万々無益之損傷と御あきらめ可被成奉祈候。

先は右御悔旁如此に御坐候。恐々頓首

九年二月七日　　周蔵拝具

木戸大人膝下

〔別紙〕

追啓

品川帰国後は格段可申上程之出来事無御坐候。

中井弘蔵頃日頓に帰国仕候。同人去英国之原由は種々有之歟に相見候得共、畢竟雲水脚行（マヽ）之無頓着者に而、其挙動万々羨敷奉存候。翁は一昨日当府より魯国え出掛候処、程次第又々当府へ立戻可申に付、一月間位は引留、種々著述仕度ものと楽居申候。

井上兄は如何相成候や。大蔵之一局は何卒同氏之全権に御帰被為成、此のみ朝夕祈居申候。

松野磵、井上省三等陸続御高庇を蒙候よし奉多謝候。品川同行に而帰朝仕候平田東介と申者も可然御見識置被為下奉願候。皆々若輩には候得共、開明之際には健康なる種実かと奉存候。

○桂も無異に勉学仕候間、御降神可被為下候。同人も此度は余程真味に骨折、早く帰国仕度様子に相見へ申候。畢竟新温故ならむ歟。

○池田氏試験済之義は実に国人一統之面目にも関係仕候間、生等大に喜申候。其上教頭等之噂に而は、同人義は屹度大力之者と申事に御坐候。

○（〔（　）原文ニ全体ニカケテアリ〕貯蓄金預り局之義は是非々々御設置被為成、特に県令、区戸長を以「ポスト」に御代被成候方、官禄之始末を付候節之大弁利と奉存候。）

○杉翁へ品川之裏切を仕置候処、定而御耳に入候や。兎角どつさりと御嘲笑可被為下候。昨年は苞苴頻に脱皮仕候よしに而、中々青蛇之干物などは乙に入居申候。呵々々々。

三条世子滞学可然との事に付太政大臣公え一行差出置候間、御序之節世間之非放御取消被為下、生之取持に御一言御添可被為遺候。畢竟事之起りは世子之罪に非ず。却而某官員之軽率讒言に原き申候。御内々々々。

〔封筒表〕従三位参議木戸孝允殿御親展、青木周蔵。

3　青木周蔵

85　明治9年3月21日　F一一〇一五一

此度池田国手帰国に付呈一行申候。然は大人御義旧臘中重而御不快に被為在候処、明暮之際には幸に御回復被為成候御様子、頃日実父より得其報、大に排念仕申候。猶此上申までは無御坐候得共、摂生之法一入御注意可被為成奉祈候。文部省御雇教師「ドクトル。シュルツェ」と申者は当境に而も有名之医師にて御坐候間、御不良之節は同人之助言に御倚頼可被為成奉存候。尤池田「ドクトル」御近所に罷在候得は生之差出口には不及申候。抑池田氏之技倆精功〔巧〕なる事に於ては生等感伏罷在候間、よき機会も有之候わゝ御試験可被為成候。実に同氏事は従前国風之螺家とは違ひ学術兼備之者に候間、帰国之上開業仕候わゝ医林之面目も漸次に改正可仕歟と大に属望罷在申候。尤同人義は其家恒産無之候に付可成急々官途え出仕為仕度奉存候間、大人之厚庇を以聖上之侍医へ御薦被為下度奉願候。固より兵部、文部よりも争而引揚可申候得共、侍医を本官にいたし両省へ兼勤いたさせ候方彼是好都合と被察候間、此段御含置可被為遣候。全体同人義は先年渡海前にも已に小典医（六等官）相勤居候間、此度はまけても五等位の位置へ御引揚被為下度奉存候。猶巨細は扇洲よりも可申上候間、兎に角可然御引回し可被為遣、呉々も奉願候。

先は其而已申上度。恐々頓首

九年三月廿一日　周蔵拝具

木戸大人膝下

〔封筒表〕To His Excellency ／ Jusammi Sangi Kido

3　青木周蔵

86　明治9年9月18日　人一七三

内啓

一昨冬赴任来府下相識之者幷各国公使連中之内よりも青蛇義当境に而婚姻可致、左候わゝ彼我之両民懇信に交際すべき良意漸く日影に顕はれ、青蛇之一身之不聊を慰むる而已ならず、交際上万端都合宜敷かるべきに付、急に決意可然と毎々忠告被為申候。勿論其情無之には非ず。且青蛇も勃々再縁之念有之候得共、本国出発前には「近来は萩之大橋も少さく相見」云々之尊諭も有之、其上位倒れ之貧乏世帯を顧候得は、急に再縁と決意可致わけには難参、猶厚庇に依而昇給罷在候身分を顧候得は、平族之処女を取て荆婦とも難相成、まけても一貴族之嬢娘にて其身之活計は青蛇之資力を不仰候者に無之而は、往々生活之途方に迷、広く嘲笑を世間に播布可致と考え、情を制し尊諭に聴き確乎不抜之心算罷在候処、今春不意に一処女と交互慈慕之情を生し、終に階〔偕〕老之約を結かけ申候。抑処女は当国「ポメラニア」州一貴族之娘に而門閥不卑、教育十分に備り、加之多少之金資も所持いたし一身之活計位には差間無之者に御坐候間、青蛇自己之活計にさへ究不申候わゝ、随分婚姻仕候而も宜敷様奉存候。依つて右処女親眷之者へ所望申掛候処、母（但し父は已、に死去仕候）伯母幷に兄を除之外、祖父、伯叔父等皆々納得之色無之、畢竟青蛇之宗教と処女之宗教一致不仕候上、追而処女日本行之長別を顧候得は、容易に許諾不相成との事に而、種々難題申越申候。生義は宗教之件に付而は兼而之持論も有之候間、改宗之上婚姻可然との事に候得は、縦令百千万之持参金有之、且つ欧洲之一公に封すと雖、死を誓ひ首肯不致と申入候所、処女は却而此確答に感候故か、益果敢之意を表し、是非とも一身を挓し階〔偕〕老仕度との事に御坐候。就而は青蛇も一旦申出候男子之鉄言を食み難く、且処女も従前六回之所望を辞し、頓に黄色男子之青蛇（固より蛇之真賞は絶而存不申候）に慈慕し、不側〔測〕之信任を贈つて一身之附挓を許候辺見棄聞棄には得仕不申候間、祖父、伯叔父、降而我等両人之定意を聴認仕得は、追而階〔偕〕老之約を取結度決意罷在申候。尤大人には青蛇之決意万々不可然と御叱咜可被為在候得共、此は所謂両性交感之情性に而青蛇も自解に難き程之色道に御坐候間、右処女之心実幷に青蛇は此挙に依而一生之幸福（但し処女之金資は莫大之高には有之間敷、且生も荆婦之金資を借りて自己之福得を招とは申には非ず。唯々学文教育に長候婦人と配偶仕候得は、生活之際神心快楽に候間、之を名け幸福と申候）を得候辺、父兄慈愛之御真情を以御隣〔憐〕恤被為下、配偶可然と御許可被為遣奉願候。固より膝下に住候得は、主とし事実を面陳いたし、大人之許可を経てこそ婚姻可仕と兼々存居候間、万一大人欧洲え御渡海にも相成候わゝ拝眉之上事実陳述可仕と覚悟罷在候処、近日之風聞に而は、御再遊之期も難計、種々苦心罷在候折節、頃日河瀬公使夫婦当境へ罷越候に付、公使へは心底を打明け示談仕置申候。尤同人は至極同意と相見へ候得共、何分大人之尊諭に背候而は神心不平候間、追て井上世外兄へも事実を打明け、我等両人之心事聊装飾なく大人之御聞に達候様可仕候に付、何卒々々不悪御含置可被為遣奉願候。猶自余之件は品川よりも拝啓可仕候得共、本事は尚ほ未決に属候間、当分之所は御内々に而御含置被為遣、追而一報申上候後は万端可然御指揮可被成下懇願仕置申候。頓首百拝

明治九年九月十八日　　青木周蔵

木戸大人膝下

3　青木周蔵

87　明治9年9月26日＊　人一七三

六月十一日之芳柬并御建言之謄写三冊謹而拝読仕候。早々拙答可差出之処盛夏之際には旧痾鎮圧之為先年扈従せし「ウヰースハーデン」へ湯治いたし、且風之便りに承候得は大人重而御遠遊可被為成歟之巷説有之候に付、ずべゝゝ流手紙之行違を戒め、日一日と疎漫〔慢〕に打過、実に々々申わけ無御坐候。然処大人には奥州より御帰府後は旧痾も御平癒、其上宮内省へ御出仕被為成候由、左候わゝ心待に楽居候御遠遊は一先御癈念之わけかとも被察候に付、急に筆紙を仮り謝罪旁呈書仕申候。

士族禄支銷之義に付毎々御申立之御主意は至極道理に穏当いたし居候間、着手之方法に依而は公私之鴻益に御坐候処、本年百八号之御布告に憑候得は、大人御建言之簾〔廉〕は一切御採用無之、小禄血貧之者に至までも五分乃至七分利子を分賦すべき公債證書に而、十四年後には所謂たゝき払と御決議相成候由、実に浩歎之至に御坐候。今春品川帰国之節は、大人之御主意に基き彼之「マキヱット」氏とも相談之上家禄を家禄に而支銷する方と其貯蓄せる金資に而郡県一般之金融を催し随而「インジュストリー」之支梢〔銷〕漸次に相起候方法まで反復討論仕置候得共、固より黄嘴之啄に絶而大鵬之耳には不入候由、追々扇洲よりも報知仕候。勿論君主専制之国体と云、貧乏世帯之政府にも有之候間、十四年に而たゝき払と御決定有之候而も名義上には強而差障も無之様相見候得共、十四年を不出して士族百万人之内貧窶途方に迷ひて、或は道理を忘れ、又は前皓之運厄に堪兼、枉而厭其生者如何程出来

可仕歟。此辺は主として御顧省可有之処、断然たる「たゝき払」之御処分に御決議相成候義は事実余り残忍に過き、為人民皓歎罷在申候。一国之富強は人民中中等之位置を占候者多きに基候処我邦にては富も教育も、多分士族之門に帰せり癈藩以来士族其位置を失し、「ヲマケ」之果には干してたゝかれると申様之運厄に陥候間、富は勿論教育までも一朝士家之門戸を辞し、翻然空裏に向つて飛逃申候。尤新陳〔ママ〕退謝者自然之通理と申事に候得者、従前制圧せられし平族之人民中其家漸恒産を貯候者、俄然士族に代つて人民中之中等位置を可占筈に候得共、此際には百年之常習あつて大に同輩之進歩を妨け但し平凡之輩は自己之習慣に阻み、自己之進歩を得致ざるものなり且平族之人民中には家に恒産を貯へ、子弟を派して教育に従事させ得べき者万々鮮く有之申候。然は我邦に而現に教育之負（をひきうけ）者は誰等に帰可申歟。中点政府之好意に而は十分学校を構候間、負笈諸科に従事すべしとの事に有之候得共、士族之子弟は入校之資に乏く、平族之輩は尚ほ常習に固着罷在申候。其上政府に而も無算之教育不鮮様奉存候。一例を挙て証之候得は、今般設置之農学校是なり。入校学科に可従事者は将誰等に而有之可申歟貧士之子弟を駆つて入学せしめ候とも学文事新しく私有之土地無之候而は数年之勉学何之益も不相成候。反之田畑五、六丁より十町位之土地を所持仕候農家之父兄は、と而も子弟に学文させて耕作する程之資力は無御坐候。況や小耕作之法は日本之流儀、世界に冠たる程之事に而候間、此輩等を格段脩業するには不及申候。然らは全国中一面に百町以上之土地を所持いたし候者如何程有之候半。畢竟欧洲流之農学を開くと申事に候得は、此辺。は屹度注意之上学校設置有之度ものと奉存候到底政治之秘奥は「一伐不倒木」と申趣意に赴候方万々大丈夫に相見へ申候。固より士族之禄は支銷無之而は不相済候得共、数十年を期して御着手有之候得は、彼等も事実余義なき事を明め、漸次に思慮を愬し、現在之有を以未来之無に引当、数十年之後は屹度独立致得可申、左候得は政府は彼等之足元を明くして逃路逃は話之誤まりを示わけにも相成、且此法は一般開化上に取りても一朝に弱脛をたゝきて蹴飛すとは百万之優利有之申候。扇洲、青蛇等之案に而諸県庁へ預り金を貯蓄し、往昔我長撫育庫之向け込みを設候ときは其功は左の如くならんに、

第一、華士族之急に究する事なし。

第二、金資国之中点に輻輳せさるべし。

第三、県民貯蓄金を借りて銘々営業を起すべし。

第四、右三条之功あれは文明開化も啻に中点に偏勝せさ

るのみならず、会々某県某地にて新規之一利益を発明いたし候得は、比隣競勝之念を起し、却て開化文明之近路を開くに均しく御坐候。左候わゝ開化文明なり、金資なり、中点諸県漸次平均之勢を来候間、郡県政治も随而其緒に就き可申候。特に郡県政治なくては一国之富強は不起候に付、右三条之功は国内不側〔測〕之大幸を基し居申候。

むご々々しくたゝき払と御決議有之候辺幾重も々々浩歎之至に御坐候。

華族班位之義に付今春大臣公へ建言仕置候。定而扇洲より拝啓仕候半。畢竟青蛇之考とは絶て新案には無之、欧洲歴世之蹂跡に就而申出置候間、此辺は篤と御顧省有之度奉存候。彼之「ワシントン」幷に一世那翁すら云へり、「我国華族なきは人民之不幸なり云々」。其趣意は到底両家とも百万之経験を経たりしに「一家には大黒柱なくては全体之結構維持難相成との事」に相見へ申候。要するに富貴両全之一族、因循、急進を制して政治得其宜之情は、食塩と酢酸之御立合に而加減よき酢飯を製するに均候間、右一族は程よく御維持可有之、為国祈禱罷在申候。不尽々々々。

旧温義四本松より所望せられ候との御事、右に付而は金資持参之都合までも御注意被為下、実に々々感謝之至に御坐候。固より此義に付青蛇には一点之不同意無御坐候間、先方に而いよ々々貰度との事に御坐候わゝ、早々再縁に就候様本人之所御取計可被為遣奉願候。兎に角旧温形付不申候而は、新温を迎候にも何とかいやな心持いたし、昨春来此為には数度頭脳を煩はし居申候。

青蛇は引続出役運動申も疎なるべく、其に引かへ拙は近来益退縮一月に両度之運転も六ヶ敷云々と被仰越候処、此は些と信用難仕候。特に奥州行之路次に而は御気分も爽快に被為在候由に候間、笹〔カ〕弁慶八店様之処に而宮〔カ〕ぎぬしのぶ等も寝床に侍り団七流之無理押に而、固より数回之御狙撃有之候事と奉察候。青蛇は反之品川、池田帰朝後は丸々温めずるを失ひ、近来は筋骨全く萎縮いたし、呉服街、湯田丁之春夢も殆んと別世界を想像するに均く、誠に寂寥罷在申候。勿論青蛇は平素健強之性に不乏候間、勃然催促いたし候事も有之候得共、冷水幷にしつべひに而毎々叱り付置申候。勿論忍ぶと申にも大低調度有之、且生も追々年齢を重ね候間、百方精慮之上程次第新温を迎ゆる事に決意仕候間、巨細別紙に而御覧被為下、大胆物と御叱り可被下、父兄慈愛之御厚意に可然と御許認可被為遣奉願候。

先は右拙答申上度、其内時下御自重為国土人民奉祈候。

恐々頓首　　青木周蔵拝具

明治九年九月廿六日

松菊大人膝下

3　青木周蔵

88　明治9年11月8日　F一一〇一五二

御内覧可被遣、且急速に認候間、所々御推読奉願候。

益御機嫌よく御奉職被為在候御事と重畳奉恭賀候。于時昨日外務卿より電信有之承候得は、十月廿三日来西海之士族等一揆を起し、本県萩城之寒士貧族等も党与官兵え抗敵仕候処、本月六日同所に而及敗走候由。抑右一揆之挙は何等に原由仕候や。本邦中何地に一揆起候而も政府人民之迷惑は同一に有之候得共、就中本県之士民は十三年来毎度之兵災に疲労罷在候間、此度之運厄は一入心胆に切れ込み候難渋を残可申候。愚察不射正的、余り考へ過しかも不存候得共、此度之一揆は全く本年第八号之御布令に起因仕候歟と痛く心配仕居申候。就而は布令之可非を追而論判仕候と而無益之わけに候間、万一救助之道有之候わゝ、右御布令之旨を全く失はずして、

歳入五百円　但し利子に而五百円と取るも、本禄にて

　五百円頂戴するも、同一之理に候間、今年まで一千四百二十八円宛歳入有之候者へは七ケ年分、即壱万円之公債証書を渡して、毎年五百円之利子を付与し、壱千四百二十八円より五百円取之者へは比例算を以て余剰を削り取るへし。

以下之者へは、当分従前之通り給禄可被仰付わけには相成申間敷歟。近年は物価飛騰仕候間、毎戸特に従前之慣習有之華士は活計之費用五百円以下に而はと而も難相支奉存候。尤現に政府より毎年華士へ被差立候金禄概二千万円有之候内、壱石米を四円五十銭と見効〔傚〕候得は、華族之取高四百三、四十万円に止り、残り壱千五百五、六十万円は士族之頂戴高に候間、到底士禄を此儘に差置わけには難参候得共、

百年之常習を水之泡程にも顧省せず〔稲田、片倉其外旧国主之家老には小名輩にも優る富有之身持せし者無御坐候や〕頓に貧弱させし上、重而右百八号之御布令を以困迫せしめ候義は、真に門戸を閉ちて究牛を駆るに斉く候間、何卒々々寛裕忠恕之誠心に而、今一応御廟議御改正相成候様、尊大人御尽力可被下為人民奉祈候。猶支消之法は六十又は七十年に亘り候而も彼之貯蓄金預り局之法に依而着手仕候得は、政府にも士族にも啻に損失無之のみならず、広く日本之経済上に就而論証するときは、一般之鴻益如此ものは無御坐候。其証、

第一　政府には現今俄に華士之禄を削りとき不意に七、八百万円増加したる歳入を如何様之必需費に充す積りに而御坐候や。諸省之定額を加増して教育建築を役人之手に渡しゝより、規典に戻らずして勉強すれは、却て「プライベード」人之随意に帰して営業いたさせ候方、一国之鴻益たる事古今通知之経済論に御坐候。

第二　例之貯蓄金預り局に而預り居候金資は、預け主之為には毎年若干之利子を増加し、又此局之金資を借りて耕作、製産等之業を営候者は高利〔但し世間に而月に壱割之通例なれとも、此局之貸金は六、七朱に而十分なり〕を不投候間、急に進歩して恒産を致す目的も有之候。且貯蓄金預り局を諸県之庁に分配するときは、中点之東東〔京カ〕のみ六十余州之牛蒡に而法事を営むと云弊害も無之、却而州人は州人固有之牛蒡に而法事も祭礼をも営み得可申候。固より不開明之国に而は是非々々中点政事に無之而は不相済候得共、此際には実によき程之「度」を取る事緊要に御坐候。特に金資を中点え貪り集候而は、全国之開明を可致期限は無之候。下官義方今我辺境之様子は如何とも承知に乏敷候得共、之を封建政事之十年に比候得は現今之辺境は昔日之景況を改め開化も文明も恐くは跡すざり仕候事と奉存候。

等之論理有之候間、必々強症を張らざる様之御新令御布告に相成度奉存候。尤一旦布告之令は是非とも徹底可為致御趣意に候わゝ、此度之機会に乗し政府之歳入出を厳　　刻に験査し、且不相当之出納有之候節は、其省其〔のカ〕省を卿を訟庭に而験治するだけ之権利を地方会議院幷に元老院へ御附与相成候様御取成被下度、畢竟人民をし〔て〕税金を令上納候得は、其金は人民之世話を致し

候為にこそ相用候間、何等之簾〔廉〕に何程之何費が「ある」とか「ありし」とか申事は公然政府之帳面を示し、人民をして無余義事は余義なき様に納得為致候方可然奉存候。尤其上に而も民間に不平を鳴し候者有之ときは、首を切り腹を為割候而も懲治不仕候而は不相済候得共、一般之不満足を相起し広く天下之信任を失候而より一揆差起る様之事有之候而は、実に後世に対しても現世に対しても、当時之政府丸で申わけ無御坐わけに而は無之候や。下官長門に産し候と而偏小なる一州之肩を持には無御坐候得共、全体山口県之士族等は鹿児嶋其外之士族よりも特に其禄を減少せられ候間、一入気之毒に奉存候。且此度之一揆果して第百八号之御布告に起因仕候得は、天下往々山口県之暴動を真似可仕者有之歟も難計候に付、何卒々々此際一入御注意可被為成、天下後世之為祈願罷在申候。実に余り思ひ過かも不存候得共、万緒之杞憂に被煩、数行之紅血双眼より逆出仕候。不尽々々々々々々。頓首

九年十一月八日　　青木周蔵拝具

木戸大人膝下

尚々、時下御自重奉祈申候。奥さまへ別紙不差出候間、可然御致意奉煩候。

品川弥二郎へも別紙不差遣候間、嗚呼「シヤンドフレッケ」を残せり、可歎と御伝言奉願候。

3　青木周蔵

89　明治10年1月5日　F一一一〇一五三

改暦之御慶重々奉恭賀候。昨冬は山陽、鎮西之騒擾有之、当時は定而不容易御煩念被為成候半。併し年暮には一般鎮定に復し候間、皆様御揃之上目出度御加齢被為成候事遠察罷在申候。先前品川幷家厳より之報有之、承候得は、大人御義昨年は兎角御不勝に被為在候由、万々御気之毒に奉存候。就而は平素之御養生専一に御坐候処、到底御在国に而は所謂糞船之臭気とても御免れ難被成、特に旧藩之迂漢等先回之一挙に而一掃せられ候上は、庶幾くは当分内国之昇平に障碍可仕者も有之間敷候間、何とか之陽名に而今年夏、或は初秋之比までに御来欧有之、効験多き当国之湯治場に而、三、四ケ月御養生被為成候而は如何に御坐候や。二周前井上世外兄も来訪に付前段之愚

案噂仕見候処、至極可然との事に御坐候。

世外兄来府に付種々本邦之内実、特に大人旁一昨年浪花会之御様子幷に韓国葛藤之始終篤と承知仕候。猶前途之義も互に見込みを取替へ討論反復数回、冬夜を徹候得共、畢竟実力を欠きたる高調談にて、所謂浮雲に画する意不鮮、歎息仕申候。乍去世外兄之欧洲行は為国実に大賀罷在申候。何卒大人も一時御飛出し可被成候。世外兄へは三年間是非々々滞留可然と百方説諭仕候。

小生縁談之義に付而は、昨冬細書呈置候処、生惜〔憎〕扇洲県行之際、其書延期して左右に達候半奉察候。世外兄来府之節は勿論伏蔵なく心事を表し候処、同人も大に納得いたし、絶而不肯之色は無御坐候のみならず、小生之心事徹底仕候様同人より大人えも呈書可仕との事に御坐候。尤小生よりは有たけ之情実を追々扇洲を以而申上候間、最早御不同意も被仰聞間敷、随而願出候件事も定而御許容可被下とは存候得共、巨細扇洲まで申遣候通、最早事切迫に立至候間、万々恐入候得共、政府之許可幷に必需之証書等止〔ママ〕急到来仕候様御配意奉願上候。実は当国帝宮之様子幷に法典之関係等は御国に而扇洲より外別に承知せる者無之候に付、万々々々同氏まで申遣置候間、何も此人へ御下問可被遣候。此節は処女事母と共に出府いたし結婚之期相待居候に付、一日も早く結婚之式相行(おこな)ひ度奉存候。猶余り々々重々之願に候得共、右結婚相済候後三ヶ年間は依然在勤して呉よと処女之親眷三つ指にて相頼み居候間、今夏より三年間は何卒在勤劄駐相成候様御厚庇被成置被下度奉願候。左候わゝ井上世外兄と同行帰国可仕覚悟に御坐候。

先は右申上度、其内時下御自重被為成、何卒六、七月比には御来欧可被為成相待居申候。恐々敬白

十年一月五日　　青木周蔵拝具

木戸大人

尚々、奥さまへ別紙不差上候間、乍失敬宜敷御致声可被遣奉願候。

〔封筒表〕木戸大人膝下、青木周蔵拝。

3　青木周蔵

90　明治10年2月8日＊　F―一―一〇―五四

前略

時下益御機嫌克被為居重畳奉敬賀候。

昨年十二月九日幷十八日之両束本月三日拝受仕候処、「ポリチカール」〔ママ〕クヱッション」之条は今回一々拝答不仕候。併し何としても遺憾なるは西藩禄制之一条に而御坐候処、事已往に属し候間黙止仕候。全体長人は余り「リベラール」過き、所謂議論に勝ちて事業に劣る気味有之候処、加之内輪同志輩之交義も維新前とは疎濶に相成り、銘々勝手（此原由は今回は不啓）と申勢有之候間、兎角平均を失ひ芋先生等より喰留め或は為て取るの気味有之歟と奉存候。固より防長之旧名を維持して偏頗之勝手をなしては不相済候得共、彼西藩之勢不挫折之間は是非々々一二之他県を以平均を取不申而は相叶申間敷と奉存候。釈前之説教なれとも篤と御含置可被下候。

小生結婚之義に付而は、啻に御不同意御申聞不被為下候而已ならず、十八日之一行に而至極可然と祝詞まで御申遣被下、大人之寛容丸で狐疑生之意外に出て、実に慙羞之至に御坐候。畢竟先年発国之節御申聞被下候御教戒今尚耳底に止め居候間、此度結婚之義或は尊慮に逆候事歟と、昨年来人にも語らず竊に苦心仕居候処、望外之御答書を拝受し、手舞足踏もしらざる程に喜悦仕候。四、五日前扇洲より電信有之、証書郵送可仕との事に御坐候処、此義に付も大人不一形御配意被為下候半と奉遠察候。実に重々之厚庇と而も筆紙口述に而は難尽候間、早晩一事業を以拝謝可申上候。帰朝後焼餅論は可起に付青蛇力弥以奮揮すべしと此度も御教戒被為下、実以難有深く銘肝仕候。証書類到着之期は三月下旬に可有之と被存候に付、四月中旬には目出度結婚仕度ものと相楽居申候。乍去温々籠城仕候とて、決して青蛇力を衰弱さする程に懶怠は不仕候間、万々々御放神奉願候。先日之御投書を処女之目前に而飜訳して読み聞せ候節、「新細君之出生地は出大人とのよし、於于此弥青蛇か降伏」するとの段に至り、母と処女よりいじめられ大に困却仕候。然処新迎処女は小婦人に而体軀頗る軟弱に候間、青筋を纏ひたる蚯蚓（但し尊物を弁するに非ず、申わけに似たれとも小生之分は実に苞苴にも比し難き小物に而御坐候。重而同浴之節□〔汚レ、可カ〕入御覧、呵々）を游泳さするには相当之義と奉存候。

松野一件も終に結菓〔ママ〕之期に至候由、亦大人之厚庇なり。寺印は「下手」を致し候には実にあきれ果申候。嗚呼々々。

在独日本人は女房気違と申気味有之、先日来又々一厄害を引起申候。巨細は品川へ申遣置候間同人より御噂可申上候。此に付而も芋等が後ろ智恵を仕込み、青蛇を困究せしめ申候。

先は拙答旁如此御坐候。恐々頓首

十年二月八日　　　　　　　　　　青蛇拝具

松菊大人膝下

〔封筒表〕木戸大人膝下、青木周蔵。

3　青　木　周　蔵

91　明治10年2月14日　F一一〇一五六

御内覧伏乞。

去年十二月九日之細書を以御示諭之条件孰も高慮不浅一々感服仕候。就中特旨禄制之一条は下官に於而も従来懸念罷在候に付、昨春来迂遠之路に就き西藩之様子聞合見候所、是非喰留る勢相見居申候。依而遠方より鎌を掛け、一、二先生方へ是非とも一般に裁判不相成候而は三千四百万之兄弟に対し申わけ有間敷などゝ黄嘴を挿置候得共、輦下に被為居候大人之御建言さへ御採用無之、況や目高魚之気付位は絶て顧省する者も無之、実に遺憾千万に御坐候。兎角先便にも如啓、我国も現今之形勢を維持仕候而は諸般之政務と而も公平之路には難帰候間、此上は同志之輩協力いたし、今一応腕まくりに而「ウン」と勉強不仕而は不相済事と奉存候。尤芋に抗抵する気慨ある者は天下唯々長土之人民に止り候間、此二県えはやはり多少之特権を附与し、何卒天下之平均を御保置被下度候。下官始め長人は生開化に而「リベラール」に失し、高案あるも之を現場に施行する能ざる之弊有之歟に奉存候。芋等は反之迂遠なる頑説たりとも鉄板を踏破りても施行する強性有之申候。其上内輪同志は今尚ほ昔日之藩考に而、他県人に対するときは、制彼利我之念十分に有之候故、兎角言ひ出候事は是非とも喰留る気味有之歟に奉存候。長人抔は強而同県之相識者を相手取らず、会々公事に出逢候ときは、平素之友人と雖議論合せざれは直に見離し、事を輿論に質す等之「リベラール」良性は有之候得共、知己友人に憑拠せざる故、銘々之考余り吾儘勝手に流れ、輙〔諏訪カ〕鎌倉と申ときは胴力を出して「いばりすゆる」根拠無之様奉存候。固より六十州之天下、此欧洲之形勢あるときは如此愚昧なる所謂封建論ヶ間敷事を申上候而は実に々々不相済、且自分にも背に汗する程之事に御坐候得共、彼西藩ある間は別に抗抵力ある者を以彼等之権を刺殺し、天下之平均を保候事、真に方今の一大要務に御坐候間、此段御含之上、長人後進之輩をば不残大人之方嚮に御誘導被為成、且内輪同志は脇〔協〕力勉強仕候様、交互に契約仕候位に一致之力を御回復被為成候而は如何御坐候や。到底方今之形勢に而は早晩は是非一勝負を以一層基礎之固き政務を回復不仕候而は不相済と奉存候。

此段落は昨朝認置候処、昨夜外務省より秘密信有之、芋等彼地之弾薬蔵を奪ひ謀反之状判然たるに付可征討との事なり。

右は日来朝野新聞等之巷説に有之候通り士族等「けち」な不平心を顕状いたし候半。桐野等定而謀主に御坐候や。此際には百万千万も申上度事件有之候得共、秘信に而は巨細之情相わかり不申候に付、此回は差控申候。併し到底征討之決なれは、此度は「ウント」しつかり御張込み可被下候。実に々々腹之立たる奴等に而御坐候。先は為其。恐々頓首

松菊大人　　青蛇拝具

十年二月十四日

〔封筒表〕従三位参議木戸孝允閣下乞親展。

3　青木周蔵

92　明治(10)年2月27日　F—一—〇—五五

益御機嫌よく可被成御坐重畳奉賀候。昨日本省より秘信到来承候得は、西郷、桐野、篠原官位剝奪被致との由、固より本月初旬来之云々に而終に廟議御一決之御義と奉察候。誠に巨魁となつて良民を蠱惑候輩は、千々万々可悪膺懲可致者に御坐候得共、下手之「ポリチシアン」に慫慂されて家眷も不顧起騒擾候者共は実に愍然之情不鮮候。特に此度は強藩火元に候間定而実に近隣遠隔之地方までも波及有之、旁不容易御混雑と奉察候。何卒々々速に御鎮圧行届候様祈禱罷在申候。勿論一件落着に及候上は汚穢一洗之姿と相成、帝政弥御振起仕候事と奉察候。就而は乍失敬「ウン」と一張込み御尽力可被下、為国奉祈候。余は後次に譲置申候。恐々不乙

松菊大人　　　青蛇
二月廿七日

3　青木周蔵

93　明治(　)年(　)月(　)日*　F一―一〇―九〇

長州吉田才判小土生村出産
三浦泰介
此者小生実弟に而御坐候間可然御指揮被為遣候様奉懇願候。先は為其。恐々頓首
青木周蔵拝具
木戸参議様侍御史下
〔封筒表〕日本東京に而、従三位木戸参議様内陳、青木周蔵。

4　青木晟次郎

1　慶応(元)年4月14日　人二〇一

昨十三日附之尊書今日相達、拝見。御勇剛御下坂に至候段、先以大悦奉存候。一昨日被下置候華翰之奉酬いまた御徹達に不至哉に相見候。乍併今程は早御披達に可相成、何分都合克御一面会仕候而、彼是内外之事共申承度、御模様いかゝ哉と掛念仕候処、浪華へ御越に相成候段、遺憾之至に御座候。先書も申上候通、坂邸も大に変転仕候而よふゝゝ一宮孫三郎なる者機密を相漏候人は有之、跡は甚懸念仕候事而已に御座候。能々御心得置可被成下候。去秋御残し被置候書物入之籠は慥に印封之儘御預り申上候而京師之蔵に入置候。御都合次第何時も差下し可申候。外に浪華之蔵に公木子之品、是もこり入にして相預り、大小壱腰、是も同様にして浪華に生か残し置候古き跡付之中に納居申候。大坂上之屋敷門番大西駒治と申者、是は実直なる者に而、昨春大嶋勝手を承り居、四、五日前迄京師小生か勝手に罷在候者に而、是は別条無之ものに御座候。御含被成、右等之事御取捌かせ被成度、御含迄に申上置候。世態に随万端之御不自由実に奉想像候。前にも申上候通、孫三郎へ密々御示談被成下候はゝ何事も御都合宜心配可仕候。何分御要慎専一奉存候。右は奉復迄草々仕候。猶奉期後信候。敬白
卯月十四日　　　正己拝

木圭尊君几右
尚々、公木は何と御所置有之候哉、甚以懸念仕候。御西下之後之儀は思召も候わゝ必無御伏臓被仰聞度奉存候。以上

5　青木雅介

1　明治(8)年1月13日＊　F一－三六

甚寒之節に御坐候処先以御安康奉敬賀候。却説過日馬関御滞在中毎々預御配意奉多謝候。且御乗船之砌御船迄罷出候覚悟に而御船近迄参候得共間に合不申、至極残念奉存候。就而者馬関に而御願申上候周防国柳井辺へ正米会社相企候事件、是非御容許無之而者小生相捌不申甚困却罷在候間、過日御願申上候通中野県令殿え御噂被成下候様奉願上候。若又中野行違に相成候而御面談も無之候はゝ、何卒恐入候得共御尊書一封御遣被下候はゝ千万難有奉存候。此段偏に奉願候。実者私義も一昨年已来馬関開作(ママ)事件に而彼是不容易苦心、其上持合候金不残遣果実以困却日々之渡世方も相困候位に而方向之立方も無之、万事御憐察之上是非相調候様御配意被下度奉願候。其内時季御用心専一に奉存候。先者為其。早々頓首

一月十三日　青木雅介（印）

木戸殿閣下

猶々、奥さまへ可然御伝声之程奉願候。且又馬関御乗船之砌御授に相成候玉物弐品先方直引不申、然所杯計六円なれば売申候由候処、御入用に候はゝ相求後便差送候間、否哉一寸為御聞可被成候。以上

6　赤川友之允

1　文久(2)年8月18日　人一七七（中村九郎兵衛・山田宇右衛門と連名、兼重譲蔵と連名宛）

一筆致啓達候。此度岩国より益田勇記、桂九郎兵衛為伺御機嫌罷登、猶同勢数多大坂表迄罷越居候付、御用之節には差登可申由申出候。就而は当地之事情、且思召之旨弾正殿より勇記え委曲被申聞候処、早速罷帰監物殿えも旨趣可申聞由に而、過る十七日当地出立罷帰申候。然処急に監物殿上京可被致哉、其段は未相分、彼家之儀旧格

等取調、其次第相立不申而は、早々上京の程も難計哉には候へ共、弥上京之様申来候はゝ公辺え御届兼而江府被召寄、度々御内意被相伺候処、勝手次第出府候様可被致候段御差図有之候様相見候。然は此度当地に召寄候。付而は御末家様方御振合も有之、御届被差出可然哉に相見候。猶出府之節旅中迄上使等被差越候次第旁出府記録見合仕度候間、其御地に有之候岩国出府記録急使を以差越可被下候。恐惶謹言

八月十八日

赤川友之允
恭〔カ〕（花押）
中村九郎兵衛
平清（花押）
山田宇右衛門
頼（花押）

兼重譲蔵様
桂小五郎様

6　赤川　友之允

2　文久(3)年(1)月15日　F―|―三

山田翁宍戸へ参り居候事に付、彼方え御持せ被成候へは、関翁申談いつれ御勘渡事は惣右衛門方へ相授候儀に付、彼方に而相授可申候。猶又過る八日之別紙相添封し可仕之処、貴公御判相済不申候に付、別紙相添御返仕候。委曲御手付え申聞し候付不具候。

十五日　友之允

小五郎様

〔注〕年月推定は謄本による。

7　赤川　半兵衛

1　安政(5)年7月12日　人一七七

残暑烈敷御坐候処、公台益御機嫌克被遊御坐恐悦至極奉存候。将又貴様弥御安栄可被成御精研奉敬寿候。本府に於ゐて拙家皆々無異消光仕候間、乍憚御放慮奉希上候。追々貴墨難有奉多謝候。是よりは御無音計申上候。此段丸々御海恕奉希上候。陳は兼而蒙命御令室一条とふも取留候事も無御坐候処、此度宍戸平五郎と申もの末女当歳拾七歳に罷成候処、容儀彼是且余程女功相調候様子に相

聞申候ゆへ、急にも取極め内証約諾相済せ置申候。尤願書は未た差出不申候へ共、元来小郡住居に付一応帰り而、近日出萩之上願書差出可申約定仕置申候。平五郎悴御存被成候通斎藤塾に罷居候と申事に付、委細は彼ものより御聞被成候へは相分り申事に御坐候。何分血筋彼是申分も無之に付、急に取締申候。右に付何分当秋は是非共御帰国之程相待入申候。右申上度草々如此御坐候。委細後鴻万々可申上候へ共、差急候事ゆへ荒増之処申上候。申も疎に御坐候へ共、残暑之候御気分為国家御保養専一之御事奉存候。恐惶謹言

七月十二日　半兵衛（花押）

猶々、幾重も御気分御用慎専一之御事に奉存候。前文申候通何分秋に入候へは壱刻もはやく御帰国之程屈指相待居申候。草々頓首

小五郎様侍史

7　赤川　半兵衛

2　**安政(5)年12月2日＊　F一-一四**

如仰寒冷候に御坐候処公台倍御機嫌克被遊御坐恐悦至極奉存候。将又貴様弥御安栄可被成御所勤恐喜之至存候。次に小子挙家益無異消光仕候間乍憚御放慮可被成候。陳此度御番手御交代之御沙汰有之様被仰下、久々にて拝鳳仕誠に欣喜之至存候。且又宍戸方一条細々被仰下委曲承知仕候。刻下宍戸へ是非当月中旬まてには入家相成候様申遣置申候。左候へは御待請候道理有之万端都合よろしく御坐候半察入申候。猶御帰り掛辺常方（カ）（カ）へ御建寄かよろしく候半と存候。左候へは経太郎直々之様子も相聞せ何となく一礼相述候かよろしくかと存候。何も御帰国之程日々屈指相待居申候。そのせつ万事可申述候。其内寒冷相募御道中別而御保護専一に存候。恐惶謹首

十二月二日　半兵衛（花押）

猶々、幾重も長途御道中千々万々御用意肝要に存候。追而拝青万々近状承り度相楽申候。草々頓首

小五郎様侍史

〔封状表〕桂小五郎様平安奉復、赤川半兵衛。
〔封状裏〕十二月二日認。
〔封状付紙〕三田尻、米屋嘉七方迄。

8　赤松連城

1　明治(6)年3月28日　F―一五

爾後愈御清栄各国御首尾能御巡行千万恭賀仕候。然者先般欧洲宗旨之略表相認候様蒙尊命候に付、友人に相頼一小冊子抄訳仕候処、宗旨人別之多少を録候迄に而、分派之由来、流義之目的等相分り不申失望之至御座候。乍去一往浄写奉差上候。定而適尊意申間敷不堪恐縮之至候。兼而申上候通、今日英国に被行候者既に百有余派に及候事故、一朝取調候儀難相叶候間、他日帰朝之節迄に精々取調可仕と奉存候。宜御海涵奉希候。黙雷生過日羅馬より書状差遣、閣下え宜申上呉候様頼来候。尚又同人建言書之副本小生より呈上候様相頼置候に付、即差上申候。御落握可被下候。〇元徳山公御事種々苦心罷在候処、今般閣下御帰朝に付御同伴も可被成下哉之趣昨日芳山氏より承、実に好機会と奉存候。鄙衷御憐察可被下候。申上度儀難尽短毫候。随時御自重奉是祈候。恐々謹啓

三月廿八日　　赤松子游拝手

松菊先生侍史

尚々、日本宗派之略相認候。右は御帰朝之上、黙雷等より委曲御聞取被下度奉希候。

8　赤松連城

2　明治(6)年6月4日　F―一五

爾後愈御清康奉恭賀候。然者今般御帰朝御一決之由承り候付、一寸巴里迄御伺仕度存居候得共、背本意遺憾之至奉存候。徳山従五位公御同伴被下候趣、万般宜御依頼仕候。東本願寺新主も御同伴相願候趣、是亦宜布御教督之程奉希上候。黙雷生四月廿三日土耳其首府を発し五月八日亜歴山太に着、同十四日スエスに至り、印度え向発航仕候趣に御座候。定而本朝に而拝謁可仕候。何卒教法一条為国家御周旋被下度奉希上候。芳山、戸田等何も教法之儀に付云々之論有之、定而御聴被遊候御事と奉存候。皮相之人骨髄之害を知る不能、此事独教法而已ならずと奉存候。何歟申上度事件御座候得共難題筆頭、他日帰朝拝謁之時を奉期候。時下海陸御自護奉専祈候。頓首拝啓

六月四日　　赤松子游拝

松菊先生閣下

9　秋月種樹

1　明治(2)年1月5日＊　F一｜一六

開歳可賀候。先は御万福春慰々々。然者来る七日容堂兄弊廬へ御入に付何卒尊契も必々御恵訪被下候様願申候。不一

正月第五日

本文御承了なれは別段御返事に及不申候。十二字後にも御入可被下候。

〔巻封〕木戸雅契　　秋月種樹

9　秋月種樹

2　明治(2)年2月18日　人二二三

暫別離不啻之秋御折角為天下御自愛可被成候。扨郡県論にては昨日於営中差出し置候津田、加藤書面の趣篤と御熟考、御建白可被下候。少々遊説仕候処、存外相運ひ所在雷同候者多く、奥羽も西国にまけずに郡県論出す抔と申居候由、其筋より承り申候。左候得は返封願出候はゝ成丈順序を不違速に御処置相成候方宜敷歟。遊説仕り御処置振に依り却而流害を生し候ては甚以奉恐入候間、此処御熟考可被下候。返封願出候緩急に依り是非少褒貶付来候方宜敷と存申候。英人密法徳此事（此度返封の議論）を聞き大に感服仕候由。実に神州開化文明に趣候は防外侮の一端に相成候間、此度やりそくのふては残念至極千万、鄭重に御熟考可被下候。越前抔も決定候は是は大に感服の事なり。必竟御首唱の大藩大尽力より一同雷同はくれ〲も感服仕候。

学校規則三条公へ差上置、直に従西京御差図の処、今に其儀無之、尚又御催促可被下候。皇学は差置、漢学成〔開〕所の規定丈け願申候。

公議所体裁委細御建白可被下候。添島〔ママ〕承知の公議所御取建の場所早々御決定相成候様御尽力可被下候　姫路邸は長州拝領に相成候間、成丈速に別所へ御取建御決定有之度事

後藤象次郎議事調兼勤被仰付候様森金の丞より西京へ申上候得共、尚又左様相成候様御取計可被下候。寺島陶蔵（外国官より兼勤）同（なり）様。併し横浜へ五代才助、才助の代りに井上聞多参り候様申上候得共、聞多の代りに相成候人出来不申候得は、左様にも相成申間敷、委細金の丞より建白の積り申含置

候間、宜敷御取計可被下候。

弁事局中に西洋事情を解する人一人も無之、誠以不都合故、一人御入れ被下度、鮫島誠蔵なれは尤妙。東京府に可然人物御撰可被下候。右数件於西京御取計相成度候。今日は学校へ出仕、不拝眉候間以書中申上候。早々御東下待申候。不宣

二月十八日　　種樹（印）

松菊雅契

与君小離別筆硯忽生塵、竹田（例の竹田なり）好画幅付託何等人一（粲）。魚鱗一筐御送別の杯に和し度、呈厨下候。越前、閑叟両公へ宜敷御伝声頼候。

9　秋月種樹

3　明治(2)年3月2日　F一―一六

弥御壮剛御奉任為天下奉賀候。抑郡県論も奥羽大に奮発候様承り申候。別紙檄文手に入候間、御一覧可被下候。右は願出候分、夫々御東臨後速に御所置付き候方宜敷と申論多く、何卒篤と御廟算相立、天下後世外国之笑に不相成様御取計可被下候。郡県論議事院瓦解仕候ては実に朝廷対外国無御面目、我輩も一死不足償罪、日夜心痛仕候。万御諒察可被下候。不一

三月二日

〔巻封〕木戸雅契親展　　議長

9　秋月種樹

4　明治(2)年3月15日　F一―一六

皇学所出仕人一人東下候様申遣候得共、何か異論有之参り不申、漢学所掛り豊岡、中沼両名東下に相成申候。右にては不都合故、是非皇学所中より一人参候様、尚又申遣候間、其御含にて鷹司殿へ御建白御取計可被下候。且又公卿方子弟游学寄宿に御出被成候様規則相定り居候得共、兎角御東下少幾故、成丈（三十人か定員なり）御尽力御游学相成候様、是又御取計可被下候。已上

三月十五日

〔巻封〕木戸参与　　議長

9　秋月種樹

5　明治(2)年3月20日　F一―一六

分袂後不堪一日千秋之思渇望仕候。先般拙書差上候御返事平安相達し、且史官より之口授一々領悟仕候。当日之錯節他日之笑と可相成、冥々二字謹奉仕候。何事も我君のためと存申候。足下も折角御勉強御にけ出しは御無用願申候。不日拝眉而已祈居申候。意在筆外。

三月廿日　州々拝

松菊盟兄

〔注〕年代推定は謄本による。

9　秋月種樹

6　明治(2)年6月5日　F—一—六

拝啓　雨霖中愈御佳安大悦々々。過日御東下の由承り候得共、未得拝眉、渇望不啻候。不相替御憐恤被下候様願申候。御不快之由、最早御快然と存候得共、折角為天下御保愛可被成候。僕不相替尸位素食恐悚、殊に近頃は頗る游蕩の名を得、杜門閉戸日々弾正台に弾せられん事を待而已。呵々。何れ御用閑土侯君御出のせつ申上候間御光顧可被下候。野菓一匣到来に任せ呈案下候。不一

六月五日　柳二州

〔巻封〕松菊盟兄

〔封筒表〕木戸準一郎殿、秋月右京亮。

9　秋月種樹

7　明治(3)年6月4日　F—一—六

頃日は御平安御帰府為国家可賀候。過刻は拝芝欣喜不斜候。此野肴乍麁々右御見舞に呈厨下候。〇学校は国家の急務、実に僕輩の任非所及、折角開化に赴んと存候得は又却歩の勢に成候。甚以痛心仕候。御多用中重々恐悚候得共、早々一日拝趨御教諭伺度候。明日十二後、又は明後日の内御閑暇に候歟、又別日にても宜敷候間、何卒御都合可被仰下候。早々不一

六月四日　種樹拝白

松菊雅兄玉机右

10　秋月悌次郎

1　文久(2)年閏8月4日＊　人—八三

朶雲荘誦仕候。貴命之通久々行違不得拝芝候処、秋冷罷成候へ共、愈御清安御勤仕之趣奉恭悦候。将又逐々御尽力之御様子、諸事恢復順候に及候都合に被察、誠に以欽仰之事に御坐候。扨は御馳走候通〔カ〕此度主人大任被命候処、未た修行最中之身と申、家来無人とは云へ、誠に以当惑之至、御察し被下度候。就而も京表之事情始御好措之御宿考も可被在候間、委詳拝聴仕度、何分御覆〔ママ〕蔵なく御示教被下度奉願候。今日は御障之処不図御手違之趣専价被仰下不堪雀躍奉謹謝候。何れ同刻昇館可得貴意候。拝復

壬八月四日

〔巻封〕奉酬　　悌次郎

10　秋月　悌次郎

2　文久(2)年閏8月11日＊　人一八三

拝啓　昨日は久ぶりに而得拝芝至当親切之御論議とも拝聴、誠に以感佩之至奉謝候。就而は主人以得方にも相成候義ヶ条御認可被成下趣、重々難有次第に御坐候。即席上御噺幕吏之妄に威福を張り候辺の大害まても、至極乍御煩労御認込被下度、即其儘主人え示し屹度説得振りも御坐候間、何分にも奉希上候。長座相成種々御馳走奉謝候。明早朝は一同義横井方え案内申遣候間、弥以御同伴仕度候。但し何れも御方角違ひに御坐候間、御誘不申、直に霊洲え罷越度候間、是又右様御承知被下度候。右為可得貴意如斯に御坐候。已上

壬八月十一日

〔巻封〕桂老兄　　秋月生

10　秋月　悌次郎

3　文久(2)年閏8月12日＊　人一八三

已に霊洲え罷越し居候処、御手書拝誦仕候。今朝之処明朝に転候趣被仰遣、承知仕候。今朝は横井氏もさし支へ、長談は成兼候都合、旁以明朝に而宜敷よし申聞候間、明朝早くより罷越し可申候。草卒拝酬迄如斯に御坐候。已上

壬八月十二日

〔巻封〕奉酬　　秋月生

10 秋月 悌次郎

4 文久(2)年閏8月16日＊ 人一八三

過日は御来訪被成下、殊に結構之御品沢山御投恵痛入奉拝謝候。誠に以御蘊藉〔カ〕至極恐縮之至奉存候。今日罷出候様申上置候処御用に而御不在之趣被仰遺御念入候義承知仕候。此程は同藩生多人数御高話拝聴、誠に以楽次第、一同奉謝義に御坐候。乍憚竹内君えもよろしき様御致声被下度奉希候。

扨永井主水正殿被噺候趣、同藩某申聞候処、中根靭負紹介に而、貴君御噺被承候筈之趣に御坐候処、実に為天下御坐候間、過日相伺候件々のみにて〔カ〕尽候而御噺合御坐候は〻所謂幕吏等威福を張り候事相止候壱端にも相成可申、殊には幕人の習啻〔カ〕余〔カ〕程人材と申方にも知有将軍而不知有王室之人間に有之候間、即好機会宜御説得有之度、已に今日は罷出、右等之処御噺申度存居候処え御便に預り候間、存附儘申上候。扨明午後御尋申上度候処、兼而相願置候御認壱条何も奉希候。已に主人えも御噺之大略は申聞置候へ共、猶御認被下候趣申置候間、相成らは明日罷出候迄御認被下度偏へ奉希候。右御酬願用迄如斯御坐候。

已上

後八月十六日
〔ママ、異筆カ〕秋月悌次郎
〔巻封〕桂小五郎様奉酬　秋月悌次郎
郎〔ママ、異筆カ〕

10 秋月 悌次郎

5 文久(2)年閏8月17日＊ F一一七

御手紙啓上仕候。然は今日罷出候様申立置候処、俄に無拠用向出来、乍御無礼参上仕兼候間御断申上候。猶明日昇館縷々可奉謝候。以上
壬八月十七日　秋月拝
〔巻封〕桂盟台

10 秋月 悌次郎

6 文久(2)年閏8月21日＊ 人一八三

専价之御書忝奉拝誦候。手前よりこそ誠に御無音罷過候。已に昨日は参上と心懸候処、山安方に而日を送暮し、遂

に罷出兼候処、同人も御尋致候よし。彼留置るものに御坐候得共、不遠帰郷之よし申居候。扨願置候義に付被仰下候処、京表之事情小変化は日々月々有之候半か、惣景之替り無之、根本之処と又老兄御見所と併せ御認被下候へは、即今難有次第に御坐候。段々の御論御格別之義勿論候へ共、憚入候乍申上振家鶏を賤て野鴨を尊の気味も有之、説得致し易き訳御坐候間、必向後之変化に御構へなく、乍御苦労御認被下度奉願候。扨殿山壱条は当分之事に而御上洛頃迄には止み候も可相成歟と存し居候処、弥永留之都合にも候歟、海道取替への議有之よし、誠に（已下御内々）浩歎之至、就而主人殿山之義取り払相成候様運致し候都合に御坐候間、御相談申度義有之候。明日明後日之内昇堂仕度心得に御坐候。右御報迄如斯に御坐候。已上

壬八月廿一日　　秋月

桂賢契奉酬

10　秋月悌次郎

7　文久(2)年9月2日＊　F一一一七

拝啓　扨々冷気格別に御坐候処、弥御佳安御奉壮可被成御坐奉南寿候。此間中には懇書可申様申上置候処、両三日以の不快に而何と外出仕兼候仕合に御坐候。もしや御待等被下間敷哉、鳥渡御案内迄申上候。然処真に極機秘之義に弥御上洛、来正、二月之内と御内決と相成候に付而は殿山処には無之、暫之内は三港とも為引払候廟議も有之歟の由、ちらと承り候。暫時とても天襟を安じ奉り候事に相成候半。過日も相願候壱条は何分乍御苦身御認被下度奉希上候。頓首

九月二日　　秋月

〔巻封〕桂老兄

11　秋月冬樹

1　明治(7)年7月22日＊　F一一一八

此程被仰付候養薬則光運便奉差上候事。

馨儀極密にて昨日亜郵船便上京仕候。多分本月下旬遅くも来月上旬に者帰阪可仕と奉存候。是者東京より追々電報之次第も有之、自身東上不致候而は難相整商用向も有之候に付、家内之ものへも不為相知一寸姫路まてと申事

に而罷越申候。夫故同社中之吉富えも為相知不申儀に御坐候間、何卒御他言被下ましく奉願上候。

電報により相考候得は、去る十八日田辺外務四等出仕柳原に達すへき御書を携へ北京へ向て相発し、陸軍も金穀を倍し候程之御手配、鳥尾将軍も夫か為上京被致、廟謨深遠窺知へからすとは申候へ共、いよ〳〵支那を敵に戦争と極り候塩梅に御坐候。支那政府は少々之償金は差出し候而も戦を不好よし。則日本より数等上策に出候もの䫂。何に致せ余程むつかしき景色に被察申候。只不審千万と申者御殿山も戦を主張する連中と相聞へ申、如何可有之䫂。外国人之評判故信用は難仕儀に御坐候。

先は右之拙筆申上度匆々如此御坐候。時下酷暑折角御愛護千万奉祈候。頓首

七月廿二日　冬樹再拝

木戸賢相公閣下

11　秋月冬樹

2　明治(7)年8月11日＊　F一―一八

東京日々新聞毎日御取寄相成とは奉存候へ共別紙只今到来、民選議員云々福地之筆と被察、あまりおもしろき悪言故、奉入御覧候。

大久保内務卿一昨日神戸え御立寄有之、支那へ御発しに相成申候。

中野も本月五日無事黄賓〔横〕〔浜〕着と而已申来、爾来連日之雨天東海道川支電線破損にて音信不通、東京之形勢少も不知れ、只郵便船にて武器之買入を促し来候而已に御坐候。

伊地知議長、山県陸軍卿、黒田開拓次官之三人参議拝命兼官是迄之通り、是は本月初め之事故定而御承知之儀と奉存候。

其外なにもおもしろきことは一向承り不申候。只時下御様子奉伺候迄。匆々頓首

八月十一日朝　冬樹再拝

木戸賢相公閣下

12　秋村十蔵

1　慶応(2)年2月15日＊　F一―一九

松村玄仲より差出之秘書御入用に付写調候様との御事奉

畏候。拙者所持は不仕候間早速御役所え罷出詮儀仕候処、昨年壬五月差出候分は相見え候得共決而此分に而は有之間敷候間、編輯御用掛え建白書類段々参居候付取寄せ之儀申越候処、水藤北右衛門〔カ〕被居合無之相分り不申との事に付下宿、其外相尋せ候得共今に相分兼、彼是時刻移候付〔カ〕可〔カ〕然申上置候。尤此分に候はゝ直に写調可仕候。外に進〔カ〕参〔カ〕有之上書四冊共差出申候間御覧可被遣候。罷出相伺度正田様□□□〔御尋等カ〕へも罷越御尋仕候得共御出不被為在、其余之儀先方相知れ兼候付、無拠乍失敬右認申上候。且此内被仰聞福公之図只今萩より送来候付如何可仕哉旁奉伺候。為右申上候。以上

二月十五日　秋村

〔巻封〕木戸様御直覧

12　秋村十蔵

2　慶応(2)年2月16日＊　F一一一九

過刻被仰聞候幕府より答書別紙写調差上申候。松村玄仲より差出候秘書は益右衛門様御所持之由御座候。且福公之図一箱是亦差出申候。為右申上候。以上

二月十六日　秋村

〔巻封〕木戸様御直覧

13　秋良貞温

1　明治(7)年5月11日＊　F一一二〇

拝稽　閣下旧冬は頓に御清快、時下和暖益御佳勝御坐被遊万寿無疆奉恐賀候。偖昨日は御使被成下御懇之鶴声、殊に用事も候はゝ可被聞召及との御厚情、深奉感銘候。其節奉答之通別段可申上義も無御坐只々乍寸楮鳳顔拝謁仕度渇仰之愚情而已に御坐候。乍去御垂憐之厚に感、聊情況陳腐奉汚清聞候。愚僕景慕之情積年一日之如山川一坐偏に魚針に竜変に耳を傾け、独欣戚仕候。別而近歳は朝野遙に懸隔之処、過歳於香川県一宵之陪宴、殊更不尋常御重賜かと感荷不知万謝候。将又生而千載一時之御隆運に遭遇し奴輩も亦大に残鬱之宿〔見消チカ〕懐を開、手之舞足之踏を不識、一と度維新之輦道拝見仕度素情に候へとも、固陋之老汚鄙に陰居之処に上京しては如何にとの御省言を精々発途仕候得は、閣下には已に大使御発艦之後に相

成遺憾之至、唯々未曾有之御□□に恐感仕、ゆゆ敷御帰旅と屈指奉待、就中去夏より初秋之頃に至而は聊鬱屈之義をも相忍、滞京仕候而心待仕居候処、御帰朝御当分矻に不得拝謁、其内に神奈川県え赴任仕、小事業に朝夕を消し、漸当節帰京仕候故此般こそ緩々得拝謁平生之素懐を可遂と奉存候処、又兵庫県武庫郡広田神社大宮司転任に付而は彼の県教導取締をも承、不日赴任可仕筈に相至、又候御遠隔に相成候故、何卒〳〵拝鳳仕度、老境別而渴望之至情海岳難申上已に万御高察奉仰候。

八さかにの　玉なす
きみか　一とことの　けに
愛てゝこそ　会ひたくもあれ

例之蜂腰御見直し継き被下度候。因而は御大任之御中甚恐惶之至に御坐候得共、幸に閑日月御余興之御染筆も被為在はゝ被賜度、陰空之如電光聊景慕之愚情を慰度奉願上候。随而話にもならぬ麓箱乍恐惶差上置申度、時下雨濺深御珍重奉万祈候。頓首敬白

五月十一日　　秋良貞温頓首

木戸殿侍史御中

14　浅野長勲

1　明治(2)年4月3日　人一六六

別紙之通中御門大納言殿より廻達有之旨に而、只今徳川大納言殿より被相廻候に付、則及廻達候。御披見之上順達可給候也。

四月三日　　長勲

木戸準一郎殿

〔巻封〕木戸準一郎殿　　浅野中納言

〔注〕年代推定は謄本による。

14　浅野長勲

2　明治(8)年6月17日　F一一二

来る廿日地方官発会式天覧に付其節拝見仕度向者貴殿え御掛合之上出頭可仕旨宮内省より被申聞、依而私儀為拝見罷出候而も不苦候哉御問合仕候。御許容被下候へは拝見席等之義宜相願候。

六月十七日　　正二位浅野長勲

参議木戸殿

15　足立正声

1　明治2年6月(　)日*　F一一二

夫貨幣は政府の所行にして天下の重宝なれは固より下民の私に擬造すへきものに非す。若し之を犯すものは其多少を論せす必す之を刑す。是亦天下之大法也。某窃かに聞く、近世悪貨幣天下に流行し商賈輩往々何州金何国銀と目して其価を定むるに至る。若し上之を知て問はされは法律二途に別れ、若し知らされは則不明たり。某愚謂之れ必す旧幕府失政の際諸藩適従する処を知らす、吏人自から此所為に及へるか。然るに方今朝廷之を以て危懼を抱き皇邦之を以て恥辱を取る。彼悪幣を造るの国豈自ら快とせんや。縦ひ快とするも皮の不存、毛はた焉くに属かんや。嗚乎一新前の事何そ謝罪の遅き。今速に謝罪せは朝廷亦必す之を憐んて悪幣を兌易せしめ其吏人一、二を罰して其他を宥むへし。或云、近日多く悪金を造て楮幣に替る国あり、又某藩士贋鋳の為めに就縛者ありと。これ小事に似て小事に非す。速に処置せされは其禍天下に蒙らん。某敢布愚衷。伏望先生為天下慮焉。

己巳六月　　足立正声頓首再拝

木戸先生侍史

15　足立正声

2　明治(2)年7月3日*　F一一二

参殿拝謁相願候主意別義にも無御坐、別紙書取之次第に付御熟覧可被遣候。実近日加州支藩大聖寺へ右一件発露切迫仕候次第御坐候処、方今先生之外御相談可申上方無之と心得参上仕候事に御坐候。委曲は拝謁上ならては不能尽候。

七月初三　　足立六蔵頓首

木戸先生御親展

16　安部平右衛門

1　明治(8)年9月9日**(他六名と連名)

一筆啓上仕候。朝夕は冷気立候得共上々様方御機嫌能可被遊御坐と恐悦至極奉存候。先以追々申上兼候得共、先達而忠正公様御祭事之節神事能奉納之義に付衣装御寄附御願申上候処、御聞届被仰付、御由緒中様方は不及申一統相競難有奉存候。因茲当年よりは御当月前後共三日執行仕度、則別紙之通番組相調、諸役者中より到来仕候処、右御寄附之義御沙汰無之、既御祭事も無程差向候に付、私共より御願申上呉候様一統申出候。折柄昨日中山様御上京に付御頼申上候義被聞召上候半奉存候。御用繁御中毎々奉恐入候得共、何卒早々御沙汰被仰付被遣候様奉願上候。此段宜御披露奉願上候。右申上度、乍略儀奉捧愚札候。恐惶謹言

九月九日　岡本雄蔵
万代利兵衛
竹下雄助
安部孫左衛門
片山喜八
安部伝右衛門
安部平右衛門

木戸様御取次中様

〔別紙〕
神事能番組

初日
弓八幡
巴
百万
融
鼻取角力
棒しはり
三人片輪

二日目
忠度
六浦
熊坂
止働方角
秋栖
純太郎
鐘馗
盛久

三日目
〔アキママ〕渡

岩船
昆布柿
武悪
米市
以上

〔注〕年代推定は謄本による。

16　安部平右衛門

2　明治(8)年12月9日　F一一二五　(他二名と連名、井上馨と連名宛)

一筆啓上仕候。追日寒気相進候砌上々様方益御機嫌克可被遊御座恐悦至極之御儀奉存候。先以此度御奇〔ママ〕附被遊候能衣裳之内唐織二枚奉入御覧度、矢野清介様公便を以差出し候間、宜御披露可成被遣候様奉願上候。夫而已不取敢奉捧愚札候。恐惶謹言

十二月九日　安部伝右衛門
安部孫右衛門
安部平右衛門

木戸様御取次中様
井上様御取次中様

〔注〕年代推定は謄本による。

16　安部平右衛門

3　明治(8)年(　)月(　)日＊＊　(他六名と連名、木戸孝允・伊藤博文・井上馨・山県有朋連名宛)

御手控

木戸様当春山口御逗留之節、六、七名より歎願申上置候忠正社御神事能御衣裳御奉納之義に付、其後近藤芳樹先生御登り砌御家職より被仰授候御書面之趣旁御神納金早々御運方被仰付候様奉願候処、何分御様子不分故、片山喜八罷登候節、又々御願申上候処、早々御運方をも可被仰付段御聞済相成候趣、同人帰り候上承之、世話方を初一統大に競居申候事。

一、喜八より井上様えも御願申上置候由に御座候処、御同様と承り申候。

一、阿〔ママ〕部平右衛門、同伝右衛〔門〕浪花におゐて井上様え御願申上候処御受宜敷様承候事。

一、御運方不相成節は当御祭祀之節御衣装御借上被仰付

候共差出不申段、菊屋孫太郎より過日御家職御役所へ
申出候趣御授相成、尚私共へも直に孫太郎より承之、
世話方一統心痛仕居候事。
一、各大区より年々御能費差出候。当年分弐百十円受方
仕候事。
一、萩地御由緒方大競にて御能番組役割等由来、追々当
地におゐても申合、当節舞台建納之心配中御座候事。
右当御祭祀と申候も最早御迫に相成、彼是心配中、御衣
装之運方不相成、兎や角と案知罷居候間、御神納金急速
御運被仰付候はゝ弥一統之競相成可申、此段御汲分被遊、
御着之上木戸様へ被仰談、乍恐電信又は郵便を以て御様
子被仰聞被遺候はゝ、兼而御家職御役処におゐても深御
案知御様子に付早々申出仕度、旁趣御願上候事。

安部平右衛門
〃　伝右衛門
〃　孫右衛門
片山喜八
万代利兵衛
岡本雄三

木戸様
伊藤様
井上様
山県様
其外様

舞台建納凡五、六百円之間に御座候。　竹下雄介

〔注〕年代推定は謄本による。

16　安部平右衛門

4　明治(9)年11月18日　F一―二五　(他一名と連名)

一筆啓上仕候。寒冷之砌相成候処上々様方御揃益御機嫌
克可被遊御座と恐悦至極奉存候。然は先達而御能衣装御
奇〔ママ〕付被仰付難有奉存候。随而両日無滞別紙番組之通奉納
相済本懐至極奉存候。御蔭を以て賑々敷群参仕市中潤色
不大形一統益奉仰御神徳候。且又衣装之義菊屋孫太郎代
金引受なくては差出不申に付御祭事前急場差閊出来仕候
付右代金暫借仕候而御家職え差出物々御請返相成候得共、
真暫借之義に候而御座候間、何卒御憐察被仰付年内中御
家職之方迄御送被仰付候様奉願上候。右御礼旁奉捧愚札
候間此段宜御披露奉頼上候。恐惶謹言

十一月十八日　安部伝右衛門
安部平右衛門

木戸様御取次中様

猶々、矢野清介様御使を以て申上候間委細御同人より被聞召上可被遣候。且又聊之御供物差出申候間宜御執成奉頼上候。可祝

〔注〕年代推定は謄本による。

17　尼子 長三郎

1　万延(元)年12月22日　人二一七（美濃部又五郎と連名）

拝啓　厳寒之節弥御安静奉敬賀候。扨尊藩御論之趣大謙へ御示教之趣逐一承知仕候。何れ其内当地之情実も得貴意候事御坐候得共、年内日取も無之候間、公務繁雑不得寸隙、後便に申上候事御坐候。此之品は余りに麁薄之至り候得共、老台方幷貴兄へ呈し申候心得御坐候。御笑納被下候はゝ大慶至極に御坐候。匆々頓首

十二月廿二日

尼子

美濃部

〔巻封〕桂先生

品物添る

17　尼子 長三郎

2　文久(3)年4月16日＊　F一―二六（小幡彦七宛）

貴答致拝見候。時下御安寧珍重之儀奉存候。然者余四麿殿御招之儀一旦及御断候処、是非にとの御事に而又々御細書之趣、致承知候へ共参内候後に相成候間帰館相待居候処、存外手間取夜に入只今帰館に付承り候処、外之義とも違ひ実に重き慎日に而御坐候間、折角之御深志相破候趣には候へ共猶更御断得御意候様にとの事に御坐候間、右之趣程能御取成御披露御坐候様致度、此段得御意候。以上

四月十六日

尚々、過刻御使被下候処無余義他出中に而貴答及延引候。以上

水戸尼子長三郎

〔巻封〕長州藩小幡彦七様

18　天野清三郎（渡辺蒿蔵）

1　明治(元)年4月15日　F一一二七　(河北俊弼と連名、山田宇右衛門他三名と連名宛)

列位御忠壮可被為御精勤為邦家奉大賀候。二に、両子義依旧碌々罷在候間乍憚御放念可被遣候。扨は先頃差出候両度之書翰は御落掌に可有御座、其後も当地に於て種々と皇国之新聞有之候に付何とも煩念に堪不申、何たる形勢に押移り候哉。何卒〳〵御報奉希候。素より実否不分明に候得ども、過る正月七日兵庫に於て襲艦之一挙有之候由にて、其由は一橋遁走之後英艦を除く之外は外国一般兵庫に留泊する艦章を印さしめ、且上国に居留する日本人仏艦を襲ひ多少之水師を生捕遂に残忍之死刑を加ゑ候に由て、仏艦之日本近海にあるもの直に兵庫に会し彼之党に向て報怨之戦闘を初め互に激戦候て、遂に日本勢は無利して退散せし後、朝廷より仏人に向て其原因之暴挙なる由を述る為使節を被為立、此挙に付仏国費消之償として投金之定約有之候て其後無事と申事、実事に御座候哉。是等事件之当否に至りては素より夷域潜行之我等可論事には無御座、定めし臆度之大略有之候ての事とは存候得ども、只管外よりして内を思ふ之身に相成候ては懸念に堪不申。如何となれは此際は皇国隆替機密之極にして不隆則替不替則隆、何卒〳〵インヂユン之故轍に陥らぬ様有之度事に候。素より日本は文明之国にしてインヂユン之野人と同日に不可論候得ども、事不慎は却而文明之弊よりして大失策に立至り可申も難計、且亦外国と之取結びに付ては別して御大事に可有御座、是は既に関東失体之故轍も有之事故、何そ我等之乳口にかけんや。只々確然たる皇基之立処乍隠奉祈念候。此度は別段御送り可申新聞紙も不得、少し之紙切れ遠藤氏え送り候に付き御聞取奉希候。

御多端中申上も恐入候得共、先便にも申上置候如く生等留学に付入費夥敷、素より諸賢之御叱責も可有御座、自身に於いても痛心罷在候得共、当地諸価之不廉よりして何も心底に任せ不申。兎に角当年中は最早約定取極候事に付半途にして不可変候間、明年よりは何歟妙工夫仕度存居候得ども、未た聾唖之身故恐らくは来秋迄位は独立之働は無覚束可有御座に付一卒之事竜動に転じ可申哉と考え、先達而河瀬氏迄彼之地入費之高、授学之二第〔次第、ノ意カ〕等聞合せ之一封差送候得ども未だ返書を不得候間、定めし御地には彼之地入費の高等子細御承知に可有御座候間、如何可仕哉。元来生等之志願は欧羅巴行に已前より御座候得ども、米利堅諸価下量にて相済候と申事故枉て渡海候処、斯る二第にて何とも諸賢に申訳無御座当惑罷在候間、竜動は当地よりも下量に相済様之事に御座候はゝ明年よりは彼之地に転じ可申に付、何分之御指揮奉希候。其内於当地妙手段も御座候はゝ又々可申上候。

実に重々御配慮之至りに候得ども、生等入費当年分に対し一人に付未だ三百ドラ不足に御座候間、両人に付残り六百ドラ早々御送り方奉希候（此義に付而は別にフレンチょりは不申上との事に御座候）。実は当地は至而頑陋之所にて借金抔之取捌に就而は余程面倒之由に就き早々御送方奉願候。尚明年より竜動に渡海之方可然と之御所存に候はゝ、何卒明年之稽古金生等まで直に御送り可被遣候。如何となれば渡海之義に付而は当地之知人は必不同意に相違無御座候に付、何も〱御勘考之上可然御〔指〕揮奉希候。先は急便に任せ真之用事迄如此に御座候。恐惶敬白

皇四月十五日　　天野清三郎
　　　　　　　　河北義二郎

尚々、時下御自重為邦家奉祈候。先便御送り物被遣度品々申上置候得ども、是は御見合可被遣候。併書籍は相成事に御座候はゝ御送り方早々奉希候。

山田宇右衛門様
木戸準一郎様
広沢藤右衛門様
杉　孫七郎様
　　列位坐下

〔別紙〕

千万恐入候得とも三吉義は如何相成候哉。何卒好機会も御座候はゝ、償罪、一難事御授け被成候て、成功之上は復元之忍赦有之様御周旋論に奉希候。頓首恐懼

義二郎拝呈

〔封筒表〕

列位坐下内呈

皇四月十五日

山田宇右衛門様
木戸準一郎様　　　天野清三郎
広沢藤右衛門様　　河北義二郎
杉　孫七郎様
　　列位坐下

18　天野　清三郎

2　明治(5)年9月1日　F一―二七

辱芳翰反復難有奉拝誦候。

閣下愈御安泰可被為在敬賀此事奉存候。此度は異域に公使之重任を被為蒙我朝のため万々賀し候へとも憮々御苦労之程奉遙察候。奴も奉別以後已に数年を歴候へ〔ママ〕処、徒に砌下の石にて月日を送り遂に何たる事業もなく、厚顔耻〔ママ〕恥之至りに罷居候。乍憚心得御憐察奉願候。御渡英之折柄急速奔走拝謁を待へく筈に御座候へとも、実は先年以来奴隷之境に陥り少鎖事の為に束縛せられ爰許居留中、先は身体も自物にあらざる体にて兎角失敬に打過候段御高恕奉願候。別して先日者暫時休息之折を得候せつ、御渡英は今暫らくも御延引と申よし承知仕居り候間、不取敢今日之好機会をも待たず、実は申も耻入候へとも兼ての遊惰の病に侵され両三周日巴竜之間に遊蕩致し候ゆへ、又々余日なく旦那さんに向て暇を乞に言なく、徒本意なく打過申候。併欧州御滞在中には是非早晩も拝眉を得る之期偏に企望罷居候。其内御自重専一に奉存候。頓首謹言

　愚兄之書遙に御持越し被遣御面倒之程奉恐入。尚万々御礼申上候。以上

　第九月一日　　　清三郎
木戸閣下

〔封筒表〕呈公使木戸閣下、清三。

18　天野清三郎

3　明治(5)年9月14日＊＊

昨夜は久々拝顔にて縷々御高声被仰聞欣喜此事に奉存候。然る処不計深更に及ひ今更難御堪奉存候。其節雑話中に申上候吾朝に関し候新聞紙即ち差出し候間、御間合之節御覧可被成被〔ママ〕遣候。元私時々新聞紙を見候せつ好○き事は取るに足らすと存し其儘読捨てに致し候へとも、少し此

紙の如き誹謗に触れ候事は却て我ためにもならんかと存し、折々切取り申候。

十四日　木戸閣下　　清三郎

Sent by S. Amano.
4 Castle Terrace
Dumbarton

18　天野　清三郎

4　明治(5)年(9)月15日　F一一二七

昨宵新聞紙の切れ相添へ愚札差出し置候。定めし今朝御落掌と奉存候。只今今日の新聞紙を開き候処吾朝に関し怪しき事件有之候処、此事は既に御承知に候哉。若左も無くは真偽も不明なる事を以て御心を悩し候は難御堪事とは存し候へとも、兼ての御懇切に任せ聊差出候間、誰かに翻訳被仰付被聞召候はゝ幸甚候。匆々頓首

十五日

木戸閣下　　清三

〔裏〕from. S. Amano. ／ 4 Castle Terrace ／ Dumbarton

18　天野清三郎

5　明治(6)年1月15日＊＊

異域御滞在も只様長引嘸かし御退屈と奉遙察候処、寒中先以御健勝之由奉恭賀候。先日は当府御発途前芳章を辱す。反復拝誦仕、縷々御懇切深く奉感佩候。其節御高諭之如く、尚兼て申上置候米行一条に付、昨歳末切にて是まで居合せ候造船局を去り当府へ参り、間なく渡海之覚悟に罷在候間、直に便〔ママ〕務使寺島某え面会之上此子細を告け、且彼より米利堅便務使え両三言之添書を乞ひ候処、彼の対に、今将に諸生一統の事に付本朝より申来るへき廉もあらんとす、故に今暫く一決之期まて相待候様被申付、今更推して如何と申事もなく、徒に拱手竜動市中へ踟蹰致し茫然方向を失ひ候心地に罷在申候。幸に御降憐奉願候。然る処只今諷評に承り候に、本朝におひて文部省改革以後海外の諸生までも一新有之旨に付ては一先一統御召帰しにも相成り、実に当節は諸生中間之弊習も流行致候様子に候。是等の一新は邦家将来のため美事と愚考罷在候へとも、一身私情に取候ては殆と当惑の思ひを

なし申候。今清三郎異境に在る殆ど六年に動んとする比に、何たる成業もなく日々徒に公金を費し候罪、万々恐入候処、格別の御憐眠（マヽ）を以て只帰朝被仰付候はゝ、猶予なく致奉命へく筈に御坐候へ共、猶小人の心体遅々恋々たるを免れす候間、今暫時之間米利堅留学被仰付候様、偏に奉懇願候。先は時気御伺ひ旁心事の幽鬱を述候間、宜敷御推察奉希候。恐誠惶頓首再拝

正月十五日

二陳　右申述へ候件は只当府諸生中の評にて一向確説には無之候へとも、便務使寺島より米行之儀は諸生の事一決まて延引せよと申す事丈は慥に承候間、若干日の間相待候後にて、右諷評も事宜に依り真説に符合する事もあらん事を恐れ、聊前以て申上置候間、其節は宜敷願上候。不宣

清三郎拝具

木戸閣下

18　天野　清三郎

6　明治9年12月7日　F一－二七

寒気日に増逞威之際先以て御健康奉拝賀候。近来者御伺も不申上御無沙汰のみ奉恐入候。さて此程者芳章到来拝誦仕候。偖鄙奴妻縁一条に付色々御心頭を被為煩御懇切銘肝仕候。実者其段兼て希望罷在候へとも今以て思わしき好偶も無之寂寞に罷居候。彼令嬢周布氏之家系而已を以て推し候ても、容姿道徳一つも間然する処は有之間敷候へとも、未た一見識も無之且不幸にして山水隔絶之事に御坐候へは、心事勃々たりと雖とも彼我相見るに由なく、相逢ふに便なきを如何せん。早晩出京期も有之候はゝ閣下に乞ふて相見んもの也。枉て御世話を被為煩候はゝ実以て幸甚此事に奉存候。先は御答申述候ため如此御坐候。頓首謹白

明治九年十二月七日

蒿蔵

木戸閣下へ白す

19　天　野　勢　輔

1　明治(4)年2月18日　F一－二八

拝啓　益御勇健被為渉奉敬賀候。扨小生来る三月神武天皇山陵御例祭参向被仰付候間、来る廿一日より出帆上京

仕候心得に罷居申候。何か彼地へ御用向被為在候はヽ無御遠慮被仰聞候様奉希候。孰れ明後日参上御暇乞可申上候へ共、其内乍失敬以書中申出置候。万託拝鳳。草略頓首

二月十八日　勢輔拝

〔巻封〕木戸様内呈

〔注〕年代推定は謄本による。

20　雨宮中平

1　明治（　）年11月11日＊　F一―二九

拝啓　然者柏木忠俊より豆州産青橙壱俵例之通乍些少呈上仕度旨に而只今差越候間、不取敢乍略儀為持参上申候。宜御披露奉頼候。以上

十一月十一日　雨宮中平

〔巻封〕木戸様御取次様衆中様

21　有地品之允

1　明治(10)年2月7日＊＊（児玉愛二郎と連名）

拝啓　御清適奉恭賀候。さて昨日杉え宛一書御連名にて差出申候処、尊台には西京御発途之比に相成申候間、又々更に呈書仕候。鳥羽御碇泊引続御多用と奉恭察候。御留守省中は寂寥にて何事も無之候。尊家御留守様御平安御安心可被成候。東京も御発輦後格別も無之、尤此内外務省教導団と頻に出火も有之候得ども、類焼も無之鎮火に相成一段之事に御座候。一昨日あたりより西薩暴挙と申巷説流布いたし申候。真偽不分明候得共、多年醞醸する病根なれは事を挙る萌かと掛念仕候。元より御地に於て御耳にも入り可申、何卒聖上にも速に御帰輦相成可然かと奉存候。尚又申上も万々疎之事には御坐候得とも、此機会尊台方別して御用心最第一之御事と奉存候。実に暴動之徒なれは如何様なる事も難計、幾重も々々御心を被用候義肝要に奉願候也。

二月七日　愛二郎
品之允

木戸公閣下

21　有地　品之允

2　明治(10)年4月10日　F一一三〇

爾後御清適奉欣然候。さて御地は如何御坐候哉。当地方は余程暖気にて桜桃花悉く開き、賊を肴に花を見るも一つ之楽に御坐候。然るに両三日は雨天にて高瀬川の水も少しは増し、全く入梅之模様にて、戦地に在るの将校始め兵卒に至る迄の労苦平日に倍し可申憫然之至に御坐候。頃日迄は気候能、傷者之幸に御坐候処、追日暖気弥増候ては甚難渋に可有之、乍恒夜白戦地にあるものは仕合可申候。先月廿一日熊本城中谷少将より之書翰にて、兵粮等今より二十日位は差支は無く、日々植木近傍之砲声聞へ、早く進入を相待つ之処、願くは八代辺より賊の背を討の策ありたし、又百貫辺一隊を上陸相成りたしと報知有之由、風評有之候処、最早二十日に満し、城中如何之景況にて可有之哉奉苦慮候。過る七日には中英〔央〕突入と策を決し大進撃有之筈にて、高瀬に残しありし近衛の一中隊も繰出しに相成、将校初め腰兵粮にて熊本に進入之見込の由、又粮米抔は馬に付け熊本行と印を付し、早朝進撃相始まり、私義は見物の為め吉次越のはんまを山に昇り（此処は植木より木留近傍を閲下に見くだす処なり）見物候処、霧深くして遠望を妨け候故、木留口より植木迄之散兵線の背を通行実視候に、官軍勝利には候へ共、或は奪取りたる砲台を取返へされ、巡査の切込みも無益となり、其故死傷多、唯一二の砲台を取りたる計りなり。其後日々進撃あれとも充分の事出来ず、乍併其後は取返へされし事は無之、勿論勝利には違ひ無之候へは、〔ママ〕未た熊本城に達するの目算相立不申。近頃は賊よりは切込み止めたり、其功なき故か、過日は賊より土弾を発し候事も有之、或は玉を半分に切断したるもありしに、近来は官軍より夜中抔は無益に発砲せぬ筈の処、賊より夜半に連発等致候様之事有之、定めて余りあるをしめす為めなるへし。〇過る七日夜、川村参軍は八代口の官軍宇土本営より来着に付、彼方之様子に本陣を宇土に置き、川尻の川土手に付き攻撃の由、然るに川村之見込は植木口の兵を分ちて川尻口に向け、川口より川尻川を渡り、一時城下迄突込之策にて、山県参軍其外少将抔へ談判有之候へ共、相調へ不申、昨日宇土へ向け発艦せり（高瀬川口より宇土の細田。と申処迄海上六七里位也）昨日一昨日熊本に当りて砲声烈しく、扨城外にて戦しと相被窺（ママ）候は、已に二十日に満に候故にては無之哉と。〇福岡始め其他之暴徒は実に弱兵にて打散すは安く候得共、逃け足早く追撃に労し候位にて、掛念は無之候得共、世間之聞へ如何可有之哉。中津の徒は賊地に走り入候様子、最早各所に出兵に相成賊の足を止める所無之候。鳥尾中将昨夜着候筈、定めて明策略可有之、総督宮にも実に御配慮之御様子にて、過る七日には戦地近く御出に相成実地御熟覧に相成り候。先つ荒増近況申上候処、今日に至りては自然熊本落城候とも唯々世間之聞へ迄にて出先に於て一向可恐事には有之間敷、却て城を捨て突出つ候も一の策にては無之哉とも奉愚考候。余は又々申上候也。

四月十日

追而、時気御保護専一に奉存候。

品之允

木戸殿

22　有富　源兵衛

1　明治(2)年11月25日　F一一三一

一筆奉啓上候。寒冷之節に御座候得共、益以尊前様御湯治御相応被遊、御勇健に可被遊御座之旨、恐悦至極に奉存上候。次に御国元相変申儀無御座、私義も無異儀罷暮し申候。乍恐御尊慮易思召被仰付可被遣候。然は対州御売米に付候而は、種々御配慮被仰付候段、市助より委曲承、毎々御深切之段不浅奉存上候。

一、軍務官御領地相平ビクニ（アキママ）シャコタンにおいて問屋株壱ヶ処御免被仰付候様奉存候間、至極申上兼候得共、尊前様より井上俊次郎様、桜井文次郎様御両人え、前条之問屋彼地へ市助下り次第早々御免被仰付候様に御申遣し被仰付候はゝ、重々難有仕合に奉存上候。此段伏而奉願上候。

一、御国御預り地之内ルルモツペと申地え諸色問屋願書差出申候。彼地と相平と相応懸持に仕候得は彼其（ママ）便利宜奉存候。然に此度銭浦様御地に御出浮相成候節、前条之通早々相運ひ候様に尊前様より御一声被仰付候

はゝ、是又重々難有仕合に奉存上候。何卒々々宜奉希上候。兼而之御仁恵に相甘え色々御配慮之儀申上候段、誠に以奉恐入候。宜御海恕被仰付可被遣候。且又至極奉恥入候得共、用心水瓶壱箱差送り申候間、御笑留被仰付可被遣候。先は右為御願申上度奉捧愚札候。申上るも疎に奉存上候得共、時気御保護可被遊御座候様肝要に奉存上候。

御序之節御奥様へも宜被仰上可被遣候。いづれ明春登館仕候而積る御厚礼可申上候。恐惶謹言

十一月廿五日　　有富源兵衛

猶々、前条之通、返々も宜奉希上候。已上

木戸様御家来様

〔注〕謄本では有馬源兵衛としている。

22　有富　源兵衛

2　明治(9)年3月8日　F一一三一

一筆奉啓上候。春暖之砌に御座候得共、益以御館中様御機嫌克可被遊御座之旨恐悦至極に奉存候。二に私儀無異送光仕候間、御尊慮易思召可被遣候。然者昨年は何より之品御恵投被仰付難有奉感涙候。其節御礼書塩田御氏便りに差上申候。定而相届候半と奉存上候。且又此度舎弟軍平外国塩売捌一条に付上京仕候に付而は、毎々御面倒之御儀申上候段、幾重も奉恐縮候得共、何卒右一件御配慮被仰付相運び候様、私よりも呉々奉歎願候。委曲之儀者軍平より御聞取被仰付可被遣候。先は右要用申上度奉捧愚札候。其内申上候も愚之儀に奉存上候得共、時下御尊体別而御保護肝要之御儀奉存上候。御序之刻御奥様えも宜敷御伝聲奉願上候。恐惶謹言

三月八日　　有富源兵衛

木戸様御家来様

22　有富　源兵衛

3　明治(9)年8月1日　F一一三一

一筆奉啓上候。其後御勇健可被遊御座之旨恐悦至極奉存上候。次に私儀無異儀送光仕候。乍恐御尊慮易思召可被遣候。然は至極奉恥入候得共木米作之観音壱箱差饋り申候。御笑留被仰付可被遣候。先は右御見舞為御窺申上度奉捧愚札候。其内申上愚之御儀に奉存候へ共、暑中御加

養肝要之御儀に奉存上候。御序之節御奥様へも宜被仰上可被遣候。恐惶謹言

八月一日　　有富源兵衛

尚々、オゴ少々さし送申候。是はにへ湯を二、三度御懸け被成、酢醬油か酢味噌にて御上り可被遊候。外にツルナ壹くゝり、是は葉を御むしり取被成、熱湯を程克御懸け被成、したしにして御上り可被成候。何分珍敷野菜差送候半と奉存候所、暑中に而不任心底。已上

木戸様御家来中様

〔注〕年代推定は謄本による。

22　有富　源兵衛

4　**明治(9)年12月2日　F一―三一**

一筆奉啓上候。向寒之砌に御坐候所、御館中様御揃御機嫌能被遊御座奉拝賀候。近来は御伺も不申上奉恐入候。過日萩地暴動中、何か被遊御心労候御事と奉恐察候。乍併早く御始抹に相成、御蔭を以私共一統大に安堵仕候。偖当夏は舎弟軍平登館仕、毎も御用繁之御中色々御尊配被仰付難有仕合に奉存候。其後支那へ罷越し復命之為め近々入京、又候御厄介に可相成と奉存候間、不相変御指図被仰付可被遣候様奉希上候。右は乍略儀御伺申上度、以愚札如此に御坐候。其内申上は不能候得共、時下随分御保愛専一に奉存上候。恐惶謹言

十二月二日　　有富源兵衛

木戸様御家来中様御披露

23　有 福 次 郎

1　**明治(元)年5月12日(西暦)　F一―三二　(大野内蔵之丞と連名、広沢真臣と連名宛)**

一書謹呈。向暑之候先以御地上々様益御機嫌克被遊御坐恐悦至極奉存上候。三、中両卿幷平様御事海上愈御機嫌克、去月廿九日ロンドン御着被遊恐悦之至奉存候。随而各位先生愈御清適御忠壮奉拝賀候。其後打続左社(こそ)御焦慮之御事と奉遙察候。さては別紙造艦局之儀は平様之思召に候得共、小生共より先生様迄申上候様被仰附候間、彼是御多繁中には可被為在候得共、御心配被成下何卒御採

用相成候様御周旋被成下度、偏に奉願上候。尚三、中両卿よりも御内輪迄右事件被仰進候由に候間、彼是御斟酌之上御取捨奉希上候。右は為其奉捧寸楮候。草々頓首頓首

西暦七月一日　有福次郎

五月十二日　大野内蔵之丞

二白　時下御自護専祈為邦家奉願候。

木戸準一郎様

広沢兵助　様

侍史下

〔別紙〕

竊に時勢を勘考仕候処、造艦局御設にて大軍艦御製造相成可申は素より之事に候得共、近頃山尾庸造君当境造艦局御入込にて最早御修業御成就御一人にて製造相成候間、速に山尾君え造艦被仰付度仰望仕候。然る処其器械無之候ては不可製は勿論之事候得共、其器械を御求め相成候には此迄山尾君彼局にて御訓れ相成候器械なれは最早器械之善悪を相分り金も余程下直にて相調ひ候。万一山尾君帰国之上其論御決定候はゝ又候山尾君態々当境え不被罷越而は器械求められす、左候得は時日一年は相後れ器械は訓れす善悪は不分新敷故価は倍す。余程雑貨多く御無益故、唯今山尾君御訓之器械御求何より之御為と考候。いつれ一、二艘之船外国にて御求め相成候共、夫にて幾往之目途は立間敷と奉存候。併山尾君使訓之器械といへとも大軍艦製造之具ならは十五万両位、一通之船にて十二万両位、最其金甚六ヶ敷時は九万両位にても仮成之小船製造相成候間、何分断然御推断にて器械御求め相成彼局御開可然愚案仕候。いつれ山尾君西暦十月中には当地出帆之積り候間、夫迄には御報御越被下度奉願候。尚御報之義はテレガラフにて御送被下度奉存候。

〔封筒表〕木戸準一郎様、広沢兵助様、有福次郎、大野内蔵之丞。

〔封筒裏〕五月十二日従〔カ〕、英国ロンドン。

24　有馬彦兵衛

1　文久(2)年2月11日　F一―三三

追啓

旧臘念二之尊翰辱拝見仕候。益御壮栄被成御坐之段恭賀至極奉存候。御府内都合平穏之段御同慶仕候。御国表聊別条之儀無御坐候。将又披見物御一封被送下早速差出申候。私義在郷仕候儀に付貴翰当節漸相届申候。然処備前殿にも又々急に出府之儀被相蒙、旧年帰国後未間相も無之被致当惑候。併孰之道被相登に而可有御坐候。左候はゝ又々御配慮被成下候半と奉存候。書外後雁縷々可得貴意候。草々頓首拝

二月十一日　彦兵衛

二白　先達而御頼仕候文久武鑑、御配意御送被下辱奉存候。誠に御面倒之儀御坐候処、幾応も忝奉存候。代金之儀は兼而御取替品御一同相調可仕候。此度出府に相成候はゝ、私同役山脇市右衛門供に而出府可仕候に付、何も彼方より御調可仕候間、御受方可被成下候。将分限帳御送被下是又辱落手仕候。扨又未兼より御頼仕候碑文之儀被仰下承知仕候。佐織儀も又々供に而登府仕候へは、其節万々可得貴意候。折柄辰下幾重も御自愛専一奉存候。以上

小五郎様膝下

24　有馬　彦兵衛

2　文久(2)年5月16日　F一一三三

去月念一之尊翰、今既望三丘相達辱拝見仕候。於貴地益御壮健被成御官務之段奉恭賀候。鄙地私不相易旦々送光仕候。如尊諭又々俄に旦那にも出府之筈に而出立相成候処、気分相に而途中滞居被致候処、何分容易に全快之程難計、中々長途相成候体に無御坐候付、無拠当月上旬一先被致帰萩精々療養被致候。折悪病気差発上下一統気毒千万奉存候。将又追々時勢致逼迫人心不穏何時一変仕候哉も難被図候へ共、此度御建白御一条に而不遠御上洛をも被遊候御都合之由、旁委曲被仰下承知仕候。何卒一陽来復奉祈念候。依而は備前侯にも少々気分快相成候はゝ、早々出府相成可然之段被仰下辱奉存候。然処帰萩後も聢々も無御坐様子に御坐候而、如何共被致候哉と奉案候。尚又披見物御一封御送被成落掌仕候。私も此度出府留守中在郷所勤被申付候故、春以来在郷計罷居候に付、右御一封則幸便有之、今日より萩差出、尚被仰下候趣内々申出候。毎々御懇に被仰下実以御深情重畳辱奉存候。是よ

りは毎々御無沙汰失敬仕候。扨又先達而は不慮之趣に而御迷惑被成候由、難御堪次第奉存候。於爰元も粗承知仕乍蔭御案仕候処、無御滞被成御済候段、先は大悦仕候。別封も貴答旁只様延引相認候処、在郷仕候へは何も不便利に而罷居候中、御故障之御様子承候付、押而差登候而も如何哉と相考、幸主人出府之便に差送候心得に御坐候処、右延引に相成候付又も差控罷居、漸此度一同差登申候。毎々失敬之段幾応も御海恕奉希上候。折柄尊体御加養奉祈候。先は貴報旁草々呈禿筆候。頓首拝

五月十六日　　　彦兵衛（花押）

二白　幾重も御懇志之段重畳辱奉多謝候。将又年首之御賀章二月末方相届辱奉存候。期過候事故別段貴答不仕候間、此段も御寛恕可被成下候。不具

小五郎様膝下内啓

追啓　末兼其外え毎々御加毫被成下申聞候。孰も御懇命に預候者より宜敷得貴慮呉候様申事に御座候。尚倅義別而宜申上候様申事に御坐候。以上

十六日　　　彦兵衛

小五郎様

25　粟屋　右近介

1　（　）年9月4日＊　Ｆ一－二三

昨日御用之儀申試候間昨晩御着被成候哉致御聞合候間、御着に而候はゝ御館御出可被成候様旁御答被仰越可被下候。為右早々得御意候。以上

九月四日　　　粟屋右近介

〔巻封〕木戸準一郎様

26　粟屋　真

1　明治（　）年1月7日＊　Ｆ一－二四

鳳暦奉敬祝候。先以御機嫌克被遊御超歳恭賀之至に奉存上候。所詮御伺之呈書も差出不申不敬之至不堪恐縮奉存候。陳旧冬は忌家内一同豚児帰萩被仰付、就而者不一形御深情被仰聞候段、難有仕合に奉存候。奉蒙命候儀無余儀不行届之廉有之、い曲多蔵上申可仕と奉存候。尚近日山口え御下向被遊候御様子に付其節私よりも伺出可申と奉存候。尚又多蔵儀不才之者に候得は是迄学事進歩も出

来兼候処、最早学資入費も多分に及ひ、奉申上候も汗戦之至に御座候得共於私甚困迫仕居候間、御高恩を以以往多蔵身上之儀いか様共奉蒙御差図候はゝ父子之大幸無此上儀に候。偏に歎願奉申上候。先者新禧之賀祝為可申上奉呈寸毫候。恐惶謹言

一月七日　　粟屋真

木戸殿執事

27　安藤精軒

1　明治3年11月(　)日*　F一―三七

奉歎願候書付

一、私義一昨辰年御一新に方り箱館府御取開に相成病院御取建之上厚く御世話被為遊候御趣意に付彼地え出張被仰付、於彼地参事席、病院頭取被仰付則奉戴種々尽力罷在候処、徳川氏脱賊及襲来尚戦争中御用相勤、御平定後粗病院仕法も相立候に付、官軍引揚之砌同しく出府仕候。然るに更に開拓事御拡張被為遊候に付樺太出張医師惣轄被仰付彼地え罷越、期限全一ヶ年相勤、当十月病者護送旁出府仕、御用済之上願之通り職務を御免被仰付候次第に御座候。附而は家祖父已来於西京西洋医術起立之時より開化誘導を旨とし専ら精力を尽し、方今御国内に流行致候種痘法之如も其創業を興し且高貴之御方々え御療治指上多少治験も累候に付、彼是御信用に預候規模にも至り候廉も有之候に付、何卒多少之勤労御恕察被為下、於当地身分相当之御用被仰付被為下候はゝ、祖父已来之素願を徹し格別難有奉存候。此段奉頼願度候。已上

午十一月　　安藤精軒

28　飯田吉次郎

1　明治(4)年(12)月24日　F一―六六

向寒之節に御坐候へ共愈御清栄被為在御坐奉大賀候。二に私事且々無異消光仕候。○先年来本朝革命之節殊に御配意之よし御苦心之程乍憚奉想像候。○私事当国着後来る五日にて五ヶ年打過候処、未た成業之目途も無之大に恐入申候。当地江御出を只様相待居候処、今年中には迚

も御出無之よし承り候故、乍憚書翰を以て私往先き之事幷学費一件御伺申上候。先年河瀬安四郎帰朝之節其段委細相頼置相運ひ候事と相考候処、其段本朝にて難相運候故此度公使御出之上願候へは直に相運ひ可申様先月東京府より申越、大に当惑仕候。其故は今年中には相運可申と相考、書籍諸器械一度に買入候而は大金之事故是迄追々買入申候処、来月下旬には其借財相払不申候而は相済不申、只生活之為めなれは当地は独逸国に比し候へは諸物高直に候へ共千ドルにて相済候へ共、書籍殊に器械無数之高金故中々相済不申、私蘭人に候へは器械を買得仕候には及不申書籍をも追々買入候而宜候へ共、何分限ある年限にて候故、此段宜敷御勘弁可被下、私は御改革前旧幕府より来り居候人之如く大金は願ひ不申、只学課に付入用之高而已。○此度御願仕度件は只三ヶ条にて御坐候。其一是迄相求め申候書籍幷諸器械之雑費御払被下度。○其二当国は小国之事故往先之目途なきとの事に候へは来る西暦第一月より孛漏生領アーケンと申処之大学校え転移仕候。尤当地にて私当節学居候大学校にて候」〔ママ〕シビル「キンゼニール」之学校水利堤防架橋専業にて家屋造営蒸気車道等は添学に而已候処、「アーケン〔ニ〕と申処之大学校にては蒸気車道専業にて御坐候。〔ママ〕「其三私如き者卒業仕候而も大金を費すのみにて無益と申事にて候へは帰朝仕度存候。尤是迄買入之書籍器械等は持帰り度候間、運送賃御貸下け之程偏に奉願候。右御願迄如是御坐候。其内向寒之節別而御自愛為邦家奉祈候。恐惶謹言

廿四日　　飯田吉次郎

二白　千万乍憚御序之せつ伊藤工部大輔え宜敷御伝声奉祈候。以上

木戸参議様坐下

〔注〕月推定は謄本による。

28　飯田　吉次郎

2　明治(5)年3月13日　F一―六六

時々御厄介之事申出候者太以恐入候へ共、進退極り如何共仕事出来不申大に込入申候。

爾来愈御清適可為〔被、欠カ〕在御坐奉大賀候。二に私事且々無異消光仕候。扨此間願出置候事可相叶申間敷候哉、其事相叶申す〔き、欠カ〕候へは帰朝被仰付旅銀御立被下候様奉願候。其段を

も相叶不申候候〔ママ〕へは死するより外なく、二十封度之金御投与被仰付候様伏而奉願候。只今に而は一銭も無之身の片付仕策無之候故、何卒御憐愍奉願候。併何れの道地上に住難く候へは、一応帰朝仕是迄得業仕候事にて百万分一之報恩仕度奉存候。舌を食て死するとの俗言も有之候へ共私は未仕兼居候。其内時季尊体御保愛専要之御事奉存候。何卒何分之御沙汰奉待候。恐惶謹言

三月十三日　　吉次郎

木戸閣下

28　飯田　吉次郎

3　明治(5)年12月19日　F一―六六

二白　其内時下御自愛専一之御事奉存候。何卒早々御面謁仕度奉存候。

芳翰難有奉拝見候。愈御清栄、過る西暦十六日より巴里府え御転移之よし承之奉大賀候。二に私事且々無恙消光仕候間乍憚御休意可被下候。然は私事往々工部之書生に相成候様可被仰付との御事難有奉存候。就而は買得もの其直段等申出へき様被仰付候に付大略別紙に申出候。其直段凡二百封度にて御坐候。素より是迄日本にて唱来候窮理分析学之諸道具共私之学科に管〔ママ〕係仕候へ共、是は真之添学にて何れ文部省より之書生追々集め可申様奉存候。私此後求め度者は只陸地并天文測量器械なり。尤此物は今日に而は学校之分借用出来候間他年帰朝仕候節求度奉存候。元来私事殆五ヶ年の月日を当国にて送り候得共何之得る事も無之、是等之事を願出候而は甚以恐入候へ共、是迄実に刻苦仕漸当校之教授を聴聞し合点する事出来候故、今日より廃学仕候而は是迄之入費は素より自身の刻苦も無益に相成候故、何卒卒業仕度と存御願申上候。当時留学生之学費惣而一ヶ年千ドルに相定り候よし、其学科幷其処諸色之高下直に随ひ御取捨有之候様奉願候。私事始終無金にて五ヶ年中一度も旅仕候事不能、其上是迄学費御送等之間違哉延引に及ひ、人之口入にて是迄度々当国商会にて取替させ生活仕居申候故、其人え一ヶ年六百フラン之高相払居申候。併私留学中更に無益之金は費不申、其上是迄は更に臥病をも不仕大に仕合申候。○此間当校之教師（家を建る事より之、左様之科を教る人）日本にて大工之師如何様にして弟子を教候哉定而書物有之候半、左候へは其書物

并図型一通借用仕度儀申候得共、私其辺之事に至而疎く候故工部省へ申越へき旨申置候間、千万乍御面倒御序之せつ伊藤工部大輔え御頼被下間敷哉。右為其呈上愚札候。何卒早々御詮議被下候様奉願候。恐惶謹言

十二月十九日　　飯田吉次郎

木戸孝允様坐下

29　飯塚　納

1　明治(6)年(10)月(　)日　F一―六七

貴居益御清適御起居可被成候由賀事に存候。小生依旧無恙碌々瓦全罷在候。幸哉不労貴慮候。却説今般別書御送り申上候。御落握可被下候。是は昨年御在巴中仏師ラフット氏え御約定に相成候処之書籍也。同人より小子迄被托候。委細は同人より兼て申上置候事と存候間別に不申上候。○仏国在留之生徒無事に候。

過月海外生徒処分に付小生之存慮文部省え差送り置候間宜御裁決可有之候。

余事は後便に譲り匆々閣筆。

御見覚も無之と存候間賤影を呈。敬白

在仏飯塚納

呈木戸参議閣下

〔封筒表〕木戸閣下、平信、書籍相添、(印)、自仏国、飯塚納。

〔注〕年月推定は謄本による。

30　五十嵐　昇治

1　文久(3)年11月11日　人一九一

去る六日飯塚宿より之鳳翰七日夜相達拝誦仕候。当度は不存寄尊顔仕御心取も不顧愚存等申上、実に本懐之至奉存候。御出駕之節は折悪敷都合に而御挨拶等も不申上、失敬之多罪御宥免奉希上候。右に付而は御丁寧之御文意奉恐入候。浪華之次第極秘之戯は御差図通り承知罷在、此度友之允且大坂役目之内無別条者共え密々不申遣置しては万一不都合可相生も難計奉存候に付、御登坂に相成友之允居合不申候はゝ村岡老人、一宮孫三郎と申者え御面会、諸事御談合被成度奉存候。此程於久留米肥後藩士両人被召取、如何成主意に有之候哉。同藩頼に付而之次

第と相聞、定めし正義之党に可在之、其外日田之方に而も浪士に而騒々敷沙汰有之、兎角尊藩様御正義貫通方之遅速に預候御事と乍恐懸念仕候。大江より別紙差上呉候様と之儀に付御落掌可被成下候。本国え申遣置候返答申来候はゝ、急速可申上候に付左様御承知置可被成下候。
右尊答旁得貴慮度如此御座候。謹言
十一月十一日　五十嵐昇治
桂小五郎様
尚以申上候。家族共御加筆難在奉存候。以上

31　井汲唯一

1　安政(5)年1月5日＊　F一一三八

新春之御慶目出度申納候。先以愈御勇猛被成御越年重畳目出度奉存候。扨承り候得者近々信州へ御出立之旨、愚生も一両日之内出立仕心得に御坐候。左候得者御帰府迄者拝顔不仕も難計故、何卒折角御仕度いつれ帰府之上万々御物語相伺可申存候。乍略義以愚札御祝詞旁為可得貴意如此御坐候。以上
正月五日
其内御手透にも被為在候得者少々御遊旁御来光奉待候。碩之介も追々全快之趣実以相楽罷在候。余者拝顔之上御物語可申上候。以上
〔巻封〕小五郎様　唯一

31　井汲唯一

2　文久(元)年2月19日　人二一七

一翰啓上仕候。春暖之節御座候処、愈御勇猛被為渡、珍重不少に奉大賀候。随而小生無異義消光罷在候間、乍憚貴意易思召可被下候。偖昨年御同府中は誠に不成一方御厄介に相成難有仕合奉存候。其後も心外御無音平御海容奉希候。且今般門人共両人御地へ為相伺候間、何分にも可然御引廻御取立の程偏に奉願候。武士郎より承り候へは、此節は番丁も歓之介罷越し居候よしに御座候。御同様残念千万御坐候。色々申上度義も有之候へ共、御案内愚筆故何事も文略仕候。御高免奉希候。右は御頼旁為可得貴意如此御坐候。猶期後音之時候。恐惶謹言
二月十九日　井汲唯一

桂小五郎様

尚々、未た拝顔は不仕候へ共、御惣容様方へ可然御取なし奉憚候。尚又林君、北川君、宍戸君、来島君、其外御方様へも宜御鶴声奉願候。以上

〔注〕年代推定は謄本による。あるいは安政六年か。

32　池内四郎

1　明治(4)年10月10日＊＊

謹啓仕候。追日寒冷之節に御坐候処尊台倍御清穆御執政被成御坐奉恭賀候。陳者本月一日輦下発足、三日達小田原駅於茲二日間滞留、彼人見勝太郎知友小田原県士族関一郎に出会（是は関小左衛門と云元用人役之男にして、此小左衛門は即戊辰の反賊中の一人なり） 静岡之事情粗相探り、且人見の同盟梅沢鉄三郎、和田助三郎、関口潜三郎等従来の所業を詳かにし候処、最前如御令示実に人見、梅沢之二人は頗る者と相聞え候に付、尋常之遊説にてはと一愚案を定め関一郎に添書をかゝしめ、五日此地発足、七日沼津遊説、八日達江尻駅、於茲彼等之巣窟大矢村集学校仮館大聖寺（禅刹、駿州中の一大寺と云） 九月廿三日夜悉皆焼失ときひて直に方を静岡にとり、学校の模様聞探り候処、即日九能（マヽ）山下当村徳王院に移転之趣、因て翌九日彼方に罷越人見、梅沢に謁を乞入候処、両人共不在之旨申之に付、又和田、関口に面会を乞候処、関口出会、於是彼小田原人之添書を投し、且戊辰以来彼輩の挙動を賞し、今漢洋折衷之学校を設け云々麁忽権謀、対話中彼云く、人見は去る九月廿四日より東京に赴き帰県之義は何れ当十月中旬に相成候由已に今朝郵便を以県庁へ申越候、夫就き梅沢も今朝静岡急赴いたし候事故梅沢も帰寮は難期之旨申之に付、彼小田原之書面を開封せさせ且又梅沢に添書を取り帰二り静岡一、即彼添書を梅沢の宅に投し（但梅沢の宅は慶喜邸中にして町名紺屋町と云） 候処、此夜梅沢僕の旅館に来り終に徹宵之談話に及ひ大概彼等之肺腑洞見仕候。其事論長けれは譲拝謁之時こゝに不白、要之当今廃知事を好機会として野生を扇動の為人見は輦下に赴候に違ひ無之、尤梅沢も当月下旬より東京行之由申之、併し陽順陰逆彼輩の持まえたるは誰も知る所に候へ共、下等之梅沢すら才奸雄弁非凡之ものに候へは、若尋常之頑士此毒舌にかゝらは忽ち一種之奇疾発症し必其病危篤に至らむ乎。抑翌

朝僕わざと梅沢の玄関に行き昨夜の入来を謝し且帰国出立の暇を告しに、当人忽ち来り手をとり避間に誘行奨酒、其厚待不可謂。追々遊客来人皆彼か下風の壮士なり。点灯之比に至り酒気漸面顋各々吟詩詠歌交発声、就中梅沢の吟詩に云。

尋常不用唱離愁　漢楚思儲両未酬
疏柳月高風颯々　雁行影絶水悠々
魚龍波立墨江暮　鵰鶚気振冨岳秋
半夜鶏声異平昔　何人断櫂渡中流

結句耳立候に付乗レ酔唐紙半折に使書置申候。是近作之由且又人見之詩稿文章等を得んと徐に相探り候に、僅に左の一紙のみ。

秋堂風冷雨潜々　一点禅灯客枕間
豪気未消半宵梦　指揮残隊戦函山
已已暮秋北豊田中作梅坪〇□〔ママ〕

〇人見在東京之居所未得詳、当月下旬より梅沢鉄三郎参京当年中は在東京之旨申之に付旅宿相探り候処、新橋（アタラシバシ）御門外酒井左衛門川岸（ガシ）に而、元綿貫某宅当時榎本幸蔵僑居に付、先此処に着其上の進退移住は同所に而尋呉候様申之、将又人見も此処にて承り合候はゝ速に相知れると云々。

武夫曾窃に聞、勝、山岡等此人見、梅沢を至極寵愛すと。且云、彼輩九能山下に於而私塾を開く、失費皆政府より弁すと云。蓋し集学校生徒当時七十人計也。学生之外に此に出入するの諸士多しと歟。蓋皆壮年血気の輩のみと云々。

〇武夫今度一所見あつて静岡之諸士殊更に不レ求ニ面謁一、わざと足早に出立仕候。如何となれは実計を不施して言論のみにては反間弊害を招き且異日の策なりかたき恐るゝ故なり。

〇廃知事之義に付邪説を唱へ陰に政令の妨をなさんとするの時会所然に候へは、静岡より直に輦下に立戻り人見に面会猶方策もあらむ歟と区々案労仕候へとも、前件小田原に於て一の愚案立候と申は、迚も尋常にては彼れ決して疑々をとかじと存込候故、当年十六歳に相成候倅を先つ彼れらの餌喰に投ぜんと決心仕候故、右入塾依頼之相談を手づるに面会を請入候。就ては凡今度久々に而東京へ罷出三十日計之逗留に而帰路於小田原云々承合候而云々生国郷土実を打出し断然及応接置候故、静岡より帰京候而は言行不一致に而長策之邪魔と可相成哉に愚案、依之わざと西赴の仕合、此段伏奉請恩察候。尤今度輦下出立已来大河内潜と変名仕居候。此名は前年相用居候而、已に梅沢鉄三郎兼而存居夫故僕の旅宿に罷出候趣同人申居候様之為体、旁以着実之応対に相成申候。是誠に拙策之限と大方の嘲りを招んか。されとも不省究策不得已次第、御憫察奉願候。いつれ来霜月中旬には必拝謁復奏可仕覚悟に御座候。

○人見勝太郎、号梅坪、当未廿九才、本国西京二城付同心人見某と云儒生の男也（父某当夏以。病歿于京）曾而一橋慶喜在京之時梅沢孫太郎之推挙により勝太郎一橋の学校に出頭す。学事上達助教となるに暨て与力に取立られ梅沢鉄三郎と同ス㆑伍。戊辰の正月伏水戦争の時一の隊長たり。戦破れて復り江戸又下野の銚子湊に赴き榎本和泉と合体倍図ル㆓逆謀㆒、終に去㆓函館㆒戦于爰弾丸口中に入つて左耳の下に貫く。於是離隊入病院不如味方降乞と。其事于今残懐なるよしかたるときく。曽て昨早春蒙赦免、四月上旬梅沢、和田、関口等を率ひ発静岡経豊後路遊肥後。又入薩摩曽て鹿児島に遊ぶに先両高崎及伊知地宗二郎等には屢往復せしよし。又村田新八の宅へもゆきしよし。暮秋出於薩摩帰路又豊後に遊説せるよし。且云当時静岡の政令山岡に出つ、蓋人見、梅沢の耳にせざるなきよし。

○梅沢鉄三郎、当未廿六七、本国水戸梅沢孫太郎の男也（孫太郎は原、梅沢と。于慶喜双羽翼の者也）曾父孫三と慶喜に付従し京都之人となる。戊辰の伏水戦争弾丸六を身にすと云々。敗走怺エ㆑痛ヲ従㆓慶喜㆒復江戸、爾来人見と合議在銚子榎本和泉を追随、爾後在出羽庄内屈力二百人之隊を引率降を乞と云々。蓋降参の徒自古不擁刀と歟。然に梅沢、和田両人は帯刀のまゝ輦下に出しと云々未知虚実。

○和田助三郎、当未三十歳計、長芸撃剣、未人と為りを知らす。

○関口潜三郎、当未廿七、八、小男也。少有文事、其余をしらず。

右旅館匆卒中嫌疑不顧辞令不遜大略言上仕候。梅沢応対之事書もらし候而は眼目相失ひ如何と相考候得共、彼才奸曲弁不能真写、御用捨奉願上候。恐惶謹言

十月十日夜於金屋宿逆旅認　四郎源武夫

参議尊台

〔注〕差出人推定は謄本によるが、謄本にも「カ」が付されている。史料中の返点は謄本にあり。

33　池上馬吉

1　安政(6)〔カ〕年7月23日＊　F一―三九（白井小平太・三戸茂内・益成彦拾郎・安武新兵衛と連名宛）

先便得貴意候通り今明日当表被遊御滞留、左候而廿七日明倫官〔ママ〕御殿被遊御帰殿候御都合御座候。次に拙者儀前々之振合を以御先着仕候間、何分宜敷奉頼候。委細拝鳳万々可得貴意候。恐惶謹言

七月廿三日　池上馬吉宗秋（花押）

猶以御気色御保護専一奉存候。後村周作儀是亦前々之振合を以出足差越候。已上

白井小平太様
三戸　茂内様
益成彦拾郎様
桂　小五郎様
安武新兵衛様

34　池田章政

1　明治(7)年4月7日　F一―四〇

一翰拝呈仕候。兎角不同之候御坐候処愈御清栄被成御奉職奉敬賀候。然者先般岡山県参事石部氏上京之砌示談仕候義も有之、就而は一応尊公え御談申上度義御座候間、参堂拝顔相願度奉存候。明八日罷出候而も御差支無御坐候哉、何時頃は御在宿に候哉相窺度、乍御面倒御示教奉希候。謹言

四月七日　池田章政

〔巻封〕木戸参議殿御親披

35　池田寛治

1　明治(6)年4月6日　人一九三

益御安康可被為在御坐奉敬賀候。私義も来る十三日郵船を以て帰朝可仕候。白耳義に於て御托し之件々は別紙之通に御座候間、別紙相添此段奉申上候。早々謹言

四月六日　　　　池田寛治再拝

木戸公閣下

〔別紙〕

［職務制限は各省の職務幷諸省附属の寮局職務共仏文にて一と先つ表に仕立、当月初めより西岡へ筆記を頼み、日本文字にて表を拵らへ候心組に御坐候処、不意に帰国之命御坐候へは、是も当地にては出来不申候。御前にも御帰朝之節は仏へ御立寄可被為遊よしに御坐候間、洋文には御坐候へ共出来居り候表凡十枚計西岡へ渡置候間、御一覧被下度奉願上候。］

一、職務制限

　付、寮局区別

一、直税不直税品数

［右は間日無之何分にも取調相届不申候間、税則等取纏め持帰り呉候様西岡へ托し置申候間、本邦にて取調候様可仕候。］

一、西岡氏へ草稿云々

［済］

一、荷物御頼申候事

［是は御沙汰に随ひ仏へ残置申候。］

一、ガラス御頼申候事

［是は三月中旬の約束に御坐候処、何分製作所に而急に出来兼候趣を以て当月十五日迄に日延致し呉候様頼み出候間、承知仕置候処、私儀出立火急に相成間に合不申、依之前より之手続きを委しく西岡へ咄し同人へ托し置申候。］

一、△書物御頼申候事

一、黙雷へ自然御逢候はゝ御頼申候云々

［済］

［△御頼み之書物之儀は格別心当りの書籍も無御坐候間、別段買入不申候。本邦にて書籍御入用之節は私買求め候書籍之内より御用達候様可仕候。］

〔注〕別紙は、一ツ書が大きく書かれ、その間に異筆で小さく書き込まれている。謄本では、別紙の最初に「別紙」と書かれ、その上に「一つ書は公の筆　割注は他人の筆」との頭注がある。つまり、一つ書が木戸の筆、そこに池田が書き込んでいる形であり、別紙の池田書き込みに「　」を付けた。

36　池田慶徳

1　明治(4)年8月23日　F一―四一

一章拝啓。朝夕は別而秋色増加候処、先以先生愈御壮栄被成御奉職奉珍賀候。誠に過日は参堂種々御高話拝承、段々之御饗応御懇偶〔ママ〕候。深く畏入存候。其砌拝借之新聞正に返璧、御落掌希入候。弥明後日は横浜え御越しと奉存候。八字出宅、於蒲田御待可申候。此品甚菲薄之至候へ共、折柄任到来呈上仕候。誠に過日は大酔失敬之至、御海容希入候。書外期面晤候。誠恐不尽

中秋念三　　慶徳

尚以、時下御自重奉専念候。以上

〔巻封〕木戸先生閣下

37　池辺藤右衛門

1　明治(元)年9月7日　F一―四三

奉拝見候。爾来御佳祥奉恐賀候。山田市之允殿御手当出納司に取調申達置候間、願曰御本人出納司に御出頭に而直と御談被下候様御通知被下度候。右尊酬。草々頓首

九月七日　池辺藤右衛門

〔巻封〕木戸準一郎様尊答

2　明治(元)年11月20日　F一―四三

高帖洗手奉拝誦候。如尊喩過日は奉蒙御懇命難有仕合奉拝謝候。爾後大人御不例被為在候由、最早御快方奉大慶候。然処縷々懇々御紙表感泣之至に奉存候。野生不快も漸々快方に罷成候間、両三日中出勤之上緩々奉得拝眉、此上奉御指揮乍不及砕身仕度心事他無御坐候。尤聊所存之義も申上見度、兎ても紙上には難尽、先尊酬申上度如此に御坐候。頓首再拝

十一月念

尚々、臥床中相認乱筆御高免可被下様奉祈候。以上

木戸尊大雅閣下　　池辺拝　拝復

〔注〕年代推定は謄本による。

38　石井修理

1　明治(元)年1月12日　人二三五

尊椿恭読。先以御佳勝奉抃賀候。陳者御書意縷々感銘仕候。御差急き之御様子に候処、彼是風波之為め御隙取り、嘸御心ぜき之段万察仕候。右に付蒸気艦之義御申越し之旨承知仕候。尤今暁人数繰り出し候節、蒸気二艦に而差登せ、今一艦居残り申候処、甚以小艦には御坐候得共、御立用可仕、直に其手筈に申談置候間、御用捨なく御乗組、備前御都合宜敷処迄御出可被成、猶委細御乗組之上何角御打合せ可申、旁以岩部間平と申す者、急用御坐候付乗組糸崎迄差遣し候間、左様御心得置可被下、委曲同人より御聞取可被下。何様差急き匆卒略筆御恕読奉冀候。不一

孟春十二日　　石井修理

木戸準一郎様

38　石井修理

2　明治(元)年3月16日　F一―四九

春候漸相復候処、先以世子君益御機嫌能被成御座奉恐悦候。畢而尊体愈御佳勝御奉務奉抃賀候。猶爾後御安否乍憚謹承仕度、将過日急々御登坂之節は再度鳳翰被投忝奉拝誦、縷々御挨拶共却痛仕候。於玉浦出先之者え御示諭も被下、御厚意奉万謝候。右頃出先云々手違事多く遺憾不少事に御座候。尊藩御不都合事も可有御座候。今更恐縮之至御座候。右節御内洩御厚諭奉感謝、其後如何哉と苦心奉案労候処、天運猶高今日之晴光奉仰候段、何共不可言難有事に御座候。併数百年之旧染御一新之御大業不容易之処、続々万事御布告に相成、万民方向を得、不日皇威外国に輝候場に可立至奉雀躍候。弊藩不相変微力、不能尽其任哉と、苦辛此事に候。示外御懇切御伏臓なく万々御示諭奉頼候。是迄にも呈書可奉報謝之処、彼是遅緩恐縮之至、此度黒田益之丞、船越洋之助等差登、今日出船いたし候間、猶委曲従彼等可申上、呶々不仕、御多

忙中には可有御坐候得共、御閑隙御逢に被成下候。猶宜御引纏御教諭も可奉願候。万々御伏臓なく奉希候。先時候御見舞貴答旁如此御座候。頓首謹言

三月十六日　石井修理（花押）

木戸準一郎様

二伸　時下御加愛為国家奉遙祈候。御国製鍔御恵投御厚意千謝万謝。余情後音譲申候。取紛匆々乱毫御推読奉希候。以上

39　石神正倫

1　明治(9)年12月21日*　F一―四四

氓隷明治八年官を辞し六月鹿児島県え遊学仕、本年十一月二十五日迄て右県にまかり居候処、右県士族物議洶々として郡会致し候間、奴輩義魯父急病の旨を以て本月十八日帰府致候に付、見聞大概国家の為に奉上申候。右県士族方今の物議に至るは一朝一夕の事にあらす。第一の租税を軽くし、第二禄券の事、第三廃剣の事余七ヶ条程を以て県庁え相逼り候得共、一県に不限闔県の事に付一朝採用致難旨を以て各士え説諭すと雖も、承諾の色なし。依て先般右県官員辞表を差し出し実に困却の色あり。又右士族総代理として方今士族の趣意上京の上縷々陳述し採用無之時は身を原野にさらして事をなさんと申居り、今や右県士族物議洶々一方ならす候間、政府確乎不抜の籌策に出てつんは后日大害を生し天皇襟宸（ママ）を煩はす事日月を拝する如、右大略奉上申置候。余に種々見聞の次第有之候に付何時なりとも御尋問相成候得は奉上申候。加之に高知県非役士族追々書生々々と申し鹿児島県え相越候者往々有之候也。其の他右県士族の胸情筆紙に染め難く候間、氓隷国家の為めに身命を抛て探偵等仕候に付、至急玉座に御呼出しの程奉願上候。謹言

追而　各県同轍に見做し巡査並に兵隊等出張相成候ては、士族段々申居候事故も有之候得は、種を蒔て害を求る場合立ち至り候。此段呉々申上置候。以上

第二大区小拾壱の区
高輪台町二番地
当時東京府平民
石神正倫〇（印）

十二月廿一日

呈木戸奉閣下
右事情鹿児島県士族当時地方官奉職者共え申述兼候。
冒尊権不顧閣下奉上申候也。

40　石川庄助

1　安政(6)〔カ〕年6月26日　F一―四五（楢崎善兵衛・野村淳助・福原庄兵衛と連名書簡、三戸小右衛門・白井小平太・三戸茂内・益成彦十郎・大中作右衛門・安武新兵衛と連名宛）

一筆致啓上候。甚暑之節御座候得共殿様益々御機嫌能被遊御座恐悦至極奉存候。若殿様此度御帰国に付、今日爰許御発駕、益御機嫌能被遊御座恐悦至極奉存候。将又各様愈御堅勝被成御勤珍重之御儀奉存候。次各儀無別条相勤申候間乍憚御休意可被成下候。不能申上候得共時季御保護肝要之御儀奉存候。右暑中御見廻為可得貴意乍略儀一紙を以如此御座候。猶期後青之時候。恐惶謹言

六月廿六日　　楢崎善兵衛
　　　　　　　　景承（花押）

野村　淳助
　　直諒（花押）
福原庄兵衛
　　俊徳（花押）
石川　庄助
　　直清（花押）

尚々、幾重も御気色御厭肝要之御事奉存候。以上

三戸小右衛門様
白井　小平太様
三戸　茂内様
益成　彦十郎様
桂　小五郎様
大中作右衛門様
安武　新兵衛様

40　石川庄助

2　安政(6)〔カ〕年6月26日*　F一―四五（楢崎善兵衛・福原庄兵衛と連名書簡、白井小平太・三戸茂内・益成彦十郎・安武新兵衛と連名宛）

覚

御台所添付
　孫九郎
麻布御作事方同
　文平
桜田同
　源七
同番屋手付兼帯
　辰之進
御留守中御台所添付此内波多野氏より葛
飾添付候届出相成いまた御沙汰は無之
　弥四郎
新御部屋詰手付乃〔カ〕義
被思召候事届出人物
　半七

右之面々過る廿四日波多野氏出足に付如例見送として罷越、後例河勝屋にて酒飯に差出、銘々盃抔も相済早速出足相成跡勘定として手付和三郎を残置候由、其節河勝屋女中勘定之儀申出候趣に付、文平事辰之進と可及口論に付、孰も立会取納め勘定相済せ、孫九郎、源七、弥四郎三人に而文平を引立茶屋を出、辰之進、半七両人は居残、和三郎は出立仕候由、然処文平大酔にて途中歩行も六ヶ敷様に為り居候付、三人之者共相助け連帰候処、往来を妨、品川宿に差掛候へは女郎屋店を目懸倒込、或は目覆障子看板等を刎揚けあはれ候付、三人大に困り居候処、ある路次手狭之場所に、干物戸板え乗せ有之、通りかたき処を、干物えも不差障より道之様子にて覆候体を見、孫九郎、弥四郎仰天仕、是は全く悪酔にて可有之と立腹仕、何分打捨置可然と両人申合直様別れ罷帰候由、源七にては壱人に相成色々申諭引立候処、又々宿中餅屋え倒込餅をなけ捨手荒之振舞仕候処え半七事帰り懸け、両人にて取納め連帰度心配仕候内、文平事脇差を抜き源七え切付候得共、身を変し怪我には不仕、猶々色々申諭し候処、漸脇差を鞘に納め、何分歩行難相成候に付沢潟屋と申茶屋有之候間彼方え参り駕籠相頼呉候やう申付、右両人彼茶屋え罷越駕籠を頼、彼之場所迄駕籠え女中差添迎に差越、半七事は非番切手、於気分も悪敷と申断相別れ罷帰、源七残居相待候内、何そ諷々敷様子之処駕籠之者帰り、客人酔狂にて往来人え手を負せ其身も番屋捕れ候由に相聞候との申分に付、仰天当惑罷居候折柄、宿役人其外来り同道にて可有之番屋え参り候やうに申候得共、其〔カ〕を〔カ〕申断候内、辰之進駕籠にて右沢潟屋迄帰り来候付、参り掛申述取計方いかゝ可仕哉と及相談候処、辰之進申分には、其場所に不居合して一円存知候儀に無之、掛り合には不相成と大酔之体にて聞入不申、素〔カ〕捨置孰えか罷越候由、源七事漸相断候而七半時前桜田御屋敷え罷帰、様子相届候付、庄兵衛立会三倉え申入麻布御屋敷え罷越申合、一同御用所え参り前段之次第申入候処、手付之儀は既に参り掛取調之上其申分書面に認させ差出候様にとの事に付、其取計に仕、早速差出申候。早速直横目且作事方手付彦兵衛其外に差出掛合に及ひ、漸昨日内済之取計に相成、文平事昨夜連帰り組預けに相成候。右に付孫九郎、源七、辰之進掛合に付引け手紙昨日差出、今日引け之御沙汰相成申候。孰之道御究被仰付にて可有御座、不容易御厄害に立至奉恐入候次第に御座候。孫九郎其外いか様に成共申諭連帰候はゝヶ様之御厄害には立至申間敷、不行届を受致方も無之事に御座候。波多野氏えも右之趣申越承知被致候。心痛可被致、何そ心痛御推量可被成下候。右為可得御意如此御座候。以上

六月廿六日　　庄助（花押）
　　　　　　　庄兵衛（花押）
　　　　　　　善兵衛（花押）

尚々、辰之進事夜白半時頃庄兵衛面会に罷越、不束之至御座候。本文手を負候者は芝居丁大工梅吉弟子にて岩吉とか申者之由、用事にて品川通掛り右之次第に相成、当年十六才に相成候由、参り掛とは乍申可憐事に御座候。以上

小平太様
茂内　様
彦十郎様
小五郎様
新兵衛様

41　石川勇介

1　明治(8)年8月8日　F一—四六

一書拝呈。御認め物□〔破レ、謄本「意外」〕甚延引、漸相調申候間則差出申候。迂生罷出へく之処、今朝文部大丞当校稽古御見分

に付多用に候間、失敬仕候。一々冊に可致之処、体裁も可有御坐候間、態と其儘差出申候。宜敷御取成奉願候。何れ午後参館、直に御窺可申上候。先は得貴意度如此に御坐候。草々頓首

八月八日　　　　石川勇介

木戸様御取次中様

〔八月八日…と木戸様…との間に書込あり〕御取次中、認物三通之書相添、岡村圭三。

〔注〕年代推定は牘本による。

42　石田英吉

1　慶応(2)年(12)月28日　F一一四七

今朝は御邪魔仕候。其節御咄仕候応接書、旅亭に失念仕居候に付、只今為持差上候。扨又此唐紙御序之節玉筆を労度奉希候。明後朝より三田尻迄参含に御座候故、御繁務中甚申上兼候得共、明晩迄に竜馬への御書翰共に御認被遣間敷哉。不顧失敬奉願候。併し応接書は御緩々御覧可被下候。と角明日罷出万縷可申上、右計。匆々敬白

〔巻封表〕木戸様侍史、石田。
〔巻封裏〕廿八日、湯田松田屋より。

〔注〕年月推定は、牘本による。

42　石田英吉

2　慶応(3)年6月17日　F一一四七

演舌

私義先達而二ヶ月程之御暇奉願長崎表へ罷越、去十三日帰着仕候。然処此度旧藩少々回復之勢に依而、長崎に於て海援隊と号し同志之者屯集仕居候に付、彼地へ罷越此上同志之者相計度奉存候。尤旧藩より夫々手順相立、積年之御挨拶も申陳候上、右之条奉願筈之処、当時多端之折柄、御亮察之上宜敷御許容被仰付度奉懇願候。以上

六月十七日　　　　石田英吉（花押）

43　石田精一

1　慶応(2)年(3)月22日　F一一四二

時下緑樹之節に御坐候処弥御多祥奉恭悦候。二小生碌々

依旧候。乍御憚御休慮可被遣候。陳は先日御内々申上候錫銭之義、此度会所より御乞合に相成候趣、何卒宜御全儀被仰付早々相済候は丶、御国益に相備り候はんと奉存候。既に職人も巧手之者七人雇入、両三日中より追々細工に取掛申候。真鍮象眼も不遠仕立させ奉入御覧候。万事宜御聴取可被遣候。右御願迄に以書中如此に御坐候。其内時分御厭専要之御事申も疎に奉存上候。頓首

紅花月廿二日　石田精一拝

木戸寛次様御家来様侍史下

尚々、上国景勢書百銭図書附等は、会所より定而参り候はんに付、私よりは差出不申候。

〔注〕年月推定は謄本による。

44　伊地知　貞馨

1　慶応(2)年(　)月(　)日**

覚

一、紺縞細上布　一反

一、撚煙草　十箱

右

木戸様え　伊地知壮之丞より

〔注〕年代推定は謄本による。

45　石原　甚十郎

1　文久(元)年7月3日　人二一七

此間は尊書被成下辱拝見仕候。酷暑之儀御座候得共愈御安泰被成御勤務被成候条奉賀上候。亦復出府仕候に付早速参上昨年来之申訳も可仕筈之処、不相替彼是多用に取紛無申訳次第、不本意罷過候段多罪万々御用捨被成下候様奉希上候。扨久坂兄横井へ御面会之事被仰下承知仕候。早速申込候処漸々昨朝之返答には、此節来客都て堅断候に付、此段御断申上候様にと申事に而、則其訳久坂兄え得御意候事に候間、尚右之段御伝達被成下度奉頼上候。段々貴報延引御用捨被成下度、何分繰合参上万々申訳可仕段々貴念に入候。御細書却痛之至奉恐縮候。先一応申訳貴報旁早々如此御座候。以上

七月三日

猶、残暑折角御愛養御専要奉存候。久坂氏へ之一封御家来衆迄御頼申候様申付差出候間、乍憚御伝達被成候様、御鶴声被成下度奉頼上候。何御事も拝眉万々可申上候。早々頓首

石原甚十郎

〔巻封〕桂小五郎様貴報

46 石部誠中

1 慶応(2)年11月7日 F一―四八

逐日寒冷弥増候処弥以御忠壮御精勤可被成珍重之極奉慶賀候。扨此度上坂被仰付候仲取方役人高津忠助、神田源兵衛身上之事、委曲国貞兄より老兄尚広沢兄え別封を以申入相成候次第、実に無余義心情と相見へ申候付、何卒格別之御詮義振をもつて、出帆前に被仰付被下候様弟よりも願出申候。左候得は一層奮発御用にも相立可申候。勿論当度之行は必死落着に而発行之事故、前断之御運ひ当節被成下候時は、別而継客御用にも相立可申、兎角御賢計奉禱候。其上先年芸行之節等には、蔵元局役人も出張之由に御坐候得共、当度は無其義彼是心配も不一方儀、人物は兼而御存之通随分不苦人柄、旁以御案考可被下候。且亦病院中出張之医無人扶持之部有之、唯様当地長滞留に相成候付而は、是亦餬口之難渋等有之由相聞、何分御仁慈欠にも可相成に付、御雇之御詮議共は有之間敷哉。追々愁談承之不忍傍観申上見候間、兎角宜敷御所置被成下候様偏に奉懇願候。此間楫取翁岩行之節杉侍御えも入々申述呉候様相頼置申候付、決而杉兄も承知之事に可有御坐、彼方よりも御聞取被成下候様奉希候。先は右申上度、其中御加養為国益御尽力肝要之至奉存候。申も疎恐縮に候。又々草々不尽

十一月七日

尚々、幾重も〳〵前断之儀御賢配奉希候。以上

禄郎

〔巻封〕準一郎様拝呈

〔注〕年代推定は謄本による。

46 石部誠中

2 明治(6)年12月16日 F一―四八

呈上仕候。先以御満堂様御安健可被為在奉拝賀候。扨先般より兎角御発病御難儀被成之段拝承深奉案候。爾来定

而御快方に可有御座、次第に寒気之節別而御自愛奉万禱候。扨私事過日昇級被仰付難有仕合に奉存候。早速御礼可申上之処、当季検見其外引続出張仕、大に延引御寛海奉願候。尚此末万々御示教奉願候。当県都合穏之方に御座候へ共、去夏北条、名東両県之騒動より、接近之処故間々少々宛之公事有之申候。爾御煩慮迄にも不及儀に奉存候。先は御見舞併而御礼申上度奉呈腐毫候。他又々可申上候。頓首謹上

十二月十六日　禄郎

又申上候。幾重も御自愛肝要に奉存候。申上は疎之至候得共、当節之街説を承り候に付而は遙に奉案候間、平常之御自護第一に奉存候。此段申出も奉恐入候へ共、不悪被聞召上候様奉願候。

木戸尊台玉机下

〔封筒表〕木戸様内呈直訴、石部誠中。

46　石部誠中

3　明治(7)年3月7日　F一―四八

過日は久振に奉得拝顔、爾来御清適に被為入奉恐賀候。九州も早速鎮静為朝野奉万賀候。当県即今之形情決而平穏、尤家禄渡之事に付少々異存申居候向も有之哉に候へ共、此余何之別条も有之間敷奉存候間、御安慮可被思召候。委細は林大丞え可申越奉存候。先は当県静謐之処上申仕度、其中平常之御自保申上も疎之至、他又々可申上候。謹言

第三月七日　石部誠中

又申上候。近接之諸県、小田、北条抔は至而平穏、飾磨は明石郡に少々農民之異状有之哉之処早速鎮静、其後何之異状も無之、鳥取少々被案候得共、是も九州鎮り候へは何之事も有之間敷、評判には中国筋不穏之風説有之候へ共、決而御煩慮之儀は有之間敷奉存候。余追々可申上候。

木戸様几下

〔別紙〕林友幸宛石部誠中書簡　明治(7)年3月7日

＊　F一―四八

過日者久振に得貴顔奉本懐候。爾来御多祥可被為入奉拝賀候。迂生儀此中帰県早速管下取締向等取計申候。即今之形状至而静謐、尤家禄石代渡之事に付少々異存申募り

候向も有之候へ共早速に説諭、此余決而御煩念之事も有之間布候。扨九州も早速に御戡定、実に為朝野奉万悦候。ヶ様鎮静之向に相成候へは随而管下人心共も平穏に相成り申候。〇当県貫属杉山岩三郎と申人（一昨年迄当県七等出仕）彼是之物議に渉り居候哉、警保寮辺より段々御偵知之御様子（林三介承知）に相聞申候。此人者迂生も両三度面会仕候処、此節は郷学先生を雇ひ入れ書生ども多人数差置居候付、或は前顕御懸念之条も有之哉に候へ共、素々誠之真実家にて決而今日之御手煩を引出し候様之者には有之間敷、貫属共彼是申候へは還而内実申諭し候様也。県庁仕合せ有之申候。爾〔来〕当県にては其以前兵隊之長を相勤め奥羽迄も罷越候人に付衆望も有之、他より揚挙し自然に疑惑を請候様相成り、其実可憐事に御座候。付而者警保寮相応之処え御任庸と申様には相成り申間敷哉。此人之事に付而は池田旧知事殿も甚煩慮之由に承り居申候。又司法省え出る当県之人小原氏と申もよく／＼存知之事に御坐候。決て奸計之有之人には有之間敷、今日任用有之候は警保之事は大に尽力可仕奉存候。文筆之事は不得手と申事に御坐候。此壱人を御任用候へは随て書生輩にも罷出詑度御役に相立候事も可有之見込に御坐候。何卒御案考相願申候。近隣諸県も都合平穏に相聞申候。高知県云々之風説有之申候処、如何之御様子哉と奉案候。何分此節之事一層御尽誠申上も疎之至、他又々可申上候。頓首

第三月七日　　石部誠中

又申上候。本文申出候事は至極率爾候へ共篤と御案考可被下候。

林明府案下

〔封筒表〕内務卿木戸孝允殿御親披、岡山県石部誠中。

47　出雲公寿

1　明治(元)年閏4月8日　人一七八

公寿代舌

当節は華浦御出浮に相成可申之処御地御大変に付御延引に相成候様に奉存候。然処野衲上口辺用事御坐候て罷出候故、御上り之節不得拝鳳遺感不少奉存候。且又御秘蔵之帖幅とも長々拝借被仰付万奉謝仕候。漸金寿門も臨模仕候。不日梅画は皇国一人之名を得可申相楽申候。御礼

は万々託貞永申候。随時御自重中も疎に奉存候。艸々頓首敬白

余月八日　　出雲公寿拝啓

呈松菊先生几前

〔注〕年月推定は謄本による。

48　伊　勢　華（北条瀬兵衛）

1　文久（3）年（6）月12日　F―Ⅰ―一（村田次郎三郎と連名宛）

五日之様子小倉相場状之写手に入候。右之趣に而は不手際なから且々こらへられ申候。御国注進今以到着無之大に懸念罷居候。以上

十二日　　瀬兵衛

次郎三郎様

小五郎様

与三兵衛、数馬えも御見せ可被遣候。以上

〔巻封〕村田様　　北条

桂様

〔注〕年月推定は謄本による。

48　伊　勢　華

2　文久（3）年6月12日　F―Ⅰ―一（村田次郎三郎と連名宛）

杉山帰京に付近況被聞召候半と存候。其後今朝水野閣老より御呼出しに而罷出候処、別紙御達し有之候。御達し振にては御国表御処置今更難渋之次第、とふも致方も有之間敷とは奉存候得共、早速飛脚は差立申候。此趣其御地へも何そ御聞被成候哉。天朝向御議論はいかゝ哉と奉存候。

一、大樹家御発途も未相分り不申候由、何分相分らぬ世界にこまり入申候。以上

一、与三兵衛、数馬未滞京に候哉。可然御致声奉頼候。小弟上京は大樹家御発途の上ならてはとふもなり不申候。所謂大丁（シモク）なる物なり。時下御自愛万々是祈候。頓首

六月十二日　　瀬兵衛

次郎三郎様

桂様

小五郎様

48　伊勢　華

3　慶応(元)年11月17日　人一七〇

弥御堅勝被成御勤奉弥寿候。扨は対州又々内乱之様子にて、多田惣蔵外両人昨日着関仕候処、曙亭にて不図面会仕候故、新地え宿仕向潜伏仕らせ置申候。尊兄御出関に候へは都合宜敷候得共、其内御様子相分り兼候間、一書差出度との事に付、別封差送り申候。此度は正党破滅にも可及勢之由、已に平田大江は殺害に逢申候由、惣蔵等も其夜より脱走と申事、扨々可憐情実に御座候。委細は緩々承り候上、又々可得貴意候。先は為其如此御座候。他期後音候。小生も両三日中には出足帰萩之心得に御座候。又々趣も候はゝ井上よりも申上候様申談置可申と存候。草々頓首

十一月十七日　新左衛門（花押）

尚々、今日頃は尊兄にも御出関之御様子に承り候へ共、伊藤其外出山に而御延引共に候哉と奉存候。

貫次様侍史

48　伊勢　華

4　慶応(2)年3月25日　人一七〇

念三之尊書昨日相達拝誦無御障御着関奉大賀候。爰元其後大に寥々之事に御座候。扨は薩州渡米之義被仰下、関地には残米少も無之由、吉田、舟木辺も当年は如形御米払切及不足候位、中々急に繰合難相調候得共、丸に違約に相成候もいかゝ敷奉存候間、此内於吉田御手置米漸五百石程受込候分を其儘相渡候都合に申合手子之者一人為払方差出候間、右五百石にて当度は何分相済候様精々被仰入可被下候。此余は御説之馬関にて買米とも相運ひ候様御取計可然哉、是も北国登り少々模様に相聞候間いかゝ可有之哉、何分乙丑丸は五百石にて是非御済せ被下候様奉存候。外には一粒も差廻し候手段無之候。実は此五百石も極々難渋之分操出し申候間、不悪御含可被下候。

一、谷、伊東〔藤〕出帆後にて御相対無之由、遺憾之事に御座候。御地当節光景如何。

一、角力も今日切にて三田尻へ罷出候様之風聞に御座候。

一、谷遠游渡し金之一条にて久保御役断申出候哉に申越

候。とふも行掛り致方も無之事に付、何卒不平を不生滞関仕候様御諭教可被下候。

先は急便貴答可申上早々申留候。時下御自保是祈候。小生も月に入出山可仕哉と相含申候。万緒鴻城にて縷々可申上候。草々頓首

三月廿五日　　　　新左衛門（花押）

貫治様

〔巻封〕老梅賢台親訴　　　　華

48　伊　勢　華

5　**慶応（3）年3月8日　F―1―1**

拝誦　一昨日は間違不能拝晤遺憾奉存候。昨日は東光寺参詣隙引出勤不仕、折角今朝は御旅寓え罷出候積に御座候。何も後刻拝青可申上候。早々貴酬迄申留候。頓首奉復

三月八日

〔巻封〕老梅賢台侍史　　　　華

〔注〕年代推定は謄本による。

48　伊　勢　華

6　**明治（元）年12月1日　F―1―1**

厳寒之候益御堅勝被成御奉職奉珍寿候。扨御滞東も来春に至り可申様子、就而は貴兄も御帰京御六ヶしく候半と奉察候。東京追々御所置相定り人心も帰服仕候哉に相聞へ御同慶奉存候。近畿は何の模様も無之御静謐に御座候。老生も其後は出京も不仕、僻地消日仕居候。御安意可被成下候。

一、宮原中務事追々判事迄昇進仕候処、此内京都にて免役に相成、此節東京へ罷帰候由、当府にての勤方至極精励仕候処、先達而検見之節余り厳重に過き民心不伏之趣有之箱訴いたし候事も有之、此度之免役は全右辺之事より起り候哉と被察候。当人心得にては旧幕吏故一際厳重に致し候主意之処、少々苛刻にも相当り候哉。当国之民心は素より訴訟を好む風気悪俗故、京師へも出訴等いたし候而虚実不相分事まて申出候故、官代にて速に免役相成たるかとも被察候。併当人は随分可憐事に御座候間、何卒東京にて早々御採用相成候様御周

旋相願度候。右一条委細は同僚早川洪蔵より弁方土方大一郎迄申越筈に御座候間、御聞取之上可然奉頼候。
一、御国も官制改革被相行候趣に御座候。此内山県弥八出坂にて相談事も有之、一寸出坂仕り候。
先は宮原一条差向候故一書相呈申候。時下御自保万々是祈候。御地にて何そ珍奇御獲物可有之と奉羨望候。当地は例の古物計にて何も珍物無之候。他は後音万々可申上候。草々頓首
十二月朔日　　新左衛門拝
尚々、京都御留守御無事之由に拝承、茶の御修業中之由に承り申候。尚又於浪華老生旧妓復縁此段乍序御吹聴申上候。頓首
竿鈴大兄侍史
〔巻封〕木戸準一郎様侍史　　伊勢新左衛門

48　伊勢　華

7　明治(2)年9月25日　F一―一

一、御托之壱分銀弐百両金国堂え相渡引替申候。
一、掛物三幅道正、山中両家へ相渡し申候。
一、晴湖え唐人書画帖一冊貸置申候。青浦え被仰付御取返し置被下候様奉頼候。
一、当地尤之俗地にて書画珍器等何も無之消日に大困窮仕り候。竹田山易なとは可有之と存候所、当地には大骨董と申者も無之由、尤讃州より持参り候はゝ何そ可有之哉相待申候。
九月廿五日　　氏華
松菊大兄
〔巻封〕松菊大兄御内覧　　氏華

48　伊勢　華

8　明治(2)年10月19日　F一―一

寒冷相催候処益御堅勝被成御奉職珍重奉存候。老生無事消日御放慮可被成下候。先日来検見として近郷度々出役仕申候。右之外当境何も替儀無之、例の骨董家なとも一軒も無之、消日に大困窮仕り候。御憐察可被遣候。
一、近国も此節は相替儀は無之、只々当年不作春夏之際に至り候はゝ定而飢餓之訴も多分可有之と夫のみ懸念仕り候。

一、小生帰国之御暇も賜り居候へ共、当県是迄之混雑の跡中々片付兼候故、年内は帰国も得仕り申間敷と奉存候。
一、松山藩御寛典被仰付五万石之内二万石被立下、三万石上地相成候趣之処、備前藩より松山へ引渡は相済、上地之処は其儘松山御預けに相成候哉、又は当県へ管轄に可被仰付哉、未為何御沙汰も無之、松山藩よりも内々当県へ承りに参候間、御序に民部官え御噂被下度奉存候。
一、東京近来之御模様いかゝや、当県は僻地にて京坂之事も余り聞へ不申、東京は猶更聞へ不申、随分安気には御座候得共、真の田舎翁に相成り時勢丸々分り不申こまりしものに御座候。
先は任好便御見舞旁得貴意候。時下御保嗇万々是祈候。乍失礼広沢、伊藤両兄に可然御致声奉煩候。草々頓首
十月十九日　氏華
松菊大兄侍史

48　伊　勢　華

9　明治(3)年1月18日　F―一―一

旧冬大坂より之尊書相達拝誦、御帰国之由御苦労奉存候。拙事尊諭に任せ此度帰省、今十八日三田尻一泊、明日山口着之心得に御座候。万拝青可申上候。草々頓首
正月十八日
〔巻封表〕木戸様内啓、伊勢。
〔巻封裏〕三田尻より。
〔注〕謄本の年代推定は明治2年。

48　伊　勢　華

10　明治(3)年2月28日　F―一―一

奉別後引続き御配慮之御事奉察候。追々御手を被着相鎮り候哉と奉存候。扨老生事十八日乗船廿三日帰県仕候。県中幷三備近辺都合静謐、御国之風評誠に仰山なる事に御座候間、県よりも別段飛脚差立老生安否相伺候程之事に御座候由〔ママ〕、帰県仕り候。右等之風評も大に薄らき、鎮静之速なるに驚き候様子に相聞へ申候。

一、留守中県之支配御加増にて、松山領一橋領合而六万石余の増に相成、右一件彼是御用差問候故、老生上坂事も来月十日比ならては出足仕兼申候。大兄御暇は中々御六ヶ敷候半と奉察候。

一、船中宮島、尾道へ一泊小愉快、山口之困苦を少々慰め申候。大兄御出萩とも有之候哉、如何と奉存候。

此度三原政右帰省に付、此書相托申候。万同人口頭御聞取可被下候。時下御自重万々是祈候。草々頓首

二月廿八日　　華

尚々、山弥其外政府諸兄え可然御致声奉煩候。草々頓首

松菊大兄侍史

〔巻封〕松菊大兄侍史　　華

48　伊勢　華

11　明治(3)年6月17日　F一|一一

暑威日加倍御佳勝欣然之至奉存候。過日は老侯御東上に付御陪行之由、浪華より之尊書忝落手仕候。引続御国表御苦慮耳之御事奉察候。扨僕碌々消日、四月中一寸上阪金策一件は積り通り相済せ、大蔵省拝借之分も大阪え相廻り旁都合宜敷、十日計滞留中諸事相仕舞帰県仕候。帰県後は誠に長日無事に相苦候のみ、何そ珍事も無之殺風景計に御座候。

一、早雲寺え奉納之燈籠御取帰り被下候由、万々難有候。八月か氏康の三百年忌に相当り申候。其内御送り被下候へは別而仕合申候。何も可然奉頼上候。

一、当県御用に而嘉悦大属上京に而、上領直作と申者も（小生手付にて連下り申候者也）罷登り候。孰れ相伺可申、御用も候はゝ被仰聞可被下候。此度之御用第一は去巳年石代金之事大失策有之、右之願立に差出し申候。こまり入候事に御座候。

一、昨夏は東京にて駿台之避暑、炎熱を忘れ時々舟行なと如夢に覚申候。当夏田舎之苦熱、昼は蝿夜は蚊に責られ、納涼に出掛候処も無之、近年之苦しき夏と奉存候。此間少々風邪後黄たんとか申病に相成珍しく十六、七日平臥仕り、次第に老境纔の病気も日数相掛り可憐之至に御座候。御推察可被下候。先は先日之御報時下御尋問旁草々擱筆候。随時御自愛可被下是祈候。御全家幷青浦へ可然御伝声奉希候。草々不一

六月十七日　　　　　華

松菊大兄侍史

48　伊　勢　華

12　明治(3)年閏10月17日　F―1―1

拝呈　薄寒弥御多祥奉抃賀候。今般県大参事嶋田出京廉々申立候趣も有之、可然御周旋奉願候。御再職後別而御多冗奉察候。老生碌々消日、当夏病後別而衰態相加、加之支配地は段々増加申し老生なとにては行届不申、人物御撰挙之上交代被仰付度奉仰願候。今般も失策に而弁官え恐入書面差出し申候。可然御所置奉仰候。〇御多冗中も文雅不相替御楽に相成候哉、奉羨望候。当県にも少し書画器物なとは手に入掛け得度物も有之候。

明朱継祚書幅

竹田漁父図

青磁大花缾

青玉菓子器三重

　其外も少し有之候。

一、石巻廃県にて山中はいかゝいたし候や、東京に帰り候哉と存候。青浦、三洲今以御邸内に居候哉、可然御致声奉頼候。

一、別而奉願候。当春帰省御存し通に而改而来春帰省仕度願書差出候間、大兄よりも御一声可被下奉頼候。

一、讃州高松蔵黒作茶盆一枚好便に而進呈仕候。跡二枚は広、伊二氏え御分配奉頼候。乍末筆内君えも可然御致声奉願候。くみよりも同様申出候。時下御珍重万々是祈候。草々頓首

閏十七日　　　　華拝

松菊大兄侍史

二白　奈良県銭幣大弊を生し候由、老生発起の罪は難免候得共、老生在勤中は一銭にても引替金手当無之出候儀は無之、厳重仕法仕置候処、其後妄に取出し候哉に相考候。右一条御懸念も有之候由に候へ共、右は奈良県に御糺被下候而も最前之仕法は厳重之事に御座候間、老生何時も申訳相立候心得に御座候。折柄御深情之事に而此段御含迄申出置候。

〔巻封〕木戸様侍史　　　　伊勢

48　伊勢　華

13　明治(3)年12月12日　F一―一

柏亭之尊書到来、厳寒中弥御多祥又々御西下之由御苦労奉存候。老生仍旧碌々消日御安意可被成下候。帰省之儀御周旋被成置候由忝奉謝候。当春に懲り候由〔ママ〕、来春は二、三月比緩々帰国之心得御坐候。当節は大参事出京中に而、孰れ大兄御滞留中には帰られ申ましくと奉存候。尤いつ比迄御滞に相成候哉、御東上之節とも当地え一寸御立寄相成申ましくや奉企望候。〇老生も明年は五十才足りに而辞役隠居仕度辞表も差出し申候。帰隠御免に相成候へは、帰省は先延引真に帰り可申と相楽み居申候。〇藩内も相替儀無之哉、日田県一条孰れ少々混雑は有之可申、又々御配慮に相成不申候へかしと祈居候。〇扨第一誇り申物は近比倪元璐墨梅一幅入手、天下の珍品態々拝見に御立寄被成候而も御損は無之と奉存候。先は御答御伺迄草々略筆候。乍失礼藩庁諸兄へも可然御致声奉煩候。

恐々頓首

十二月十二日　　華拝

松菊大兄侍史

48　伊勢　華

14　明治(4)年1月2日　F一―一

新禧万福益御多祥被成御迎陽奉万賀候。老拙碌々加年御休意可被成下候。荆妻も続而快方大に安心仕候。年明候而は御発途御間合も無之御繁冗奉察候。明暮も頻々御会集有之候哉奉羨望候。例の御配意被下候一条いかゝ相運ひ候哉、御一報奉企望候。老人も至極壮健、来春上京もとふか御暇か出そふに御座候。右大に相競ひ居申候。次第寒烈御途中万々御自重奉祈候。先は新歳御祝詞のみ草々申留候。御満家様へもよろしく御伝声奉煩候。草々
頓首

一月二日　　華

松菊盟台侍史

一日作

老母晨興健自誇
杯盤聊亦祝年華
団欒且喜倶無恙

病後妻児乱後家

御咲正可被成下候。以上

〔巻封〕木戸様賀詞　　伊勢華

48　伊　勢　華

15　明治(4)年2月16日　F━━━

春暖相催候処益御堅勝御奉職奉大賀候。旧冬御帰国之節京師より一封憶に落手、其後当春御帰京に相成候由、跡より拝聞彼是御苦労之事奉存候。先以障岳一事扨々驚入候事、遠境は様子も委敷相分り兼、唯々驚歎仕り候のみに御座候。実に不良之徒今以都下なとにも埋伏、かゝる事出来候而は御互之私情はともかくも御政体にも関係不容易事と恐入候事に御座候。尊兄なとにも何分御用心第一之事に奉存候。

○今般高知藩御預り所予州川ノ江其外之地引渡可相成之処、少々混雑之趣有之弁官え申出候。尤事実書面にも致し兼候意味有之、彼地え差出置候大谷少属と申者差登せ弁官、民部省等え直に情実申入候様申含め候。御聞にも入候はゝ可然御所置被成下候様奉頼候。

○同姓新三事、横須賀迄罷越候付一寸御地えも可罷出、可然奉頼候。尚又嫡孫織之助事、御地え修業に罷出候間、是も修業方之儀も御気付を以可然御駈引可被成下、委細は新三より可申上候。

○老生事当年五十才に付御沙汰之通隠居も仕度旧冬辞表差出候所、不被及御沙汰との事に御座候。乍併御存之老屈とても永勤は不得仕候間、何卒好機会に首尾克免職相成候様御含置被下候様奉頼候。当時は諸藩より御人撰にて若手之歴々も多人数可有之、最早老人は一歩を退き候方可然と奉存候。急速には相運ひ不申とも御駈引を以可然御所置奉願候。

先は用事のみ草々申留候。時下好風光に相成墨堤なとも春分十分と想像仕り候。田舎に碌々花も格別見物不得仕候。却而故郷之小庭一樹位にて相楽候方万々有難と奉存候。余は追便可申上候。御保嗇万々是祈候。草々頓首

二月十六日　　華拝

松菊賢台侍史

尚々、御令閨幷西浦なと可然御致声奉煩候。以上

48　伊勢　華

16　明治（4）年7月24日　人一七〇

時下新涼相催候処益御清寧被成御奉職奉珍寿候。過る五月帰省仕候処、室津と家室［ママ］之間にて風雨中蒸気艦と駈違に相成不得拝顔遺憾奉存候。其後馬関問屋より尊書持参拝誦仕候。折角当度は御国にて拝青と心掛候処懸違、於三田尻御令閨君とは不図拝面委曲申上置候事に御座候。扨今般は又々大御改革に相成、尊兄西郷と参議御奉職之由、別而御多端御苦労之儀奉遙察候。其後諸藩も被廃県名に相成候由、孰れ追々合併等にて屹と規則相立候様之御処置に可相成と企望仕居候。

一、御多端中奉恐入候得共、老生身上昨年辞職申出候処不及御沙汰、今般諸県官員も定而渉黜［ママ］可有之、諸省も減少に而諸賢手明之部も沢山に可有之、左候得共老生抔は交代被仰付的当之儀と奉存候。何分可然御含置可被下奉頼候。

一、当県出張所詰に小磯錠介と申老人差置申候。時情は迂遠にて込り入申候間、西嶋兄え相頼、当今御改革当分諸事聞繕等報知為仕度、青浦えも別封相頼遣し候得共、御一声被成置可被下候。

右之外彼是申上度儀も有之候得共、当節御多端中と推察仕候故相略申候。万期後音候。時下炎涼不定御自保万々是祈候。恐惶謹言

七月廿四日　華拝啓

松菊尊兄侍史

48　伊勢　華

17　明治（4）年9月16日　F一一一

秋冷之候益御清寧奉欣賀候。今般天野翁上京之路次当県立寄しに付一書相托し申候。小生仍旧碌々奉務御休意可被成下近状は翁より御聞取可被下候。方今御改正別而御多務奉察候。諸県も何とか御改正御確定之御布令可有之と日々企望仕居候。先日申上候哉、芸州地混雑有之、右は此頃鎮定仕り候由に候。然処近辺小藩之向にても右之風習少々は有之趣に相聞へ申候。岡山なとも此程参事間に少々不和有之兵隊なと動揺いたし候由、何分諸藩被廃候後知県事未不被仰出候而、いかゝ相成候事哉と人心方

向を失ひ居候所より、少々之混雑も生し候哉と被察候。廟堂にて御疎は無之事に候得共、知事御撰定速に相立不申而は治り兼候事かと奉愚按候。小藩之分なとは何れ合併にとも相成申候哉と下にても相考、何事も姑息之行ひのみにて下民迷惑も仕り可申と被察候。

○旧来の諸県も官員御改正可有之、老生なと何卒無滞退職被仰付候へ共、兼而之志願相叶有難奉存候。御多事中歎願等仕候も御手数と差扣罷居候得共、好機会も御座候はゝ被差免候様御周旋被下度御含置奉願候。万一今一年も相勤居候事に候へは当節太政官始御改正の事々僻邑にては何事も相分り兼、一応上京にても不仕而は相成申ましくやと奉存候得共、老生最早二百里外え踏出し候義難渋仕り候。何卒此儘にて退身仕度奉存候。

一、天翁噂に承り候へは同姓新三事も工部省内とかえ被召出候様之風聞も有之由、何そ御遣ひとも有之候はゝ可然奉頼候。

一、先達而申上候嶋田大参事閉門被仰付候一件、いかにも気之毒の事に奉存候。最早御咎は相済候事に候へ共、条理分明相成候はてはいかゝと奉存候。表向申出候も廉立候故御内々御頼仕候事に候間、可然御聞取可被成下偏に奉頼候。

一、御多事中風雅御宿好も御廃しに相候哉と奉存候。老生も近来格別珍品獲物も無之殆と消日に困窮仕り居候。万天翁より御聞取可被下候。随時御加養万々是祈候。草々頓首

九月十六日　　　華拝啓

松菊尊兄侍史

48 伊勢　華

18　明治(4)年10月17日　F—I—一

薄寒相催候処弥御多祥被成御奉職奉欣抃候。先般御細書被成下忝拝受仕候。専断御咎一条御手数之義奉恐入候処、御答書にて明了仕難有奉存候。

一、諸県御決定之御布令日々企望仕居候。何分人心安堵不仕、当節も伯州辺又々沸騰之模様も相聞、当管下にても伯州辺え相接し候連郡少々人気立候趣も相聞へ、官員出張等申付置候。何分当県近接之地、西は広島福山、南は高松、北は伯耆なと追々騰動仕候に而、中間

に挟り人気鎮静太痛心仕候。姦民とも種々の妄説申触し無智之小民疑惑致させ候に付、説諭にも困究仕り居候事に御座候。先般鎮台之御布令有之候へ共、未分営出張等も無之に付、今般岡山県又は当県聞え兵部省より一人出張相成、近傍諸県兵を総括兵威相蓄へ置候様被成下度、史生迄表向申出候事に御座候間、早々御評決相成候様奉願候。

一、洋行御奉命も可有之哉之由、定而重之事件御苦慮之御事奉察候。就而は豚児等洋行仕度段申出候由にて縷々御示諭之趣、承知仕候。乍併自費留学之儀は何分大金之事に而何とも操出し仕兼候間、只今迄之通横浜にて勉励仕り候様申遣し候間、可然御教示奉頼候。尤各国地理風俗見置候而も相応之裨益も有之事に候はゝ、往来之路費四、五百両位にて相済事に候はゝ、いか様にも操出し遣し可申とも奉存候へ共、是以大金を費し学問之益には不相成事に候はゝ、差止候様御教示可被遣候。万一随従も被仰付候はゝ、千万御厄介之儀奉恐入候得共可然奉頼候。入費は早々差出し可申候。倅新三事も工部省より御用召有之候由、定而近々罷上り可申候間、万縷其節可申上候。何も可然奉頼上候。時下寒威日加万々御自重奉専祈候。草々頓首

十月十七日　　　　　　　　　　華

二白　御繁冗中種々之儀申立奉恐入候。且又豚児事何とも御面倒なから可然御説諭可被成下奉願候。乍筆末御令閨様えも可然御致声奉煩候。賤妻よりも可然申上候様申出候。以上

松菊大兄侍史

〔巻封〕松菊大兄　　　　　　　　　　華拝

48　伊　勢　華

19　明治(7)年2月3日　F—一—一

児玉帰省に付一月廿貴翰幷条公御短冊慥に拝受奉多謝候。先以御堅勝貴恙日々御全快之由奉大賀候。老生如旧消日、旧冬京阪小游之後は疾御承知に而不申上、尤京師にて山中其外文人三、四会仕り、浪華にては南京人金郭と申者参り居両三度相会し、近来之愉快に御座候。井上氏東京へも被移候へ共、月迫に而一応帰国仕り候。当春はとふそ思ひ立度奉存候。尤老母甚六ヶ敷、既に昨冬の小游も

大くじ出申候而こまり切申候。御用ならば仕方もないが游ひ歩行の留守は得せぬと申、甚こまる由申候。とふそ程よく御暇をもらひ度ものと奉存候。当春は御帰省も可有之と相楽居候処、御六ヶしく候由、御尤に奉存候。扨は田舎かよかろふと存候所中々面倒にて、雅友は少く、俗人付合は禄がたらぬの金がたらぬと申不平談世界にて酒も快くは飲れ不申、随分早く帰り候か上策とも不被申候。いつそ今三、四年出てかせくにせふかと思ひ候折も有之位に御座候。夫故此内も小幡に出会仕り、必す急に帰る分別はよくないと説得仕り候。右に付申上候は、旧冬岡山県石部より人を以文通、彼県々令欠官にて何卒貴兄え申上出てこんかと懇切に気付申越候。役目は石部が仕てくれるから来て居さへすればよいと申事。余り甘過候注文に付小々心も動き候へ共、能々相考候へは、折角五、六年掛り首尾克御暇をもらい罷帰り候所、いらぬ所へ手を出し万一大怪我ても仕り候ては不相済と例の臆病か出候故、早々閉口之断申遣候。夫故貴兄えも不申上候所、万一石部より貴兄へても申上候も難計に付、手後れなから申上候事に御座候。とうも出処進退は未決心付不申候故御願も不得仕候。老人衰態御憐察可被成下候。

○条公御染筆は何とそ風流なる景物之御咏御抄紙短冊にても頂戴仕度候。此内の御歌は余りめて度過申候。御序に可然奉頼候。

○雲丹早速注文仕置候処しけ続きにて手に入不申、明日より幸便有之先日取置候分乍少々差出し申候。又児玉便りに呈上可仕候。時下余寒御自愛万々是祈候。岩公一条大に驚天仕候。時分柄分而御謹慎是祈候。草々頓首

　二月三日　　　　　　　　　　　　華

松菊大兄侍史

　雲丹塩甘く候故長くはもち申ましく、少々焼塩御入可被成候。

城市蕭条凍雀飛　家郷風色遂年非

自知退隠翻失策　近日逢人不勧帰

次貴作韻

　御一笑可被下候。以上

〔巻封〕松菊大兄侍史　　　　　　　　　　華拝

48　伊勢　華

20　明治(7)年9月18日　F一一一

別後秋涼頓催益御清寧奉賀候。温泉地いかゝ之景況に候哉。静閑に過き御困り可被成と奉察候。竹山堂も帰萩之由に候へ共未面会不仕候。扨は大田之一条御説諭之通に相運一同安心仕候。尤はめは左門同道にて東上仕不申而は何分にも不安心之由に付、其段申上置呉候様との事に御座候。左候而左門妻は当分糸賀方に残し置、尊兄御東上之節千万乍御厄害御同道被成下候様には相成間布哉。不容易御配慮之上又々御厄害御願申上候も恐入候得共、彼一件も有之他人え同道相頼候筋にも参り兼無余儀御願仕候間、可然御聞済可被成下挙而奉願候との事に御座候。御同道被成下候はゝ、尊兄山口へ御帰り之上山口迄罷出直様御供仕度との事に御座候。此段奥様えも可然御頼仕呉候様、はめ涕泣願出申候。〇老生も孰れ其地迄罷越度老人え申合候処御許容相成候に付、当月廿六、七日比ともより出掛可申と奉存候。尤尊兄御滞留いかゝ之御都合に候哉奉伺候。当地不相替寂寥俄に淋しく相成候様に相考申候。万々は拝青可申上候。其内大田之一条乍御面倒御答被仰越被下度、左候へははめも大安心仕り出立可仕と奉存候。大田も未御免も不申来、孰れ月末来月早々之出足に相成候半と奉察候。余は又々可申上候。草々頓首

九月一八日　　華拝白

松菊大兄侍史

〔巻封表〕松菊大兄侍史　　華拝

〔巻封裏〕明日より前原、佐々木罷出候由、此状相托し申候。

48　伊勢　華

21　明治(8)年3月27日　F一一一

朶雲拝誦弥御堅勝今般御復職之由奉恭賀候。別而御繁務と奉遙察候。御手揃に相成候而は何歟改正御処置も可有之哉と企望仕居候事に御座候。〇能美之一条縷々御答之趣承知仕り候。早速申越候半と奉存候。

〇平原一条も追々承知仕居候。此程内海えも度々罷越金子も持参仕り候哉に相察し申候。何卒程克相済候へかしと奉存候。

〇岡竹山も此節上坂直に上京之由に御座候。老拙も例の

船未た朝鮮より帰り不申に付滞坂仕居候。来月上旬迄は滞り可申かと存候。其内相応之奉公口とも有之そうに御座候はゝ被仰聞被下度、委細岡えも相噺し置申候間御聞取可被下候。○此内一寸上京博覧見物、例の唐人社中一会仕り候位に帰坂仕り候。未花も開き不申此地も寂寥之至、長日之滞留困却仕り候。余は近便可申上時下御自保万々是祈候。草々頓首

三月廿七日　　華

松菊盟台侍史

〔巻封〕松菊盟台侍史　　華拝

〔注〕謄本は明治八年と九年の両様に推定。

48　伊勢　華

22　明治（8）年4月28日　人四二三二

暖和之候益御安祥御奉職万賀候。改正御繁務奉遥察候。当地方は一向委敷形様も相分り不申、決而追々御手を被付候事と相考候。何卒速に局面相定り人心安堵仕り方向相立候様相成度、乍蔭奉祈候。老生も満艦一件に而長滞留に相成、漸過る十四日受取、初而長崎迄一航海為致候処両三日前罷帰り都合宜敷、且々会計目途も相立候様被考候。代価も又々七百円減少仕り呉、尊兄御蔭にて安直に譲り渡相済、一統大に欣喜仕り候。又々明後日比より航海仕候に付其便に帰国可仕と存申候。今般御改正に而付ては諸省始大分交代も可有之、其末諸県に及ひ何卒相応之場所明口も有之候はゝ可然御周旋奉希候。昨年来高歩行いたし無益之雑費も有之困迫仕候間、何ても一かせき不仕ては計算相立兼申候。其上年々都会に游ひ候へは弥田舎に潜伏も難仕気分に相成こまり切申候。御憐察可被成下候。○前原いかゝいたし候哉。大坂え不立寄上京いたし候や。一向様子不相分いかゝと相考申候。○此内南都博覧会一見に参り、幸京都山中静逸其外五、六人一同に相成書画会等も相催し申候。南都正倉院御物は悉千年以上之物品実に感伏仕り候。かゝる古器保護いたし候は外国人に対し候而も不恥事かと存申候。外国人も大分参り申候由。春日野猿沢池辺なとも余程奇麗に手を入游覧によろしく、県令勉力之程想像いたし申候。○先日京都にて貫名翁追善展観煎茶会有之一見に参り申候。書画も随分尤物も有之珍器も彼是有之候へ共、昨年の木ヤ町

よりは劣り申候。此節珍器又々高価に相成り申候由、長崎より京熊と申大骨董此節上阪大分珍らしき品所持、近々東京へ参り申候由、其内出会申候はゝ尊家へ罷出候様申而置可申候。ヒスイ瓶紅玉瓶なと、随分上品の秋谷伊孚九なとも持居候由、未一見は不仕候。〇平原ソバの香爐は差登せ申候哉。右香ロとナマコの水差は当地にても随分一二を争ふ品物に御座候。老生は余金無之何の珍物も得不申、其上当時之価中々手も出され不申、恐縮のみに御座候。堀出しと心掛候へ共、中々六ヶしく事に御座候。先は今般帰国仕候に付、爰元より之御暇乞に一書差出し申候。時下御保重万々是祈候。御満堂様可然御伝声奉希候。賤妻よりも奥さんへよろしくと申出候。草々頓首

四月廿八日　　　　　　　　　　　　華拝啓

松菊大兄

〔巻封〕松菊盟台侍史　　　　　　　　華拝

〔注〕謄本は明治8年と9年の両様に推定。

48　伊勢　華

23　明治（8）年9月4日　F—一—一

田中貞亮帰省に付尊書御恵投忝奉拝誦候。益御多祥御奉職之由奉欣喜候。老拙仍旧碌々消日、当六月初旬より千家宗匠来萩、暑中も日々茶事にて消光仕り候。先々月廿一日より先月末迄夕立も無之久旱大に困窮仕候。却而御地過涼之気候に有之候由、東西隔絶余程之相違に奉存候。大会議も相済候由、何か紛々之世評も有之、別而御配慮奉遙察候。

〇前原も脱帰同様之由、太以いかゝ敷御座候。帰後未一面も不仕候。〇先日煥児帰省、上京之節一書呈上仕候に付別段申上候事も無之、身上之事彼是御配意被成下御六ヶしき事と奉察候。乍併老拙も一端出ても見たくと思立候に付、何卒相応之場所有之候はゝ御周旋奉願候。なこや以西に限り候而は余り狭く御座候はゝ、東京近辺にてもよろしく、東京官省之内にても老拙且々任に堪へ候場所に候はゝ当分罷出、其内西国辺相応之場所へ転移仕候而もよろしく、十分之所申上越候。何分当地僻居次第困

迫仕り候情事御憐察可被成下候。時下秋冷差向万々御自重是祈候。草々頓首

九月四日　華

尚々、乍末筆御令閨様可然御致声奉煩候。且又紅葉一件は全く伝聞之誤にて他人之有に帰し当節浪華辺に罷居候趣に御座候。老拙茎力は未衰候へ共金力に乏しく、中々右様の愉快は絶望仕り候。御一笑〳〵。

松菊大兄侍史

〔巻封〕木戸様侍史　華

48　伊　勢　華

24　明治(8)年12月18日　F一一一

本月五日発御細書奉誦弥御堅勝奉大賀候。扨は来原御令妹御不幸之由、外に御兄弟も無之別而御悼惜奉遙察候。秋来所詮御不快之由、其内にて紛々も有之不得已御出勤にも相成、御療養も出来兼候半と奉察候。何とぞ寒中御保護御全快奉祈候。

○嶋氏一件も御細諭にて初て明了に承知仕り有難、扨々不容易趣向に有之候処、宸断にて鎮定仕り万々可賀々々、窃に唱万歳申候。陋郷潜居仕り候得は何事も迂遠に罷居候付、安心には候へ共、天下之大勢に関係仕候事は乍蔭懸念も有之、御一報にて安心仕り極々懇意之者えは内々申聞案堵仕らせ申候。

○前氏帰後一面も不仕、所謂明倫官〔館〕もいかなる議論か一向承知不仕候。玉翁は定而不相換頑固論にて可有之と被察申候。是は近年更に付合不申候故何事も承知不仕候。何乍併格別根に入候議論なと有之候様にも不被相考候。何そ承り候はゝ又々可申上候。

○来陽は一寸浪華迄例の満艦一条にて出掛可申と奉存候。乍序出京も仕度候へ共、大分日を費し金を費し候事に付思立兼申候。上阪も仕り候はゝ又々彼地より一書呈上可仕候。時下日々烈寒に差向御自嗇万々是祈候。先は御悔御見舞可申上草々閣筆仕候。它期御音候。草々頓首

十二月十八日　華

松菊大兄

乍末筆御令閨様可然御致声是祈候。以上

○宗像も敗北仕り候へ共中々不屈之様子、来春は定而一旗挙け可申と奉存候。

○当地寒冷極り申候。楽事払地申候。
○中野令も脱帰仕り候由、扨々こまり候事、別人にては当県は治り不申と奉存候。

華

〔巻封〕松菊大兄侍史

48 伊勢　華

25　明治(9)年1月6日　F一―一

新禧万福益御多祥被成御超歳奉恭賀候。次に老拙無異加年仕候。御降心可被成下候。先日来原令姪御帰県相成、御近況も承知仕御病気も為差事にも無之由、安心仕り候。当地も格別相替り候事も無之、唯々市中は年増衰弊、士族も当年は県庁心配にて米給に相成且々相凌き候模様、先は平穏に有之候。尤壮士は長刀連も多く相見へ申候。何分老拙なと噺之相候手相一向に無之、内藤忞翁も先月下国旧交頻に減少歎息罷居申候。来月共一寸上阪可仕哉に相含居申候。宗像も先日帰萩様子相伺候故、当年之損亡は昨年之利益之半方位にて治り候様子一向頓着は不仕候間、御安心可被成下候。当春は是非東行相勧め置申候。先は歳首賀詞草々申留候。乍筆末御令閨様可然御伝声奉煩候。寒中御保嗇万々是祈候。草々頓首

一月六日　華

松菊大兄侍史

〔巻封〕木戸様御親展　伊勢拝

〔注〕謄本の年代推定は明治8年。

48 伊勢　華

26　明治(9)年2月19日　F一―一

令姪君明朝御出立に而一書奉呈余寒中弥御清寧奉大賀候。老生無異消光御休意可被成候。扨当節は一寸上坂、程次第東上も可仕哉と相含居候処、豈計過る七日老母発病仕大に狼狽、外出も不得仕候。然処病気は至而軽き中風之体に而、其後日々折合今日に至り候而は口中と右の手少々不かないなる計にて気分は少も不相換、先は安心仕候。追々春暖になり候はゝ回復も可仕哉と相楽申候間、御掛念被下間敷候。○明倫館論も最初は島左の応援故か一時発起仕候へ共、火本消滅に付候故次第に鎮静、此比は格別風聞も承り不申候。○韓地応接いかゝや、一向確報不相聞先は平穏之方かと愚察仕候。○内藤忞翁去暮死

去可憐之至、此翁は御国難先後も余程苦心仕り候。近来は内証も随分難渋之趣に相聞へ申候。祭典料とも少々被下候御詮議は無之者に候哉。御序に柏村ともへ御噂被下候はゝ有難事に可有之と奉存候。右に而思ひ出し候へは当年は子の年に相当り、宍戸、毛利、周布、前田なと不幸之年廻にて、実に速なる事と驚愕仕り候。夜中漫吟。

当初国難喪諸賢　転瞬光陰又子年
独保残齢慚白髪　空将熱涙濺黄泉

御一笑可被下候。序に近作一首坐右に有之候間一同入電覧候。○御地当年珍敷大雪に御座候由、当境は昨暮已来雪一度も降不申位、雨勝にて暖気相催し候。庭中梅花七八分開き申候。次第に好時節游志勃々遺憾不少候。時下御保重万々是祈候。草々頓首

二月十九日　　華

乍末筆令閨君可然御致声奉煩候。以上

松菊大兄侍史

48　伊　勢　華

27　明治(9)年8月7日　F一一一

尊書拝誦。東北御巡幸も無御滞相済大兄御清寧御供奉相済候由、万々奉賀候。芳翁御同宿にて随分面白き事有之候半と奉察不堪羨望候。扨近来碌々消日、長々旱魃に大困却且々残喘有之候のみに御座候。岡竹山先日帰省近況は可被聞召と奉存候。竹山説には近々大兄英行之由候処、又々延引に相成候由、先安心仕候。老母も大分快復仕り候に付、何卒秋冬際とも一東上も仕度と相含候へ共、未治定仕兼候。大兄京摂迄御游ともならは必陪游仕度奉存候。

○芳樹翁薬師寺へ参り道鏡の墓を吊し候夜、道鏡の霊枕上に顕れ其方は我血脈の者能こそ尋ねて来た大に喜候由、実説に有之候哉。且又東北の駅々御宿の人足えも、顧問公の長雪隠一切々々にて汲替候には余程困却仕り候由、其他新聞は陋郷えは未伝聞不仕、申上度事縷々有之候へ共、家弟東帰切迫、暑熱に困却不能細縷候。時下御保愛万々是祈候。頓首

八月七日　　華拝

松菊大兄侍史

〔巻封〕木戸様侍史　　華

48　伊勢　華

28　明治(9)年9月4日　F—1—1

別啓

玉江前田吉衛門新造之一室え三条公御揮筆相願度、老拙より大兄へ御頼申上呉候様申事に御座候。御序之節可然奉願候。右庵号記文は芳樹翁相調候に付、別紙写差上せ申候。委細貞亮承知に付御聞取可被成下候也。

九月四日　華

松菊大兄侍史

〔注〕年代推定は謄本による。あるいは23番書簡の別紙か。

48　伊勢　華

29　明治(9)年(11)月5日　F—1—1

昨日は御来車奉謝候。賎恙依然たる頑固者にて太着手に究し申候（尤今日南部未来）。扨萩城之形勢いかゝ決定仕候哉。臥病中種々思想を生し大に苦しみ申候。乍御手数大旨一条たけ御諭示奉願候。它は不遠拝青可申上、此好天気終日伏枕御憐察可被成下候。只今承知仕候へは今日は伊藤〔東〕来診之由、定而貴兄より被命候半と忝奉謝候。以上

五日　華

〔巻封〕松菊盟台侍史

48　伊勢　華

30　明治(9)年(11)月6日　F—1—1

昨日は少々御風邪之由いかゝ被為在候哉奉存候。賎恙もとふも埒明不申、尤あしき方には無之候得共、長引候には大困却仕り候。扨は萩城明日大進撃之電報昨夜は数次到来仕候半と奉察候。定而一挙にて平定とは存候へ共、満城老若いかゝの形景に有之候哉太懸念、昨夜一半は為之不得安眠候。毎度乍御面倒要旨のみ御示諭奉希候。貴体御保重是祈候。且又伊藤〔東〕え昨日直に御頼被下候由、昨日は参り不申定而今日は参り候半と奉存候。種々御配意奉恐入候。頓首

六日　華

松菊盟台侍史

〔巻封〕松菊盟台侍史　華

48　伊勢　華

31　明治(10)年3月6日　F——一

余寒未退京地いかゝ哉、尊台御堅剛奉万賀候。扨西州暴挙に付不図之御駐輦に相成、就而は不容易御苦慮と奉遙察候。乍併彼暴挙は所謂速則禍小なる者に可有之、此機会に平底〔ママ〕致候はゝ以来全国の幸福を保ち可申と奉存候。萩地之一挙も此節迄延引一同に相成候はゝ大分之手煩に可有之候処、粗暴に早く相発し候故此度は何之懸念も無之、是も聖上之御幸福奉仰事に御座候。○今日は鈴川来訪折柄尊書到来、折角御噂申出候。尊書は早々瓶翁へ廻し申候。如御説西郷之連類いかにも可歎事に御座候。此内唐紀（通鑑也）を読候而、劉黒闥之事により一絶を賦し申候。

　郇園春色可哀翁　世事紛々馬耳風
　幾箇功名身徒誤　初知鉏菜是英雄

是も西郷を歎し候より思付申候也。近年流行之謀反人は前官参議以上ならては相済ぬ形勢、謀反にも等級有之奏判抔のひねものにては何事も出来不申候也と奉存候。呵々。西隅鎮定候はゝ京より直に御帰県に相成可申哉。旧知事公も願は此節機会に御帰県相成候へかしと奉存候。県内は先つ平穏に御座候へ共、此上も公より懇々悉々御教示有之度奉存候也。○愚息事も大阪にて陸軍省中出仕奉り候由難有、尊兄御帰県に相成候はゝ御帰り之節御供仕り、嵐山之花時を目的に出掛け申度と奉存候。白小魚此内より少々網に上り、今日も鈴川と一酌白小を肴にいたし園中梅花を賞し申候。京城之佳地にても御繁劇何れへも御出掛けも出来不申候由、此一段は田舎之安楽御羨み可被成と奉存候。時下御保嗇万々是祈候。草々頓首

　三月六日　華

　一昨日昨日暴風雨雪も交り候。今日は快晴暖気を催し申候。貴地如何。園中梅花は十分を過き申候。

松菊盟台侍史

48　伊勢　華

32　明治(10)年3月25日　F——一

春暖漸相催候処弥御多祥可被成御滞京奉珍重候。西海今以片付不申候由、御廟議如何候哉、扨々苦々敷次第に御座候。御苦慮奉遙察候。当節は浪華へ御出張哉之由にも

伝承仕り候。追々百花之時節にも差向へとも当節柄故空敷京坂之佳地御滞在候半奉察候。当境は別而平穏、橋本焼跡に芝居相始め随分盛に人も参り、昨年之変動之御蔭当春は芝居を見ると悦候人も有之申候。様々之世の中に御座候。○先日鈴川を招き一席点茶仕候。掛物は有栖川総督宮御短冊春祝の歌、茶碗さつま焼相用ひ、当節の茶事は如此なるべくと一咲仕候。先は御見廻御閑暇御一咲之為呈上仕候。時下御保嗇万々是祈候。草々頓首

三月廿五日　　華

松菊盟台侍史

48　伊勢　華

33　明治(10)年5月17日　F―一―一

追日薄暑相催候処弥御多祥被成御在京奉万賀候。扨西南今に片付不申苦々敷事に御座候。過日は尊書御投下被成下忝、御胸痛久々御難渋之由、新聞紙上にて少々御病気之様相伺候へ共、為差事にては有之間敷相考候処、頗る御大患に有之候由、乍併速に御回復重畳之義奉存候。扨又昨今承り候へは主上にも御還幸とか、事虚実は不相分候へ共、左候はゝ御随従に候哉と奉存候。何分多事之際御保重万々奉祈候。当地何事も無之無事消日、此内迄は芝居など興行相応に賑ひ申候。○当節唐樋町河内屋道具引札売四五日も引続き沢山の道具随分面白きものも出申候。抹茶具多く家具類なと結構なるものも有之候。蒔絵の膳椀十人前揃なと珍らしき品々御座候。其外抹茶器は随分上品も有之申候。右之外一事も申上候程之義無之候。時下御保重万々是祈候。草々頓首

五月十七日　　華

松菊盟台侍史

〔別紙〕

偶成

西陲羽檄尚多忙　未免閑人心暗傷
此日心園有兵事　指揮奴婢摘旗槍

御笑覧是祈候。以上

〔封筒表〕木戸孝允様平安、伊勢華。

〔封筒裏〕五月十七日　山口県下萩春海。

〔注〕別紙は、謄本では当該書簡の別紙となっておりそれに従った。

48　伊勢　華

34　明治(　)年(　)月(　)日　F一|一

上京有之は持参可仕と存候品、旧蔵之茶出し、紫泥にて如図之品有之、所謂グリン玉に似せたる品至而古渡り、尋ね出し大に評判宜敷誇り申候。又一品高麗物極古き花絣、茶家之所謂井戸とか井戸脇とか可申品、白き薬にてカンニウ入、松山の古き焼と見候様なるもの、当時文人家にても随分可誇之品、是は市中にて掘出し候。当節梅花水仙なと挿み相楽申候。至而の雅物也。水晶玉絣よりも風韻高くと相誇り申候。

松菊盟台侍史

〔注〕図はそのまま入れ込んだ。参考に原文の箇所を一九九頁に掲げる。

49　伊勢屋小四郎

1　慶応(元)年7月30日＊＊

以急飛脚一筆奉啓上候。秋冷之砌に御坐候処、先以其御地御旦那様益御機嫌能可被遊御座恐悦至極に奉存上候。然者過る廿四日崎陽行飛脚今晦日未ノ下刻当地帰着仕候而、御状壱通持帰仕候。大急用之趣承居申候に付直様其足儘に而右御状持参為仕差立申候間、御入手被為遊可被下候。賃銭等之義は取極不仕候間、宜敷御下渡被仰付可被遣候。先は右之段奉申上度以愚札如斯御座候。恐惶謹言

七月晦日未ノ下刻　　伊勢屋小四郎

桂御旦那様御家来中様尊下

〔注〕年代推定は謄本による。

50　市川茂太郎

1　安政(　)年(　)月(　)日＊　人二三七

宣

桂君小五郎戢剣技于江都

古来遊侠児撃剣或賦詩、時々自詠危、花□〔詩カ〕称良規花法〔カ〕孺児、嬉々□何是為血、見君東之学剣、従確師、侯家防外夷、士風正起衰、是思復是思講勤勿自欺、江都壮覇基神胆所役施、況又王者資皕歳、自平治楽哉、此安怡夜莚漫

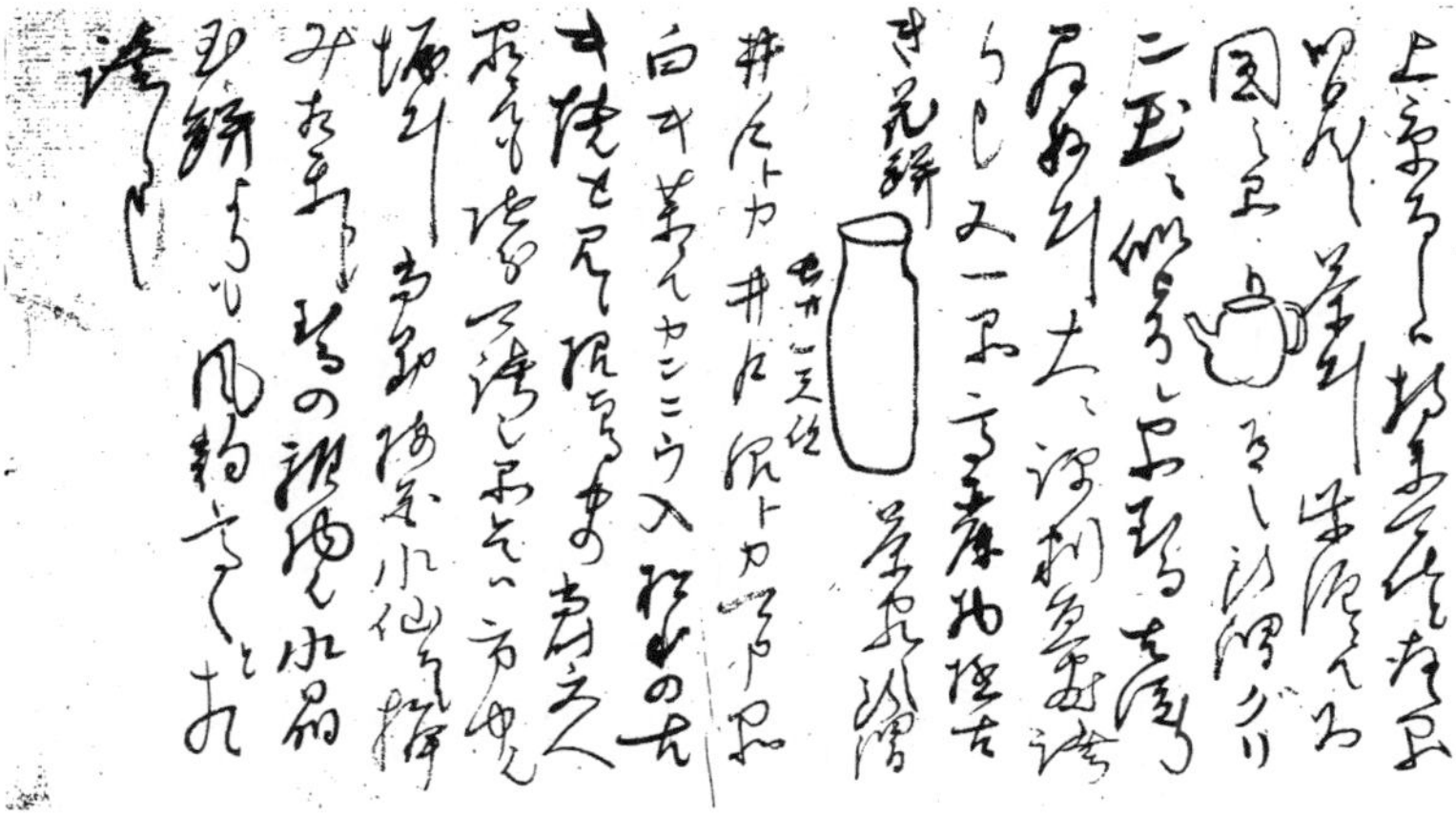

48　伊勢　華
34　明治(　)年(　)月(　)日　F 1—11

傾卮、今霄忽別離、明朝鞭驊騮千里就旅羈、寸心歓与然、湊川楠公碑、本朝旧軍司、万世更此往、壮士忽涙垂浪華、惟古時、城頭翻錦旗、楼台裏繍帷、如今已残堕、江州八景奇山即嶉々、琶湖清如澌、探勝馬行達尾州桶狭坻、遇此発長噫、今川此晒尸、墓畔緑草滋、大川流長躨跂、東道自逶迤、退食見委蛇、漸入駿府陲遰、見白雪峗函谷、爾(カ)凄其雲煙抹松、時携手渉嶇崎、都近観光照旅店則玻璃留客勧酴醾、風(カ)流与世、宜(カ)都下謹容儀、諸侯閃戈麾、大小有等差、尚見不能知燕雀、不知肌狎来、巣門榍児童、不敢追昇原沢及茲花研、墨川湄荷香天女池水楼、嬌艶姿待客競凝脂、文豪足追随、武夫堪逐馳、抧友無尊卑、切々加鞭笞、禹王身胼胝而惜寸陰移、吾云止於斯腹腐、君勿迷執兮北風吹歴声天一涯

市川茂太郎再拝
(落款)

51　市川俊蔵

1　慶応(2)年12月30日　F一—五〇

〔別紙〕

寸楮得御意候。極寒之節弥以御清適被成御起臥候半奉拝賀候。然は卒爾之申陳に御座候へ共、先日来於内輪少々不平之趣有之、為差儀には無御座候得共漸々増長も難計、左候時は当御時合別而不相済事に付、能登殿を始其他役人中精々申合、公平正大之処を以鎮撫之策を運し候内、十一番大隊長軍監湯川平馬殿、尚此方軍監志道源三殿、両人より段々気付筋有之、其意に任せ候時は表は兎も角も内実之治り却而不宜様被相考候に付、尽く気付通りにも相成苦敷訳合も御座候而種々論談仕候処、右両人少し忿怒之体に相見、然は其次第を以干城隊尚政府えも申達し雌雄を決し可申と之言分に付、左様候時は勝敗は兎も角も第一能登殿外聞にも相拘り候事に付、其儀暫く見合せ被呉候様役人共より申説置候処、殿道〔ドノミチ〕政府其外え内噺丈けは致不申而は不都合と申事に而、源蔵殿には昨朝より出山被致、平馬殿には萩居合之御役人方え談合可被致由に而一昨日より出萩相成候事に付、種々被申触候時は先入之言主と成易き愚案も御座候処、自然貴所様御耳に入可申儀も可有之、勿論申上候迄も無御座、容易御信用も可被為在儀とは不奉存候得とも、不顧失敬内々得御意置候。早春拝青之刻委細可申上奉存候へ共、其内愚札を以大略申上置候間、御含被成置可被下伏而奉希候。辰下為国御自重申上も疎に御座候。頓首謹白

十二月廿七日　　市川俊蔵拝復

再陳　右両人に於而は内輪役人共何角俗論を唱へ候様被申説候得共、今日瑣々たる議論上には人々之見込も有之、勿論合不合は可有之候得共、最早昨年来御国是一定方向も相極り候上は、如何程愚昧といへ共此期に臨み猶且俗論を主張仕候心底毫末も無御坐段は不能申、猶内輪是迄少不平之処も今日に至り候而は却而余程氷解之体に相成申候。乍併見付違之簾も有之候はゝ精々御教諭に預り、平心易気を以服膺仕度存念に御座候間、拝青之節無御用捨可被仰聞奉懇希候。其内何そ御気付も被為在候はゝ被仰越可被下、是又伏而奉頼上候。以上

木戸準〔ママ〕市郎様虎皮下

〔本紙〕

再々白

別紙之通相認、過日山口表え持せ差出候処、折柄御留主に而、其書状は山口え濡滞仕候由に付、即於爰元改而書調差出申候。幾応も不悪御含被成置被下専希候。以上

晦日夜

〔上包〕木戸準市郎様、侍吏内陳急報、市川俊蔵。

52　一宮孫三郎（正栄）

1　明治(元)年2月24日　F一―五一

此程は拝顔大慶仕候。併し御用多之御中御手間を取恐入申候。扨其節申上候朝鮮辺之一条は如何にも遅延難仕儀と愚意仕、尤御使節渡海之義は、渠等従来之陋習に安んし一時之偸安、当時之世運を不存所より、目前之無事を計り費用を厭ひ、旁相好不申候得共、斯る御一新之折柄にも有之、朝命を戴き恩威并放候時は、終には発明仕候事にも可至哉。万一固陋不可説に至候とも、我只我義を尽すと相立可申外無之、御秘知被下置候通、彼国之義は外夷手を不付内に本邦より御遠略之御策可有之事と兼而評議罷在候内、御邦内之御事多に而幕府より其時宜にも不及遅延之内、果而一昨年諸国手を下し、一旦兵を退け候と雖又々報讐再挙之企相謀候由、剰へ英亜迄も問罪之師可差向趣新聞紙中相見、右様諸国を敵に受候はゝ迚も安穏に相済申間敷、終に渠等か版図に帰し候様相成候而は対一州之患に無之、実に皇国之御大害往々無限儀に有之、況や彼国は往昔三韓之時世御親征之後朝鮮之世に至候而も自ら御武威相輝き服従之姿に相成居候事多言を不待、壬辰之乱後御和好再修同盟相保候唇歯之国と相立、則寡君之先祖以来御通信之御用、今に至り連綿相勤罷在候隣誼之国柄に御座候得は、本邦に於而彼国之亡滅御傍観難被下儀に相見、弊藩素り数十代之隣交尚更安然坐視難罷在、何分彼国外夷之有に不相成、皇朝之御威徳を損し不申様周悉尽力仕度国論茲に見込罷在候儀に御座候。此一条は事長之儀に御座候得共何卒御熟考被成下、右辺之処外国御掛り之御筋え別段御評論被成下、即今之御時宜に叶ひ候御見込之御示教被下置候様呉々奉願候。拝顔之上申上度御座候得とも、御用多之御中毎々之推参相憚り候付大意相認申上置候。御寸暇御知らせ被成下候はゝ直に参拝御様子可奉伺候。草々頓首

二月廿四日　　　　　　　　　　一宮正栄拝

〔巻封〕木戸尊台御親披

52　一宮 孫三郎

2　明治(元)年8月21日　F一―五一

一翰拝啓。秋威漸相加候処益御勇泰可被成御座奉敬祝候。扨拙生義多年之旧病弥相加候付帰国被免、近日開帆仕候筈に御坐候。誠に当春於京師倉卒拝別仕候処、再拝清容候義難計今更不堪多情奉存候。扨此度弊州之義御鼎力を以安堵仕候義〔大島〕島朝信より承之、実に海岳之鴻恩弊州君臣不可永忘矣之御厚誼、楮上可尽に無之態と贅筆不仕候。将来之事尚亦奉懇願倚頼候計に御座候。先は御暇乞御窺相束呈愚簡候。恐惶敬白

八月廿一日　　　　　　　一宮孫三郎

木戸尊台閣下

尚申上候。何分尊体御健康為天下御自重被為在候様深く奉念候。

近頃麁品恥入候得共朝鮮焼三つ御慰之為進呈仕見候。御莞留可被為下候。以上

53　伊東玄朴

1　明治(3)年閏10月10日　人一六六

奉拝啓候。御口中御薬薬力弱く功験少なき趣被仰下、エリオトえ申聞強烈之方調進為致差上申候。御試用之上御模様柄被仰下候様仕度候。

貫斎儀段々難有奉存候。尚大之方え昇進之義も何分御周旋被下置候様偏に奉存候。玄伯事も洋行願之通被仰付重畳難有奉存候。右之跡抔えは如何之者に可有御座哉。御如才も被為在間敷候得共、何分々々右等之処御含置被下候。右には佐藤大博士兼勤共には相成間敷哉之旨粗承り申候。左様に共相成候而は誠に残念、何卒宜敷御差含置可被下候。

幸之助事も拝謁奉願候旨、実以御一新之折柄とは乍申町人之身分に而は奉恐入候儀、汗背之至難有奉存候。海軍御用達之儀、過日中島船将えも拝謁御願申上候処、閣下之御一声に而も被成下候哉御存分御骨折被下置候趣、難有奉存候。薩州藩川村某と申御人、此上御含有之候得は先つ差支も有之間敷哉にも御内々御話も有之候得共、川

村様えは私事手寄更に無之当惑罷在候間、閣下御手寄も被為在候半は何分御周旋被成下置被下候様偏に奉願上候。老生も頃日之寒気共には殆と弱り、只々子供等之事に而已屈心致し出京も致兼残念之至奉存候。何卒七十有余之老生を御助と被思召、幸之助心願之儀も御助力被下度候処、不顧思召奉願上候。此表随身之御用も御座候はゝ被仰付可被下候。草々頓首

後十月十日　伊東老生

木参議様閣下

54　伊藤博文

1　文久(2)年閏8月21日　人一二

書中敬を失ひ候事も可有之、不悪御聞済奉祈候。然処私義先以御主頭様愈御機嫌好被游御座恐悦奉存候。過る十日夜京師発足帰路所全〔詮〕雨天勝ちに而一両日も川留に逢、漸十八日朝飯後覇城着仕候。江戸出足之砌被仰聞候件々於京都政府御役人様方へ申上、尚帰後来原様御一条御留守へ悉に相達申候処、御挙族御愁歎不容易御事、左候而昨廿日御葬式相済、来る廿四日初度御法事之御容子御座候。〇御跡式之儀今以御届出相成不申甚懸念に奉存候に付御用所其外に而も承り合見候へは、総而御嫡孫御継立は是非はづれ不申と申す事故、定而左様可相成事と御届出相成候を望居申候。来原様にも強而御親族中にも御存寄等良右衛門様へ御申込被成候御方も不被為在、甚苦心千万と奉存候。此度御割腹之一条に付而も始終乱心と而已思召之由に而、良右衛門様においては左迄御愁歎とも被相伺不申候。節角世子君様御思召、其外於京都も色々被仰渡候廉々等も、只〔管〕等乱心とのみ思召候に而は所全〔詮〕徹底難仕事乎と奉存候。既昨日御葬式に付而も御墓等も何卒此度は平生之御死去とも違ひ候事故、新規に御建被成後世に到候而も不朽様に有之度事と奉存候得共、古き墓の中へ御合葬に相成甚以遺憾に奉存候事故、北条様へ申上何卒御用所より御内々別段御建被成候様御授に而も被為在候而は如何可有御座乎と御相談申上候処、至極御同意には候へ共、右等之事迄御用所より御授有之候而は折角殿様、若殿様より被仰出候御思召等も於政府取計候様相成候而は如何敷事故、以後に到候而何分之義改

葬に而も致し同志中申合建替候而も宜敷との御事故、昨日之処は夫なりに相済居申候。追付岡部富太郎様御帰にも可相成候事故、左候へは又々何と乎御手段も有之候と奉存候。岡部様御帰被成候事は京都に而来島様へ御願申上置、私儀御供仕候而罷帰度奉存候処急速に相運ひ不申、いつれ跡に而来原様御家へ良蔵様御忠節の段御奉書を以被仰出候御内々御容子有之候に付、右之御奉書を岡部様御持下被成候様来島様御配意被為在候御事と奉伺候。御かた様は御主頭様気遣被成候よりは御折合被成居、少しは御あきらめ相付き居申候事乎と奉窺候。固より在萩中は被仰聞候通り御気を付け申上候事故、更に御気遣不被為在様御申上可被遣候。いつれ私帰府は御跡式且御一家様御一和の体見届候上に而出足仕度覚悟御座候事故、当月中丈けは相滞り可申、此段御主頭様へ被仰上可被遣候。先は略帰後の始末入御聞度候得とも所全〔詮〕不得寸暇近日奉陳委曲候。時下御主頭様御用心被為在候様万々被付御気候様奉願候。草々恐惶謹言

閏八月廿一日　舜輔拝具

桂様御直覧　御手付中様

差急き候事故乱筆奉恐入候。

54　伊藤博文

2　文久(2)年11月21日　F一一六

御懐中へ金拾両入差出申候間慥に御落掌可被遊候。山田君に而拝借仕候。尚亦一応御帰邸可被遊候而草々右之策復吉へも篤と申含置候間断然今宵は御施可被遊御帰邸被遊候段、態々民次郎差出申候。復吉に而は余り計策之様に相見却而不宜と奉存候。先は右申上度。草々拝具

十一月廿一日　春輔拝

桂君閣下

〔注〕年代推定は謄本による。

54　伊藤博文

3　文久(2)年12月25日　人一二

従尊命売茶亭に罷越候処、折悪しく今日は坐敷貸切り之由に而差支り候事故、如何仕候而可然乎と躊躇仕居候得ども、去にも忍ひず不得止伊勢源に罷越小松と対酌御待申上候間、片時も速に御来駕可被遊、若御適意にも不

被為在候はゝ尚亦転楼御供可申上候。先は為其一書茶亭迄差上置御曲駕伏而奉待候。恐惶謹言

十二月廿五日　　春生拝具

〔巻封〕桂雅君閣下御親拆

〔注〕年代推定は謄本による。

54 伊藤博文

4　文久(2)年12月25日　人一二

奥平君只今品川御着。宿は品川中程橘の脇橘屋と申者に而児玉惣兵衛君宿の隣りに而、是非々々御出可被成候様可申上との奥平君より被御申附候間、草々御出駕御待申上候。私義は三好屋にて御待申上候間一寸御立寄奉願上候。為其。草々拝具

十二月廿五夜

必す々々御出駕奉願上候間速御発駕可被為在奉祈。

頓首　　春生拝具

〔巻封〕桂君閣下御親拆

〔注〕年代推定は謄本による。

54 伊藤博文

5　文久(3)年2月11日　人一六七

御留守は私相護候事故、更に御気遣無御坐候。華章謹而奉拝誦候。昨夜は遽之事に而東西之御奔馳、嘸々御憊可被為在候。吉成氏今以来邸不仕、何乎故障に而も出来仕候事乎と、滞泊之士も頻りに煩念仕候様子に被相窺候。定而将軍家上洛急速に相迫り候事之探索に而も可有之乎、又は外難閣用事等出来仕候事に而も可有之乎と推察仕候。折角今朝は吉成を相尋候為前木氏出掛候積りと相話申候事に御坐候。先は為其。草々奉復

二月十一日　　春輔拝具

再伸　私儀草々出足仕られ候様御周旋偏に奉希上候。

松菊桂君閣下

54 伊藤博文

6　文久(3)年5月2日　人一二

謹啓　先以御壮健可被為在欣躍之至奉存候。出足後一封之書翰も拝呈不仕失敬打過幾重も奉恐入候。然処此度御

飛脚被差立、私儀も一同上京仕候覚悟御坐候処、昨山尾庸三来着仕承り候へは、十日頃迄相滞一橋帰府之上拒絶之申渡見届上京可仕様との御伝言奉畏候。然処一昨日自幕府直廻状諸藩へ伝達之旨に而考候へは、中々攘夷も拒絶も六ヶ敷事と奉存候。其上満城和親之策に決極仕居候。中には天意も真に攘夷之叡慮にあらず抔と申、全く長州より尻押致、朝廷を攘夷に致させた抔と申候。長州人と申せば余程疎外仕、事情も中々咄し不申候。○先達而将軍滞京に相成候節、幕の俗姦吏ども是非将軍を帰城致させねばならぬと申、色々策を相立候処、小栗豊後其外御目付に而、京極某、永井五右衛門等兵威を以京都を威すと申事に而、俄三千人の兵卒を調へ横浜に而胴着を買得せし由、而して其威力を以京師に出、将軍を帰城させせん事願ひ、朝議若不許終に廃帝之策に及へきとの事に而、都下人心一時動揺不一方事有之たる由、是は私参らぬ以前に而、只今に而は更に噂さも無之事に御坐候。其罪に依て三四日以前小栗豊後守外三人御役御免小普請入に相成候由、尤右等之訳は張紙抔致し候もの有之たる由也。幕府の自滅せん事を計る可憐事と奉存候。且諸浪士の鎮撫に至て威力の最も落たる事可知也。当春迄御召遣に相成候復吉当節浪士仲間に入り五十人頭取世話役とか申ものに相成居、私も伝通院前池田屋に而邂逅仕大に督責仕候処、彼心事感するに余りあり、固より進退を私に任せ囚縛に就くも不苦と断然申出、赤心一々聞届申候に付、先つ当分其儘に差置可申覚悟御坐候。御一笑可被成候。水藩住谷寅之助へも一度面会仕候。拒絶之確説更に無之故、今日又々以書簡相尋候処、一橋中納言殿帰府来る十日拒絶之事於京都御沙汰之趣只今写し遣し申候。○横浜鉄炮一条も未た相達不申、戦争に及び不申候へは相届可申抔米人相話申候。戦争に及べば英に奪はれ可申も難図と申居候。○閣老に大田道醇が又出で申候。尾州公和親交易之御説に而、幕吏殊の外服居申候由。○何分長州を悪む事限なし。○償金も最早相渡申候由に御坐候。慨歎之至に不堪事と奉存候。書外目余道路些説枚挙するに不遑、近日帰京万々可申上候。先は為其一書匆々。謹而拝白

五月二日　　春輔拝白

尚々、別段書簡差出不申不悪奉願上候。出足之節御

願申上置候愚父帰国之儀偏に奉願上候。拝具

松菊君閣下

54　伊藤博文

7　元治(元)年7月10日　人一二

去年来之御苦心は実に御推察申上候。且従来重大之御鴻恩を蒙り居候事も心に於ては更に忘却仕之所存無之候得共、万里隔絶不如意、所詮背本意候事而已、私共此度従海外罷帰候事に付而は猶更得拝顔申上度事も山々有之、奉期拝顔候処、豈図御上京中、夫故終に帰朝仕候旨意も貫徹不仕、遺憾なきにあらね共死たくもなく、到今ぶら〳〵となからへ候は世上之面目も愧かしく候へ共、未た慾気にひかされて後の思ひの絶へ兼かね〔ママ〕候事は御推察奉仰候。兎角目前之事は差置かたしといへども千秋に眼を留候事も又肝要と奉存候。書外は奉得拝眉、御分襟中上候以来之辛苦艱難も御互に奉期拝話候。匆々謹白

何も書上に而胸中万分之一を尽候訳に参不申、此処は能く御垂察奉仰候。任幸便只帰朝仕候事を御知らせ申上候迄と被思召候様伏而奉願上候。以上

七月十日　　山口に於て認　　春輔生

私共両人は是より三田尻西ノ浦の漁人となり候つもりにて、明日当りより山口出足可仕と奉存候。書余他日拝眉之刻胸中万言拝陳可仕候。拝白

桂君玉机下

54　伊藤博文

8　慶応(元)年(5)月14日　人一二

今朝拝別仕候而昼過宮市え到着、直様出立富海迄罷越、是より戸石迄乗船仕候積り御坐候。只今承り候へは巌公も十八日出足に而山口御越之由、且々間に合可申、最差急成る丈け速に罷越候覚悟に御坐候。宮市にて大田え書封一通相認差送置申候。右は賢台御帰郷に付早々御出山色々御示談も可有之に付、速に御面会被下度申越置候。何分共御尽力被為在候而、一般之方向相定候上は片時も速に御実効御施被下候様奉祈願候。先は荒増申上、書外帰山拝顔之上万端可奉拝陳候。恐惶謹言

十四日

〔巻封〕山口にて

桂小五郎様御親拆　　　花山春太郎

54　伊藤博文

9　慶応(元)年(5)月21日　人一二

公子墓処より只今帰宿仕候。一切相替不申、更に気付不申と相見申候。墓所は海辺にて石碑持運候にも至而便利なる地に御坐候。今朝申上置候墓銘御書調被為在様へは御渡可被遣候様奉冀候。只今より新地へ為持可申と奉存候。草々拝白

稔一日　　　春生

〔巻封〕広寒賢台玉剣下

54　伊藤博文

10　慶応(元)年6月2日　人一三

拝書　御帰山後御様子不奉伺候処定而追々御尽力日夜御苦心之段実に奉感佩候。酷暑之候に御坐候へは晨夕御起臥之間御用心専要に奉存上候。中山公子墓碑之事も、於政府上先達而長府野々村勘九郎え墓碑取建之儀等は於本藩決而無之事と已に御打出相成候上は、強而争ひ程之事も有之間布と奉存候。右に付狂輔抔之論も最早長府え懸合不申而は難相建と申事に而、先其儘打捨置有之申候。

○良〔竜〕馬、誠之助両人上京之節彼の蒸気船買求之義及談判（蒸気船買入に付名を借り候而相求候等之事は狂介も至極同意仕居申候）候処、何辺尽力仕候而被行候事に候へは、良馬帰関可仕と約束仕置候。最上京直様及示談一左右為報知兵庫辺より船壱艘雇ひ候而事情精し敷可申越に付、其節船賃等当地にて払渡呉候様申事に付、右之儀も約束仕置申候。書状は賢台と私え当差送可申と申居候。

○大塚正蔵より呉々も申上呉候様相頼申候。当節当地にて米御買込之儀申来候由御坐候処、金御送り無之而は中々当地にて手廻し六ヶ敷由に御坐候。過日五千金御送方相成候由御坐候へ共、其位ひにては微々たる事にて為差益を難作候事故、早速御尽力相運候様奉願呉候様、重々被相頼申候。

○昨日英船従横浜着関ラウダ乗込罷越申候。然るに横浜も不一方厳重にて中々長州人抔揚陸は実に六ヶ敷よしに御坐候。靖之助より横浜行論は御聞取可被為在候様奉願上候。左候而横浜え使ならば、是非靖之助に御委任被仰付候様奉願上候。奈良屋も其論にすべしと申事に御坐候。

不悪御懸引奉願上候。先は為其申上候。書余後便奉拝陳候。恐惶謹言

六月二日　　春生

尚々、阿松之事、狂介抔之論にては是非三田尻え住居せしむると申事に而、私より御尋申上呉候様申居候処、如何仕候而可然哉御指図奉願上候。尚急に御出関等も被為在候へは御知らせ被遣候様是亦奉願上候。以上

広寒賢台玉坐下

54　伊藤博文

11　慶応(元)年7月19日　人一三　(井上馨と連名、山田宇右衛門・兼重譲蔵・広沢真臣・前原一誠と連名宛)

爾後御清適可被為入欣躍之至奉存候。小生共一昨十七日太宰府迄無恙到着仕候間、乍憚御放慮奉願上候。条公様方御英然可被為在候間、此段被為達君聴候間〔ママ〕奉願上候。窃に拝謁仕縷々事情申上候処、大に御安心被為在候処、別段相変候事も無之、当節五藩御警衛之人数も交代彼是にて至而少人数之様子に承り及申候。○崎陽行則今日より当地出奔之覚悟に御坐候。当節は小松帯刀崎陽に相滞居候由にて旁都合宜敷、多分被相行可申と奉存候。当地出張篠崎彦十郎と申者え崎陽出役之者え添書仕呉候に付、土の楠本氏同行可仕候。薩人を壱人同行を相頼候へ共、当節少人数に付壱人も難差越由に付、不得已三人にて罷越可申と奉存候。右に付而は銃艦共買求之相談相決次第、金は従崎陽慥成町人にても差出可申候に付、此書相届次第金高凡十二万両位之御手当被成置、前広馬関迄御差出置被下候而、従崎陽一書差送次第何時も御渡相成候様奉願上候。此度は如何様之事有之候而も御違約不被下候様奉願候。薩州人え対し候而も自然違背仕候事出来候而は、僕等面皮は差置、国辱不可雪と奉存候。此段偏に御忘却不被下候様奉冀候。為其急飛を以如此に御坐候。誠惶謹言

七月十九日　　山田新助

吉村荘蔵

尚々、山口某は太宰府より日田辺え罷越候由に付其儘差置申候。大に虚喝を吐き候とて御附人数等も大

に笑居申候位に付、強而之事も有之間布候へ共、多分処々流落仕候中には被縛可申乎と懸念仕候。以上

山田宇右衛門様
兼重譲蔵　　様
広沢藤右衛門様
前原彦太郎　様
桂　小五郎　様

54　伊藤博文

12　慶応(元)年7月26日　人一三（井上馨と連名、山田宇右衛門・広沢真臣・兼重譲蔵・前原一誠と連名宛）

以飛書御答申上候。銃艦一条被仰越之委曲致拝諾候。拙生共過る廿一日崎陽到着、薩藩小松帯刀其外面会之上一々及示談候処、案外に都合宜敷参り、薩州買入之名前を以周旋致呉候との事に相決、既に当節夷人えも及懸合、銃は殆不残相調申候。左候而艦之儀も、御買入相成候儀は必然御決着相成居候事と相考、只得其名候へは子細無之事に付、何卒買求候方略色々苦心仕候而、薩人えも急迫に談じ込依頼仕候処、固より於今日は唯吾藩之寸益にも相成候事に候へは、幕府へ之嫌疑等之事に更に眼を注き候訳に無之故、いか様之事にても尽力可仕との事、則銃買求之儀も速に相運ひ候如く毛頭嫌疑を厭ひ候様子も更に相見不申、後来之処も力之及候丈けは相助可申との儀に付、即明後日より小松帯刀帰国、新助同行蒸気船にて一応鹿児島迄参り候様相決申候。荘蔵儀は当地に滞留、小銃不足等之始末を相着申候而、薩之蒸気艦再ひ崎陽へ到来を待候而、銃を積込直様帰帆と相決申候。就而は能々御熟考奉願候事に御坐候。薩にてヶ様に嫌疑を不厭尽力仕呉候へは、幕府之忌諱に触候事いか計か被推察候事と奉存候。外藩にてさへ如此致周旋呉候事に御坐候へは、諸賢台一応御評決之事再変仕候様相成候而は、実に今日之急に応候而已ならず、外藩え対候而も国論一定之処はヶ様と申候言葉も有之間布と奉存候。今一応君上え御伺等之事は急務之事に候へは、片時も速に被為伺御評決可被仰越儀と奉存候。只々御買求相成候と不相成との御決議相着居候へは、其名を得其船を求候等之事は死力を尽し御国害を不生様と実に焦思労心仕候而、既に薩藩

等へも深重之熟議に及候折柄、曖昧模陵〔稜〕之事にて御決断不相着候而は、いか様にして他より扶助仕候事出来可申哉、僕等外にて尽力仕候益も有之間布と奉存候。則銃を求候は不慮之御備にて、自然敵兵境内に差迫候而暴戦に及ひ可申も難計事に付御手当相成候事に候へは、其不慮に御備相成候義は人力之及候丈けは御調不相成而は相済間布と奉存候。只昔日之因循は今日之実着と而已御存付にては時勢に違ひ候事と奉存候。於拙生共はいか様共諸賢台の貴意に枉〔ママ〕せ可申候へは、中々磤艦御買入等之事も幕長関係之中は容易に再ひ相調候訳に無之、且薩藩と申候而も度々相煩し候訳にも参申間布、且僕等当地滞在之苦慮も少々御推察奉仰候。固より束縛せられ候而も拷掠百端処不敢辞に御坐候へは、毛頭御国害に相成候事は決而不仕候に付、此段御推察奉冀候。猶艦之儀は一旦薩人へも依頼仕候而略相決候儀、且後来之処も薩と御合一に御坐候へは、此方より余り動揺之言を不出方可然と奉存候間、何卒速に君上御伺、艦の御入用と御不用と申事を急速に御答奉願候。薩国論開国勤王に無之而は皇威回復は出来不申と挙国一決と承り及申候。会津抔と絶交議論異同に相成候儀は、只会之論は開国にして幕威を助る之論にて薩と相離候由。固より未だ信偽一々御氷解にも相成間布候へ共、僕等一見之処に於ては薩今日之国論毛頭国家之禍害に相成候訳更に有之間布と奉存候。船之儀は御廟議御一決、絶而御動揺無之処分明に被仰越可被下候。最速に無之候而は行違に相成可申に付、迅速に御決断為邦家奉仰候。余は別紙一つ書を以御承知可被成下候。

匆々恐惶謹言

七月廿六日

山田新助

吉村荘蔵

山田宇右衛門様

桂　小五郎　様

廣沢藤右衛門様

兼重譲蔵　　様

前原彦太郎　様

54　伊藤博文

13　慶応(元)年7月27日　人三八　(井上馨と連名、山田宇右衛門・兼重譲蔵・広沢真臣・前原一誠

連名宛）

覚

一、ミネーケベール短筒　四千三百挺　凡挺別拾八両
之積りにて

右え当る代金

七万七千四百両

一、ケベール　三千挺

此分所々豪農其外寄組等買得申出候者、余分有之候様承り候に付、此度買得仕候事。若し上に御不用にても御国中之益に相成候間、一応之払金は上より御払方奉頼候。取締り方は私とも両人より取集候而もよろしく候。又上より売払被仰付候とても宜鋪候間、右之金引当丈は当分之事故、是非とも御願申上置候。

右は金子五両積りにて

壱万五千両

合九万弐千四百両

右は真之荒積りに候間、いつれ少々金之千弐千位は余り候様算立仕置申候。

一、金子渡し方は、於馬関ガラバと云異人之船便に而、夜中不残相渡候約条に御座候間、必々来八月十日を限り馬関迄御繰出し置被成置候様奉祈候。若し不都合之儀は両人之皮は差置二州之恥辱と立行候間、深く御勘弁可被成下候。以上。

一、馬関迄贈り方儀に付而も色々吟味仕候得とも、多分之事故実に名を設、跡を隠滅する様の良策無之込り入候得とも、小松其外え談候に付、薩州之海門丸と云船、明後廿八日より鹿児島迄米之運送仕候上凡十日位滞留に而、再崎陽え参りて銃不残積入候而、馬関迄贈り付之談決に相成候故、凡来月十二、三日之頃迄には是非とも着関之都合に御座候。乍去石炭之費と水夫え之心付等は是より出し不申ては不相済事と奉考候。其御心持に御配慮可被成下候。両人も帰関は其節乗込候積りに御座候。何も此度薩より至正実に心配、且余程弟等えも念を入呉候間、相応之答礼無之而は不相叶候事。

一、銃は弐拾挺入五百箱計りも有之候故、関地え水揚候而も無益、且陸送りは余程之費故、来月十二、三日迄に必癸亥丸を馬関迄差廻し被置候而、夜中に於て船を近く寄、船より船え積込み候て、小郡え被差廻候方便

利と心得候間、其御手都合可被成置候。
一、ミネーケベール三百挺丈余分に相成候得とも不残売払度事異人より申出、且薩人よりも度々噂有之候間、都合三百位之事故辞退も難仕候故買添候。是も余計之事と被思召候はゝ、何時も脇方え譲り可申候。何も少々之出入は御約束前と相違候而も、必々御立腹なく様奉祈候。成丈は心配仕候而安く求候間、必々御安心可被成下候。暴狂之者両人参り候故、色々と御気遣之程奉遠察候。いつれ幕よりは不係善悪罪名を付候而、若し諸侯憤発ともは仕間敷かと謀計故、必々小事と風説に御疑惑なく決戦と御一定候得は、とても薩も見捨候覚悟は無之様奉考候。内に強実一定之論無之而、外之扶助を求候而は、実に外より誠実は決而尽し不申候。何分御疑惑なく御実備肝要に御座候。以上

七月廿七日　　　　山田新助
　　　　　　　　　吉村荘蔵

山田宇右衛門様
兼重譲蔵　　様
広沢藤右衛門様
前原彦太郎　様
桂　小五郎　様
　　　　　坐下

〔注〕井上馨の筆跡。

54　伊藤博文

14　慶応(元)年7月27日　人一三　(井上馨と連名)

鬧敷御坐候付乱筆御免許奉願候。

七月廿二日之御懇書難有奉拝読候。御別後無々御苦慮可被為在と奉拝察候。私共崎陽到着随分当節は苦慮尽力仕候。九州辺事情可申上様被仰越候処、別段委敷儀は未た承知不仕候へは、荒増承り候処、近来は平戸、大村両藩殊之外正義凛然之模様に承り及申候。渡辺昇人も当地滞在小松帯刀抔追々面会之由にて、余程よき人物と賞居申候。肥前国論更に如例不相分、肥後、筑前、久留米挙国俗論横井之門人登庸握権之由、薩は実に当節は幕府之嫌疑を受居申候。当節は小松崎陽に滞在、蒸気船四、五隻宛相舶居候に付、肥後人抔より長崎鎮台え薩より長を助る為め小松当地滞在抔と上言仕候位、最薩にては区々之

事に不係海軍を盛にして武備を充実させる事而已に専力を尽申候。土藩新宮、高松、千屋、上杉等之士と面会仕候。色々議論も有之候へ共帰来可申上候。先達而馬関え参り候瓜生三寅と申越前人、既に賢台へも御目に懸り候もの、至而姦物にて肥後庄村某と結合、追々諸方之探索を以幕え申込候由也。既に賢台馬関にて英之ミニストルと御応接相成候攘夷勅諚之事に付而は、当節一冊之書に綴り色々誹議を加へ、英ミニストルと賢台之論と故之英ミニストルとの論を三等に分ち、瓜生之註を入れ有之由、未一見仕候。○船御買入之事はヶ様切迫に政府諸彦申越候へ共、決而御気遣被成下間布候。いか様にても相成可申候事に付周旋可仕候。最是非乗此時相求置度候に付、何卒政府御論迫被下候而、御買入相成候様御尽力奉願候。年越にて金を払候事等は此度は余り不面目と奉存候。不被行儀には無御坐候へ共、僅七万ドル位之事、且危急存亡に相備候事に候へは、金も一応相払候方可然と奉存候。私共別懇なる英人ガラバと申もの、両人商売等相始候へは百万ドル位之事は何時借呉候に付、決而何も不可憂と申位に付、いか様にも此先は御手伝可申上候。御気遣被成間布候様奉願候。船之御答を速に政府より御申越奉願上候。賢台へ而已責を帰候而は奉恐入候に付、政府諸彦へ当て書翰差送り申候。御推読奉願上候。先は為其申上候。恐惶謹言

七月廿七日　　花輔
　　　　　　　春輔

桂盟台侍史

〔別紙1〕

追啓

一、此度は余程謹慎に而候間無用之入費等は一向不仕候間、馬関迄金繰出し置之事抔は無相違御願申上候。以上

同月　　同人

〔別紙2〕

覚

一、木船に而蒸気、凡長さ弐拾四五間位、造立より七年程に相成候事。
凡代金代七万ドル位と申出候事。
金子にして

凡三万九千両位に御座候事。

七月廿七日

山田新助
吉村荘蔵

54　伊藤博文

15　慶応(元)年8月9日　人一六七

本日二日従鴻城御送被下尊書昨七日相達謹奉拝読候。先以老台御英然可被為入為邦家欣躍仕候。当地相変候事も無御坐、小銃も未た少し半途に御坐候得共、両三日中には皆済可仕と奉存候間、不被為懸御念頭候様奉祈候。山田当節鹿児島行留守中に御坐候へ共、六、七日中には必ず帰帆と相待居申候。当地着次第直様積込揚帆之覚悟に御坐候に付、不出十日必定帰関可仕候間、其節は蒸気艦直様上阪仕候事故長滞難仕、尚小松帯刀、大久保市蔵両人之中是非右船便にて上京可仕、且馬関へも多分立寄候而、御相対可被成御都合可相成候に付、其以前より関地へ御出浮被成下置候様奉願上候。

蒸気船御買入に付、藤井正之進、長嶺豊之進両人点験之為薩船乗船可被差越、其上にて御買入と御決議相成候段奉承知候。然処薩船上阪にて直に崎陽へ罷帰候程相分り不申候に付、様子に寄候へは右蒸気船馬関へ参候様相談可仕候。最態々参候訳には六ヶ敷候得共、横浜へ罷越候序に立寄呉候様相談仕見可申、其節右両人へ点験仕候様可被仰付候方可然乎と愚考仕候。当節鉄船は沢山御坐候へ共、木船甚少く只一艘丈け参り居申候。蒸気釜極新敷無御坐、従今両年位ひは用立可申と奉存候。右に付自然御好に御坐候へは、直様上海へ差越新釜を入替差上可申都合に仕候而も不苦と申居候。最只今之直段六万ドルと申船にて随分下直なる方と奉存候。釜を入替候而も七万ドル位ひにて御買入相成可申候。其余善悪新古は両人之点験に御任可被成候而可然と奉存候。

一、ゴンヌボート之儀被仰越、委敷取調べ罷帰候様可仕候間、左様御承知奉願上候。薩にも凡七十門位ひ之フレガットと申軍艦を誂へ有之申候由に御坐候。最末た出来仕間敷と申事に承り及申候。幕より米へ相頼候軍艦此節出来に付、簱下之士乗帰之為罷越、不遠中には取帰可申との儀承り及申候。

一、先般横浜へ御遣被成候書簡答書、今以為何事も不申

参候へ共、兎角申参候へは直に可申上様可仕と、ラウダより申上呉候様相頼候事。

一、小銃之外に前以及注文置候帆木綿百十五反幷馬具弐拾五掛当節従上海到来仕候付、受取持帰可申都合に仕置候間、御知承(ママ)可被下候様奉願上置候。最代金至而僅成者に付御気遣には及不申候事（帆木綿曾而癸亥丸より入用とか申事にて山田注文のよし）。

一、（此より以下贅言也）老台は外国ミニストール迄馬関奉行と申事を書簡に認送、且其他之外国人にても致承知居候事に付、真之馬関奉行に無之而は甚不都合に可立至と奉存候。已に東行先生昨年戦争後応接之節宍戸刑馬と申大夫にて応接有之、其節戦争に参り候者逢さへすれは、大将(ゼネラール)宍戸は如何せし乎と尋ねられ、虚言を申様有之而は如何と甚込入申候。且外国人応接は一度より二度、二度より三度と申様に不仕而は、其人毎度替り候而は其国之信偽難計に付真実之情は明し不申と奉存候。追々此度西洋人よりも其事を被責返答に込申候。何卒此已後は人に委任が第一じやと切に気付申居候。外国に在ては宰相よりして武官は素より容易に遷職仕候事無之故、我国之風を大に怪み居申候由也。

一、新地農兵之儀偏に奉願上候事。

一、薩より大夫三人其他大禄之士三、四人已下士分より職人等迄已上二十人程も先達而渡海、英国にて野村其外三人へも面会仕候段申越候由、承及申候。

一、老台関地御出浮且小銃之金は早速関地迄御持出置被下置候様前以奉願置候事。

一、先達而より被仰越候御買物は取帰可申候。最朱丹之机入手甚六ヶ敷有之候。而も品物麁末にて余り不面白候。然し成丈け心配可仕候事。

書他不遠中帰郷万緒可奉得拝晤候。諸老へ不悪御鶴声奉願上候。尚時下尊体御自愛専要奉存候。匆々拝答

八月九日早晨　　荘三拝

松菊賢台玉坐下

大村渡辺昇人当地に出浮居申候由、未た一面不仕候へ共至而正義を主張仕候由に承り及申候。

54　伊藤博文

16　慶応(元)年8月19日　人一六七

秋冷相催候処、先以御壮栄可被為在御奉勤雀躍に不堪奉存候。先便申上置候蒸気御買入之儀に付、為点験馬関近辺迄乗廻仕らせ候段、申上置通り来る廿二、三日頃馬関へ来航仕候段申居候付、其節は必す彼地御出浮被成居被下候様奉願上候。就は正之進已下御召連可被下候。

一、小銃御買入も邸内迄悉く取入置候付御安慮思召可被下候。左候而代金は船乗廻之節に而も御渡方奉願候事に付、前以申上置候通り馬関に必定御差出置可被下候。

一、蒸気船従鹿城廿四、五頃当港着にて、積込直様上坂掛け小銃運遭〔漕〕之事に相決居申候。

一、小銃御買入等に付青木抔種々価之高下誹謗之件々も遙に承知仕候処、いかにも心配甲斐なき残念なる事と奉存候。委曲不拝青而は不尽意。

一、此度梅屋七兵衛と申御武具方御用達とて当地へ参り、ミネー千挺相求度頻りに尽力仕候へども、運送之手段に当惑仕居候由にて、私え懇願船便を貸呉候様申事に御坐候処、右は全く御武具より之御命令にて、自然六ヶ敷時は私共両人在崎之事に付助力を乞ひ候様、正木君より之七兵衛へ御申付と申候に付、無間違事に可有之存じ承諾仕候処、大金に関係仕候事故、為念正木君え此段御通達被成置可被下候。最右小銃買得に決着仕居候儀と慥に承知仕候。

一、此度蒸気船為御見極馬関へ乗廻之事は、正之進、豊之進両人而已御内達被下候而其他余り他人之耳に触れ不申様奉願上候。幕機に触れ禍を醸候而は無用之事と奉存候。

一、先日被仰越候小軍艦之儀も略之様子承紀置候。即拝青之上可申上候。書他近日帰関其節奉申上候。恐惶謹言

八月十九日　春生

尚々、蒸気馬関乗廻仕候へは私も乗組一寸一応帰関之覚悟に御坐候に付、其節可奉得拝晤候。以上

広寒老台玉坐下

54　伊藤博文

17　慶応(元)年10月23日　人一四　(井上馨と連名宛)

両老台益御賢剛御入城可被為在為邦家奉賀候。然は今日従崎陽到来之別紙則付幸便差出申候間、御落〔握〕奉冀

上候。右は先般上杉帰崎之節連帰候僕、今日帰関に付別紙到来仕候。銃艦別書之趣にては先安心仕候。此上は廟堂之御深慮に可有之と奉存候。
一、村田蔵六出関之筈に御坐候処今以出関不仕、米船も大に困窮仕居申候間、早々出関之様御伝言奉願上候。井老尚拙者は依旧潜居仕申候間、御放慮伏而奉冀候。自台は御用事相済候へは片時も速に御帰関奉待入候。自然上杉右蒸気船へ乗組来候も難計と奉存候。先は為其急便呈書仕候。書外奉付後鴻候。匆々恐惶謹言

十月廿三日夜　　　　　　　　　　春生

広寒
両老台閣下
世外

54　伊藤博文

18　慶応(元)年10月26日　人一六七

時計之ガラスはづれ居候に付御はめさせ可被成候。尚鎖引と申極宜敷分に付御念を入御用可被成候。ネジ候事も前えネジ候故、御用心可被成候。間違候而は違ひ可申候。

薩上杉より之書簡先般大津え帰便を以差送申候付、世外先生より御転覧に入候御事と奉遙察候。御出発後馬関動静都合変更不仕候間、御安慮思召可被遣候。軍太郎病気追々快気之処、入湯食事当り等にて少々引戻候乎之様相見申候処、即今に到候而は追々快き方に相赴可申と奉存候。御気遣被遊間布奉願候。カラバより時計并に両眼鏡を差送候付早速差出申候。御落握奉願上候。騎馬銃は後便に可差送との書意に御坐候に付、相達候へは早速差送可申上候。為其寸緒拝呈仕候。寒冷御用心専要と奉存候。恐惶謹言

十月廿六日　　　　　　　　　　春生

松菊老台玉坐下

54　伊藤博文

19　慶応(元)年(10)[カ]月28日　F一—六

〔前文切断〕
一、阿松一条山県〔三字位切断不明〕等之論も有之由、右は三田尻辺に流寓仕らせ度との事。自然右様決候へは彼等之論に可任と奉存候。決而私より彼是申さぬ方

可然と奉存候。

一、家之儀は早速周旋仕置へくと奉存候。

先は時下御自愛専一に奉存候。書外後便可申上候。匆々恐惶謹言

念八　　　　春生

圭君玉机下

〔注〕年月推定は謄本に拠るが、月に関しては「カ」が付けられている。10番書簡に関連し、あるいは5月～6月か。

54　伊藤博文

20　慶応(元)年10月30日　人一四

昨万代利兵衛出関御近情奉拝承欣躍仕候。彼是引続御多忙御苦慮而已と拝察仕候。軍太郎事御伝言被仰越い曲奉承諾候。乍不及精々気を着申候付御放慮可被為在候。一旦快気之模様も御坐候処、四、五日前より尚亦反復不快之体にて甚心痛仕罷在候事に御坐候。然るに今日之模様にては先極に登り候位乎と奉存候。左すれは追々病力も衰可申と愚考仕候。道路隔絶之中に御坐候へは御煩念可被為在と奉存候へ共、為差事も有之間布候に付、御気遣被為在不申候様奉願候。尚此後之模様に寄可申上候。就而は急に山口引越等之事は無覚束奉存候処、松氏急に御呼寄被為在度御存慮共御坐候へは、御地御都合に寄被仰越可被下候。何時も其都合に可仕、軍太も気ぜきに思ひ居申候由に御坐候へ共、兎角病気全快ならては出足は出来不申と、丸で当地にて保養仕候様宥め引留置申候。兼而壮烈之気質に御坐候へは時々憤激仕候由にて、平吉能世話仕申候。松氏之事は当地滞在之都合宜敷御坐候へは毛頭御煩念無御坐候へ共、軍太病気にて出足延引に相成候事に付、御様子承り候迄申上候儀に付御答御序に被仰越可被遣候。

一、游撃軍力士神ノ松国三郎と申もの之事、曽而奉達貴聴置候処、何卒御詮儀〔議〕相成事に御坐候へは偏御配慮奉願候。私儀は依旧逸居仕候間御放念思召可被遣候。先は為其寸楮拝呈仕候。先便村田蔵六帰山之節、時計両眼鏡差送申候処、御落掌被為在候哉奉伺候。匆々拝白

十月晦日　　　　春畝生

〔巻封〕松菊先生膝下拝呈

御英然可被為入欽慕仕候。引続御苦慮可被為在と奉拝察候。此度上杉蒸気艦乗組到着、い細大塚正蔵より御報知申上御承知之御事と奉存候。上杉も此度は不一方苦慮、薩崎陽邸監抔随分俗論を吐き候由にて別而苦心仕候由、尚同人英国行之志に御坐候処、為我藩両三月も遅延仕候位之事故、何卒御疎は有御坐間布候へ共、政府より屹度御礼有之度愚考仕候。金なれは百金や二百金位ひは賜り候而も宜敷乎と奉存候。最私より斯く贅言仕不申而も、東行先生えも気付申上置候事に付可被仰越候へ共、気付之儘書加置申候。不悪御了承奉願上候。

一、ガラバより昨日書簡差送候而、船代金六万ドル及ライフル大炮三挺も右船へ積込置候に付、五千ドル丈け御払渡被下度との段申遣候に付、入貴聴置候。

一、先日同人より差送申候時計幷両眼鏡差送申候処御落手被為在候哉、或は未た御落握無御坐候哉、御伝言にて御答被仰聞可被遣候様奉待入候。尚是非共一応御出関被為在候而蒸気始末御着被為在度奉仰望候。

一、アルムストロング炮拾五挺之義は正月頃迄には差送可申との事に御坐候。代金付は私方に参り居候へ共追而差出可申候。

一、井上先生今以滞山に御坐候へは片時も速に帰関を御勧め被遣候様奉願上候。私壱人にては急に何やらかやら始末相着かたく至極込入居申候。

一、薩情実は色々様子も有之様窺候処、兎角御出関之上上杉へ御面接御直に御聞取被為在候方可然と奉存候。

一、軍太郎病気案外速に快気仕、今日当りは金比羅参り仕候位に御坐候。御気遣被為在間布奉願上候。先は為其申上候。書外大塚出山御直に関地事情御聞取可被為在奉願候。時下御保護専要奉存候。恐惶謹言

十一月十日　　春生

松菊君玉坐下拝呈

54　伊藤博文

22　慶応(元)年12月10日　人一四

昨日匆々御分袖申上遺憾不少奉存候。御帰山後御都合宜

敷参り候へは宜敷がと万奉祈居申候。井上先生出足之節委曲談置申候事に付御聞取可被下候処、英ミニストル之論は幾重も密に御熟慮御謀り、先つ廟算を篤く御取極之上、薩え御談考〔ママ〕被為在度候。反覆熟考仕候へは是則皇威回復之基とも可相成乎と奉存候。左すれは千載之一時機不可失事に付、偏に御尽力被為在度奉伏願候。上杉も之か為に、英行仕度存念に御坐候処、ミニストル左様之主意有之候へは実に此間に力を尽し見度と雀躍仕居候。篤と井上先生より御聞取可被遣候。○私崎陽行仕候へは上杉も是非同行仕度と申事御坐候。左すれは無理に蒸気でなくても陸行にても不苦奉存候。御勘考可被下候。自然罷越候へは甚助を御かし被下候様奉願候。当人も罷越度存念之模様に御坐候。尤差懸り御用事御坐候へは不得止と奉存候。尚海軍局より之同行人は佐藤元作に候へは無此上事と奉存候。尤此儀は君命之出処に従ひ可申候間、強而御願申上かたくと奉存候。先は為其匆々申上候。恐惶謹言

十二月十日　　春生

広寒老台玉坐下

54　伊藤博文

23　慶応(2)年2月21日　人一四

過日鴻城にて拝別、即日出発帰関仕候。爾後薩船通行日々相待居候へ共、今以見当り不申候。いつれ近日通行可仕に付、見受候へは直様罷越相通置可申と奉存候。ガラハえは近日之中書簡差送、右之都合に取計らわせ可申と奉存候。此段は御安心奉願候。いつれ此事被行候へは、御壱人御越ならでは不相叶候事に付、東行君へ帰来御噂仕候処、固より御同論にて、自然左様相成候へは自ら御越有之度、就而は私も是非従行仕度、左すれは旁都合宜敷可有之と奉存候。且此会えは是非為後日に御加り無之而は不相済事に付、機会を誤り候等之事無之様仕度候。ガラバえ懸合置、凡期限相決候事承り候へは、崎陽迄も出懸置申候へは猶更以大丈夫の事に付、兎角東行君御越に相成御決論相着候へは、速に被仰越置候様只管奉願上候。為其寸楮申上候。書外奉付後鴻候。誠惶頓首

二月廿一日夜　　宇一拝

広寒老台玉坐下

54　伊藤博文

24　慶応(2)年2月25日　人一四

瓊章御投与被仰付奉謹読候。先以老台御壮栄可被成御坐為邦家奉賀候。木藤市助出関、曾て江戸にて識面之人にて、旁話故旧都合宜敷御坐候。然処此度は別段差急候由にて、明早暁出発筑前へ渡海仕候都合に御坐候。今夕東行先生一同大坂楼にて饗応仕候。陳先日略御話申上置候英人薩へ参り候事に付而は、是非政局之御中より大夫之御名目を以御越無之而は不都合と愚考仕候に付、過日了厳出萩之節い細東行先生及ひ私より呈書仕置候次第、疾く御承知被為在候御事と奉拝察候。右に付而は東行君自ら御越有之度之御主意、私を従行させ度に付一同参り可申との御望、可相成は早々御決議被仰付度奉願上候。随分此会は邦家之安危にも可係事に付肝要なる事と奉存候。其上は藤市介話にては、幕仏之交際逐日て親敷相成候趣、旁油断之ならぬ時節と奉存候。小松、西郷も近日下向当港通船之趣に付而は、其節便船にて罷越候位之都合ならでは機に後れ可申乎と煩念仕候。夫故何卒右之御命令速に御下しに相成居申候へは万幸不過之と奉存候。旁御勘考奉願上候。書他三好軍太郎出関仕候て、鴻城之御模様伺之上万可申上候。大炮一事は縦令河崎へ謀り候共、長府の政局挙て奸物之世にて、関中之人心も殆相離れ居候位に御坐候。長府正義之士より段々私共へ出山情実申通、急に退奸進正の御処置を本藩より不被仰付而は後患難計と、追々被論迫候位之勢に御坐候。井上少輔抔も丸で引籠り居申候由、何分賄賂之盛なる事夥敷事と、市街道路之ものと雖共驚愕仕居申候。近日別段委敷事情可申上候付、其節御英断御処置奉願上候。尚薩行之事は別段東行先生より可被仰越候に付、可然御取捨奉願上候。貴酬旁呈書仕候。恐惶頓首

二月念五夜三更　宇一拝

広寒老台玉座下

尚々、老母及び醜妻共萩にて奉得拝顔候由、毎々奉労御神慮奉恐入候。

54　伊藤博文

25　慶応(2)年3月14日　人一五

世外君よりも可然申上呉候様伝言申上候。

春酣之時節御坐候処御英然可被為在御坐為邦家奉賀候。先日鴻城拝別後は御疎濶打過奉恐入候。此節は萩城御滞寓被為在候由、四方俗議之中別而御苦慮而已多き御事と拝察仕候。尚先日は愚父へも拝謁被仰付縷々御教諭被仰聞候趣被仰越、不勝感激奉存候。

此度東行君へ之芳簡拝読、色々御煩慮之趣も被為在候哉拝察仕候処、過日ガラバ通行之節略様子承り候辺も有之、旁不失機様工夫仕居候間、御放念可被下候。委曲は東行君御返簡にて可被為在御了承候。東行君御高慮も有之、帰来少々遅々に及ひ可申哉も難図候処、其辺之事は万端東行君より事細世外君へ縷々御申残相成可申事と奉存候付、他日御聞取可被為在様伏而奉冀候。尤開戦端動干戈等之形勢に至り候へは片時も速に帰国之論に有之申候に付、更に御気遣不被為在様奉禱候。世外君は当分滞関、依然と流寓乎或は小郡辺へ遯居を構乎と之論未決に御坐候処、実に奇才卓識之士をして空敷此多難御時節を過させ候事、いかにも残懐之事と奉存候。政局にても其人を不捨と申御主意はいかにも感佩仕候へ共、其人を用ゆると云御主意無之而は捨之も同体乎と愚考仕候。此多事之日に当りて、区々之嫌疑を而已を〔ママ〕恐れ果決雄断進賢之御処置無之は、実に残念之事と奉存候。唯今之儘に曠日弥久御過き被為在候へは、終に一身を見捨脱然之思を抱かせ候様可相成乎と苦念仕候。固より老台之御一処置にては決而外見も有之旁御六ヶ敷事と奉存候へ共、廟堂諸君之御任乎と奉存候。放蕩無頼も自由之身にては難止乎と懸念仕候。兎角此等之事は今更老台不申上而も相済候事に御坐候へ共、此度去関仕候へは世外君にも老台にも暫時御離別申上候事に付、区々之言不悪御憐察奉願上候。時下為邦家御自愛万々奉禱候。書外奉期帰来再拝青候。誠惶謹言

三月十四日　　宇一拝

再白　此度山狂、片十、林半等出関仕候付、私愚妻破談にて親本へ差返候都合に相談仕置候間、不悪御聞取可被仰付候。久保君抔之論も有之、東行君も是非其論が宜敷と、狂介、半七等固より熟議仕候事に付、御懸念不被為在様奉願上候。乍恐愚父、愚母ども拝顔仕候節は乍此上可然御諭教可被仰付候様奉願

上候。最此事に付片野十郎近々帰萩之つもりに御坐候へ共、私出発後と取極置申候付、未た帰萩不仕と奉存候。其間は御発言不被為在様奉願上候。毎々奉労御心慮而已恐懼此事に奉存候。拝具

　松菊老台玉坐下

54　伊藤博文

26　慶応(2)年3月18日　人一五

両三日間よりいつれ出帆可仕都合に可相成と奉存候処、ガラバ船横浜よりかへり不申、日々相待居申候。萩城之光景は如何之模様に御坐候哉と懸念仕候。為差御用無御坐候へは折角東行先生も御待故、一寸急に御出関被為在候而は如何可有御坐候哉。左すれ〔は〕色々被仰合置御都合も宜敷可有御坐乎と愚考仕候。書外奉期拝青候。幸便呈書。匆々拝白

　三月十八日

〔巻封表〕松菊先生虎皮下、春畝生。

〔巻封裏〕従馬関。

54　伊藤博文

27　慶応(2)年3月28日＊　人三七　(井上馨宛)

幸吉帰崎不仕候付ガ印大に怒し申候付、早々御返可被遣、夫而已態々此人参り候事に御坐候。い細直に御聞取可被遣候。

拝別後益御安康可被成御滞関奉賀候。出足之節は彼是不容易奉懸御高配奉恐入候。都合船路風順宜敷廿一日夜半頃着船仕候。着船之上は岸良、河崎等同行にて殊の外都合宜敷即夜入邸、野村同宿を以同処に相滞居申候。小松、西郷其外帰国、市来六左衛門壱人出崎中にて別段委敷事情は相分不申候へ共、御使者一条は市来存寄にて却而鹿児城に堂々と参り不申当地にて相済候方可然との事に御坐候。其儀は彼是彼の国にても少壮輩、未解両国之真情実ものも有之、旁以双方之不為ならざる様取計ひ度との主意に有之申候。左すれは直様渡海之つもりに御坐候処、実は御承知之通金も甚以払底、崎陽之雑費其外渡海船路之入費等、且は衣服之取調等を相除き候へは、僅に両人両三月を支候而已にて甚無覚束奉存候に付、東君は是よ

り直様渡海、僕は蒸気船を雇ひ一応一寸近日帰関之つもりに御坐候に付、何卒老台之御配慮を以窃に桂君当り御謀り御良策奉願上候。い細東君より可被仰越候に付別段委敷不申上候。然処僕帰関大主意は、東君御使者之復命は不及申、彼の横浜より之論に付確然たる御返答可成置不申而はいかにも不都合乎之様奉存候。ガ印も其論故是非一応帰関之覚悟御坐候。尤一両日滞関直様出浮之都合に付、東君より被仰越候事件には一日も速に御取計ひ置可被遣候。尚僕帰関論は他人之耳に入らぬ方が宜敷と奉存候。其御含に被為入可被下候。

一、先達而御頼相成候ゴンボート代金、三ヶ一御払渡可相成約定にて御坐候処、五万両御払渡相成候に付六千ドル余り御払不足に相成居申候処、ガ印より是非約定通り御渡被下候様申事に御坐候。是は佐藤基作能く承知に御坐候。僕帰関候へはガ印より是非持参呉候様達而御頼申候。右に付帰関之節はガ印之書簡佐藤迄送らせ可申と奉存候。尚其節受取は船将より差出候都合にて可然と奉存候。野村其外之金も其節持参之覚悟に御坐候に付、両条共桂君被仰合置御運ひ置被遣候様伏而奉願上候。

一、当正月仕出之英より野村書簡相達申候処、遠藤謹介帰国之模様に被察申候。此節無程着船乎と奉存候。山崎小三郎、南同行之処両人共無金にて着英之上大ひに困窮にて、朝夕衣食之事も難弁、昼夜共衣服をも不替、且居処に火爐等も無之深冬を凌き、誠に無窮之貧困を致候由。居住は彼のクーパー之内に居候由。ハリソン父之世話にて有之候処、誰壱人金を出候と申ものも無之送光せし中、山崎は労瘵之病を得殊の外難儀仕候。折柄ハリソン父より月別二十五パウンド宛を救ひ呉候由にて、夫よりドクトルウイレムソン方へ転居、同人夫婦至極懇切に致候由。然処其中に山崎は病気日々深入終に病院に参り療養致し居候趣野村より申参り候処、此節英人ホームと申人本国より渡来申には、山崎は当march（マーチ）之始頃終に病死仕候と申居候。実に不堪悲泣事と奉存候。野村書中に云らく、山崎之病気畢竟衣食不足朝夕余り之困難を経て、其上異郷言語等も不通、且は自国之事を煩念して不休、終に此病を醸すに至る、此已後は必ず外国へ人を出すなれば先つ金等之事を弁し、其上ならでは決而送り呉不申様との事に御坐候。野村は分析精密学を執行仕候由、山尾はスコットランドに在て造船局に入候由。両人共随分学学(ママ)成立候由に承り及申候。巨細拝面之上委敷可申上候。前文申上候緊要之事件は片時も速に御運置可被遣候。其他薩国情実等東君御書中にて御了承可被為在候。為其。誠惶謹言

三月廿八日　　　春畝生

尚々、帰関候へは奇隊之銃は取帰可申つもりに御坐候。金之御用意御通達被成置可被遣候。

僕帰関之節は木圭君老台是非共御滞関奉願上候。自然御出関無之候へは国家之事務に大関係仕候事に付、是非早々御出関相成居候様奉願上候。

世外老台玉坐下

木圭君御転覧奉仰候。

54　伊藤博文

28　慶応(2)年4月18日　人一五　(井上馨と連名宛)

一書拝呈仕候。先以両老台益御壮健可被成御坐為邦家奉賀候。世外老台御出山後は彼是御高配之御事而已と拝察仕候。何卒御発足前御願申上置候御廉々被仰合御運ひ被成下候様偏に奉願上候。崎陽之方も帰後一切為何様子相分不申日々懸念仕候間、何卒片時も速に御決議被成下候様奉祈候。追々巷説に承り候へは事情切迫之趣も有之、当節は不一方御多端御苦慮之事共多々可有之と窃に御察申上候。

一、長府三吉内蔵之助出関追々面会仕候処、此節は是非砲乎艦乎を買求度とて頻に心配仕居申候。金も程克参り可申乎之様被推察申候。

政府にても何卒被仰合、野戦元込礮位ひは御取入被為在置度御事と希望仕候。追々事勢切迫之模様を以愚考仕候へは果然戦争と被相窺申候事に付、器械抔は随分能く損失仕候もの故、中々臨事差閊候事出来可仕と奉存候。御熟考奉願上候。

一、世外老台へ御願申上置候金一条は、是非御高配を以少々にても御運被下候へは無此上難有仕合と奉存候。金東行先生之論にても、宇翁も曾而送学生之論有之、金は御撫育より出すとの東行先生へ御噂有之、旁篤と御

謀り申上候而可然御処置を承り帰候様と申事に御坐候。何分此辺御扱〔汲カ〕取不悪御取計可被遣候。
一、ミニトスル論も事誼相迫候上は急に相運ひ置度事と奉存候。戦争相開馬関警衛位は英船を以為致候策も可有之乎と奉存候。尤右之論被相行候上ならでは六ヶ敷候へ共、被行候上に候へは、戦争を起候後之助を得候事不少と奉存候。久保抔は頻に急に被相行不申而は後憂難測と之論に御坐候。何分御英断今日之大急務と奉考候。書他世外老台御帰関を奉待候而尚呈書可仕候。先は幸便に托前件申上候而不悪御指揮奉願候。恐惶謹言

四月十八日　　宇一拝

松菊老台
玉座下
世外老台

54　伊藤博文

29　慶応(2)年4月28日　人一五

幸御来関御近情奉承御壮健被為在御坐奉賀候。追々敵情切迫嘸々御苦慮内外之御繁務奉拝察候。過日愚母尊邸罷出不容易御高配奉恐入候。毎々御懇誠を以奴輩之痴情御憐察被成下、愚母を御愛憫被下候段不堪感謝奉存候。私儀も近日出発可仕奉存候処、酒匂十兵衛出崎之由に付同行可仕と奉存候。両三日は延引可仕候。過日雨合羽御入用之趣に付呈上仕候処御落掌被為在候哉御尋申上候。先は幸便時下御伺迄呈書仕候。誠惶拝白

四月廿八日　　春生

松菊老台玉案下拝呈

54　伊藤博文

30　慶応(2)年6月6日　人一六

暑気逐日甚敷御坐候処、先以御壮に可被為在御坐奉雀躍候。去月廿九日之尊簡石川清之助へ早速相渡、同人も昨日出船長崎へ罷越申候。〇此度薩藩使節岸良彦七、平田平六両人先達而之御返簡持参之由、関地にて受取而も不苦事と奉存候処、翻然相考候へは、九州辺情実御直に御聞取且は薩へ御用等も有之候へは尚亦便利よき事と奉存候而、山口迄罷越呉候様相頼申候。い細御面話奉願候。
一、ミニストル過日馬関通行崎陽へ罷越、谷先生同行相

対仕候処、薩之跡にて此方へ罷越可申、左すれは着関前五日前に知らせ可申との事に付、長崎より申来次第山口迄申越候様越荷方へ相頼置可申と奉存候。私は近々出足一応出山、夫より世外君御越之地へ罷越候覚悟に御坐候。尤世外君より一封を得候迄は滞関可仕と奉存候。

小笠原壱州も一昨日当り小倉へ上陸之由。是は最早手切に相成候付、九州勢を鼓舞する之論と被察申候。

一、新地へ壱人しっかりしたる人を御出置無之而は市中之人心を鎮撫するに力なく、却而狼狽を以人心を迷動せしめ甚込入申候。畢竟臆病心より起候事と奉存候。此両三日は関地人心洶々、只一発之炮声を聞て逃出し候勢、可憐事に御坐候。小々たる事と雖も臨事では随分邪魔に相成可申と奉存候。

奇兵隊も昨日より一ノ宮辺へ出張仕候由、山狂へも未た面会不仕候。

書他越荷方手子出山仕候付御聞取可被成候。先は幸便呈書仕候。為其。匆々拝白

尚々、過日は出山不容易御厄害奉恐入候。以上

六月六日　　春畝生

〔巻封〕松菊先生玉坐下

54　伊藤博文

31　慶応(2)年6月18日　人一六七

六月十八日

連日之雨気兎角難霽鬱々敷御坐候処先以御清適可被〔為〕在御坐拝賀仕候。私も過日一寸出萩仕候処、四五日滞萩にて帰関仕候。老母も御教諭を以此節は余程快復仕、幾重も御深仁難有感佩仕居申候。

追々京摂之形勢相変候趣、従是暫大平之世と相成、御国内も人心一変可仕と愚考仕候。薩も兵端を開幕府と抗衡仕候機会には決然到り申間敷と被推察申候。如何之御賢察に被為入候哉。最御国之為には甚巨害に可相成事必然に而、幕府之上策に出候事と奉存候。一橋も至是は可懼而不可侮之人と奉存候。実に従是して天下之事如何可変遷乎難図、幕府之罪も滅し、朝権回復は思ひも不寄事と奉存候。最一時虚尊之取計は可有之候へ共、果して幕威中興之機と可相成儀は一目瞭然たる事乎と奉存候。則薩

土上京周旋も終に泡漚と相成可申、今日之天下是非利害は打置干戈を不用は決而順理之政治を可行時節には相成申間敷、又干戈を起す之理を抱て干戈を起す之機会を失し候上は、勤王之諸藩も幕府を而已責て罪を帰し候様難相成、均是同然と相成可申、慨歎之到と奉存候。幕府も自是は前轍を不踏益謓〔慎カ〕心を用ひ漫に蹉跌仕間敷と被思申候。最鄙見に相違仕候事も可有之候処、大略愚察被仕候事御坐候。伏而御指教奉仰候。

一、過日世外先生御話之佐竹銅一条如何相成申候哉。御詮議被為在候へは御様子奉伺度と油清より人差出候に付、私へ書簡を以御尋申上呉候様相頼申候に付此書拝呈仕候。何分之儀使之者へ可被仰聞候様奉願上候。

一、先日遠藤へ托書仕御尋申上候長府書面何卒千万乍恐御内々御送り被遣間敷候哉。決而害に相成候様は取計不可申と奉存候。頻りに福原より懇願仕候。此度之使へ御付与御送り被遣候へは無此上難有可奉存候。

一、時計之儀善心へ相話置申候。い細被聞召候へは御答奉待入候。

一、世外先生も一昨夜より少し腹痛に而御坐候処今日は余程宜敷、近々全快次第帰山可仕に付、其段申上置呉候様との事に御坐候。

先は夫而已奉申上候。時下別而不定之気候、御自愛可被為在候。末筆ながら御令閨さまへも可然御鶴声奉願上候。何乎御用事も御坐候へは可〔被〕仰聞候。誠惶頓首再拝

宇一拝

竿鈴老台侍史坐下

54　伊藤博文

32　慶応(2)年7月21日　人一六

益御健剛可被成御坐為邦家奉賀候。昨夜更私も帰関仕候。崎陽にて之用向も都合相済せ申候。此度渡辺昇同行罷帰申候。同人山口罷出候而御様子相尋度、君上にも拝謁被仰付候而、大村侯之御主意も被聞取度、且九州辺情実をも被聞取候へは尚更以妙乎と奉存候。兼而老台には御識而已ならす御懇意に被為在候御事故、旁御直に御談合被為在度奉存候。薩其外崎陽之模様は追付用事相済次第出山仕候覚悟に御坐候。其節可得拝青奉存候。此度平戸へも渡辺同道一寸立寄、平戸人某に面会仕候処、殊之外確

乎たる趣に御坐候。い細昇より御聞取可被成候。且追々九州情実相通候道を、平戸、大村両藩抔に憑り、諸藩へも相通候都合仕置候へは、大に便利に可相成乎と奉存候而、略平戸人へ相約置申候。渡辺より御直に御聞取被成下、篤と御熟談奉願上候。

一、ゴンボート壱艘買得仕候様との事にて、海軍藤井正之進同行罷越取極罷帰り申候処、未た金抔之論未決之趣大に込居申候。尤船は未来候事故少々間合可有之、且私は余り関係不仕方にて正之進之引受故、海軍局より何分之決意政府へ可申出事と奉存候。

先は為其匆々申上候。書外拝青万可申上候。誠惶謹言

七月廿一日　　　　　　　　　　　　春生

〔巻封〕松菊老台玉坐下

54　伊藤博文

33　**慶応（2）年8月1日　人一六**

過日来追々御投簡被成下万々難有奉拝謝候。帰関後出山之覚悟に御坐候処、軍艦之儀ガラバより変約申来、幕府に押付を以買取候趣、遺憾不少奉存候。只今之勢に而は海軍ならでは万々六ヶ敷相成、夫故不得止此度私財満同行再ひ出崎仕候様との事、いつでも飛脚計にて寸功も無之甚残念至極に奉存候へ共、為邦難辞再行仕候つもりに御坐候。且過日英艦砲撃之一条も有之、旁出崎仕候へは都合可宜と奉存候。何も不得細悉帰関之上拝青と奉期候。匆々謹言

八月朔日

〔巻封表〕木戸貫治様急啓御直拆、林宇一。

〔巻封裏〕従馬関。

54　伊藤博文

34　**慶応（2）年11月11日　人一七**

拝呈　愈御堅栄被為在奉敬賀候。尊簡昨日落掌難有拝読、且結構之柿御恵贈被仰付難有奉拝謝候。陳私事此内来風邪再感誠に困難至極、起臥等も六ヶ布仕合に御坐候。就而は是非井上氏に面話仕度事有之、何卒早々出関相成候様申遣候。此段自老台も井上氏え被仰聞、且早々出関相成候様御高配被仰付候様奉伏願候。此段呉々共に相運候様御周旋奉希上候。先は右御願御礼而已草略申縮候。恐

惶頓首再拝

十一月十一日　　宇一

尚々、本条幾回も奉伏願候。難有至極之仕合御憐察可被遣候。乱毫高恕奉希候。頓首

準一郎様侍史

〔注〕年代推定は謄本による。

54　伊藤博文

35　慶応(2カ)年(　)月(　)日　F—一—六

拝啓益御清適可被為在奉賀上候。出関中孰れも談判申置、漸今日帰陣仕次第別紙御報にて御座候。猶御不安心之義も有之候はゝ被仰越可被遣候。関地も到而無事。尤異艦は間々出没有之、近情追而申上候。幸便に付不取敢申上、其内時下御容体御厭奉禱上候。匆々

再伸　猶別段申上甚恐入候得共、久阪其外石摺有之候節被仰付、実は長府辺懇望之士有之に付御序之節奉願上候。以上

春輔

木戸君閣下

〔注〕謄本は、慶應二年と三年の両様に推定している。

54　伊藤博文

36　慶応(3)年1月25日　F—一—六（グラバー書簡、伊藤博文宛）

我か貴者伊藤。

我れ両三日以前に於て汝及遠藤に書簡を書きたり。我れ汝の之を請取る事を望む。

所謂二つの「ゴンボート」に於て汝は何と名を命する事を欲するや充分に我に言ふ可し。我れ此船の速に出て来る事を欲す。

二朱金の代は、金百両に就て百八十九両なり。此代金ならは只今にても我れ買んと欲す。我以前に百八十五両に買たり。然し只今代金速に上り百九十八両と成たり。

銅の代金只今に於て十八両なり。

古二歩〔分〕金の代金百両に就き百十二両なり。

一歩〔分〕金は洋銀百枚に就き三百二十より三百二十五なり。

五代は桂と或る事件に於て甚怒意を帯たり。

アドミラール我に書を送りて彼の其地を見舞たる事を言たり。彼は桂さんを甚好とす。

（のむら たむら）（文字不分 人名）我に問ふ。桂に書簡を送らんと欲す。満足に達す可きや。

天皇崩御せり。而して「ミニストル」（執事官）只今京都には行さる可し。

朝鮮に於て今年は戦争あらさる可し。

我甚混雑中に於て如此書き充たり。友愛なる着眼を以て恕せよ。

汝の誠実なる友

トーマス・ブ・ゴロブル（ガラバ）

千八百六十七年第二月廿九日（我か丁卯正月廿五日に当る）

上は封しに〔訳注カ〕

下の関

伊藤春輔様

しものせき

〔注〕書陵部の分類に従いここに掲載する。

54　伊藤博文

37　慶應(3)年3月26日　人一六

芳牘奉謹読候。御懇諭実に難有奉感佩候。如命近日出帆之期も相迫候。決而剛粗之処業は不仕、乍恐御降念奉仰候。黄物三百五十落掌仕候。力之及ひ候丈けは御世話可申上、此段御安慮可被思召奉願上候。其他尊簡之趣拝読仕候。いつれ明早天参堂可奉得拝鳳候。匆々貴酬頓首再拝

三月廿六日　　宇生拝復

〔巻封〕広寒老台

54　伊藤博文

38　慶応(3)年(7)月22日　F一一六

尊章拝読仕候。一両日之中より御発足被為在候へは、其節被仰談候方可然と奉存上候。最其内私より一書相認置候付、差送置可申と奉存候。委曲は御直に御示諭可被為在候。拝復

念二　　春生

〔巻封〕執事座下拝復

〔注〕年代推定は謄本による。

54　伊藤博文

39　慶応(3)年(9)月21日　人一六

金論は丸々世外先生へ相話置申候間御承知可被成遣候。以上

十九日之尊簡昨夜到□〔汚レ、着カ〕難有奉拝読候。引続御苦慮奉拝察候。大久保も最早出帆と御察申上候。蒸気船彼是遅延に相成、定而御不都合に而御込被為在候御事と奉存候。用心金之事被仰越万々難有奉存候。既昨日久保先生より御申越と奉存候。急々御答奉待上候。御返答次第出発可仕心得に御坐候。昨日坂本竜馬芸船に乗組罷越申候。京摂事情も逐一相話申候処、急速上坂後藤正二郎を帰国せしめ、犬井泰助〔乾退助〕を上京せしむる之論に而、出足仕候と申而罷帰申候。最一寸土へ立寄直様上坂とも申居候。遠謹都合克横浜へ罷越申候趣に御坐候。時計自然御不用に御坐候へは長岡与右衛門へ御渡可被遣候。同人も入用之由にて相渡呉候様申越候へ共、老台之御都合に寄如何様共可仕と申越置申候。代は百二十金と前以申越置候に付、自然御入用無之与右衛門へ御渡被為在候へは、右代金御請取被成置被遣候へは無此上難有奉存候。崎陽行之上は乍微力及ひ候迄はいか様にも尽力仕見候覚悟に御坐候に付、此段御安慮思召可被遣候。出兵論愈隊兵と相決候趣、随分晴々敷一快戦と想像仕候。

○彦へは御序何成共御恵投可然奉存候。

○長崎も少しは厳に取しまり仕候様子、竜馬より承り申候。

肥後藩当公及ひ隅〔澄〕之助公子は全以尊幕論之由に御坐候得共、良之助公子は天朝遵奉と申論之由に御坐候。坂本竜より承り申候。国論随而党を分居申候趣に御坐候。

何も此外別段申上候ヶ条も無御坐候。幸便呈寸書申候。時下尊体御自愛専要と奉存候。追々艦中より逐一以書簡可申上候。尚御用も御坐候へは崎陽ホームヒコ之間へ御托可被遣候。書他後鴻可申上候。誠惶謹言

廿一日　春畝拝

木圭老台玉机下

54　伊藤博文

40　慶応(3)年(9)月22日　人一七

屢賜尊簡幾重忝拝読仕候。引続御苦慮被為在候御事奉想像候。芸奮発決心之段いかにも感服すへき事に御坐候。我藩今日不可免之地に立てすら異議多中に、彼藩速に去就を決順理を踏候儀は、偏我藩之大幸而已ならす天朝之一大幸不過之事に而、一入奮激力を出さずては不相叶場合に可有御坐奉存候。私儀も両三日中出足、出崎可仕相決居申候。此度被仰越候舟一条奉拝諾候。パン之事も同様に相心得居申候に付御安心可被思召候。奪艦之一条は兼而大山格之助とも相談置候事に而、都合次第人数は鹿児島黒田嘉右衛門迄申遣候へは、早速出崎仕らせ候様重々相約置申候。兎角相試可申奉存候。薩にも別に軍艦一艘崎陽にて相求度に付、国元より一人出崎せしめ候に付、於彼地談合世話仕呉候様大久保より申事に御坐候。乍此上為邦家御尽力此秋と奉禱候。貴酬匆々拝復

廿二日朝　　　宇生

尚々、阪〔坂〕竜今以滞関、今日当りは定而出帆と奉存候。

兼而崎陽に於て御談合之我公論を遍外国人へ示之一条、御草案相調居候へは頂戴仕度頻に渇望仕居候。御調相成候へは京摂間迄竜へ御当御送可被為在候。

別紙は昨夜相認置候に付差添拝呈仕候。拝具

木戸盟台執事

54　伊藤博文

41　明治(元)年4月1日　人一七

爾後御壮栄引続御尽力可被為在御事と拝察仕候。此度少々公務ありて上坂、乃今明日より帰港可仕と奉存候。何分万事不運ひには込入申候。私も東久世公、肥前侯に陪、横浜裁判処へ参候様御沙汰を蒙候処、現場故障も不少得失論弁仕候処御免相成、寺島陶蔵従行仕候都合に相決申候。過日は辱尊簡万々難有奉存候。然処右御書簡遅着漸昨日落掌仕候故、貴答も延引仕候。不悪御承知可被成下候。此度幸介上京仕候に付一書拝呈仕候。何も珍敷新聞も無御坐、随分役目は相応えらひものと申事は初而少々相分申候。今迄は且々無過誤相済申候間御放慮可被成遣候。

後藤象も腫物に而大に難渋仕居申候。小松大に尽力仕居、五代も老母之病気にて暫時帰郷仕、此節は外国事務は甚寂寥之至に御坐候。書他後便可申上候。先は為其閣筆。

拝具

四月朔日　　　　　　春畝拝

于令明府

54　伊藤博文

42　明治(元)年閏4月28日　人一七

御帰国後愈御清福可被成御坐欣躍仕候。其後太政官変革も被行、殊更此節者諸君子繁務之由承及申候処、私偏境に居未巨細之事実不承、官位論にて頗一時は擾々之勢に有之候趣に御坐候処終に落着、追々順序相建列席之次第等も定り候由承及申候。

北地今以平定之勢無之、黒田了介、山県狂介等より急々軍艦を新潟へ差廻呉不申而賊焰逐日熾に相成候趣飛報を以申来候由。佐土〔渡〕島に水藩士三百人余蟠踞頻に威を振、守備厳粛に相構居、新潟は会兵屯集、近辺之小諸侯六、七藩を合従、日益盛に相成候勢と承申候。関東も海軍之勢彼に在て未た平定難仕、兎角黠謀を行ひ朝威を犯候事等不少趣、切歯之至に御坐候。何分早々御上京御尽力、千載一時之機を失錯無之、皇威四方に光被仕候様御尽忠有之度屈指相待居申候。

大坂開港之儀も此度朝議御一決、断然御決答と申事昨日申来候。序に御知らせ申上候。僕は大坂開港なれは神戸鎖候而可然、十里内外両港は不用と申事を申出置候。先は幸便御伺、早々御上京を待上たてまつり候。誠惶頓首

閏四月念八日　　　　俊介生

準一郎様坐下

〔巻封〕準一郎様坐下侍史　　　　俊介

54　伊藤博文

43　明治(元)年6月3日　人一七

御上京後公務御繁忙可被為渉御事と奉拝察候。小松氏も今以御滞港、飛脚船着港不仕、最今明日之中に者必発船に可相成、別紙従崎陽到来乃送上仕候間御落手可被下候。昨日大坂より申来、仙台藩魯細亜と結交、追々軍艦、武器等取入候抔風聞有之、越前侯より輔相卿へ言上、甚御懸念可被〔為〕在候に付事実取糺可申上様申来候処、当地にて別段可聞糺様も無御坐候へ共、全体右様之儀は決而虚説乎と被相察申候。魯は英仏各国と違ひ、今日武器、

軍艦等を外国に売丈け之事は出来不申候。却而欧洲各国より自国之為に船艦等相求候位にて御坐候。且仙台反覆無常、勢を見て方向を定むる位之弱藩に候へは、とても断然魯と与に確乎佐幕之謀を決候事万々無覚束事と奉存候。尚此上聞糺可申候へども、前件御熟考是等之事を以御動揺不被為在様伏而奉希望候。先は駅便を以前条申上度、時下御自愛専一に奉存候。誠惶頓首

六月三日

〔巻封表〕木戸準一郎様、伊藤俊介。

〔巻封裏〕越侯へ横文御渡可被下候。

54　伊藤博文

44　明治(元)年10月22日＊＊

御保養之為御平臥奉賀候。然者国債差出し候。外国官、会計官に而引受、年賦、月賦、払出方如何御坐候哉。実以当今之難事、来春は随分飢饉にて米穀も水田〔災カ〕又は兵災に而多くは損破、実以不容易恐慎之御世態、何れも同心合力、上下一般偏重親疎之憂無御坐、是非尊兄、大久保翁は東京え土着之上一と涯御尽力無之而は長久之皇基難相立、兎角人情誠実公明之世間に流布したる者上に立不申而は、内外人民永続信服いたす間敷、一時之権謀僥倖之材識に而は無覚束、是非両君は確然不抜、当正月戦争之御心意を被為体、御動揺無之様奉祈候。瓦解してから万事水泡に属し可申、決而右え御取極奉希望候。中々以協和政治州の風は模しがたく、皇国の人気俄には改〔開〕明難出来、一歩を進むれは一歩を退き、長短利害は五十歩百歩、聖賢ならは存し不申候へ共、凡庸に而は五十歩百歩に奉存候。何れ長短得失之取捨斟酌は議参の御職掌故、是非和親の旨に御一定被遊度奉願候。

十月廿二日

于令先生要用

〔注〕謄本に「署名欠、伊藤博文自筆之書翰カ」と注記あり。

54　伊藤博文

45　明治(2)年3月24日　人一八

昨廿三日之尊簡今朝相達難有奉拝誦候。縷々御示教之旨い細心含罷在候間、御安心可被成遣候。私儀過る十七日より播州窮民救助之為廻村仕候而昨夕帰庫仕見候へは、

御書簡幷椿山幅相達居難有拝読、尚幅者謹而拝戴仕候。右両通之御書中に而万事意味詳細相解、万々難有奉拝謝候。固より過日願上置候通、一歩退之論は是非相願候含に御坐候而、今朝より田中上坂為仕、巌公へ謁見之上情実悉に申上、御指揮奉待候心得に御坐候。私へも上坂仕候様陸奥へ御伝言に而承知仕候へ共、別段上坂候而も追々建言仕候外鎖事は不足論と奉存候而罷出不申候。今日之形勢に就て将来を熟考仕見候へは、天下之事止むに近し、寧徳川氏に不如乎と悲歎に堪不申候。徳川は衰微せし共、三百年来諸侯を圧伏する丈之力を以天下を保候へとも、徳川氏亡ひて諸侯列肩之力を以各相争候時は足利之末に不異、楠、新田之如き忠臣出ると雖も其相争て天朝より統御する事不能、権柄下に移るは同一理と奉存候。干戈を用ゆるに不至も、議論不相合は終に是を統一して制する者なし。天朝も諸侯之力を頼む時は、朝に楠公に与し夕に尊氏に与する勢不得止也。且古今時勢之異同ありて、古は骨肉兄弟相食も一家丈け之事に而他より之を制する者なし。今は外交之事ありて、一家を斎〔斉〕我手足の如く内を制する不能は外に向て曲を不取事難し。右之一論不被行は決而政府之相立候目的更に無御坐候。乍然最早敢て論し不申候に付御安心可被成遣候。田中罷帰候へは尚様子可申上候。関羽之像者便宜あり次第入貴覧可申候。御東行御極りに相成候へは、一寸御知らせ可被遣候。

馬関其外便宜之儀被仰越、四五日宛相立候へはいつでも有之候へども、定りたる船無御坐候。御用事御坐候へは何時も可被仰越候。貴答迄不取敢匆々申上候。誠惶頓首再拝

三月廿四日　　　春畝生拝

〔巻封〕竿鈴老盟台坐下御親拆

54　伊藤博文

46　明治(2)年8月14日　人一八

於横塘拝別後翌日帰府、爾後以書事情可申上奉存居候処、繁忙之間に遷延仕居候中、却而奉労御投書万恐怖之至奉存候。然者近日之事態略申上度候得共、遅筆拙文難尽十分一之意不悪御垂察奉希上候。

一、鄂魯近日大に蝦夷地に流涎、将逞呑噬之欲、既兵を

唐太クシュンコタンに送る。固より糧食弾薬無不備、其陸軍之将某相率ひて到着、其言に曰、日本政府威力蝦夷地を保護するに足らず、故に魯政府己の有と為し、以て此地を保護せんと欲す、若し日本人是を否み兵を接せんと欲せは、直に東南蝦夷地に迫り取て以て根拠と為さんと欲す、魯政府之廟議既に決し、此度千二百人計之兵を出せり、尤ペイトルビルグより北海岸に陸続する伝信機既に落成して、唐太之事情三日を出てすして五千有余里之報告を達すべし。右の近状は英商船魯人に雇はれ現に唐太に糧食を送り、魯人其船主に語るの実話にして、虚説無之を証すべし。其前岡本某数年蝦夷地に遊歴、六月下旬発足して帰来、略既に魯夷の暴行を報じたる時に当り、英公使頻りに蝦夷地之事は日本之安危存亡に関する要件なれは、速に意を決し彼地に人員を送り官吏を遣し、日本政府の処有と認むる丈の処置なくんば、終に魯の有と為るべしとて両日既に忠告を加へ、漸仮定する略を決し其運転に及ばんとす。然れとも唐太は既に魯有に帰す必然にして、本蝦夷を保有するの良謀を専務とするの外致方なく、三四日前大隈と談合して大凡其略を定め、既に枢要に建言せし、就中人を用ゆる今日の至要にして、軍功の成否を見る、全く此事より来るべき事にして、内既に其略を定得し、外其人を得て任し、事の始末到底落着する処の廟算を聞かざれは、大蔵に於て一粒の米一銭の金も出す事能はざるを以討論し、未た十分の意を尽さすして事益急なるを顧み、一ヶ年五十万金に三万石位の金穀は之か為に費すの議を定め、蝦地の総括を東久世公に命し、井上を副職に為、陸奥を附して急速御遣はし可然と建言仕置たり。

閑叟公大納言に被命の内議既に決し、一両日中に発し可申。

右建言中に、此度召す処の薩長土の兵を直に蝦夷地に送るを以上策とすと論し、此事行はるれは国家の幸と窃に愚考仕候。

大蔵民部も此節漸合併、両名を存するの姑息に決し申候。凡百の事蝦夷の事に付て一も可見事なく、歎慨に不堪奉存候。

老台御西行は是非御見合可然奉存候。実に邦家多難此際

と奉存候に付而は、是非今一応廟堂に御上り被成不申而は相済間布、臣子の分不得止処と御覚悟可被成候。条公より是非御招返可相成筈と遙に承候に付、此度は必御服命奉仰度候。色々御勘考も可有御坐候へども、他事よりはまだ政府之事を廻すが第一速なる事功と奉存候に付、為国御勧申上候。

私は廿日前後出足、横浜より乗船西行可仕候。三旬を出ずして帰府と相決居申候。御病気追々御快方に御坐候へは、御帰府可然奉存候。右之次第に付大隈も中々不得寸暇、入湯も六ヶ敷奉存候。其中出足前相変候儀も御坐候へは、尚亦至急可申上候。呉々も御用心専一に奉存候。

誠惶拝白

八月十四日　博文

〔巻封〕松菊猶存舎侍史閣下

54　伊藤博文

47　明治(3)年(3)月(　)日　人一九

過日以御手簡鴻城形勢逐一御申越被遣、御帰国後御苦心之御情実想像仕居候処、此度不図世外兄出府、近日事態詳細承知仕、夫々御方略之御手順感服仕候。早速於当地も諸賢御集会、御評決通一同違論も無之万事相運候儀は国家之大幸と奉存候。尚此後之処分に於ては、天下万人之方向に関係仕候事に而、実に不容易大事と恐察仕候。追々京摂間浮浪之徒種々之陋説を以世間を浮動仕、既に其確証も顕然有之候事に而、此上打捨置候時は不測之憂必然之勢と奉存候に付、追々論迫仕候へども、必竟基処は弾台に有之候事に付、其源を絶而其流を制し不申而者決而此憂を除却仕候事は出来不申候得共、前日之非を知るもの一人も無御坐、嘆息之至と奉存候。豈唯此事而已ならす、到底御一新之御主意相分候者、廟堂上一人も無之乎と想像仕候。其故は此節大和国内に藤原氏祖之血統有之趣に而、其族六家を朝廷に被召出、華族に可被仰付御評議抔有之、或は旧旗下新田某者義貞之後胤とて新に増禄被仰付可然抔と、神武天皇以来之賞罰を行ひ可申様之御一新に而は、此先天下之事目的は更に相立不申、憤懣之至に堪不申候。〔以下切断〕

博文

〔巻封〕松菊老台硯北

54　伊藤博文

48　明治(3)年6月15日　人一八

明日午後御在宅に御坐候程次第参堂可奉得拝晤候。芳墨拝誦。然者御洋行之儀再応被仰越、尚尽力可仕儀は奉拝諾候へども、成否如何可有之乎と懸念仕候。唯今大隈へも尚亦相談仕候処、素より同人も同意には御坐候へ共、議論は却而意外之処より発候方被行易き勢に付、幸山尾庸三出府仕居候に付、同人より之気付にて一論為起候様相談可仕候。

今日同人に面会一と通見込承候処、頗る奇異之論、素より実地上に可被行事に無之、畢竟実事に暗きより起候事と推考仕候。乍去大に論破仕置候。大略は、日本全州各郡各村に為替会社を設け、名主年寄に一村一郷限り之金札を不残為取集、一両二両以下之売買と雖、売主は其名主に至りて為替手形を受取と申様なる事に而、山尾に不似合之迂論と奉存候。乍然西洋に而も贋物時に流行する之論は、日本人事情に疎き者之耳に入易き事、且固より其説至当之論に而、法制禁令之不被行に於ては、如何様之事と雖も人智を以製作したる物、人其理を窮むる不能と云事は曾て無之事と奉存候。反覆抗論之後、別に妙策も更に無御坐候。御面晤之節は尚篤と御聞糺可被遣候。書外いつれ拝青可申上候。匆々拝復

六月十五日夜　　　　博文

木戸様御直

54　伊藤博文

49　明治(3)年7月6日　F一—六

炎熱酷敷御坐候。先以賢台臺御英然可被為居奉恭祝候。私過る朔日着港、追々公事相運候最中、廿日過には帰京可仕奉存候。世外無事、山田上京中、鳥尾当地に而出会仕候に付、同人を是非民部へ奏任出仕にて当地鉄道掛申付度、此度大隈へ相頼遣候付、自然藩邸等不都合故障等御坐候へは御弁解被成遣候而速に相運候様奉万禱候。何分圧力之有之人物に無之候而は、議論紛々之世界、一事も実効は相立不申候。偏に御高配奉願上候。芸州辺頻りに贋札流行之由、当惑之至に御坐候。早速手を下し置申候。乗此際厳然威令を伸し不申而は国家廃亡

之外他事無之、伏願は御奮興奉仰候。多事匆卒草略之書面不悪御汲取可被遣候。後便委敷可申上候。誠惶拝白

七月六日　　大蔵少輔拝

〔巻封〕従三位公侍史

54　伊藤博文

50　明治(3)年7月29日　人一九

昨夕は尊書御投与被下千万難有奉拝謝候。帰宅後大隈とも逐一熟議仕候処、到底唯今之形勢にては前路寸毫見込無御坐、不得止辞職之外更に望無御坐候処、万一も挽回之期会に至り候時は、素より不待論出死力可申意中に御坐候。乍然唯今之処にて此上も老台御尽力被下候而其験可有之哉。却而彼等之頑陋を固守せしむるに落着仕間布乎と頗懸念仕居候。今朝承候へは薩より上書有之、此程御下問〔五分一之事〕可被成儀一々不同意、且兵力之議に付不日兵隊を引率して闕下に迫り是非変革を行ふとの事に而、中村半次郎此度出府之処一両日中帰藩之趣、左すれは緩急瓦解に至るは必定乎と奉存候。大隈之勘考にてもとても此勢を復するは難事と歎慨仕居候。其上此節中村出府に付而者、薩へ御預け相成候耶蘇教之徒御預りは出来不申、朝廷にて御処分相着不申者を藩に御預り申候而も処分之相着訳無之に付、三日之中何分之御沙汰無之時は、長崎県より受取候事に付、同処へ直に差返可申との論を切迫に申出候由。必竟兵隊無智之徒、半は攘夷論と相見へ申候。御探索相成候へは事実相分可申候。私共両人とも今夕より出港、種々用向取片付可申心得に御坐候へ共、一両日中には帰府可仕候。

辞職に付而之手続書は急に相認差上兼候処、昨日も申上置候通、必竟是迄官員転退仕候而も事務之引継と申者無之故、前職如何之方略にて如何之之〔ママ〕見込有之候哉、且後来箇々之事務を如何之方法に依て取行可申積りたる事等を、後職之者受継不申候付、此間に余程之得失有之候へども是迄更に顧者も無之、其損害国家に帰し候外無之、殊更大蔵之事は悉金穀に関係し、尚分明に仕置候而退き申度、横浜より帰候上は逐一其手続を以政府へ結末最後之一議に及可申積りに御坐候に付、帰府之上委敷可申上候間、不悪御聞済被仰付度奉存候。

禎次郎へ御伝言尊嫡之事等逐一承知仕候。

馬代百金正に落手仕候。誠惶拝復

七月念九　　　　博文

〔巻封〕松菊盟台閣下奉復

〔注〕謄本は、明治2年と3年の両様に推定している。

54 伊藤博文

51 明治(3)年10月9日　F一一六

拝啓　三浦五郎兵部奏任出仕位に先御登庸相成候様御尽力奉仰度、片野十郎は三ノ宮此度洋行仕候に付其代りに登庸可仕、省中一決仕居候由に御坐候。尤片野病骨に而三ノ宮代りには少々差支可申乎とも奉存候。東京府兼務に御坐候へは随分繁忙に可有之、左すれは三浦を三ノ宮代りに御用ひ相成候而も宜敷可有之乎と奉存候。片野は地方に望有之趣に御坐候へ共、可然場処無御坐候に付其儘見合置候処、狂介之存慮にて兵部に可相用事に相決申候趣に御坐候。右に付片野之方は兵部省中に而無疎心配可仕候。三浦丈け之処御登庸相成候様奉仰度、申上候迄も無御坐候へども、世外子よりも追々申来、私周旋可仕様も可無御坐候。尤昨日船越洋之介へは申聞置候処、同人等に於ては更に異議無御坐候。拝具

十月九日　　　　博文

〔巻封〕松菊老盟台硯北

54 伊藤博文

52 明治(3)年(閏10)月(28)日　人一六六

為御暇乞参殿仕候処、御参朝後不得拝鳳、遺憾無限奉存候。此度は不容易御高配を以、速に奉蒙允許、不堪鳴謝之至。別段可申上置儀も無之候故、最早参殿不仕。仰願尊体御自愛為朝野奉祈候。私帰朝は明春三月、桃桜満発之時節と想像仕候。

因憶今日之勢、朝変暮更去都観裏桃子樹、悉是劉即去後栽之朝廷に至らざる様千祈万禱、唯閣下及ひ二、三の名公に奉依頼。誠惶頓首

博文拝

松菊老明府閣下

〔巻封〕木戸明府閣下侍史　　　　博文

53　明治(4)年6月20日　人一九

一書拝呈仕候。炎暑酷敷御坐候処、先以尊台両三日前より少々御不快可被為渉趣、昨夜鳥尾小弥太より伝聞仕、今朝は早速参殿可奉伺御容子奉存候処、少々指急候用向御坐候処難罷出、荊妻差出御窺為仕度、私は一両日中より出発大坂へ罷越可申筈に付、其前必可奉伺心得に御坐候。過日参堂之節は種々激論申上、甚触御震怒候趣恐縮之到に不堪、乍去兼而之御天質、容衆択善之御量度も窃に相心得居候事に付、敢而不憚忌諱開襟懐可申含に御坐候に付、取捨全在于閣下事と想像仕候。蓋人生之在此世人各殊想考、議論随て不出於一轍、天之令然処にして、強て之を不曲は現今文明各邦之風習乎と奉存候。雖然随人之意衷使遂人之意見、時は争て極を失するに到り可申に付、礼教国律之制限可有之。固より是等之事乳臭之言辞にして、奉汚閣下之視聴重て不顧触激怒、恐懼之至に不堪候処、御天質之宏度量奉委閣下之取捨。誠惶頓首再白

六月二十日　　博文拝

〔巻封〕木戸公閣下

54　伊藤博文

54　明治(4)年(8)月(5)日　人一九

本月三日之華簡奉謹読候。暑気追々相退き朝夕凌能御坐候処、先以閣下御英然可被為渉恭祝仕候。此節は大政御変革之際、固より眠食之御暇無之御繁忙之御折柄、屢々辱御親書不知所謝、殊に御懇情被仰聞早々帰東可仕心得に御坐候処、追々造幣一事も相運今一層之処にて全く完備可仕、成丈け将来之故障無之様と注意仕候処より彼是と隙取、尤此中旬には帰府可仕。此程下坂仕候而滞寮中、造幣之事務を相運ひ候傍大蔵省諸規則諸帙面類取調、此度之御変革に乗じ、屹度御改正之功験有之丈け之尽力仕度、出発前大隈、井上、渋沢三賢兄と相謀、必す滞坂中に取調可差出に付創立之時に到らは御採用被下度附托仕置候処、一言半句の下問もなく、既に発令之事而已を表向の達に而申参候迄之事御坐候故、茫乎として無津涯心地仕候。両三日前大隈、井上、渋沢の諸君子へ寄一封疑

問仕置候。是も必ず故紙屑中に投し不顧乎、或は姑息之返答有之候乎と臆測仕居候。

滞寮中会計に可管与簿冊殆ど百有余冊、已に版下迄出来此節京坂之彫刻師に命し為相整候処、是も屑籠に属し徒労と相成可申乎と想像仕候。全体大蔵省今日之急務は四方に関係する事より、舞台の規則を整候事第一に御坐候。現今の体裁にては百年相立候とも其出入を明亮にする事不能、随而全国の貧福を知る事は素より出来不申、如斯景況にては会計の本旨に違ひ候故、先つ出納の根本を明亮に相知れ候様規則を設け、厳密に取扱候手順を立候事専務と奉存候。内の整頓したる処を以諸府県を責候様仕度、現に昨年の出納過不足を咨ひ候へとも急に答ふる事の出来ぬ有様にて、且慥なる証拠とすへき書類等も反古同様、如斯少年遊戯同様之不取締にて相過候へは、年々改革仕候とも基の極り候目的は無之故、大蔵丈けは屹度確法を設け度相心得居候処、豈図茫漠たる規則御取極に相成、歎息之至に堪不申候。

両三日前大蔵卿より租税頭可被仰付御沙汰書相達候処、未た御請書は差出不申、租税の事を専任被仰付候は短処を御責め被成候儀乎と邪察仕候。今暫く熟慮不仕候而は、容易拝命仕候而も其職を奉する事出来可申哉否、只等〔管〕恐怕罷在候。いつれ帰東之上御直に緩々奉伺候而、尚御指揮を奉乞度候。陸陽之介便りに藤席差送置候処御気に入候哉否、尚御好御坐候へは被仰聞度。匆々頓首再拝

再白　此節馬関にて小松や米相場にて大苦しみ、態々人を馳せ金を弐万両借用仕度相願候処、引当なき而已ならず金の出し様も無之故相断置候。此節の下落米を買方に相成、先方は印藤弁介にて、此度は小松やも多分再興無覚束と申事に御坐候。菊やも小松やに少々助勢仕候風聞も御坐候。何分米価日々下落仕候故少しの力にて難支、菊やは使を走らせ閣下へ歎訴可仕趣に御坐候。御含迄申上候。

博文

〔巻封〕木戸公閣下密啓乞親拆

54 伊藤博文

55 明治(5)年3月29日（西暦）　F一―六（大久保利通と連名、大副使宛）

西暦第三月廿九日　サンフランシスコ港

一翰致啓上候。時気貴境近来如何。当カルホルニヤ洲に於而は昨今柳暗花明可愛之候、先以御各位益御清穆御奉務抃喜之至に御坐候。随て卑職輩新約克府一日滞在、即去第廿一日夕第八時発軔、翌昼第十一字比ネハガラ瀑布遠望、英領カナタ通り、車中無恙殊に日々好天気、昨第廿八日夕第九時半三方済カランドホテルに落着申候。即昨夕直様森少弁務使殿宛伝線を以て申陳候筈に候。尚又公務上種々申入度件々も候へ共、郵船は来月第一日昼第十二字出帆に候へは、何れ次便に申進候様可致候。先は安着之旨不取敢申陳候。以上

伊藤博文
大久保利通

大副使御各位

54　伊藤博文

56　明治(6)年(4)月31日　F一―六

木戸様　いとふ

唯今小松より承候処、今朝御待被下候由之処、昨夕申上置候通、今夕第五字に御誘引申上度可相成はウヘストミンストル、ホテル迄御出掛被下候へは難有可奉存候。同時にヘンリー、クルー、と申バンク之主人旅宿迄罷越候筈に御坐候。此段申上置候。是非御降臨奉仰候。拝具

三十一日

〔欄外頭書〕Westminster Hotel 16th Street
〔封筒表〕His Excellency Kido Takayoshi ／ 伊藤博文。

54　伊藤博文

57　明治(6)年5月12日　F一―六

昨夜御発軔にてネーフルへ御越被成候由御健剛之御様子中井氏より承知仕、尚其節同氏へ御托被成置候御一封落掌難有奉拝読候。独乙へ御残之御書簡は相達不申候。博覧会計一条御勘考至極御尤に奉存候。已に小松済次Marseille 迄出浮委曲承知仕候に付佐野にも一書を送り、今明日羅馬迄罷越可申筈に付、篤と相談仕見可申候。兼而申上置候桑港へ申遣候馬は乗馬と馬車馬といつれを御好被成候哉。委敷不相伺候処、御序に為御知被下候様奉願上候。馬車牽なれは乗馬より其価も倍し可申候。乗馬

にて百六十ドルなれは随分よろしく船賃百二十五元、二百七八十九元位にて日本迄相届可申、馬車馬なれは三百四五十元、二疋揃れは六百元内外乎と奉存候。尤船賃は此外に相成可申、篤と御好之処被仰聞候へは都合よろしく候。○伊太利は成程開化之原地丈ありて、造築其外には眼を驚かし候程の物数々有之候様相見、閣下は余程御勉励にて大概無所残御覧相成候乎と想像仕候。私共も本月中位は、是非相滞り夫より博覧会抔へ赴き申度ものと奉存候。乍去大使帰心甚急迫少々込り申候。殊に魯国を去りし後は兎角充分之御健康にても無之様相見寒暖之差同より起候事に可有之に付、大なる憂は有之間布と奉存候。

別紙三通御届申上候間、御受取可被下候。拝具

木戸公閣下

五月十二日　　博文

〔封筒表〕木戸様、別紙在中、伊藤。

〔注〕別紙なし。

54 伊藤博文

58 明治(6)年(5)月(　)日　F一一六

四月二十六日之芳簡（是は独乙より御仕出しと相見ゆ）今日落掌難有拝読仕候。三穴之御一穴丈け御全快之由恭悦仕候。跡の両穴も追々御快復の御工夫第一と奉存候。○中井氏に面晤随分面白き御国之奇談承り服〔腹〕を抱へ申候。

拝別後更に奇事無之唯 Sweden Stockholm 之景色は欧羅巴中一二の外に出すと奉存候。

写真此地にて今日相写候に付、跡より贈呈可仕候。

本邦へ御発足前紅毛穴一度は御試験、後日の話の種によろしく御勧申上候。乍去欧羅巴は何国も強敵多く候付、前以御養兵之策第一と奉存候。殊に大炮の損処等有之候而は、必然御敗軍に立到り可申候。此段予め奉申上置候。

御発航前いつれの地におゐてか拝青可仕心得に御坐候。

博文

松菊老兄

〔封筒表〕木戸副使閣下、御直拆、博文。

54　伊藤博文

59　明治(6)年9月25日　人二〇

昨夕は不顧御病臥及長談奉恐入候。今朝岩公又々帰路枉駕有之候に付、昨夕申上候件々老台に於て更に御異見無之趣相話候処、殊の外喜悦之容形に御坐候。唯願は縦令少々之御不満足之儀御坐候共、必竟事実に於て有益を御希望被成候儀素より不俟論、況昨夕之御主意に御坐候へは別段御異議も無之事に付、全体之施設方法に到り候而は篤と大久保と御熟議を幾重にも渇望仕候。黒田良介も昨日岩公に面謁、只等〔管〕老台之御高議に感服、大久保にも説き込、是非老台之驥尾に附今日之急を救わねばならぬと申事を相咄候由に御坐候。岩公は自己之見込は相咄不申候趣に御座候得共、充分其説を助長し、尚亦黒田を大久保に遣し今一層親切に熟議仕候筈に御坐候。今日岩公帰宅之上大久保を相招大略商議可有之、明朝其模様承知可仕筈に御坐候故、相分次第可申上候。参議連も随分洶々之趣に付遅延は却而有害と奉存候。いつれ一両日間大久保罷出候都合に可相成、其節同人よりも充分開襟懐候様岩公よりも御伝有之候筈に御坐候に付、老台も御疎は無之候得共充分無御遺憾処を御相談有之候儀肝要と奉存候。黒田之論に曰く、大久保より今一層西郷と熟議に及候へは或は其詮無之共難申と申候由、又曰、老台大久保抔列職なれは西郷も大に慰する処有之へく、内心不平之生する処参議中右手に商業を扱ひ左手に政柄を執る等は所謂破風俗擾礼義と云之一端にも可有之乎之口気に御坐候趣、是等之事確証無之事に付容易に推察も出来兼候へ共、以其人察其意候時は或は然る乎と奉存候。

昨日大久保留守中へ罷越候趣に御坐候処、折悪不得面晤候。其内貴館へ罷出候も難図に付予め申上候間、辞他客充分御熟議偏に渇望仕候。又昨日御咄御坐候私身上之儀大久保抔へ容易に御相談等有之候而は却而大事を害候様可相成事を恐れ候間、御疎は有之間布候へ共、決而御発言等無之様奉願上候。事情は追而面晤に可申上候。此書御一読相成候へは其儘御焼却又は此裏に御答御坐候へは御認め御返却奉願上候。如斯少事より大事を損せん事而已を恐れ申候。

御病気は充分御加養、座客満室昨日之勢にては御保養難

相成と竊に憂念罷在候。拜具

九月廿五日

54 伊藤博文

60 明治(6)年10月3日　人二〇

其後は御病気の御模様も不奉窺候処、格別御変更も無之趣、聊なりとも御快よき方に赴かしと晨夕祈望仕居候。過日は三、岩両公御尋問御臆想を御互談有之候趣、大幸至極に奉存候。昨夕岩公に面謁仕候積りにて罷出候処、玄関にて大隈に出会、同人之説に今日岩公初めて出庁各参議一人毎に見込を承り度とて大隈之当り番にて参りたりと申事故、是非新参を癈し大久保を出候方可然と見込候に付、同人も同意なれは、条、岩両公へ屹度論迫仕呉候様相談仕置候。同人も此外には妙策無之と雷同仕候様相見申候。其後は私も岩公にも面晤を得不申候処、今夕得一報明夕参り候様との事に付、様子少しは相分り可申、夫より貴館へ出頭仕候心得に御坐候。条、岩両公も随分姑息論に御坐候故、私も充分之見込は無御座候へ共乗り懸り候船なれは先つ溺れ候迄は乗抜く工夫仕候外無之と奉存候。いつれ明日参堂事情承知仕候丈け可申上、御病気中何分御怨無之様奉願上候。誠惶拝白

十月三日　　博文

〔巻封〕松菊先生閣下

54 伊藤博文

61 明治(6)年(10)月19日　人二〇

態々御書簡難有奉存候。昨夜岩公へ面謁今朝又大隈方へ参候様申来候に付罷越候処、参議一同岩公へ集会之趣に付、其儘罷帰申候。大略手順は大隈へ申合置、岩公へ申入呉候様相托置申候。唯今大久保より来書、今日は至急之用事出来参り不申。

最早其席に進入論破仕候而も可然との御沙汰幾重も感戴仕候へ共、其名なけれは却而害と可相成乎と不能断踟躕罷出候。勿論此場合に御坐候故、火の中にても飛込可申、乍然進退其度を失ひ候時は一過激に止り候も、無益於事時は甚可愧と奉存候。明朝になれは今日中之模様相知れ可申、岩公とも昨夜八字より十一字頃迄充分論し置申候。乍去何分小胆或は着手を誤候乎とも恐れ申候へとも此度

は随分奮発心有之様相見へ申候。実に明暗難期大久保も唯其恃むへからざるを恐候乎と推察仕候。服〔腹〕痛今日は全快福井御遣し難有奉存候。御病気に何事も障らぬ様肝要に奉存候。

山田氏来話中克々相談仕置候覚悟に御坐候間御安心可被下候。拝具

十九日

54　伊藤博文

62　明治(6)年(10)月22日　人二〇

昨夜山田へ出会、同人之話も略承り置申候。今朝は出京も不仕、寺島帰着以来未面候に付相尋、朝鮮一条其外外務省中之事務等大に不同意にて、已に副島過失も数ヶ条見出し候模様に被相窺申候。

岩公より今朝一書を得候処、今午後第二字罷越呉候様申来候に付、先つ今暫見合可申積りにて、今日は相辞り置申候。岩公之書に云、昨日は余り御短慮と存候へ共全く予をして誤らさらん事を深慮之御忠情と聊懸念不致、今日之処実に天下安危之所分、乍不肖不抜之微忠誓而貫通之覚悟、右は聊御心配被下間敷候。復其書、過日来之処深慮熟考仕候へは実に重大之事件と奉存候に付、只於此時天子之尊を仰政府之重を存し且大臣之貴職を御尽し被成候外無之と深く大体を慮り候より過激之議論を主張し不憚厳威申上候次第に御坐候、然るに熟々考れは政府の大権何の所に在る乎、大臣の責何人に属する乎、私自ら其在る所を知らす、今日罷出候様御沙汰に付而は尚深く熟案可仕に付、今日之処御猶予奉願と、申置候。

いつれ明日にも相成候へは出京可仕候へ共、今日は見合せ可申心得に御坐候。他は別に相変候事無御坐、御病気少々御再発乎に相伺ひ頗不堪懸念、何分御保養第一に奉存候也。

廿二日　博文

木公〔巻封〕拝復

54　伊藤博文

63　明治(6)年(10)月(25)日*　F一—六

参議一同昨日迄に不残以病辞職之表差出候趣に御坐候。此上一応は難聞届段御達可相成様子に御坐候処、如何可

有之乎と甚懸念仕候。〇大久保今日より出庁之筈に御坐候処、罷出不申由、只今書帖を遣し候処、他出行先相知れ不申候。〇岩相奏文大木少々異見有之、加筆之由に御坐候。昨日御尋に御坐候得共、別に異議は不申候得共、跡にて替へる抔は余り不宜事乎と黙案仕居候。〇三条公辞表之儀に付岩相より相迫り辞職を促し候段、森寺某板垣へ罷越訴へ候趣にて、板垣より参議一同へ申聞、終には兵隊連中迄へも相漏候趣、然るに事実は大に相違之事に而、三条公之意衷より相起候事に御坐候へ共、小人之心を謀候故、殆二公之交義を離間せんとする之詐計、可悪事と奉存候。昨夜御招に而御相談に御坐候故、御考案中之訳を以其儘御預り置表向御差出は当分御見合可然段申上置候。〇西翁一昨日より帰郷発足之及急迫候訳は、全く一昨朝板垣罷越、岩公之過失を挙け一同連名に而上奏する之策を相談仕候由、西翁辞するに私怨を以公事を害する之徒に与する能はす、且事之成否議論之不合より相起更□〔無カ〕所意と申而直に相発候由、爾後副島宅へ出会いつれも定論無之、唯過失を論する位にて言大体に渉らすして散し、終に以病辞するの論に決し候趣、岩相を墜すの企は全く後藤之窮策より相起り候趣、小人之胸間可想見。槇村拘留も先つ兎も角も今日不及拘留段、御達之筈に御坐候。跡は司法卿に少々見込一定不仕、私は大木適当と奉存候に付相勧め置申候。大久保は大久保一翁如何と申事、岩公佐々木充分、不相決候処、此上は岩公之決に依るべしと大久保も落着仕居候。〇別紙は大久保へ今朝遣し置候書帖之写に御坐候。御一覧後写無之に付御返し可被下候。且他人に決而御示し被下間布、私も随分被目撃候趣勿論聊所顧に無御坐候得共、唯事を全せんと欲する為に厭漏洩候。〇若し別紙に付御異議御坐候へは充分御教諭奉願上候。私は世間之臆病者之胆を冷し上権を復する事を主と仕候故或は過激に過るも難計候。

54　伊藤博文

64　明治(6)年(10)月25日　人二一

尊書拝読仕候。然は御人撰一条に付岩相より御相談申参候由、昨夜御相談にては無之候へ共、一応御噂丈け承知仕居候。司法丈け之処は過刻桂帰便に申上候通、是も私より申は余計と奉存候へ共、大久保より被及相談候に付、不図吐露仕候。体裁に付而は幾重も論し可申心得に御坐候へ共、人撰論は頗る困窮仕候間、岩相、大久保へ御書帖にて御熟議奉願上候。是丈けは真に閉口に御坐候。其他は如何之事にても御用相勤可申候間御指揮可被下候。今日参堂可仕心得に御坐候処少々差支有之、決定之処申上兼候。都合次第に可仕候。拝具

廿五日　博文

〔巻封〕松菊老盟丈坐下拝復

54　伊藤博文

65　明治(6)年(10)月29日　人二一

昨夜来の事情御報難有奉存候。今朝十字御説諭も有之候筈に御坐候故、大概落着可仕乎と奉存候。聊姑息を不免処置も御坐候へ共、目下の急不得止処も有之、実にみぐるしき難事甚痛心仕居候。

岩公奏文他人に御示不被下候様奉願上候。此際種々之浮議相生候而は尚一層之困却と奉存候。書帖にては何分不尽意、罷出度奉存候へ共多端にて不得閑、不悪御聞置可被遣候。

昨夜は西真も岩殿へ罷出、随分心配之様子に御坐候。尚模様に寄御報可申上候。拝具

廿九日　博文

〔巻封〕松菊台下御直

54　伊藤博文

66　明治(6)年11月4日　人二一

御書簡拝読。然は兵隊云々御気付之段至極御尤千万に奉存候。乍去勿論是迄之処分聊姑息を不免事情は已に申上置、此末又右様之議論相起困難に立到候時は、防禦之手段いかにも難事と苦慮千万に御坐候。尚同僚一統へも申談可仕候。早々頓首再拝

尚々、昨夕鳥尾相尋候処山県も罷越居、前日之話とは少々間違候様覚へ申候。尚今一応鳥尾より承知仕度含に御坐候。少々宛駆引有之談話にては私には相分り兼、忙ヶ敷時は込入申候。平生なれは余地有之様相見、随分面白可有之乎。

十一月四日　博文

〔巻封〕松菊老台拝復

54　伊藤博文

67　明治(6)年11月7日　人二一

今朝午前十一字頃大宮様皇后様御同車にて高縄毛利邸へ行幸可被為在、途中工部省横脇にて馬車溝中に落、余程深水にて頗危難に臨候処、幸に御無難被為在、唯今迄工部省へ御立寄暫時御休息、御容姿をも奉窺候処、都合御障りも不被為在候に付、一応此段御報申上置候。事情は杉重華より御聞取被成候へは分明可仕候。為其。匆々頓首再拝

十一月七日　　伊藤参議

〔巻封〕木戸参議殿御直

54　伊藤博文

68　明治(6)年11月8日　F一―六

小幡氏昇官之儀彼是延引奉恐入候。過日来繁忙に取紛因循に打過候処、明日は評決仕候様取計可申候。両三日来参謁不仕候に付、種々之事件相湊ひ是非御高案を不奉伺候而は不相成、明早天正院へ出頭前罷出可申心得に御坐候。今晩も唯今迄岩殿に集会、漸罷帰候処へ得貴書、不取敢御答申上置候。書外明朝拝晤に譲り可申候。匆々頓首再拝

十一月八日夜　　伊藤

〔巻封〕木戸様御直拆

54　伊藤博文

69　明治(6)年(11)月14日　人二八

只今路上にて木梨に出会、今日政府にて評議有之候魯公使唐太判談(ママ)一条に付、寺島考案副島を魯国へ使節とし遣し度との義細々申聞け、閣下へ伝致すへき筈なり。車中にて尚熟考、意味の充分貫徹せざる事を恐れ概略を書して申上候。

魯公使は唐太一条を談判すへき全権を帯びて日本に来り、已に一ヶ年半余も東京に駐り追々副島と談判をしたる由なれとも、今日に至り決極未た付かす。然るに公使の本国より命令ありて支那に転駐すへき筈なり。已に先月二十八日発足すへき事を外務省に申入、其前に結末に至らん事を望みたると見へて、副島より御前会議を乞ひ、先

月十八日主上臨御の処、其前夜条公俄に病床に就くを以て其事は止みたり。

爾来政府の変換にて寺島奉命初めて魯公使に出会、公使近日発足の趣なれとも暫く滞り唐太談判を引続かざるやと告け、種々談判中通弁の間違ひ等ありて充分の意を尽さず、他日を期して別かれたる由。

其後出会の時は、公使も長く滞在六ヶ敷けれは魯国へ使節を出し、いつれ此談判の結局を着けん事を告けたるに、彼曰、已に一ヶ年半談判して結局に到らざるを魯政府へ使節を派して談せんとせは政府必す怪むべし、夫より日本にて談判の決極相着く事なれは局を結んで帰りたしと、答たり。又曰、談判を為すには日本政府の趣向如何様にせんと欲する旨意を聞きたる上、自身も滞在して談する乎、或は支那に往くかを決すべし。茲に於て寺島は又他日を期して其返答を為す筈にて明後日に取極めたり。

寺島の勘考には、彼れ帯ぶる所の全権は唐太を日本より得んと欲するの意なれは、已に公使自から云へるが如く雑居に付ての談判をするの権なし、然れは我より望むの意と符合する談判は出来難し、去とて然らは談判是迄なりと言ひ切りて別るゝは他日談判の道筋を失するを以て、幾分か今日迄の談判を水泡に属せすして引続く工夫を為したる方、交際上に於て可然との思〔ママ〕へるより、副島は是迄其事を管したるを以て使節に任し、魯国に遣し之を商議せしめは如何と云。且魯公使日本を去る以前に此事を公使に通ぜは是迄の続きを失せさるを以て彼も承服すへきか、此を以速に決せん事を乞ひたり。勿論副島任するや否やは不分なり。一同人物に付異議を強て主張するの人も無之処、即今急に決するは大久保抔も余り同意の気色にも不被窺、私は是等の事容易に考も出てずと申置き候。

乍然寺島も切迫したる勢を見れは何れにとも急に決せねばならぬ事と愚考より、閣下の過日御談に一たび当人を呼ひ寄せ見度との御論も有れは、御呼寄の上、唐太一条且当人去就の始末、今日政府の事情世間流言の形勢等御談ありては如何と思ひ候より申上候。縦令結末は如何相成るとも妨けなきか。御高慮に依て決すべき事なり。

副島と魯公使談判の模様は過日陳述したる通り、別に応接書もなけれは跡を証するに由なし。言辞を取るの外なし。
岩公は同人を使節にするは異議なし、然れとも今命する
は少々不適意かと思はれ申候。
案するに彼れ魯公使此機に乗し速に決談し、且己れも其功を全
せんと欲する、万々なるへし。
魯国へ遣使する要用なる、已にペリウ一条あり、唐太論
あり、何れも難論の極と奉存候。唯其人撰を如何せん。
書中意を尽さす、概略を御承知なれは追々申上置候を以
御推考を仰き申候。
ポリス論、兵部論も未た片付かず。ポリスの方は河野辞
表を出し申候。未た裁決せす。多分跡は其代りを置かず、
川路等に其儘管せしむるか未定。山県、鳥尾の処、半途
にては随分万事に支はり候様奉存候。
今日高縄に帰り明夕より白耳義公使着船の迎ひとし出浜
の積りに御座候。
御用あれは今晩明朝にても高縄へ被仰下度。
此書は思ひ出し次第に認め、且密議に渉り候間、御焼捨
奉願候。拝具
十四日　　　　　　　　　　　　博文
木公閣下

54　伊藤博文

70　明治(6)年(11)月18日　F一一六

寺島へ御申越青木一条は、岩公より帰国御申遣相成居候
趣に御坐候。不取敢此段御答申上置候。匆々頓首再拝
十八日

54　伊藤博文

71　明治(6)年11月20日　人二一

先日申上置候政体上に付而之御見込御坐候へは、御書面
にて今日中御廻しは相成申間布哉。先つ下調丈け寺嶋、
私両人にて引受可申、其前に参議一同より見込書は皆両
人方へ相廻候筈に約し置申候。明日両人談合手順大略取
極申度奉存候。
過日御申越新聞紙翻訳は他の新聞之方未出来候に付、相
調次第差上可申候。ポリス論は今以頗盛にして郷(ママ)導団尚
亦動揺、是非帰国相願候趣に相聞申候。
昨日黒田開拓先生御談判之顚末は如何御座候哉、相窺度

奉存候。

副島相伺候哉、同人魯と談判之始末明には不相分候へ共、少々甘味を魯使に匂わせ候模様に御坐候。夫故必竟魯使も寺嶋を快よく思ひ不申乎と奉存候。是は屹度間違ひなき様相見申候。尤世間へは余り洩れぬ話に可有之、此段御含置可被下候。為其。匆々頓首再拝

十一月廿日　　博文

〔巻封〕松菊明府閣下

54　伊藤博文

72　**明治(6)年(11)月21日　人二一**

昨日申上置候政体変制之御高案廉書御送被下難有拝読仕候。唯今は諸彦之高説を集合仕候而如何程之変革実際上に被行可申乎、寺嶋氏と商議仕見、其上にて公然取懸可申心得に御坐候。最初は私壱人専任にて諸学士其外実務熟達之士を撰ひ惣轄衆議を尽し撰定仕候而は如何と申大久保氏抔之按も御坐候処、兎〔ママ〕とても其任に非すと自承知仕候に付寺嶋を重に担当為仕、先つ下組を致置候而、終には可なり之体裁出来不申乎否を見出し可申と奉存候。高論之如くとても充分なる事は出来不申、人民之賢愚は暫く差置、役人之智恵も人情世態に適するや否を見に足り不申、実恐悚に不堪。大久保氏之論に此取調には福沢諭吉抔も組込候而は如何と申見込も御坐候処、私は更に不同意無之至極よろしく候得共、是等之人物は組込候時は必す其人之識見と道理を以論し候事は政府に於て不採用は却て其人をして望を失せしむる之憂を生すへき乎。政府上姑息論無之、直に実際に適し道理にも不悖丈け之根法を取建可申一同之はまり込なれはよろしかるへきと申候。御高案如何。何事も寺嶋と熟議仕候上、又御高案に付而之御返答可申上様可仕候。不取敢御答如斯御坐候。拝具

廿一日　　博文

〔巻封〕木戸公閣下御親展

54　伊藤博文

73　**明治(6)年(11)月24日　人二一**

新聞紙翻訳出来候に付入電覧候間、御一覧相済候へは又御返却可被下候。

ポリス一条も先つ折合申候勢に御坐候。頭取連も了解仕候由に御坐候。此上は政府之是迄わるき処はわるきにして、司法も過失あれは改之、槇村も罪あれは糺之至当之御処置可有之儀なれは、聊も異存申出候儀無之と司法卿へ申出之趣に相聞申候。他は別段相替候義無之、京都府（京都も主任長く他行に而は不都合に）も裁判長引候に付而は槇村も長谷も他転被仰付、知府事（可有之、尤裁判相済候迄は其儘槇村も参事相勤居、其済候上転し候而可然、尤其）は杉孫七郎へ被仰付候而は如何可有之乎、他人に被仰付（中に而も知府は新任差支り申間布）候時は槇村も種々之世話致掛り居候末一時に後任之人改之候様に而はよろしかるましくと奉存候。杉なれは其憂も無之都合よく参り可申、如何思召候哉、御同意なれは当人へ御内々御聞合被下候様奉願上候。尚返答は当人よりにても私へ一書遣し呉候様御伝言奉願上候。拝具

廿四日　　　　　　博文

〔巻封〕松菊老台御内覧

54　伊藤博文

74　明治(6)年11月24日　人二二

槇村裁判一条は尚亦是迄之通臨時裁判を引続き、参坐は大蔵省竹内、左院細川、西岡、浅井、三浦、正院土方、日下部、司法鶴田、岸良、坂本、外務省山口少輔、文部省野村に相決申候。槇村再出刑法裁判に而事情を聞候事に相成候へは民法へ変し可申乎、左すれ裁判役相替り可申乎と奉存候。

槇村転官之儀は今朝申上候処是も余程手間取可申様なれは京都府も差支可申、雖然裁判を其事故を以急にするとは申訳は兎〔ママ〕とても出来申間敷に付、一応御尋申上候儀に御坐候。別紙閣下御進退之儀に付而は御不快御復健次第又可申上候。唯今彼是申上候儀は御厭ひも可有之乎、乍然御企望之次第に付而は私去就にも自から関係仕候儀と奉存候。前後想像実に不堪恐悚候。後藤妙論も御坐候へは拝聴仕度。誠惶頓首

十一月廿四日　　　　　　博文

〔巻封〕松菊老台閣下御内覧

54　伊藤博文

75　明治(6)年11月27日　人二二

今朝木梨へ御伝言之趣承候処、御示教之通今日之場合其儘御出勤と申儀も条公において御難渋も可有之、至極御

尤千万と奉存候。就而は御気着之御優待と申儀如何様之手順にて可然思食に御坐候哉、一応相窺申度、別段勅諭を以被仰出候様との事乎、又は太政大臣職掌之儀に付御勤方に御涵容之御沙汰にても可被仰出候而可然乎、御気着之処御示被下候様奉願上候。

内務卿之儀最早遷延も不都合に付、大久保拝命可被仰付内決に付、此段申上置候。

山田支那行之儀は一昨日被仰越候処、其前岩公より御尋御坐候に付、当人も一隊之管轄に付同人へ御直に御尋可然と申置候処、不同意無之趣にて御受と申儀御坐候処、昨日当人罷越事情承候へは彼是難渋之儀も不少、発足は至急に不相成方可然趣に付、寺嶋へ申談置候。兵部省之儀一切不相分、事之生候上にて初て彼是と議候有様、又注文通に不被行時は殊更混雑を増候乎と不安心勝に万事相決候体、甚困窮之至御坐候。御病気追々御快方なれは又近日拝趨可仕、尤過日御書面之意も充分解得、御病気之御都合を窺候上罷出度奉存候。誠惶頓首再拝

十一月廿七日

〔巻封〕松菊老盟台玉机下　　博文

54　伊藤博文

76　明治(6)年11月28日　人二二

御書簡難有拝読、条公御進退之儀御示教逐一承知仕候。山田支那行、私も決而至極尤とは不奉存候へ共、事情は昨日申上置候通悉不如意儀困却仕候。槇村一条に付而も今日も少々討論仕候次第、中々議論不出一轍候事は閣下も御経験にて能々御承知、殊に私位にては人も充分承知不仕候に付、兎角八ヶ間布申候わでは叶はぬ事計に御坐候。

是非一両日中に拝趨不仕而は不相成候に付其節は拝謁を御許可可被下候。

教部省之儀は追々は内務に属し候様可仕心得に御坐候処、即今直には六ヶ敷、段々黙雷抔より之訴も承り其儘差置候訳にも参り不申、第一大害と可相成事を恐れ申候。何卒宍翁を少々御説諭神仏各宗混淆を止め候御手段は無之候哉。書他何も近日参堂可申上候。不取敢貴答。匆々頓首再拝

十一月廿八日

〔巻封〕松菊老台御直　　博文

54　伊藤博文

77　明治(6)年(11)月29日　人二三

今朝は御書簡難有奉存候。陳昨日禄制之論出来、先つ家禄税を課し置、追而公議を尽し増減之議に及と申事に而、禄税は今日御評決に相成申候。寺嶋、私は異議も申立候へ共、人情等推量之論彼是にて相決申候。閣下之御議論も御坐候様兼而相伺居候処、如何様御処分と申儀委敷不奉承知候故、甚不安心に奉存候。

政体論も寺嶋と両人引受取調中に御坐候。先つ下は地方官を会する位之事に仕置、上は麝香間を皇張し人数は余り増加せぬ様注意仕度。禄制之議も明年此議に懸け、夫迄は差置申度奉存候処、中々議論一轍に帰せす、先つ禄税は是非発令すると申事に決定。

内務卿は大久保拝命。省中之事務は過日略申上候通。尚亦追々は社寺も組入候つもり。已に先日閣下よりも御書通、大久保の論には先つ頭の一、二先生を取除け不申而は急に手を下し難し。是は至極尤に奉存候。

京都へ杉を遣す事は昨日評議御坐候処、槇村免職之上ならては知事を命する事不都合なりと申事故、只今槇村を免するは不都合と申事を主張仕候。是は未決に御坐候。

警保寮は内務に属し可申筈、尤も各地方にてポリス直管不仕而は不都合に付、一般に関する法則を掌る迄之つもり。乍然目下之処は司法にある儘を内務へ廻し可申筈に御坐候。

条公之事は岩相へ能々申入置候。来る朔日条公へ御面会之筈に御坐候故、其節能々打合せ可申との事に御坐候。右は今日之事情大略に御坐候。委敷不申上而は難被成御了解儀も可有之候へ共、拝謁ならでは不尽意候。御一覧後御火中可被下候。匆々頓首再拝

廿九日　　博文

〔巻封〕松菊老台御直拆内密

54　伊藤博文

78　明治(6)年11月30日　人二二

昨夕御認御書簡今朝落掌仕候。禄税論御意見至極御尤千万に奉存候。未た発令には到り不申、尚亦一議引起し見

可申心得に御坐候。岩相も今年税を課、明年再評と申儀は万々始より不承知と申事、乍去従今十年間は僅の税而已にて差置と申儀も余り姑息、且四、五年先之事は難予期勢に付、明年之公議迄相成事なれは引延し申度相企居候へ共、何分即今布令不仕而はと申論切迫難支勢に付、不得止難如何奉存居候処、御高案も御坐候付而は、是非細議今一応仕度、其上にて何分之儀可申上候。楫取一条は先達而同人より私へも書帖を送り東京へ転勤仕度内願有之、且杉氏より岩公へ申出候儀も有之旁にて当人望通り出京被命候処、豈図如斯不服にては前後照応仕兼候。尤一県之興廃にも関係仕候丈け之儀、殊に柏木進退抔は尤不都合に付、新参事は可被差留様にも可相成候。今朝巨細岩相へ申入置候。

東洋書生論は未決に御坐候。

今日之事務上には関係せぬとの御議論は承服不仕候。いつれ参堂書他可得貴意。匆々頓首再拝

十一月三十日　　博文

〔巻封〕松菊老盟台御直

54　伊藤博文

79　明治(6)年12月2日　人三〇

玉翰難有拝見。然は今日侍従高辻御使として蘭芝拝賜被為在候由、呈祝仕候。御書中逐々御衷情御洩漏被下上は虚心にて考味仕候様被仰聞、此儀は実に恐縮に堪不申候。私儀先般辱重任以来日夜深憂、時勢聊担当国家之事仕候心得にて、万々御衷情をも奉察候へとも、事之軽重緩急を謀り不得止御勧申上候次第にて、決而不虚心不公平之儀を申上候と思召被下候義は不堪悲泣候。書外尚亦参殿不申上而は恐違尊意。匆々頓首再拝

十二月二日　　博文

〔巻封〕松菊老台拝復

〔注〕謄本は明治8年と両様に推定。

54　伊藤博文

80　明治(6)年12月4日　人二二

早晨煩御使奉恐入候。御示教之件々逐々奉承服候。昨夕は染井辺御游行、聊なり共御鬱気御開発有之かしと

奉祈候。

過日相願置候禄制論は御認なれは岩公迄にても御指出被成候而は如何。成丈速なる方可然乎と奉存候。柏木、楫取両人依然処旧官候様相運候筈に御坐候。内務大丞に知県事河瀬は相当之人物と奉存候。御考案は如何。尤同人は誰が推挙抔と申事之世上に不顕様精々仕度奉存候に付、当人へ御聞合は不被下方可然奉存候。一昨日昨日両日は人撰論仕居候へ共、適当之人物と申事誰も見出し不申。尤大丞位之人物三人は必用に御坐候。薩税所長蔵は随分よろしきと愚考仕候。左すれは河瀬、税所、林半七位を可申出乎と奉存候。尤人撰には公平論を立置候に付、名指し随分六ヶ敷候。他に御気付も御坐候へは御内々御知らせ可被遣候。匆々頓首再拝

十二月四日　伊藤博文

〔巻封〕木戸参議殿内密御直

54　伊藤博文

81　明治(6)年(12)月13日　人二三

今日参殿仕候処、御外出不能得拝晤遺憾に奉存候。過日は槇村一条に付御投書御坐候処、其節は貴答不申上、其情実等も直に可申上心得、殊に彼之禄税論に付、其後大久保へも得失弁論仕、尚勘考と申事に而打絶居候処、昨日又岩公邸にて内議相起り異見申立候を以終に御決定に不到、又明日も再評と申事、可成明日は出席不仕心得、いか程異議申候共見込相違之儀にて不任心底、閣下之御建白は先日拝覧仕候而直に岩公へ指出、同公より一統へも御見せ有之候儀とも推察仕候。右御書面御文体之処少々愚考も御坐候処、何分間合無之に付申上試候事も出来不申残懐千万に奉存候。

私右之禄税に付異見申立候主意は大略左之通。

華士族禄は永久下賜候者乎、又は追々年数を経るに随て減削終に皆無に被仰付候御主意乎。永久下賜候者にて課税をも命する者なれは家産と見做し可申、追々減削する者なれは税を課するの理なし。又其族は（士族）永久に存する者乎、禄の有無に依て其族の興癈ある乎。是等之原由を探り廟議御決定之上着手有之不遅と奉存候。

又一には会計上より論候時は、未た出入如何を不能知、内外出入如何を不知、要費冗費之如何を不知、借財償却

方法の如何を不知、金札消却方法如何を不知。先つ是等之事を取調、有余不足を見出し之に応する之算計を為し候事今日の急務に付、縦令禄税を課するにもせよ算計に不依、又何等之目的たるを明にせずして漫に禄税を課するを論するは、今日国家の勢に於て目下動乱をも生するの機ありて人心を一時安せしむるの姑息に出する乎、左すれは軽重を謀り不得止の策とも可謂乎。私は未た其勢如何を不能知と昨日喋々論弁仕候次第にて、終に決議に不到。前条御一読、決而因遁仕候儀に無之段は御垂憐可給候。

此外にも数々申上度儀御坐候へ共、書帖不尽意、期他日候。御病気追々御全快、そろゝゝ国家の病気を御疹察、之に適する良済を御施し奉願候外更に一手段も無御坐、万々〔ママ〕開口仕候。拝具

十三日　博文

〔巻封〕松菊老盟台御内披必御火中

54　伊藤博文

82　明治(7)年1月4日　F一—六

昨夜得尊書謹読仕候。槇村書面は同席へ差出置申候。今日条公御出庁、来る七日文部卿御兼任之御拝命可相成候様申上呉候様との御沙汰候付、此段御承知可被成置候様奉願上候。拝具

正月四日　伊藤博文

〔巻封〕木戸参議殿至急

54　伊藤博文

83　明治(7)年(1)月7日　人二三

昨夜は細君御賁臨被下難有奉謝候。折悪多人数客来にて御不興千万奉恐入候。御書帖にて被仰越候槇村辞表一条は、過日当人より差出候書面写之分一同へ為見申候処、格別議論も無之候処、当人其儘京都府に奉勤之儀、自身難安場合も可有之乎、左すれは他へ転職被仰付過日已に申上置候通杉を知府に被命候而は如何可有之と考案仕居候。

閣下今日之御出庁は御辞かの趣、条公思召には一日も速なる方御好之御様子にて頻に御待兼之御事に御坐候故、最早御出掛けにては如何と奉存候。

昨夜も御奥様へ申上置候、来る十一日頃高縄へ御一泊にて御越は出来申間敷哉、是も御都合相伺申度奉存候。

長与専斎は無理取は不仕候に付御安心可被成候。

陸奥辞職之趣、可然地位へ御採用は相成間敷乎。誠に秀才之人物を失ひ候儀残念、殊に友誼に於ても気の毒千万と奉存候。大蔵兎角不折合、大隈氏も不能為如意之勢に御坐候。

十一日之処御一答被成下候へは難有奉存候。拝具

七日　博文

〔巻封〕松菊明府閣下

54　伊藤博文

84　明治(7)年1月8日　Ｆ一―六

明後十日赤坂皇宮へ閣下御名代として罷出文部卿之御受仕候様唯今三条殿より御申聞御坐候処、先つ一応御尋仕候上御答可申上様申上置候。自然御病気御快方にて当日御出頭相叶候儀に御坐候へは、可成御直に御拝命相成不申而は不都合と奉存候。夫とも御差支なれは御名代御断申上差延し可申哉、一応御指図相窺度奉存候也。

正月八日　伊藤博文

〔巻封〕木戸参議殿至急

54　伊藤博文

85　明治(7)年1月14日　人二四

副島一条段々面倒に立到、山口少輔魯公使へ罷越承合候処、唐太一条に付而は未た本邦政府より何事も不申来候段相答、且是迄本邦へ応復之書類等迄為相見候趣、又魯政府より申来候次第直に日本政府へ及通達候儀勿論之事にて、嘗而副島へ右様之儀申通候儀無之由に御坐候。然処黒田次官罷越承候処は大に相違にて、頗人心を惑乱せしむるの策乎と相見候に付、山口、黒田両人之書面を以大久保副島方へ罷越、相違之廉並に同人之志向も如何可有之乎を相尋可申筈に御坐候。当人返答振りに寄御処置も相着可申乎と想像仕候。

警保の阪本、国分以下已に辞職之者悉く如願被聞届申候。板垣帰国願差出近日発足之趣に御坐候。就而は過日御噂も御坐候通り急に御面会主意御聞取被成候而は如何。唯今之体なれは両三日中には帰国被差免候外有之間布候処、

帰国すれは必ず少害を醸候様立到可申乎、縦令同人自己之本志より出で不申とも他人に被迫候は必然に可有之、御見込御答承知仕度候。

江藤も帰国相願居候。風説には已に出足と申事も有之候。内意は鹿児島を経て佐賀へ帰省之趣向に相聞へ申候。昨今後藤も少々鼓動之策を相施し居候哉之由に御坐候へ共不分明候。御聞及之儀も御坐候へは奉承知度奉存候。閣下も最早御進退御決着可然頃と奉存候。家屋売払之儀は偏に御助力奉依頼候。拝具

一月十四日

再白　華族集会一条宇和島抔頻に相企居候趣、岩公より書面一覧仕候処、平常一般之論にて為差事も無之候へ共、閣下御高配中之儀に付御差廻し可然儀申上置候。

〔巻封〕松菊老台密啓　博文

54　伊藤博文

86　明治(7)年(1)月17日　人二四

今日板垣へ御出会なれは随分強く御論説可然奉存候。昨日抔も岡本健三郎方へ同人並に後藤、副島抔出会之由に御坐候。現に土方内史罷越候処集会中に有之候趣、先方之議論にては此方之内情を探り候つもりかも不被図、克々御注意可有之候。廟議は随分兵力を皇張して一掃可仕方に決着仕居申候。此段一寸申上置候。拝具

十七日

〔巻封〕松菊老台御直　博文

54　伊藤博文

87　明治(7)年1月18日　人二四

昨夕板垣御出会之御談話は如何之御模様に御坐候哉。一と通り拝承仕度。昨夜已に過日之暴徒就縛候に付而は、将来之関係も如何可有之哉と甚懸念仕居候。暴徒御聞及も被為在候へ共悉土人之様子に御坐候。而して板氏之腹心と申事なれは愈以懸念罷在候。一寸御談話之御都合承知仕度呈書。匆々頓首再拝

一月十八日

〔巻封〕松菊明府御直　博文

54　伊藤博文

88　明治(7)年1月18日　F一一六

警視人員増之儀に付、大久保より御示談申上有之候趣に付而は、弐、三百人の人員を選ひ候為には態と壱人差遣候方可然と奉存候。平岡にても御遣にては如何可有之候哉。事機に寄候へは非常之用にも相立候儀に付、深注意不仕而は不相成乎と奉存候。御都合次第工部之方は如何様にも相成可申候。御示に寄り速に相運ひ申度奉存候。匆々頓首再拝

一月十八日　　伊藤博文

〔巻封〕木戸参議殿御直拆

54　伊藤博文

89　明治(7)年2月2日　F一一六

今日は御書簡御投与被下候処、留守中にて不及貴答候。然は前途之事に付御示論之件も御坐候に付、今明日中御賁臨可被下候段被仰聞候処、御在宿に御坐候へは今夕登堂仕候而も宜布、自然御外出に相成候へは正院へ一寸為御知可被下候。又御報無之候へは参殿可仕候。匆々拝具

二月二日　　博文

〔巻封〕松菊老台御直

〔注〕年代推定は謄本による。

54　伊藤博文

90　明治(7)年2月4日　人二四

台湾一条見込書昨日差出置申候。条公より御催促に付尚亦申上候間、御見込書並に本書共御返却被下候様至急奉願上候。彼の朝鮮遣使一条頻りに切迫、甚込入申候。過日被仰聞候会議公論を採る之御見込は大久保へ御談合相成候事に御坐候哉、又は御内案に御坐候哉相伺度候。佐賀県貫属等寺院に集会、頻りに征韓論主張、既に同県下出張之小野組バンクに迫り手代共不残逃去候趣、電信にて報来申候。十四日之狼藉ものは已に白状に及、追々明白に到り申候。一両日中に大概相決可申乎と奉存候。拝具

二月四日　　伊藤博文

〔巻封〕木戸参議殿御直内啓

54　伊藤博文

91　明治(7)年2月4日　人二四

山県辞表差出候に付而は、至急何分之御指揮無之而は不相済候処、今日迄之情実不得止訳に付、御聞届相成候外有之間布、乍去今日之形勢後職に被任候人物も無之、欠員にて被差置候而如何可有之哉、於条公頗御懸念被為在候。一応老台之御見込も御尋被成度に付、以書帖相伺候間、御考案之処至急条公へ被仰上度候。私は遅延相成候より寧速に免官被仰付候方乎と奉存候。最武官如故に御坐候へは、兵部省中之処は差支無之趣、過日も当人より内承仕候事に御坐候。匆々頓首再拝

二月四日　　伊藤博文

〔巻封〕木戸参議殿至急

54　伊藤博文

92　明治(7)年2月7日　人二四

昨日岩邸へ集会台湾一条会議御坐候処、兼而懸御目置候書面之趣意とも少々相違、急に一大隊之兵を発し、先つ熟蓄之地より入れ生蕃に及ふへしとの策、此議如斯火急に到るは全く海路風波時候に依りて緩激之別あるを以なり。尤右書中有之候人物等は急に先発の筈、支那北京在留公使は柳原代理に可被為命。台湾都督人撰未定。
○佐賀県江藤帰県後勢頗熾に相成、ホリス等解散、参事も近日出京之由、此際鎮台之動揺も又不可図風聞甚懸念仕候。台湾之事は卒然に事を処する見込之趣に付、禁外聞申候。訳文出来入貴覧申候。御一読之上御返却可被下候。拝具

二月七日　　博文

〔巻封〕松菊老台御直

54　伊藤博文

93　明治(7)年2月12日　人二四

別紙電信今夕相達候に付供高覧候。博多之動揺は却而よき方之党類乎も難図と奉存候。尊案如何。

今日御退出後、内務大丞林、杉浦両人出庁にて、今般内務卿九州へ出張に付、依事誼如何程之変態に立到も難計に付而は、人心疑惑を不生様、現時廟議の大意を県官等

へ相示置候方可然との事申出候に付、至極尤に相答置、条公迄略申上置候。既に昨夜閣下之御内意も有之候。大略符合仕居候様奉存候。然に佐賀県動揺之原因征韓論より相起居、世間にも左袒するもの不少候処、是等之人間を為致安心候様と申せば征討之儀も廟議緩急之差等迄相示し不申而は難分明様覚へ申、乍去征韓之事等を顕し候儀は不面白候。因而廟議之大意を書記し候も甚難渋乎と奉存候。いつれ条公より御相談も可有之候へとも、其内御高案も可有之に付相伺度、御熟考被成置候様奉願上候。頓首

二月十二日　　伊藤

〔巻封〕木戸殿御直展

54　伊藤博文

94　明治(7)年2月15日　人二四

昨夕大久保発足前横浜におゐて出会、山口県兵隊徴集之儀御伝言申聞候処、同人同意之趣にて、已に西郷其外とも申合臨機之処分可仕段約束有之、広島鎮台へは野津少将より駈合不都合無之様可仕、又山田山口へ立寄等之儀も御気付之通可仕との事に御坐候間、此段申上置候。拝具

二月十五日　　伊藤

〔巻封〕木戸殿御直

54　伊藤博文

95　明治(7)年2月27日　人二五

唯今岩倉殿へ罷出候処、備前岡山より井上一貫と申者出京、彼地不容易暴挙之勢及報告、其原因は同県杉山岩三郎と申者兼而東京に罷在、征韓論抔を主張し桐野、坂本等に屢々会合、其節副島等復職之儀を左院へ建白致候者にて、其後帰県、士族等を致煽動、暗に佐賀の応援を為すの計略に被窺、既に県庁を取囲み、官員よりは事情を報知する能はさるの勢を、井上一貫目撃の上出京之趣に御坐候。井上儀は大久保内務卿之命を以邏卒徴募之為帰県仕候由之処、豈図前条之形勢にて徴募も出来不申帰京及報告候趣に御坐候。岩公へは大木より報知、右に関係の書面も有之候へ共、唯今陸軍省へ回達中に付追而御回可相成候。右之勢に御坐候へは早速明日之郵船便にて一

両人岡山へ工部省より探偵之為可差出積りに御坐候。如何御考案之処相窺度候。早々頓首

二月二十七日五字

再白　明朝御参朝御会議可有之方と奉存候。尤虚実分明相成候迄は御秘密申上候迄も無之候。

〔巻封〕木戸殿御直　　博文

54　伊藤博文

96　明治(7)年4月22日　人二五

支那政府にても軍事用意相整候事と見へ、廈門封港之電信到来仕候趣、昨夕米公使より寺嶋承候。尤右電信は一覧未仕、封港之主意は日本船舶之入港を拒む為に支那之軍艦二艘已に廻着と申話に御坐候。左すれは兎も角も此度之事は瓦解之外有之間布、大久保明日帰着可仕歟。昨午天十二字神戸を発候由。

老台御辞表に付条公頻りに御憂念。昨日は岩公御宅へ御来臨之筈に御坐候処、老台に迷惑と奉察、御見合せ可然と申上置候に付、御越は無之候。御辞表は条公御預りに相成居候間、兎角大久保帰朝仕候へは老台一応御面会御懇話有之、事情無御服〔腹〕蔵御吐露可然乎と奉存候。夫迄は只今之形に御猶予無之而は忽困迫之勢に立到、却而御本意を失候様可相成乎、苦慮仕候。不取敢此段申上置候。拝具

四月廿二日

〔巻封〕松菊老台御直　　博文

54　伊藤博文

97　明治(7)年(4)月22日　人二五

上表之写一通落掌仕候。参議各位へ指廻し置申候。乍去過刻呈一封陳述仕置候通、余り早急御催促にては却而相運申間布、大久保明日帰京仕候へは其前にはとても六ヶ敷奉存候。華族集会規則之一覧御異見之処御書記御返却奉願上候。拝具

廿二日

〔巻封〕木公御直　　博文

54　伊藤博文

98　明治(7)年4月25日　人二五

横浜新聞台湾一条布告云々御報告難有奉謝候。右新聞未一覧候へ共、穿鑿仕見可申。尤唯今布告と申儀は愚考にては難渋と奉存候。其故は既に先日申上置候通、米公使異議より進退未決之半に御坐候へは、此処にて布告候へは則デクレーレーションヲフワール之意味に御坐候故、又各国へ之響き如何可有之乎。寺嶋へも可及示談候。拝具

今朝被仰越候御書面之意味は岩公へも申入置候。拝具

四月廿五日　　博文

〔巻封〕木戸様

54 伊藤博文

99　明治(7)年4月25日　人二五

新聞一条尚亦被仰越、公告之儀に付、何分良案も無御坐候に付、寺嶋方へ唯今尚亦申越、同人之勘考も承り見可申候。何分此度之事は大難事にて、縦令台湾へは参り不申とも、兵隊幷に九州辺にて招募仕候荒武者等少々之説論位にては聞容れ申間布、又可説諭辞柄も無之様奉存候。大久翁も頗当惑之模様昨夕略相話置申候。

三郎先生左大臣に被任候趣今日条公御噂有之、老台へ申上置候様との事に付序に申上置候。岩公左の字を頗る謙譲、無余儀訳と相見申候。拝具

四月廿五日　　博文

〔巻封〕木公拝復

54 伊藤博文

100　明治(7)年5月14日　人二五

御辞表昨夕御聞届相成御安心と奉存候。坐次如故も是非御断可被成儀条公へ申上置候得共、別に坐次之御職掌御責任も無之事なれは達て可被仰立儀にも有之間布と奉存候。尚参堂相伺可申候。私も過日来三大臣へ相願置候処、此程御聞届可相成筈、窃に歓ひ居申候。

船艦も已に廈門に到着之由伝報有之申候。

大久保も明日帰着之由、他は可申上程之儀も無之、尚面上可縷陳。匆々頓首再拝

五月十四日　　博文

〔巻封〕松菊老台閣下

54　伊藤博文

101　明治(7)年5月24日　F一―六

御帰省御暇之御許可有之候趣、何事も如貴意相運ひ奉恭賀候。何日より御発都之思召に御坐候哉。一応相窺置度、御一答奉願上候。匆々頓首再拝

五月廿四日　　伊藤博文

〔巻封〕木戸孝允殿御直展

54　伊藤博文

102　明治(7)年6月3日　人二五

横塘に於拝袂以来長路之御旅行如何之御模様に御坐候哉と晨夕懸想罷在候処、今日突然伝聞異変虚実雖不分明愕然不知処措、馳飛便実否を相糺申度、匆々認一書呈膝下。当今蒙昧之徒、世上無根造為之流言を以不容易悪意を挟候者往々有之候世態に御坐候得は、万一不慮之変有之候而は千載之遺憾と奉存候間、過慮乎は難図候へとも態と御尋申上候。

過日略事情申上置候協和論之為、再三島津公に論迫仕候処、議論は更に異議無之同意之趣に御坐候へ共、処置振りに到候而兎角一定に難帰、甚難渋仕居申候。乍去大概一旦は落着為仕候見込に御坐候へ共、前途維持之目的は更に無御坐候。尚決極相着候上、巨細に事情可申上候。前条申上候儀、縦〔ママ〕然虚説に御坐候共、御旅中に而彼是御隙取被成候而は甚懸念に奉存候間、可成御用心速に京坂迄御出浮可被為在候様奉願上候。東京府之流伝は伊勢地辺にて暗撃仕候と申噂に御坐候。何事も不如予防々々。誠惶拝具

六月三日　　博文

松菊老台

再白　台湾に而戦闘相初候趣、自支那も使節を台湾へ遣し西郷に面議、兵を為引候手都合之由確説に御坐候。日本へは又別に英人を使節として遣し候由、其名前は天津に在る海関長を勤むるハルトと申もの之趣に御坐候。

大坂辺御滞留之日限等委敷被仰知度奉願上候。拝具

54　伊藤博文

103　明治(7)年6月25日　人二九

一書拝呈仕候。山口県地事情中野権令より報告に及候趣逐一被仰聞、御帰県之上は不一方御高配奉拝察候。旧兵士等賞賜之儀被仰越承知仕候。早速に大久保へも商議仕候処、更に異議無之候に付、県庁申出之節尚亦為御知被下候へは必尽力可仕候。屹度被行可申積りに御坐候。右之御見込を以御鎮圧後害御防制奉願上候。台湾も問罪丈けは相済候趣、昨今谷少将帰府事情言上、此上之処分相伺出申候。一両日中評決之筈に御坐候。是非此処にて兵を引揚候見込を以私は論込置申候。左府一条其後不一方混雑、昨今漸少々分離相着申候へとも、到底小波瀾相生可申と期し居申候。

内地旅行談判、余程切迫に相成居候処、是非断り切り可申筈に御坐候。此儀は台湾より難事と奉存候。県地御用向相片付次第成丈け速に御帰東奉待入候。為其。匆々頓首再拝

六月廿五日

〔巻封〕松菊老台御直　博文

54　伊藤博文

104　明治(7)年7月15日　人二六

京摂間御滞在中御認之貴書落掌仕候後、東京事情書綴呈于左右可申と奉存居候処、兎角繁忙に而乍不本意等閑に打過候折柄、此度野村帰省之便宜を得候に付、大略申上候。尤子細之事情は同氏口頭より御承知可被為在事と奉存候。

御発足後、島左府一条に付、色々と混雑。大久保も六月下旬迄引籠居候処、漸出勤仕候運に相成、左府は今以出勤無之、此間頗不都合之情状も有之、条公不容易御高配も被遊候事にて実に不堪傍観候に付、窃に少々心配仕候儀も御坐候処、終に両全之策不被行、唯今之景況に御坐候へは、左府は竟に辞職帰国と可相成之外は有之間布と推察仕候。台湾一条は討罰〔ママ〕相済候と申上候儀は一旦生蕃を遂掃〔ママ〕とと申迄にて、全体決局に到と申儀には無之候。将来を推考仕候へは清国と釁隙を啓候勢に不立到とは難申候故、是非一旦生蕃掃攘丈けにて我兵は引揚け候方清

政府之疑団を氷解為仕、我政府においても暴殺之罪を糺候名義を主張し、成丈け曲を不取して両国之和親を維持仕候目的を以及談判候而、其上清政府我と戦端を開き候勢に到候而は不得止訳に付、是非共御引揚可然と申儀を建議仕、衆参共討論仕候処、諸子之見込にては問罪丈け之始末も未局了、殊に此際に臨兵を退け候時は、支那必す我を曲に墜れ、却而禍敗を招之極に可到との議有之、終に即今退兵は先相止候方に決定仕候。尤清政府と談判之上後来之取締を引受、若干之軍費を償ひ候約相調候へは、退兵せしむへきとの趣向に御坐候。若亦和談を以双方決定に不至、彼より却而暴に争端を発候時は、不得止応之之外無之と申廟議、誠に今日之際危急之極に御坐候。上海滞在柳原公使より之報には、支那政府にても一旦退兵を乞ひ候得共、此儀は先つ相変し、我と約束を結ひ、生蕃取締を任し、我をして満足せしむる之処置を以致談判度内意有之、既に同人へ報知有之候哉に申越候に付、或は平穏に落着候乎も難図、乍去不足深信候。尚情勢詳に到候上は御報可申上候。

賞典一条は先便申上候通如被仰越に相運ひ置申候。

閣下御辞表之上は条公へ申上置候。野村へ御直に何とか被仰聞、且御書簡等も御認之様拝承仕候に付、別に相窺ひ不申候。兎も角も県下之御用速に御運御帰東奉待候外無之候。時下御愛護専一に奉存候。御内室御鶴声宜布奉願上候。誠惶頓首再拝

七月十五日　博文

内地旅行一条各国公使等議論百端、漸条約改正之期迄は引留申候。尤全国旅行と申儀は丸々止め申候。規程十里位は少々拡め不申而は折合兼可申、総て改正迄は決定不仕候。彼等之議論も多少道理を以論し来候に付、丸々断切りと申事も難出来形勢に御坐候。即今は何も約束等不仕筈に御坐候。以上

拙筆不能尽事情万分之一に付、野村氏へ大略申通置同氏より御面晤之序に可申上儀と奉存候。以上

木公閣下

54　伊藤博文

105　明治(7)年8月13日　人二六

此書帖は他人には御示不被下候様奉願上候。

炎熱難去候処、先以御満堂様益御機嫌克可被為渉奉恭賀候。然は過日野村氏帰県之砌、呈一封其後之事情可申上積に御坐候処、幸此節中野県令出府に付、巨細同人より申上呉候様相托置申候。〇台湾一条追々及切迫、終に大久保内務卿北京迄罷越次第に立到、其所以柳原公使上海へ到着頃、丁度清政府にても全権人を専任し台湾へ出浮、西郷に面談可為致時機に臨み、幸柳原渡航に付副全権潘霨上海へ罷越、段々之談判より終に当初より之退兵論を迫立候儀は止め、生蕃討征之挙は清国政府にても公然認之、退兵後之取締は屹度清国にて引請可申儀を双方書面に認め、全権人船政大臣沈葆禎と申ものへ差遣、同人及ひ福州鎮台等におゐて異議無之候へは其通り可取計筈に而相別れ、柳原は上海に其返答を相待居候処、其後沈葆禎は台湾へ赴き潘霨を使して西郷にも面会候処、柳原と談判之都合共少々相違有之、此相違する所以は、潘霨和を主とし沈葆禎戦を主とするより両説不合、全権之論に潘霨は屈服して柳原と約したる事を変換して西郷に応接したると見え、乍去別に過激之論にも不渉、西郷より償金抔之話も仕候由に応接書に相見候処、其後柳原へ之返書到来、矢張退兵を致呉候様而已を主張仕候書面に付、（此返書沈の主張なり）尚亦柳原より返事を送り、前説変換之儀を相詰候へ共、空布上海にて待受候而は隙取候儀に付、直に北京へ出足、去月廿七日入京仕候由。〇従台湾は其前谷少将等罷帰事情言上に及候へ共、未た生蕃処分結末に不到、其間に支那政府より啓兵端候時は如何可致処分乎と申論を張込、終に彼より暴挙に襲撃候時は不得止及戦争之外なしと申事にて海陸軍両省へも下命に相成、不慮之備を為すと申行懸りに相成、此時にも博文は是非退兵相成候方可然、支那戦端の啓んと不啓とに不関一応御引揚相成候時は彼の憂を絶、却而万一之無事を保存可仕も不可期と種々申立候へ共、条公始御採用も無之、尤一旦兵を引上け候時は彼より付け入候御恐れ有之、是非共支那之談判落着之上退兵と申御張込に有之申候故、其害無之共難申事に而、事茲に到候上は不得止儀と奉存候而其儘閣き候処、其後前に申上候通り柳原より之報知有之、又支那政府之勢頻りに兵備之用意等も有之新聞到来、旁時日を遷延仕候而は和戦共不利と申事にて、大久保出掛け申候。同人出足前見込充分聞糺見候処、飽迄も事を不興内意には有之候へとも、彼の政府の決意に寄り候而は戦争を難免、実に危急之機旦夕に迫り、不得止軍備にも不得不取懸仕合に立到申候。陸軍省も津田職を辞し、山狂再勤仕候次第は過日已に申上候乎と覚申候。然るに同省中も兎角議論一定に不帰、殊に台湾一条に付而は薩人之説と長人之説は当初の違ひ候通り、決局戦端を開き候上之見込迄も両端に別れ、過日大久保発足前にも山狂之見込と海軍河村及ひ陸軍薩士官等之見込と相違之廉有之、是は事起候時は如何の方略に可出歟と申上の論に御坐候処、漸双方折合候而略一定仕居申候。必竟双方共実地を考量仕候説に無之候故、いつれに帰候共、余り得失は無之様相見申候。鳥尾も大坂より出浮、段々山県と熟議、最初は同人を助け事々茲に出れは不得止大挙するの論に御坐候処、其後又幡然其説を改め、必竟充分の見込無之上は先つ此事件に不関と申決心にて、已に大坂に帰申候。尤最初同意仕候行懸り御坐候事故、精々手伝は可仕位之事に御坐候。三浦も略同様之訳にて此度帰県、是は御出会可被成儀に付御直に御聞取可被成候。

右之通之事情に付、今後之形勢如何相変候乎、予め見込も相立兼候得共、何分一日も政府の体を頽候而は不相済事に付、力の及丈けは維持可仕と決心仕居候。唯今之形勢に御坐候へは、縦令支那と戦争に不到も到底平穏を保存可仕儀は無覚束、乍去瓦解仕候上は又何の日に回復可仕乎、又如何之形情に可墜乎、不可逆視、実に不容易之時勢と寒心に不堪、好き御分別御坐候へは御示教を奉仰度候。

島津左府も未た出勤無御坐候へ共、容易進退可仕勢には無御坐候。若事危急に到れは即刻より出勤御用可相勤との事に御坐候。私は其後も両三度罷越申候序に、閣下之御書簡に対し御信切之段を謝すると申事を伝呉よと申事に御坐候。

唯今之都合に御坐候へは、大久保留守中ながらも地方官会議は施行可仕見込、就而は将来之為地方之事御見込も御坐候へは御示被下候様奉願上度候。

宮木参事一条は何も差支無之、被仰越候通聞届辞表には不及候。江木と入替は即今少々不都合乎と奉存候。

前原之事は中野へ詳細相話置候に付、御聞取可被下候。県下貫属其外之苦情には随分御苦慮と奉遙察候。乍去間不容髪之時機に御帰県相成候は実に為県地為国家大幸と奉存候。前原氏自然も出京之都合に相成候へは如何様之場処に御登庸可然乎、御見込も御坐候へは内々可被仰聞、条公へも言上仕置度奉存候。書外詳細中野氏口頭に附候間、御聞取可被下候様奉願上候。誠惶謹言

八月一三日　　　　博文

54 伊藤博文

106 明治(7)年8月19日　人二七

昨日御書簡一封落掌仕候。先以御佳迪御在県奉賀候。当地事情は過日中野帰県之節略申上置候。御承知被下候儀と奉存候。

御辞表之儀条公へ申上候処、御直書にて被仰越候由に付御承知可被成、就而は延期御願作間より差出候様申聞置候。此段不悪被聞召置度奉願上候。支那之方よりは別に其後事情も不申来候処、余程勢強盛之風聞に御坐候。大久保も不日北京に入候筈と奉存候。

函館にて秋田士族独乙之領事を及殺害候段唯今報知有之、一難事に御坐候。左府昨日より参朝、過る十六日御直に力病出勤候様勅語有之、御請申上候。他は別に相変候儀も無之後鴻可申上候。時下御保養専一に奉存候。誠惶頓首再拝

八月十九日　　　　博文

木戸公閣下

〔巻封〕木戸殿閣下　　　　博文

54 伊藤博文

107 明治(7)年9月10日　人二七

残暑未去候処、先以閣下御清迪可被為在奉恭賀候。追々辱投書不堪鳴謝、過日野村素介帰府、県下事情得詳悉、閣下御高配之次第は中野県令よりも承知、毎々御困難之事而已に御行当、実に御気の毒に奉存候。昨今三浦安二郎登邸之上伝話をも二三友より漏聞仕候へは、追々士族之旧面も改り、御指教之趣旨も逐日感通仕候趣、偏に閣下之御誠意相貫儀奉拝察候。実に方今之際一県士族之方向に寄り候而も得失不容易事に而、況我県の如きは天下数千万人之注目する所にて、其動止を窺居候形勢に御坐候へは、其関係も最大なる事と奉存候。

清国談判之模様未相分、別紙は大久保北京着前之近報、内々入貴覧置申候間御一覧可被下候。尤他人へ御示不被下候様奉願上候。誠惶拝白

九月十日　博文

世外五六日前より不快。病体は旧刀痕之両側に時々熱気を発し、夫に少し風邪之気味、難渋仕居候。快方に御坐候へは来る十七日船便より帰阪之筈に御坐候。以上

〔巻封〕松菊老台内呈　博文

54　伊藤博文

108　明治(7)年10月8日　人二七

去月十七日幷に廿日之尊書共慥に落掌、難有奉拝読候。其節前原氏之事被仰越早速詮議仕見候処、奈良県は当節藤井千尋と申人堺県より転勤罷在候に付、俄に相移候場合にも到兼候処、名東県令久保近来県下不折合之事情も有之、且本人之願意も御坐候故度会県へ転勤、其跡未相定候に付、名東県なれは山口県地よりも遠隔と申程にも無之、殊に富饒之地にて士族等も為指面倒は無之様推察仕候。若同県にて適意に御坐候へは早速相運可申、又広島県にても随分前氏奉命相成儀に御坐候得は、同県令少々不都合之儀も有之候趣に付必転免不相成而は難相済、両県之内一応御聞合至急御回答奉願上度候。

従北京其後は確報無之、支那政府頻りに講和之念有之候哉之風聞御坐候へ共、確報有之候迄は難致信拠、先便差上候応接書其後又引続世外兄帰便に托し贈呈、御落手と奉存候。

御退官一条条公へも度々御申越之通申上置候へ共、如尊意容易に御許可も不奉窺候に付、何共申上兼候。決而等閑に捨置候訳には無之候。此段宜布御汲取奉願上度候。都下事情は世外帰県御承知と奉存候に付別に不贅。御序に御満堂様へ可然御鶴声奉願上候。誠惶頓首再拝

十月八日　博文

〔巻封〕松菊老盟台坐下

54　伊藤博文

109　明治(7)年11月3日　人二七

従東京昨夜之酬報今朝相達候処、北京談判破却之趣孟春

艦より報知有之候へ共、弁理大臣之確報未到との大意に御坐候に付、此段一応申上置候。電報御覧閲被遊度候得は暗号共に差出可申候。匆々頓首再拝
十一月第三日
昨夜は林亀方へ立寄世外君を待受、終に同楼に酔臥仕候へ共、世外翁と幷枕更に奇事無之候間、亦巷説誤聞之憂を恐れ此旨入貴聴置申度候也。
博文再拝
〔巻封〕松菊大人侍史煩親閲

54　伊藤博文

110　明治(7)年11月4日　F一ー六

兼々窺御閑暇奉願御揮毫度希望仕居候処、兎角御繁忙之時而已に際会仕候故、此迄早晩不得其機候処、此節幸に御閑遊中に御坐候故奉煩玉手度、人生幽愛之間には詩情却露真味古今同一轍と奉存候。誠惶頓首再拝
十一月四日
再白　いつれ登門之上面願可仕候へ共、絹紬丈〔カ〕け為持差出置候也。
博文
松菊大人坐下

54　伊藤博文

111　明治(7)年11月10日　人二七

海路平穏八日夜第十字入港仕候処、不図も従東京之電報到来、北京談判致一決、清国政府より五十万テールを十二月廿日限り相渡可申、其節台湾宿営之兵隊は不残引払可申筈、大久保は従北京七日上海に来着、直に廈門、台湾を経て東京へ帰候趣に御坐候。五十万テールは大凡七十五万両位に相当可申、到着費格〔ママ〕に喰合ひ候訳には参り不申候得共、啓釁数万の費を増候より幾許之大幸歟難計、実に大久保大功と奉存候。此上は閣下御見込之通り将来を謀候儀肝要と奉存候。御示諭有之候件々も条公へ篤と言上可仕候。書外は帰東之上事情委敷尚亦可申上。為其。匆々頓首再拝
十一月十日
博文
〔巻封〕松菊老台御直拆

54　伊藤博文

112　明治(7)年11月15日　人二七

一昨十三日朝着京仕候。馬関滞在中は御懇情幾重も難有奉謝候。帰路従兵庫以電報支那平和に落着之儀大略申上置候。其後も追々公布有之候に付、顚末御承知と奉存候。実に意外之事にて無此上国家之大幸と奉存候。大久保も余程苦心、終に啓釁之憂を解き候は、実に大功と奉存候。御疎は有之間布候へとも、御序に御一書同人へ御遣、此節の殊功を御賞讃有之、且後来之儀も御見込を御吐露被下候へは大に都合可宜と奉存候。

支那との条約は誠に単一にて、唯征蕃の挙を為義挙、清国にても不為不是、且後来航海者之安寧を保護するの方法を設、不違約束、又実地に建設したる家屋或は道路築修等に当る金格四十万テールと、十万テールは難民之婦女に憐恤するを名義とし償金之文字を頗嫌悪候事と相見へ申候。北京在留英公使大に尽力、尤保和之方便之為、清政府より窃に依頼候由に相見申候。詳細は後便可申上候。

大山弥助鹿児島より帰り、一両日中陸軍少輔に被任候筈。彼県地無事に有之趣、縦令戦争に到候とも大将は中々動候気色無之趣、大山も勿論政府の為に必死尽力、再ひ帰県之念無之と申而去り候由。西郷も、居る所都鄙の別なく、決而政府の害にならぬ様且士族等をも決而暴動等不為致丈けは請合との事に而、相別れ候と、申事に御坐候。唯今之勢に御坐候へは別に懸念之筋も無之歟と奉存候。唯大久保帰朝之上は、後来不動之根本一定候様と而已希望仕候。

御願書は不日御指令可有之筈に御坐候。然る上は当年中を不待して速に京摂間迄御出浮、一旦東京へ御帰府之方、万々可然奉存候。勿論公然御沙汰之儀も可有之候得共、夫に不係御考案御決被成置候而は如何。前原小田県へ被任候筈に而、今明日中御呼出可相成候に付、速に出京候様御高配奉願上候。若此度出京無之様にては、少々失面目候而已ならす、申訳にも困却仕候。偏に御依頼奉申上候。世外翁此度は東京迄同行暫時滞京之筈に御坐候。書外後鴻に譲、不取敢一書近情申上置候。匆々頓首再拝

十一月十五日　　　　博文

〔巻封〕松菊老台玉案下

54　伊藤博文

113　明治(7)年12月19日　人二八

追々寒威相募候処、先以御清康奉大賀候。然は去月廿六日幷に同廿九日、本月九日之尊書共順々相届難有奉拝読候。其都度御答可申上筈に御坐候処、いつれ今便に万事可申上積に付、態と及遅延候次第、不悪御容赦奉願候。陳此節は私独行、是非帰県拝青要件細々申上度奉存候処、先般馬関まて罷越未た余日も無之、却而世間之嫌疑を如何と顧慮仕候故、態と差控、馳一使要用御報申上候。其故は大久保帰朝後追々面晤、大略前途之方向承候処、其画図大概老台平生之御宿論と異なる処無之、且同氏是非至急に老台へ得拝晤右等之大要御熟議申上との事にて、政府上は入湯之許可を蒙り窃に微行、三田尻辺まて罷越懇々御面話申上度との内意に御坐候処、世間之属目却而将来施設上之妨害難図に付、幸に兼而京摂間迄御出浮之御起望も有之、付而は偶然浪華辺にて御出会之御都合に相成候方良図に可有之協議仕、大久保は来る廿三日郵便船より浪華迄罷越居、彼地にて御待申上候筈に御坐候。可相成は御出坂之期を少々御早め被成候而、一日も速に御面晤可相成都合御考量可被成下候。尤同氏は、御出浮之儀指向御六ヶ敷事なれは勿論三田尻迄直に罷越候可申含に御坐候に付、幾日頃御出坂可相成、又は大久保三田尻迄罷越候様とか、両様直に電信を以大坂府内海参事迄御申通可被下候。内海へは内書を以窃に為相含置候に付、同人より大久保へ相通可申候。右電信参候迄は大久保大坂にて相待居候筈、堅契約仕置候。同氏之議論細目は漏洩を慮り却而書中に認不申、御直談に被為尽候方良全と奉存候。誠惶拝白

十二月十九日　　博文

再白　本文申上候通電信にて大略御報、且此使帰便に御一書大久保へ御投相成候へは猶更明了と奉存候。追々被仰越候藤井一条等は少々半途に御坐候得共、漸々相運ひ可申候。

世外を司法へ呼出等之暴論には込入申候。此事は大に条公へも論し置申候。大概は不都合無之様可仕見込に御坐候。以上

〔巻封〕松菊老台内呈御直拆

54　伊藤博文

114　明治(8)年1月14日　人二八

山田帰便に御托之御書翰難有拝読仕候。先以御壮健無恙御着坂之由恭賀仕候。早速大久保翁へも御面晤、縷々北京以来之物語御聞取と拝察仕候。御在県中は不容易御配神、大概折合着候趣追々伝聞、偏に御配慮之効験と奉感佩候。府下当春は誠に無事、格別八ヶ間布事も目下には無之、昨春とは大に異情之心地に御坐候。乍去是も暫時之事にて格別楽しみにも相成不申、当年は又如何之風が吹可申歟と夫而已心配仕候。暫時御滞坂之上は是非御帰府奉待候外無之、定而大久保翁よりも夫等之儀御熟談も可有之、何卒御奮発奉仰候。

尊嫡之事被仰越、折角如何と船便毎に相尋候処様子不相分、都合次第電信を以聞合候様可仕候。過日被仰越候会津人来訪、細々事情承候処、余程之困窮は申上も無之、兼々同県令よりも申立有之候処、是迄已に大金を以救助にも相成候末に付、尽期も無之容易には難救済候処、青森県へ可相渡筈之米金少し相残り居、此節大概青森より若松へ引移候に付、右を若松へ相廻候手順に可取計歟の大蔵省見込に御坐候処、内務と議論未一定候に付、折合次第聊扶助を得候都合に可相成歟と奉存候。山口へ御尋申上候石川安太郎と申ものは高知県へも罷越、板垣へも同様にねばり付候趣、終に旅費を与て放逐仕候との板垣噂に御坐候。板垣両三日前来訪、高知県士族も殊の外困窮之趣承及、兼而願出候官山云々段々催促有之申候。同人も廿日頃より下坂、夫より県地へも可罷越乎之話に御坐候。先は夫而已。いつれ是非不遠御帰府に可相成事と奉存候に付、其節万々可申上候。誠惶頓首再拝

正月十四日　　博文

〔巻封〕松菊老台閣下

54　伊藤博文

115　明治(8)年1月28日　F一—六

昨夜奉失敬候。陳明日大久保御出会之儀、御都合も可有之候に付、時刻御示被下候様奉願上候。場所は御都合次第いつれにても取極可申、加賀伊にても御好に御坐候へは聊差支無之候。勿論明日迄には拝趨可仕候へ共、一応

大久保へ申遣置度奉存候に付、一寸相窺度候。匆々頓首
再拝

一月念八　博文

〔巻封〕木公閣下

54　伊藤博文

116　明治(8)年3月10日　人二八

雲章奉拝読候。一昨日は御拝命相済候由、為邦家大祝此事に御坐候。少々御不快之趣、何分にも速に御快復一日も早く御出勤不堪懇願。大久翁身上之義と申は、全く鄙生迄情実を汲察仕呉候様との内意に御坐候故、断然不承知申置候に付、決而御煩念には及ひ申間布歟と奉存候。縦令如何様之情実有之候とも、飽迄防拒可仕候に付御安心可被下候。先つ此事は御聞無之御積りにて御出勤奉願上候。〇板垣氏之儀は昨日略定、今日又は明日中には御沙汰可有之運に御坐候。世外少々我儘論再発には無之哉に懸念仕候。御序に固根之策充分御施し置可被下候。今午時御在宅に御坐候へは一寸相窺可申候。いつれ離宮へ参謁之当番に御坐候故、尊邸近方通行之節一寸御尋可申上候。匆々頓首再拝

三月十日　博文

〔巻封〕松菊老台侍史

54　伊藤博文

117　明治(8)年4月14日　人二九

御紙面拝見仕候。然は如尊考私儀も両三日来少々風邪にて引籠為差事にも無御坐候へ共、熱気酷敷候に付差扣出勤も怠り居候仕合に御坐候。于時井上一条難事出来候趣如何之次第に立到候乎。折角不一形御苦慮にて、大抵司法内部之処も柔らき候事に可有之と奉存居候処、豈図んやの事に御坐候へは困却千万と奉存候。成程大久保より内話と申事も御坐候へ共、是は表面上之事而已にて、到底速かに決極不相成置而は不都合と申位之事之様覚へ居申候。其節私よりは大木へ聞合見可申相答置候而、爾来奉書推問と申事に一旦御極り相成候儀に御坐候。此外には別に此儀に付而は大久保は承知不仕と奉存候。私も風邪追々快方に御坐候に付、明朝之都合に寄り推而も参勤仕候様可仕候。敝〔弊〕寓迄御光臨は余り遠方にて奉恐入候に

付、工部省又は井上方にても、乍恐今一応工部迄御一書御投し被下候へは、御示の時刻に得参謁拝晤候様可仕候。貴答。匆々頓首再拝

四月十四日　　　　　　　　　　　　　　博文拝

〔巻封〕松菊老閣内展

54　伊藤博文

118　**明治(8)年(6)月(25)日　人二九**

警察費総額之事に付、議員へ御示之高と主務之取調高と致相違候に付、議員及質問候節は誤解と御申聞可相成や御尋に付、内務卿へも相談仕候処、主務に而相答候高も取調之節予算相立候迄に而、未た其金額を政府より年々警察費として引当可申御決議は無之候に付、右事実を以質問之節は御弁解被下候外有之間布と奉存候。此段御答旁。匆々頓首再拝

尚々、道路之事に付議案は明日中には出来可申見込に御坐候。明後朝為持差出候而御不都合は無之候哉。自然其前に無之而は不都合なれは、民会議案差出候外無之候。乍御手数一応為御知可被下候。以上

〔巻封〕木戸議長殿拝答　　　　　　　　伊藤博文

〔注〕騰本の推定は二四日。

54　伊藤博文

119　**明治(8)年7月6日　人二九**

民会議案明日附衆議、就而は小区会法則は各地任適宜可申段、明日開議前に御弁明相成度趣被仰越奉承知、然るに昨日は元老院之儀式、今日は休暇に御坐候故、未一同へ評議可仕間合無之に付明朝と奉存候処、明早天より右議事に御取掛可被成儀と相心得大臣殿へ可及上陳、別に御異存無之事に御坐候へは更に不申上候に付、右之趣意を以御弁明可被成候。若又不可然之一言自然有之候時は、以飛書為御知可仕、此段貴答。草々頓首再拝

七月六日　　　　　　　　　　　　　　博文

〔巻封〕木戸殿親拆

54　伊藤博文

120　**明治(8)年7月6日　人二九**

今朝来大臣公幷に大久保氏へ懸合、民会議〔案〕之儀別

紙之通得回答申候に付、束而入貴覧申候。最後之書帖にて大臣公御裏書御一覧被下候へは、如貴意御取計可然奉存候。匆々頓首再拝

七月六日　　　　博文

〔巻封〕議長公別書在中

54 伊藤博文

121 明治(8)年7月6日＊　人三六（三条実美宛）

地方議事にて明日よりは民会議事に取掛可申趣、木戸より別紙之通申越、就而は右議案之写一通差上置申候間御一覧可被遊、追々彼是と評議之末少々添削仕候に付、過日乞御鈐印候節とは聊変換仕居候処も有之申候。然るに此議案は区戸長なり公選なり決議次第に御坐候処、其段階は府県歟大区歟と申両階而已にて、小区会迄之規則は籠り居不申候に付、一昨日木戸へも小区会は各地之適宜に任せ候外有之間布に付、質問相起候時は東西南北人情風俗大に有異同、小区之規則迄も帰一に設立候儀は却而実際上に障碍可有之に付、各地適宜に取設可然段弁明有之可然歟と申置候（現今各地方多くは小区会町村を設立罷在候に付、衆議は県大区会と一定するにも致せ、従前の小区会を破滅するにも及ひ不申、其儘存在すれは適宜の外致し方無之）。

右之事情に付、別紙之通木戸より今朝懸合越候。早速返答仕度奉存候に付、御異議不被為在候へは其旨一応御指揮を乞申度、御都合次第此書大久保へ御回達被為在候而、同卿之意見御聞取有之候上にても宜布と奉存候（内務省にては小区会議問も議案も是迄取調は無之に付、今更仮令一定の規則を設けるにも致せ間合は無之、殊に博文は各小区の会議は一定の法則にも及ひ申間敷と奉存候。又各地に於て議会を設けるは前後の遅速之ありて、実際適宜に帰するの外致し方無之事なれは、小区会等を廃せよと云にも及はす）。今夕木戸へ左右之返答仕度此段相伺候。誠惶頓首再拝

七月六日　　　　伊藤博文

〔巻封〕太政大臣公閣下拝呈

〔注〕120書簡の別書1。

54 伊藤博文

122 明治(8)年7月6日＊　人三六（三条実美宛）

本書之裏に御指揮奉仰候。

小区会之義に付内務卿返書御下附被仰付一覧仕候処、此度は先不問に置候方可然と有之候処、木戸考案にては屹度小区会は可如何と云議論出来候に付、其節如何可致歟と可申事に付、丸々不問に付候事は難事に可有之と奉存候。如何となれは議会之段階を御垂問有之候に付、現今県大区会は却而実際不都合なりと之説出来り、小区会入用なるの議起候時は、適宜に可任哉否の事政府一定之論無之時は、仮令其時に議長より窺出候とも、今日御取極相成居候とも同一に可有之候に付而は、先つ小区会は地方適宜に可任か又不任か之儀、返事申遣候方に可有之奉存候。議事は随分駈引之可有之儀に付、議長は大体心得居不申而は困窮可仕と奉存候。

尚過刻之御指揮に依り候へは適宜に任せらるゝ事に御同意被為在候様奉相窺、内務卿へ之不問と申事には少々矛盾仕候に付、間違無之為に尚亦重而奉伺度奉存候。匆々拝具

七月六日

〔裏書〕

表書之趣承候。愚答之旨意は来問之通適宜に可任相答候而可然存候。仍此段申入候。大久保へも尚可申遣候得共、別に異議は無之事と存候。早々回答如此候也。

実美

〔注〕120書簡の別書2。

54　伊藤博文

123　明治(8)年7月21日　人二九

昨夕御投書難有奉拝読候。陳左府進退之儀に付、今朝条公より御下問相成度に付罷出候様との事にて参謁仕候処、大久保、板垣、大木、寺嶋参会、段々行掛り之始末御申聞、見込申上候様との御口達に御坐候処、大久保は別段に見込も無之且私情に渉り候儀にも有之候に付蒙御免度とて退座、板垣、寺島両人にて英や仏の上院又は元老院体裁論にて少し談話も御坐候処、到底板垣は余り宜布も有之間布と申内意に被相窺、寺嶋之論はよいともあしいとも難聞分、大木は板垣と同論なりと申事、乍去屹度反対と申程にも不相聞候に付、夫丈け之見込承知候へは宜布との事にて一同退出、拙生丈けは岩公より今朝罷越候様申来居候付直に参上候処、矢張左府之事如何と申御尋

に付、条公にて一同論談之大意及陳述候処、夫は大変、既に今日迄御躊躇相成候すら頗不都合、兎角速に御登用無之而は不容易難渋に可立到との御沙汰に而、条公へ今一応罷出、速に御決着相成候様申上可然との御指図に御坐候故、断然御辞り申上置候。必竟左府公御奉命相成候共、将来政府上之目的一途に帰し、不都合相起り不申見込無之儀を御勧め申上候は不本意に付、蒙御免度と申上置退坐候。行懸り之顚末一応入貴聴置度罷出候処御留守に付、子細は譲拝晤可申外無之大略相認置申候。〇岩公御噂に、左府へ過日来両度勅使と申て有栖川宮及柳原被差遣、是非御受申上候様との御内諭有之候末之由。条公よりは一切承知不仕候処、真に夫迄之御運に相成居候事なれは、甚不都合乎と奉存候。御聞及相成居候事に御坐候哉、序に申上置候。拝具

七月廿一日　　博文

木戸公閣下密呈

54　伊藤博文

124　明治(8)年8月1日　人二九

昨日条公より左府御親諭奉命相済安心可仕様御内論之一封頂戴、意外に迅速且一段落は無事相片付、此後之挙動如何に有之歟と而已煩念罷在候。定而同公より詳細御聞相成候御事と奉存候。今朝尚亦条公より別紙御指廻し相成一覧仕候処、大蔵卿より内密同公御手許迄差出候前途一ヶ年間会計出入之目算にて、少し愚見も御坐候へ共、拝晤に無之而は不相尽候に付茲に不贅候。条公御書論は直に閣下へ差出置候様御示に付、御覧後同公へ御返上奉願上候。

中野県令今朝来訪、談話中、板氏前原を訪ひ候処、前原大に民撰議院論を主張と申事、福地之探偵にて相分り候由、既に御承知乎は不奉存候へ共承候儘申上置候。中野辞官之儀已に世外よりも略申上置候由、今朝も同人より閣下へ願呉候様申事に御坐候。右に付而は跡職之指名も有之、是は拝晤に委敷可申上様可仕候。先は為其。匆々頓首再拝

八月一日　　博文

〔巻封〕木戸殿密展

54　伊藤博文

125　明治(8)年8月24日　F一―六

八月念四日

別紙一葉、東京日々新聞中朱線以下を御一閲可被下、是は投書の部類に御坐候に付、福地の自作には有之間敷候得共、書中の論全く政府の内部を看破し、廟堂大臣の肉を喰て其皮に寝処すると云に至て激暴極るなり。如斯議論を公布するは、則無識頑冥の徒を煽動して乱階を興さしむるの心術と謂はさるを得す。彼も此心術を繙然改めされは、中々政府の主旨を奉戴して人民に方向を示すの執筆者とは為す可からさる歟。此新聞も当人に質さは必す弁解も可有之候得共、良知を以て一読せは誰か我政府を譏毀せし者に非すと誣ゆる事を得んや。

博文拝白

松菊老台座下

54　伊藤博文

126　明治(8)年9月3日　F一―六

唯今林内務少輔参朝、国貞名東県へ出張之儀に付、出張中参事心得を以奉勤候様御達有之度段伺出候処、同人県官之心得は少し不都合も可有之御内意有之候趣、然るに彼県参事西野辞官後差掛事務担任之者無之目下差支之趣、就而は暫時出張中県官心得を以為相勤候儀如何可有之候歟。御不同意無之候へ共〔ママ〕情実不得止行懸に付、御鈐印被下度と之事御坐候。匆々拝具

九月三日　博文

〔巻封〕木戸殿内呈

54　伊藤博文

127　明治(8)年9月12日　F一―六

御紙面奉拝見候。然は明日午後御賁臨可被下旨奉敬承候処、態々御光来も遠方奉恐入候に付、午後私登門仕可申、昨日は何とか御沙汰可有之と三秋之思をなし、今朝参閲可仕心得に御坐候処、井上より来書にて、今日彼方へ御越し之趣に付、其上相窺可申積にて差控罷在候に付、明日は是非御一決之処相窺申度、御遷延は為内外不可然と奉存候。貴答迄。匆々拝具

九月十二日　　博文
〔巻封〕松菊老台閣下

54　伊藤博文

128　**明治(8)年9月14日　人三〇**

御紙面拝見仕候。来示之趣大久保へ相通候処、明日参上可仕と申事に御坐候。勿論私も如貴諭陪坐可仕、多分時刻は午後二字頃より可罷出、若前後有之候へは尚亦可申上候。為貴酬。匆々頓首再拝

九月十四日　　博文
〔巻封〕松菊老台拝復

54　伊藤博文

129　**明治(8)年9月29日　人三〇**

御紙面奉拝見候。然は今日御退出後、大久保と談話仕候処、同氏においても御見込之処と全く符号仕候哉に被相窺候。就而は明朝同氏尊宅へ罷出御直談に可及との事に御坐候故、万事其節御熟議可被成置候。何分如斯艱難之世界と相成候上は、前途之大目的を相立、廟議確然不動之地歩を占め候儀肝要にて、其余は臨機応変之御処分に無之而は、大算難相立様奉存候。篤と御勘考、此等之処大久保と御熟議被成置候様只管奉懇願候。匆々頓首拝復

九月二十九日　　博文
〔巻封〕松菊老台御直

54　伊藤博文

130　**明治(8)年10月5日　人三〇**

元老院章程之事に付加藤弘へ面談候様御示諭敬承仕候処、同人は純粋之立憲家にて、既に一両月前陸奥之話に急に憲法を立るの説有之候と申事、是全実事上を不顧の議論にて、面会候而も一致は無覚束奉存候。乍去聊にても有益と御勘考に御坐候へは、勿論嫌厭可仕儀は更に無之に付、両三日中御取極次第面晤可仕候。

世外之事は至極御尤に付、早速大木司法卿へ申遣催促可仕候。尚亦他に少々得拝顔度儀も御坐候に付、今夕明朝之中参謁可仕候。不取敢貴答。匆々頓首再拝

十月五日

森山釜山へ再航は、我民引払と申命令にては無之候。

彼地にて引纏め可致保護趣向に御坐候。尤彼暴挙有之候節は、臨機如何可仕も難図候。

博文

木戸殿内展

54　伊藤博文

131　明治(8)年10月6日　人三〇

今日は拝顔之上緩々昨日拝別来之事情申上置度参殿仕候処、杉へ御越之趣御家来より承知、直に同方へ罷越候処、又已に御帰後にて不得拝晤、遺憾至極ながら其儘立帰申候。今朝大久保来訪、分離一条底意承り見候処、閣下之御深慮も同様にて、此際得無事候とも不日尚亦困難相起候事は必定にて、どふせ一度は難遁事に付、朝鮮一条を以断然分離御拒絶相成候方可然との主意に御坐候。時機に寄候而は同氏張本と相成、其論を主張候ても宜布、如何相考候哉と申事に付、自から体裁上にも関係可仕に付、条公之御勘考次第と相答置、条公へ直に罷出逐一申上候処、発言は御自分に可被遊との御事に付、大久保も随而其論を主張候様相成度との御話に付、尚亦大久保へ申入置候様可仕と申上置候。都合次第明日にも御発言可相成歟之御噂に付、左すれは老台も御出席之方好都合と奉存候故、何卒御出勤有之度と申残置候。朝鮮之事相起候に付、是迄とは事情一変之処を以御発言には可相成候へとも、今日までの行懸りを以、必す承服は仕間布に付、屹度面倒には相違無之、充分御輔翼無之而は甚危事と奉存候。明朝尚亦大久保来訪之筈に御坐候故篤と談合仕置、都合次第参堂御直に巨細可申上候。何分入込候事に付難尽於拙筆。貴答。匆々拝具

十月六日

博文

再白　御家内小変事と申は如何之事に御坐候哉。御使へ承候へ共更に不存趣甚懸念仕候。いつれ明日参殿可相伺候。以上

〔巻封〕松菊老台拝復

54　伊藤博文

132　明治(8)年11月6日　人三〇

朝鮮一条に付仏人へ問題を以及質問置候処、明晩拙寓へ来訪、意見書面に認持参仕候筈に御坐候。就而は五字半頃より罷越可申、御都合次第御出会、御直に御聞取之為

御賁臨被下候而は如何可有之歟、相伺度参謁仕候処、御不在に付呈一書置申候。昨朝も面会、段々討議又は質問等仕見候処、流石法律家丈け妙案も御坐候様相覚申候。着手之儀に付而は廟議決定前篤と順序相立置候儀肝要に付、御直聴相成候方可然奉存候に付、御繰合相成儀に御坐候へは大幸不過之奉存候。いつれ明日御参朝に御坐候へは拝青尚可申上候。匆々拝具

十一月六日　　博文

〔巻封〕松菊老台御直拆

54　伊藤博文

133　明治(8)年11月30日　人三〇

其後御容体不相窺候処、追々御快方に御坐候哉。兎角繁忙に取紛参謁不仕、恐縮千万に御坐候。御葬式之日限相知れ候へは承知仕度、執事より相報呉候様御一声奉願置候。使節人選之義も相定、既に御聞に入候事と奉存候。就は過般も御内慮相伺候通、彼地派遣之上和戦両議判決之間は実に不容髪甚困難之事にて、則禍福之機を相定候場合に御坐候故、成丈け細に取極置度、両三日来専意取掛罷在候。出来次第煩御一覧可申。先は御容子御伺旁匆々如斯。誠惶拝具

十一月三十日　　博文

〔巻封〕松菊老台玉案下

54　伊藤博文

134　明治(8)年12月18日　F一─六

過日は御投書被下難有拝読仕候。其後は御病気如何之御容体に御坐候哉御伺、且は御書簡之御主意も尚篤と御直に相窺度、早速参謁可仕相望居候処、三、四日来風邪に被悩、昨今終に引籠加養罷在候仕合、乍残念一両日間参謁も無覚束候に付、不取敢一書拝呈仕置候。世外韓行之事も同人より御聞取被下候趣、右に付而も彼是御高慮相伺度奉存候へ共、何分外出難仕、いつれ近日快復之上参殿万御直に相伺可申。為其。匆々拝具

十二月十八日　　博文

〔巻封〕松菊盟台御直

54　伊藤博文

135　明治(9)年1月13日　人二三

昨日は高咏幷に寒楳一朶御投恵難有奉鳴謝候。留守中に而貴答に不及奉恐入候。今夕も参謁仕度奉存候処、高縄邸へ罷越候筈に付、今日は不相伺候。兼而被仰聞置候一条は追々条公、大久保へも申入置候に付、決而等閑に附候次第には無御坐候。御休神奉仰候。いつれ一両日内参殿巨細可申上候。不取敢昨日之御答迄一書。匆々拝具

一月十三日

大雪は御病気に障り不申哉。甚奉懸想候。御用心奉祈望候。以上

博文

〔巻封〕松菊老台玉案下

〔注〕 謄本は明治七年と九年の両様に推定。

54　伊藤博文

136　明治(9)年1月15日　人三〇

山口県出張裁判官人選之儀被仰越、種々熟考候処、別に可然人物無御坐候に付、岩村通俊に被仰付候筈に御坐候。随分慥成人物には相違有之間布、且事情にも可なり熟達罷在候歟、大概不都合は有之間布、いつれ拝命之上は直に面会、篤と示談仕置度奉存候。先は為其。匆々拝具

一月十五日

博文

〔巻封〕木戸殿御直

54　伊藤博文

137　明治(9)年(1)月23日　人三一

飯田陸軍中尉従釜山罷帰唯今来訪、別紙携来候に付早速御届申上候。釜山着後之模様承候処、至而平穏にて何事も無之趣に御坐候。尤当人は兵隊増加等之儀一円不存様子に相見申候。

過日電信到来之節返答振等は野村より委敷申上候様相托置候に付、逐一御承知被成候御事と奉存候。

御病気も追々御快方之趣伝承仕候に付、兎角御伺にも怠慢恐縮之到に奉存候。兼而御内願之事に付而は条公よりも度々御下問有之、且意見も少々申上置候。過日御遇訪之由に付、御直に御聞取と奉存候。尚御示諭之儀も御坐

候へは参殿可相窺候。為其。匆々拝具

二十三日

再度之降雪寒威殊に厳敷候に付、防寒之御注意第一と奉存候也。

博文拝

松菊老台御直折（巻封）

〔注〕謄本の推定は三月。

54　伊藤博文

138　明治(9)年2月9日　人三一

都合次第両三日内より朝鮮へ陸軍中尉飯田俊介を差返可申筈に御坐候（同人は満殊丸にて帰国したる随行之内）。其故は明後十一日郵便船には屹度森金より之公報可有之見込に御坐候故、其趣を在韓使節へ相報可申、森金来書之上ならでは確乎難申上候得とも、過般鄭永寧より品川領事へ書通有之候趣に、森公使支那と朝鮮一条談判に及候処、清政府におゐては一切関係無之趣致返答候由。森公報にも必す其趣可申来積に付、左すれは早速黒田等へ相報置候方談判之助力にも可相成、旁軍人を差返可申、尚時日相分候へは可申上候へ共、其内御書簡等御認之時日も可有之、且支那返答振内報入貴聞置度、旁申上置候。

過日英人ブラック日本字を以万国新聞と題し新紙発兌仕候に付早速着手、警視にて差留め傍外務省にて同公使へ及談判候末、昨今同公使より在日本英国人に布令して、日本文を以新聞を発行するを禁し、之に違ふ者は犯罪として罪科云々有之候。此一事は我国権に関し、且当今之人情に採り候而も甚都合宜布、御安心之為申上置候。布告文は今朝之日々新聞に有之申候。先は為其。匆々拝具

二月九日

博文

松菊老台御直（巻封）

54　伊藤博文

139　明治(9)年2月11日　F一―六

游猟之獲物とて他より野鶴一羽到来、乍失敬厨下へ献呈仕度為持差出申候間、御叱留被下候へは大幸之至に奉存候。余は拝青に譲り。匆々頓首再拝

二月十一日

博文

松菊大人閣下（巻封）

〔注〕年代推定は謄本による。

54　伊藤博文

140　明治(9)年2月14日　F一一六

従北京森有礼之公信入貴覧候。尤已に御覧後に御坐候へは直に御返却奉願上候。

支那政府之意衷大概相分候事に付、此旨を江華へ相報可申、今明日中より兼而申上置候陸軍士官を出足可為致、此段も序に申上候。私は両三日不快引籠、夫故に無沙汰不悪御海容可被下候。為其。匆々拝具

二月十四日

別書未た御一覧無之候へは御覧済御返却奉願上候。

54　伊藤博文

141　明治(9)年2月16日　人三一

応接書御返却慥に落掌仕候。如貴諭江華一報実に一日三秋之心地にて相待居候得共、更に音も沙汰も無之は不思議千万に御坐候。縦令成否は難保候とも、談判着手までは無事に取掛候と申事にても一報可有之筈と奉存候へ共、其事も無之は傍可怪事と奉存候。窃に考ふるに、儀仗兵増員之申立も不如意を以、此後は成否共愈之決極を報し候迄は何事も不申越と取極居候歟も難図、何にしても甚延引、気遣ヶは布事と奉存候。兎角一報有之次第為御知可申上候。匆々頓首拝復

二月十六日　博文

〔巻封〕孝允盟台拝答

54　伊藤博文

142　明治(9)年2月18日　人三一

久々不相窺候処、御病気は日増御快方と奉拝察候。別紙北京公信尚亦相達候に付供電覧候。御一覧後御返却可被下候。一昨日釜山野村靖より一書到来候処、書中異事無之、同人も海路不順にて釜山延着、本月一日同港抜錨、江華に向て罷越候趣、定而同人より御直に書信差出候儀と奉存候に付詳細は不申上候。先は為其。匆々頓首再拝

二月十八日　博文

〔巻封〕木戸公閣下

54　伊藤博文

143　明治(9)年2月20日　人三一

別紙野村靖より之書簡返上仕候。御落手可被下候。今以江華之報知は何も無之、緩急共他に差支は無御坐候へ共、不極にて数旬相過候而は彼是無益之費用相掛、是而已困却之事に御坐候。余は拝青可申上。匆々拝具

二月廿日　博文

〔巻封〕木戸様御直

54　伊藤博文

144　明治(9)年2月25日　F一―六

尊書奉拝誦候。過日来少々御風邪之趣伝聞、折角御見舞に相伺可申相心得居候得共、昨今宿替に取掛候処、荷物運搬等随分極煩雑、夫故今以御無音申上候。少々申上度儀も可有之候に付一両日中必登堂可仕候。御風気は追々御快方と奉存候へ共、時候変換之時節殊更御加意専要に奉存候。青木より差送り書面慥に落手仕候。如貴意取計可申、金札下落は原因甚難分明候へとも、昨今エキスチヱンジの大差より起り候事には無之歟、金札に不信用を起候より生来候事とは不奉存候。其原因大隈よりも未た篤と承知不仕候へ共、多分右等之事歟と奉存候。

朝鮮報知今以更に相分り不申。

書画類為御持慥に落掌仕候。大野へ返却可仕候。余は譲拝青。匆々頓首再拝

二月廿五日　博文拝

〔巻封〕木戸様貴答

〔注〕謄本の年代推定は七年。

54　伊藤博文

145　明治(9)年3月1日　人三一

昨日は御疲労と奉拝察候。唯今別紙之通電報有之候に付為御知申上候。右は馬関電信局より本寮へ送信有之候。〔改行〕去月二十七日朝鮮国黒田弁理大臣殿より三条殿へ之電報。則、

条約整ひ二月二十七日互に鈐印の約成れり。依て翌二十八日は帰帆の積りなり。右御届申上候也。

過刻条公御尋申上候処、電信未到来趣御答有之候に付、

電信各局聞合候処、既に条公へ送達に及候趣間違無之との事に付、実事は相違無之候。御安心之為早速為御知申上候。

条約以下〔ママ〕。也〔ママ〕。迄が黒田之電信文と被推察申候。余は拝青。明日は尚確たる事相知れ可申。匆々頓首再拝

三月一日　　博文

〔巻封〕木戸殿御直

54　伊藤博文

146　明治(9)年3月3日　F一—六

朶雲奉拝見候。昨夕は御来訪難有奉謝候。御高按之儀は今朝大久保へは一と通り相話置申候。同氏も至極御尤之御勘考に付、熟考可致との事に御坐候。万々無之事には御坐候へ共、若し又前論は斯々と申儀を政府へ傲然建言等に及候節は言葉も無之事に付、殊更御一決相成候方可然との大久保気遣も有之申に付、条公へも申上候処、老台よりも已に御聞込旁都合宜布候。

後藤一条、板垣より御聞に相成候儀に付而は、大隈より何も承知不仕候へ共、今日は既に同人も退出に付明日尚承り可申、条公へは大隈より略申上候趣に御坐候。不取敢御答匆々乱筆御容赦奉願上候。拝具

三月三日　　博文拝

〔巻封〕松菊老台御直拆

54　伊藤博文

147　明治(9)年3月23日　人三一

昨夜木梨より一書到来披閲仕候処、拝晤之節申上置候探偵人両三名之者等に前原も意衷を吐露、終に薩へ横山某を差遣武器相談に立到候まて之始末に御坐候処、竟に探偵人等之探偵者たるを摘発し、前原兄弟三人、奥平謙輔、横山彦助之五人政府之捕縛を恐れ進退窮迫、切り死でも可致乎之為体なる趣申越候。探偵人小林なる者は露発に及ふや否遁逃之趣、他は勿論萩城に不在、いつれも無難には相違無之候。実に萩城諸士之始末不堪憫笑事と奉存候。木梨より、此際平穏に取鎮可申に付、政府より突然着手無之様、只奉懇請之書意に御坐候。表面には何も関係無之事に付、無論御捨置之外有之間布奉存候処、如何、御高慮も相窺度と奉存候。書帖は警保寮之方に如何相響

き居候哉も難計に付、昨夜大久保へ差遣置申候。大意は前文に相違無之候。此段一寸申上候。匆々頓首再拝

三月二十三日　博文

〔巻封〕松菊老台御直内展

54　伊藤博文

148　明治(9)年3月24日　人三二

県報入貴覧度大久保へ申遣候処、別紙之通返書有之候。今夕は必差出候様可仕候。少し事実相違之事も有之哉に相見、是も其節は可申上候。処置寛猛之処は事実分明之上御高案次第に可仕候。匆々拝酬頓首

三月廿四日　博文拝

〔巻封〕松菊大人閣下御直披

54　伊藤博文

149　明治(9)年4月13日　F一―六

今日は御来臨被下折悪留守中残懐に奉存候。然は明日大久保一同伺候候様御示諭敬承、他参之処は御手狭彼是勿論御招無之而も御不都合有之間布、余は明夕拝青に譲。匆々拝復

四月十三日　博文

〔巻封〕松菊老台拝答

54　伊藤博文

150　明治(9)年4月17日　人三二

過日は陪筵被仰付難有奉謝候。爾来御礼旁参殿可仕之処、今以御無沙汰申上候。御海容被下度候。別紙は品川より今朝到来、充分難分明候処、今以不穏之形勢に被相察申候。就而は木梨より之書信一両日間には必相達可申、其上は事情も詳に相知れ可申に付、到信次第可申上候。大久保へも略申入置候。事情分明次第、臨機応事之処置無之而は不相成事と奉存候。匆々拝具

四月十七日　博文拝

別紙は井上へは回覧之時限無之に付、御覧後御遣被下候様奉存候。以上

〔巻封〕松菊老台御直

54　伊藤博文

151　明治(9)年4月22日　人三二

本書相認置候処、今朝警保の石井罷越、片桐は速に差越候方可然歟之気付も有之候。其故は過日萩地之景況如何相変候乎難計、事宜に寄候而は前原抔も其儘難差置旨長岡連へ申聞候処、其以来彼等も窮鼠の有様にて昨今刺客を結ふ云々之情態有之哉に御坐候。乍去取定候事は無之、尚探索之上篤と面晤之序可申上候。以上

品川電報昨夕相達申候。今日之郵船より帰府可仕事と相見申候。前原も丸々品川へ委身降伏に被察、是迄之話は恐怖心より相起候事に可有之。夫に致候而も山口之県庁、萩之恐怖を尚亦恐怖致候は、一奇事と奉存候。電報は今日船に乗組と相見候に付、別に返事不仕。片桐も差越候様申来候処、兎角品川帰着之上にて可然歟。少々之遅速大なる得失も有之間布、伏乞垂教示。余は拝青可申上。誠惶拝具

四月二十二日　　　　博文

〔巻封〕松菊老台親展

54　伊藤博文

152　明治(9)年4月26日　人三二

尊書家禄支消之儀謹読仕候。中等以上減消方過当に可有之御異見は条、巌二公と御同案に御坐候様相窺申候。八歩利子は大なる差には無之歟と奉存候処、博文考違ひ平も難図、最初之見込書には禄税其儘引去り八歩を渡す之論と覚へ居申候。左すれは大蔵之手許に年々積立候高は此度之分より百万円も減し居候哉と奉存候。兎角不容易重大事に付、今日之御会議には是非御出頭奉願候。尚其節緩々可奉窺候。匆々拝復

四月念六　　　　博文

〔巻封〕木戸公親展

54　伊藤博文

153　明治(9)年6月17日　人三二

炎暑之時節僻陬之地御旅行、定而御難渋之事と不堪拝察候。乍去御起居御壮健に被為居候趣、追々公報幷に新聞

紙上に而奉窺恭賀之至に奉存候。御発途前被仰聞置候御洋行一条、早速条公へ細々言上仕候処、御保養旁暫時之間御当官之儘博覧会御見物欧洲通り御帰朝之儀に御坐候へは御異存も無之に付、行在所へ其段御内伺之為巌公迄御書帖にて此節御申越相成候。勿論千住にて閣下より御直に承候儀も前文申上候通と齟齬無之事と奉存候。時機を以巌公へ御直談被為在、御聞届可相成御都合に御坐候へは、御帰京之上直に御願立相成候御運にて可然歟と奉存候。大久保へも右之趣及書通置候。御含までに申上置候。

東京も御留守中更に異情無御坐候。朝鮮人も陸海軍、文部、工部両省、学校、製作処等巡覧為仕申候。乍去彼等之頭脳固結仕居、事物之精粗巧拙も更に其精神を感格為仕候程には至り不申候。到底彼国も鉄火之一大烈風に遭遇不仕而は諸国と交際可致様には被思不申候。明日より一同出発、帰国可仕筈に御坐候。余り諸方見物之為誘引を受殆困却、帰心如箭被相窺申候。

昨日支那滞在福原和勝よりの得一書候処、英公使ウヱード四、五日内に上海へ到着、マルガリー一条の理事連帰着を待受、其結尾之模様に寄英清和戦之決極を定め可申との趣に相聞候由。実地決而左程之事にも立到間布と奉存候へとも、虚声にて程克為致落着候手段も含蓄仕居候歟と奉存候。

一昨日澳国より渡辺洪基帰朝、今朝暫時面晤仕候処、同国も兎角ホンガリーとの協和甚難渋之趣にて、動すれは独立を謀候気色有之趣、此節会計一条に付種々混難之趣。夫と申も澳国他国と条約改定之期に臨、澳国は製造物を以専業と仕居候に付、保護税を課するの論太熾なる由に而、ホンガリーは之に反し耕作を以国を為し、自由貿易に非れは物産を外国へ輸送する事不能、両国民其利する処を異にし、一法の下に在ては左手に損し右手に益するの訳にて、困難之余両国各区に貿易条約を結はんと欲するより、領事をも各自に派出せんとの説にて、是は澳国に承諾不仕趣、未た其落着に不至との事に御坐候。其他中亜細亜之擾乱、魯澳土三ヶ国関係之始末も充分の結果に未到（此節在東京ホンガリーの前工部卿之説にても一両年間に必す欧洲再乱之憂可相発との事なり、是は三ヶ国関係一条に基く）、右之形勢に付甚不穏趣に御坐候。

世外も本月末より是非解纜仕度との事に御坐候。

閣下御越に相成候へは米国当りにて御待合せ可仕との事に御坐候。必竟現時好都合之場合に際し発程不仕而は又如何之風変も難計と申恐れも可有之と奉存候。

余は譲後鴻。御用向御坐候へは何時も可被仰聞、炎暑之候御病後殊に御注意肝要と奉存候。誠惶頓首再拝

博文拝

六月十七日

〔巻封〕木戸殿閣下

54　伊藤博文

154　明治(9)年(7)月(2)日　人三四

本月廿六日之尊書相達難有奉拝読候。先以御清康奉拝賀候。御洋行一条に付而は、巌公幷に大久翁へも何卒御願意通貫仕候様依頼仕置候に付、必不承知は無之事と奉存候。世外も廿五日払暁之解纜にて米国へ罷越申候。茲に一奇事有之甚困却仕候処、程克落着安心は仕候へ共、頗不都合なる事に御坐候。渋沢、福地両人世外を送別に出浜可仕心組之処、廿四日薄暮既に乗船之事を伝聞し、出港するも面会難出来と見込、両人共両国益田やと申船宿にて一酌之後に骨牌を取出し、夜半頃迄芸妓等共に且酔且玩ひ勝敗更迭之央に、巡査六、七名突然踏込、福地は裏階子より脱走、渋沢は就縛直に屯処に被拘引詰問之上、福地之行衛不相知に付留置にて彼是致候中、福地より人を以小室へ通知、小室早晨僘宅に馳付事情陳述、早速警視へ為相尋候処、勿論同人等を目懸け候訳にては無之、地獄征討之波及にて鰯網に鯛之掛り候訳と相成随分困却、乍然巡査も甚程克審問仕候而到底無罪に帰候而已ならす、公然露発にも不到して解放相成申候。乍去其翌〔ママ〕は福地も終に屯所へ罷出、脱走之不都合なるを以詫入之證書を直筆にて被取付事、落着に到り申候。実に一危事に御坐候。〔以下欠〕

博文生

〔巻封、袖にあり〕松菊老台閣下

〔注〕本書簡は、155書簡の前半部と考えられる。なお謄本は、6月28日と推定。

54　伊藤博文

155　明治(9)年7月2日　F一一六

〔前切〕新聞紙にも有之候通土耳其国宰相某は、終に国計之窮乏を救済せんと欲し、皇室の費額を減却し軍費に充

てん事を屢帝に建言したれとも、終に被用ずして、不得已廃帝之挙に及ひ候趣、其後帝は悲歎憤懣に不堪自殺したる趣、実に人をして震慄せしめ候。新聞又支那よりはウヱードの談判竟に難結局手切れ之際に臨候との噂、是は信偽未可弁。

世外も廿五日払暁解纜仕候節、成丈け閣下を米国にて御待申上度に付、自然御渡航なれは速に為知呉候様相頼置申候。

御眼病之趣御書中に相見甚奉懸念候。中々容易に難治ものに付、精々御加養被為遊候様奉万禱候。余は後便に可申上候。天時御自愛第一に奉存候。誠惶頓首再拝

七月二日

54　伊藤博文

156　明治(9)年8月3日　人三二

今日は御来臨難有奉拝謝候。陳其節御示教有之候皇族云々之儀条公へ申上候処、杉宮内少輔より大略見込書差出候筈に御取極相成居候由、定而御聞に入候事と奉存候。条公御発途前大意丈けは御取極相成度申上置候。

大久保も腫物にて難渋、今日は参朝も相断、条公御出立前にはとても出勤相成候模様には無之趣に御坐候。夫故万事不極りにて甚困却仕候。いつれ御暇乞旁参謁可仕、不取敢此段申上置候也。

八月三日　博文

〔巻封〕松菊老台内呈

54　伊藤博文

157　明治(9)年9月5日　人三三

八月二十五日之尊書相達難有奉拝読候。御浴湯以来下痢之為御悩之趣御書中に相見候処、定而其後御回復と奉拝察候。何分本年之暑気は東西南北を不論炎威如燬、東京を出立之節は避暑之積にて一同出掛候処、石狩の山中も東京も相変候事無之程之烈炎に甚困却仕候。条公も函港へ到着之節少々御不快に御坐候処、全く水土の異なる為に暫時御悩に御坐候而已に而他の来由無之、不日にして御快復相成申候。全体陸路より札幌に罷越候筈に御坐候処、幸工部省之巡回船有之候に付同船にて小樽内まで罷越、帰路は陸路室蘭を経て、一昨三日一同帰港相成申候。

今朝九字渡海青森へ罷越、夫より秋田県通り巡路之筈に御坐候。滞在中は開拓使より頗鄭重、恰も外国へ罷越処々之地方官より接対〔ママ〕を受候景況と異なる事なし。黒田は根室へ巡回、始終駈違、北海滞在中は一面不仕、松本大判官なる者は有故帰省す。又聞、已辞表を呈せりと。此人、酒田の人にて頗剛壮の聞有之申候。開拓使には可惜の人なり〔と〕云へり。巡視一行、此度は山野を経歴し、唯得る所の者は馬に騎る事に頗熟練仕候而已。○石狩の奥なる石炭山に上り候処、其炭質の美にして炭鉱の大なるには実に愕然仕候。只恨運搬の不便、数百万金を費すにあらされは海岸に出す不能、先つ一両日間より仏人を差遣し、実地に就て見込を相立てさせ候積に御坐候。○書中別而御用心第一に奉存候。出帆之時期切迫に付書外渡海之上郵便を以て呈書可仕。誠惶頓首再拝

九月五日朝六字

54　伊藤博文

158　明治(9)年10月5日　F一一六

尊諭之趣奉敬承候。今朝罷越可及面晤と奉存候処、来客続々有之未得外出。唯今頃は当人も出勤中に有之と奉存候に付、夕方罷越尊意貫徹仕候様可及示談候。貴答。匆々拝具

十月五日　博文

〔巻封〕松菊老閣侍史

54　伊藤博文

159　明治(9)年10月5日　F一一六

曽而入貴覧置候大久保見込書政体取調書と相心得居候。御手許に御坐候へは御序に御返却願上候。以上

只今大蔵省へ罷越大隈へ面晤、委細御内意之趣相話置申候。同氏見込にては拾五万円も増額不相成而は相済間布歟之底意に御坐候処、御取調通なれは見込よりも手軽に相済、同省にても容易に作略相整可申歟之噂に御坐候。尤子細之儀は書面に無之而は難細論、明朝御直談御尽可被成儀と奉存候。拝具

十月五日　博文

〔巻封〕松菊老閣御直展

54　伊藤博文

160　明治(9)年10月7日　人三三

宮内増額之儀御内決相成候段御示御好都合と奉存候。皇室に可属土地之儀に付而は隈氏之考案も過日承申候。追々御取調相成略目的相定候上御取極有之可然と相答置申候。先は拝答。匆々頓首再拝

十月七日　　博文拝

〔巻封〕松菊老閣侍史

54　伊藤博文

161　明治(9)年10月18日　F一—六

昨夜略申上置候華族鉄道一条に付、今日国立銀行へ罷越候筈に御坐候処、突入も如何と奉存候に付、如何可仕歟と巌公へ相伺見候処、其趣老台へ一応申上置候様との御示諭に付、一寸申上候。今日之集会にて如何相纏り可申乎難計候へは、昨日申上候趣向には何時も相整可申に付、今日之結局次第渋沢へ面会為打合候儀は御請合可申上候。此段一寸申上置候。匆々拝具

十月十八日　　博文生

〔巻封〕松菊老台

54　伊藤博文

162　明治(9)年10月29日　人三三

過刻拝別後山口へ為尋合候処、左の通唯今及通報候。

山口局午後九字二十分。

萩の賊徒前原、奥平、横山其外百五十名程萩地を脱走、石州高津に向け出発せり。山陰道より闕下に出るとの事、彼等書き残し置けり。此段御届け。

右は電信局よりの報知に御坐候へは確実なる者に相違有之間布候。又他の探偵より承り候処、熊本一挙前萩へ肥後人数名往而謀りたる趣なり。承り候儘申上候。

軍艦に兵を乗せ急に雲石の間に差廻し、一撃の下に殲し候外有之間布と奉存候。尚明日拝青可申上候。拝具

廿九日夜　　博文拝

〔巻封〕木戸公密啓

54　伊藤博文

163　**明治(9)年(10)月31日**　人三三

別紙電報唯今到来、入貴覧申候。黒川より須佐に遁去等之事は陸軍へ電通有之候に付、同方より為御知申上候事と奉存候。

全体此度之一条は会津人長岡久茂等と兼々調し合候事と相見へ、廿三日之夜前原より長岡へ電信を以及通報、則熊本一挙之前夜之事に而、卒然相起候事共不見候。乍去須佐へ遁け込候而は拱手就縛之外手段有之間布、不堪憐笑候。尚後報有之次第可申上候。拜具

廿一日　　　　博文拜

〔巻封〕松菊老閣侍史

54　伊藤博文

164　**明治(9)年11月3日**　人三三

過刻は御投書奉謹読候。閣下御下問之儀に付而は、退出前巌相公へ申上置候。兎角条公と御相談之上御返答可有之御噂に御坐候。尚亦唯今条公より御尋も御坐候に付、御内願之意略御答申上置候。御書中萩城之事如何可致思考哉御尋之儀は、於私も勿論無情に看過可仕心底毛頭無之候へとも、一旦如斯大変に立到候上は略鎮定仕候まては鉄火を以御処分有之候外致方無之、又過刻も申上候通、鎮静之上法を以其罪の軽重を審理するには、必首従之別可有之に付、幾重も軽重不混同様有之度、且首謀之者より被強迫不得止加り候者等は、別段御寛典を希望仕候外無之、右等之思考に於ては閣下之御高慮と相違仕候儀無之事と想像仕候。御下向之事に付而は、自から巌公よりも御答可有之候へども、其中明日は相窺、何れにか御決定相成次第参殿可申上候。誠惶頓首再拜

十一月三日　　　　博文拜

〔巻封〕松菊盟府親展

54　伊藤博文

165　**明治(9)年11月7日**　人三三

昨朝は参殿御妨申上候。其後御風邪は如何に被為在候哉相伺度候。山口も昨日は進撃之処容易に敗走、尚亦遁逃之由、実に可憐無頑是連中、何卒速に就縛相成かしと奉

存候。横山等は雲州にて被捕候趣、已に入貴聞候事と奉存候。

今朝井田譲帰府面会仕候処、秋月も全く前原之煽動にて已に小倉口に出候。秋月人等は前原と相約此挙に及ひ候事に付、是非小倉之通行を許し、萩へ罷越候路程を借し呉れ度と相求候由、今度之一条都而前原之発起と被察申候。

于時昨日申上置候御間隙に拝趨、愚衷陳述仕度儀は、今明日之中御都合如何可有之候哉。うるさく思召候儀には可有之候へ共、御聞取被下候へは大幸と奉存候。時日御示教偏に奉懇請候。拝具

十一月七日　博文

〔巻封〕松菊老台閣下

54 伊藤博文

166 明治(9)年11月8日　人三三

口書写差上申候間御落掌奉願上候。玉木一条、裁判所へ申来候哉否篤と承知不仕、早速取糺見可申候。佐賀に六十人計後れ馳せに起候勢有之との事、佐賀在留参事より長崎県令への電報に候。精々説諭候へ共山口と堅く約束あれは難変とて、必一挙するの確証を得たりと。又小倉鎮台乃木より山県へ、本日午前二字佐賀にて六十人計已に暴発に及ふともあり。又肥後の鎮兵を分遣せりとも云。何れ致候而も為大事は有之間敷、承候儘為御知申上候。拝答

十一月八日　博文拝

〔巻封〕松菊老閣玉案下

54 伊藤博文

167 明治(9)年11月10日　人三四

熊本、秋月、萩三ヶ処の賊徒処分之儀に付段々御評議相成候処、いつれにも多人数之事に付速に決極相着候方可然に付、処決之権御委任之者出張被仰付可然決議にて、司法卿其撰に当り、小倉まて出張、彼地は双方へ中央之事故擬律之上裁決を司法卿へ申出、同卿指令に及直に断獄可仕筈に御坐候。

国事犯には刑律の条目も無之事に付、已に同省より伺出、首罪は斬、次は懲役十年、次は三年、使役に被供たるも

のは不問に置くと申概綱に而、已に御聞届相成候。過日此度之儀臨時に無之共通常裁判にて御処分可相成哉と御噂御坐候事に付、右之段一寸為御知申上候。未た表面御発令には無御坐候へ共、司法卿へは已に大臣公より御通し相成申候。

御風邪は其後如何に被為在候哉。御加養専一に奉存候。拝具

十一月十日　博文拝

再伸　其内可奉伺候へ共、御用事等も被為在候へは何時も参謁可仕候。拝具

〔巻封〕松菊盟台閣下

54　伊藤博文

168　明治(9)年11月13日　人三四

奥平辞表云々之儀条公へ申上候処、式部頭へ御申聞可相成との御沙汰に御坐候。無論辞表には不及儀と奉存候。其内何とか式部頭より同人へ通報可有之候。

今朝は長々為御待申上奉恐入候。其節御諭示御坐候、条、巌二公及ひ近衛家拝借金被下切一条、早速大隈へ談合仕候処、事情不得止次第に付御見込之辺にて可然と申事、且同氏説に、条公は外に借財有之候へは夫も序に被下候而は如何と申事に付、凡壱万四、五千円阿州其外に借金有之、右も宮内之御都合にて旧借外に被下候儀なれは甚都合可宜と申置、直に大久保へ罷越、老台之御話幷に大隈見込之処併而談合仕候処、是も両条共異議無御坐、尤条家へ新に壱万四、五千円も被下候儀は少々跡にて差支有之間布歟と申事に御坐候。必竟大隈見込は、条公家禄を以年賦返済に引当て候時は更に有余無之、何時意外之出費なきを期する不能、此機に乗し丸て為済置後来を慎せ候方可然歟と申事に御坐候。右差急き候趣御示に付則拝答。匆々頓首再拝

十一月十三日　伊藤博文

〔巻封〕木戸殿御直拆

54　伊藤博文

169　明治(9)年12月5日　人二三

華族バンク一条云々御示諭之儀、内閣におゐて再議と申程之事は更に無御坐候。右一件に付而は未た公然政府上

へ貫き彼是取調等之義は是迄無之候。過日愚考申上候儀も必竟博文一己之浅慮而已にて他人之同意不同意も難見分、大蔵卿丈けへは意見申述置候。決而右之大体を揺撼為仕積には無之候。自然愚意御了解違ひにては不宜と奉存候に付、為念申上置候。松野婚姻一条は、四、五日前御許可相成、已に内務へ御指令済に御坐候。独乙公使之方も程克氷釈之趣御安心可被下候。不取敢御答。匆々拝具

十二月五日　　博文

〔巻封〕松菊老台拝答

〔注〕謄本は、六年と九年の両様に推定。

54　伊藤博文

170　明治(9)年12月19日　人三四

十六日、十八日両度之尊書拝読仕候。山口県拝借金之願書は今日大蔵卿へ聞合候処、已に相届穿議中之趣承知仕候。電信にて県令へ問合せ、本年中収納金高等聞合せ、未た返答無之由に御坐候。右願意許否は正院までは不差出と申事、乍去実際差支無之丈けは貸渡可申積りと推察仕候。行幸随官旅費一条は未定に而、已に今日も色々相談仕見候へとも未た一定に不到、両三日中必取極り可申、其上御報可申上候。

伊知地、福羽両人之事は条公へ申上置候。同公より大久保に一応御聞合せ可相成、最初被命候時少々云々有之候事に付、篤と相談之上可致決定との御沙汰に御坐候。河瀬公使在留之儀は今日寺島へ承合候処、既に申越候との事に御坐候。乍去逐ひ下しと申事とは違ひ候歟と想像仕候。唯通常之手順にて御用有之帰朝と申事歟と奉存候。兎も角も已に及通報候以上如何取計可然歟、強而外務へ申入候も不都合には有之間布乎、尚御勘考奉願上候。青木は上出来之手際、流石数年滞欧之経歴、終に今日之成跡と感服之外無御坐候。外務へも願書差出有之候趣寺島より承知、此上は充分心配仕成就仕候様致度ものと奉存候。先は御答迄。匆々頓首再拝

十二月十九日　　博文

〔巻封〕松菊老台拝答

54　伊藤博文

171　明治(10)年1月3日　人三四

貴翰奉拝読候。然は減租之御発令は明日相運可申筈に御坐候。御発表之手順は第一に詔書を以深く休養の道を被思食候而減税被仰付候に付、有司百官上意を奉体痛く節減いたす様と申事に而、人民へは外に布告を以詔書之通云々、且民費減額も第二号之布告を以同日に御発表之筈に御坐候。書類は唯今控処持不仕、条公御手許へ差出置申、内務定額減省之事も充分大久保へ談し置申候。三百六十有余万之内二百五十万と相成候筈に御坐候処、其上尚亦減却する之見込に有之、今日中取調と申事に承知仕候。尤二百五十万中駅逓之費甚大なり。是は減少する事不出来、減すれは人民之不便忽相生し可申、此節は大概充分の改革出来可申つもりに御坐候。精々尽力可仕に付御安心奉願上候。他にも申上度儀百端御坐候へ共筆頭に不能、其内参謁可仕候。拝具

一月三日　　博文

〔巻封〕松菊老台

54　伊藤博文

172　明治(10)年1月7日　人三五

尊書拝読。昨夕は御光臨難有奉鳴謝候。然は今日大久保へ御尋問之都合為御知可申上筈に御坐候処、及遅緩奉恐縮候。明朝八字条、巌二公御面会之儀は何も承知不仕候へ共、到底過日来之事件たるに不過と奉存候。博文も此節は必生之誠心を尽、為国家又為閣下聊平生に報度心得に御坐候へ共、何分微力にして寸毫も透徹不仕遺憾千万と奉存候。書外譲拝青。誠惶頓首再拝

一月七日　　博文拝

〔巻封〕松菊老台拝答

54　伊藤博文

173　明治(10)年2月4日　F一―六

鹿児島一条に付従東京電報到来、少々御談申上度候に付、明朝は参朝掛け六字半頃に尊宅へ可奉伺、夫より条公へ御同伴申上度、右時刻頃より御外出之御用意奉願置候。為其態々。匆々拝具

二月四日　伊藤

〔巻封〕木戸殿密展

54　伊藤博文

174　明治(10)年2月9日　人三五

奉粛啓候。先以聖上御機嫌克奉頌賀候。然は西南一条に付昨夜大久保より電報到来則左之通。

薩摩国境へ銃器を携へ口々固む、通行差止る由容易ならさる様子なりと熊本令より只今報し来たり。尚慥かめて打返したり。念の為め通しをく。

如斯電報有之候処、又直に電信局よりも同様申来。又山県へも谷干城より大同小異之電報有之申候。然るに其前大久保より、土方被差遣候に付神戸へ出浮候而同人来着を待受候様電信有之候に付、昨夕より出港、今朝同人面会還幸之儀を差急き来候に付、兼て御治定も有之今更御変改も如何と奉存候に付、同人同伴入京、条公、山県共相談候上、行在所へ可申上心得に御坐候処、尚亦大久保より電信にて左之通。

熊本令より未た再報なしと雖、若し鹿児島破れたる以上は御動坐は不可然。依て変に臨み下官直くに上京すべし。念の為め此段申進候。

自然事破裂に至り候時は、公然其罪を鳴らし討伐之大命を被発候儀に付、無論御動坐無之方可然歟と愚案にても略同意に付、兎も角も兼而御治定日期通り御還幸之事に御取極、非常は臨機之事と略条公へも申上置候。定而同公よりも御書通可有之事と奉存候。余は土方口頭より御聞取奉願候。竜驤艦も今暁神戸を発し長崎へ相廻り申候。明治丸今朝解纜、公使等を為乗東京へ一応差返し申候。乍去是は来る十三日尚又神戸へ着艦直に鹿児島へ遣し候積りに御坐候。而して高雄丸と入れ替へ彼地之報知を得、且御帰京御乗船にも旁都合可宜と奉存候。尚万事に付御高案も御坐候へは、土方帰便に御示奉願上候。誠惶頓首再拝

二月九日　博文拝

〔巻封〕松菊老台御直拆

54　伊藤博文

175　明治10年2月10日＊　人三五　（山県有朋と連名）

今朝伊東海軍少将従兵庫入京。鹿児島一条為得確報、至急テーボール艦を差遣し、河村大輔、林少輔両人乗船罷越候高雄丸と入替、同船は直に帰帆為致候様致度懇願に付、任其意明十一日神戸解纜申付置候。西京御発輦前高雄丸不在中不時御還幸と申節はテーボール艦御用に相成候筈に及奏上置候処、何分確報遅延候而は此際甚懸念仕候に付、同船差遣候事に取極申候。尤明治丸来る十四日迄には必神戸へ回船之儀申付置、不時之御用に差障無之様仕置候。本日土方久元便宜を以如申上置候。来る廿一日御乗艦御帰東之事に前議通御治定に御坐候へは、高雄丸も必回着可仕に相違有之間敷、旁以前条之通取計申候。此段宜布き様御奏聞奉願候也。

明治十年二月十日　　山県参議
伊藤参議

木戸顧問殿

54　伊藤博文

176　明治(10)年2月13日＊　F一—六　（山県有朋と連名）

鹿児島事情切迫に付至急軍艦差廻し度、因而別紙之通伊東祐麿へ被仰付候様伺案大〔太〕政大臣殿へ差出し、右廻附次第発艦之積に一同評決之上手筈仕候。右者緊急之事機に付前以而奏聞奉願候間合無之、臨機取断即林少輔差出申候。猶委細之事情は同人より御聞取之上前件共御奏聞被成下度、因而書上略々仕候。何分各地相留候而は万端御気評も難届不都合に候に付、明日は可相成急々大坂御着輦有之様被遊度候。此段申遣候也。

二月十三日午前九時　　山県参議
伊藤参議

木戸顧問殿

〔別紙〕

写

海軍少将
伊東祐麿

鹿児嶋下暴徒同県下に有之、海陸軍庫之弾薬を強奪し兵器を携へ多人数聚合之趣、就而者如何様之暴挙に可及哉も難料に付、軍艦を率ゐ出張被仰付、臨機之処分御委任被仰出候事。

二月十日〔アキママ〕　大政大臣名

54　伊藤博文

177　明治(10)年(2)月(17)日　人三六

唯今従熊本県令之電報に、鹿児島県人数兵器を携押出す趣申越候に付、速に鎮台へ報し臨機可致処分旨及指令置候。就而は勅使云々之儀も明朝之都合に無之而は難相定、尚今晩中之報知之模様に寄り明朝禁中にて御相談可申上候。余は譲拝青。匆々頓首再拝

〔巻封〕木戸殿密展　博文

54　伊藤博文

178　明治(10)年2月20日　人三五

尊書之趣奉敬承候。電報は順々入尊覧候様書記官へ厳重に申付置候。必此後無漏洩差上可申候。昨夜之処にて鎮兵賊軍駐屯の場処を去る事七里、今夕より明朝までには必一戦之報告可有之と奉存候。異状有之候へは早速為御知可申上候。御胸痛下痢は甚御案申上候。此寒天殊に御養生有之度奉存候。後刻相伺可申候。余は譲拝青候。匆々拝復

二月廿日　博文

〔巻封〕松菊老台拝答

54　伊藤博文

179　明治(10)年2月27日　人三五

過刻も一寸御聞相成候通愈鹿児島へ巡査八百名差遣候事に取極め可申、就而は黒田清隆を被差遣万事駈引被仰付候而は如何と申、大久保より談示有之候。老台へ申上呉候様との事に御坐候。同人に万事為致駈引候へは、製造処破却、県令官位褫奪、逆徒等捕縛之巡査受取、其他万端御委任相成臨機処分被仰付可然歟と申見込に御坐候。勿論柳原被差遣候事は前論之通に御坐候。此段申上置候。大坂へは是非明朝より出浮申度奉存候。閣下御出張之儀は彼地にて集会場処等取極候上御報申上候而、御下坂を奉願候様可仕哉。何分目今之場合陸海軍と懸隔仕居候ては、兎角万事遷延時機を失はん事を恐れ申候。御都合宜布様仕度奉存候。御下坂相成候上は大概之事は即決即行之上奏聞相成候様仕候而、重大なる事件は時々出京相窺

候上取計可申に付、旁是非御出浮は無之而は不都合と奉存候。匆々拝具

二月念七日　　博文拝

〔巻封〕木戸殿親展

54　伊藤博文

180　明治(10)年2月28日　人三五

勅使被差遣候儀は已に神戸にて待受居候位に付、今更御変換と申訳にも至り兼候歟。勿論勅使は船便に罷越候都合にて、今日は眼目とする所、製造所を破却し、県令を廃却する等に可有之と奉存候。

昨夜も被仰越候通、是非兵隊差送度段々心配仕見候へ共、何分致分遣候事不相運、甚残念に奉存候。巡査八百人は差遣候筈なり。河村より昨夜電報到来、柳原を是非一応博多に為立寄呉候様申越候に付、河村見込は是非出先にて手段相着候積り歟と推察仕候。

大坂出張之儀は今朝九字過之汽車にて罷越候つもりに御坐候。大久保は唯今行在所に罷出条公へ拝謁、夫より停車場へ出浮候筈。私は直に停車場へ罷越可申候。

閣下御下坂は昨夜相窺候へ共、御都合御示無之候に付従大坂尚相伺可申心得に御坐候処、可相成は今日御下坂相願度奉存候。拝答匆々拝具

二月念八　　伊藤

〔巻封〕木戸殿拝答

54　伊藤博文

181　明治(10)年3月22日　人三六

貴書粛読。然は戦地之事情被聞食候趣重畳之御事に奉存候。一昨々両日之模様電報にて御承知之通に御坐候処、賊勢前日之景況とは大に相違、俄然減削候は甚疑敷様にも御坐候へ共、十四、五、六日頃まで之激戦は全力を用ひ候事にも有之候歟。之か為に敗走候訳なれは、頗我に取りて好都合と奉存候。或は腹背攻撃を受候為に遽に戦略を変し、総軍を一所にコンセントレートして最後の一大劇戦を為さんとするも不可測、兎角今一報にて分明可仕候。

御帰県之一事は一段落相着候上は御都合次第に相成可然歟。尚拝青之上可相窺候。不取敢拝答。匆々拝具

三月二十二日　博文

〔巻封〕松菊老台拝答

54　伊藤博文

182　**明治(10)年4月25日　F一—六**

唯今申上置候西郷従戦地贈大山之書面写差上け申候。島津父子使へ御返答云々之儀は細に条公へ申上置候。新聞一葉は篠原へ遣し候書帖有之候に付、是亦差上申候。為其。匆々頓首再拝

四月廿五日　博文拝

〔巻封〕松菊老台拝啓

54　伊藤博文

183　**明治(10)年4月27日　人三六**

奉粛啓候。両日不奉窺候処、御不快如何に被為入候哉。御左右相伺度奉存候。

中原尚雄以下之者取調書類為御一覧差上申候間、乍御手数相済候節大久保方へ御返却奉願上候。戦地之報知も昨今無之候処、賊徒も大概遁逃熊城近辺には是を留め候者無之様相見申候。必日向地へ遁込候事と相見申候。其中細報可有之と相待居申候。

魯帝も過る二十四日宣戦公告、愈土耳其と戦端を開候事と相決、欧州諸国即今之動揺不一方事と被推察申候。此戦争にて形勢一変可仕、英国之去就未た相分らす候へ共、此後之報知にて同政府之方向大概可申来、土国六十四万之精鋭ありと雖独立して魯国と抗衡する訳は有之間布、必英之後援有之に相違有之間布との、世上傍観者之臆想と被察申候。余は譲拝青。匆々拝具

四月念七日　博文拝

〔巻封〕松菊老台御直披

54　伊藤博文

184　**明治(10)年8月26日　人二七　(槇村正直宛)**

残暑難去候処、先以御清穆奉恭祝候。陳在京中は不一方御高配に預り幾重も難有奉鳴謝候。帰京後早速呈書可仕筈に御坐候処、多忙に取紛遅延恐縮之至、不悪御海容可被下候。木氏家事取纏之儀山尾、杉大尽力、追々相片付申候。定而同人等より及御通報候事と奉存候。西南一事

も如御承知、昨今将至于結尾之期に臨巨魁之面々遁走最後之一段落着未相着趣、乍然是も不日必相片付可申事に可有之、高智県之情勢も追々聞及候処にては先静謐之趣、過般立志社重立候もの十余名東京へ護送相成候処、其後之模様も更に相変候事無之由、為差懸念は有之間布と被察申候。兼而略申上置候民費論帰京後段々評議仕候処、延引序に西南之事平定之上地方官集会相談之上取極候方可然歟と申内評中に御坐候。尤是は来春ならでは余暇も有之間布に付、少々鬼の笑ひそふな事と可被思召候。其前に上野公園博覧会へ一応御出京と奉存候に付、其節緩々可得拝晤候。先は時下御見舞一応在京中之御礼旁一書拝呈。国重、谷口両先生へ乍失敬宜布御致意奉願上候。為其。匆々頓首再拝

八月廿六日　　博文拝

〔巻封〕槇村賢台親展

55　伊東方成（玄伯）

1　明治(5)年8月18日　F一一五二

寸翰奉拝啓候。此程は久々に而奉得拝光難有、爾後如何御起居被為在候哉奉伺候。然は別紙写之通り鮫島中弁務使迄昨日帰蘭直に申遣置候得共、万一同人繁忙之紛急速閣下迄申立不申様之儀も候はゝ、何となく御内糺被下候はゝ急度捗取可申歟。今度御分袂後孛国へ尚又立寄候処青木氏御賞誉之儀に付度々相談として罷越候者有之、旁以至急御執行被成下度此段奉願上候。先は右之段奉申上度如此御座候。恐惶謹言

皇暦八月十八日　　伊東玄伯百拝

木戸様御左右衆中

二白　御賢息様御摂養法幷御薬等之儀福井順道迄申遣候。且つ別紙山口殿え御達し被下度奉願候。以上

56　稲葉八郎右衛門

1　慶応(2)年12月22日　F一一五三

一簡奉拝呈候。先以厳寒之候愈御堅勝可被成御勤役と奉恭賀候。陳は私此度御当地罷出山田右門跡相勤申候。就而者万事宜敷御頼申上候。此間は一寸登門仕候処、爾後

者大御無沙汰失敬千万奉恐入候。甚軽少之至御座候得共、弊邑より取越候木綿縮壱端、五十嵐壱箱奉呈上度為持差出申候。乍失敬御笑留被成下候様伏而奉願上候。先は時下御見廻旁之ため、艸々如此御座候。稽首

十二月廿二日

尚々、幾重も軽少之至何共奉恥入候。以上

［巻封］木戸様御直披　　稲葉拝

57　井上石見

1　明治(元)年4月23日　人二〇〇

尚々、魯人へ御布告之義承候へとも、いまた相分り不申位に御坐候。在阪外国掛り人にも御序に御聞取可被下候。此所実に専要之事と奉存候。

十八日船中より之御書昨廿二日拝見、益御安泰御奉職奉恐賀候。蝦夷事件も既に被仰出、小子にも権判事に而箱館在勤被仰付、難有事には候へとも迂生実に当惑仕候。今日之形勢に而爰迄御手を附られ候義、不容易御大業に御坐候処、此上は御人撰専要之事と奉存候。尤御委任之可否は人材にある事故、御懸念不被在御人体に被仰付、万事御委任之廉相立候様無之而は、私共に至り御断申上候外無御坐候。伺度ヶ条も不少候へとも御帰京之上と日々御待申上候。来月五日敦賀表へ廻船之筈御坐候故下坂難仕御坐候。就而は夫迄に御帰京相成候哉、何分奉伺度奉存候。此旨拝答迄如是御坐候。以上

四月廿三日　　井上石見

木戸準一郎様侍史

58　井上馨

1　文久(3)年(2)月24日　人三八

先刻粗申上候様金は百斤之都合には候得共、暢夫えは七拾斤と申候而御坐候間、残り三拾斤丈は僕心底は万一之事御坐候節用金と覚悟仕居候。左無之候而は金之有丈は出不申而は折合兼候半思ひ候而、七拾斤と申置候間、暢夫えも其御心持に而御談奉頼候。其上兄よりも廿八日是非々々出足仕候様御咄置可被下候。且又金之余りは必々於京師来翁迄差返し申候間、全く僕私用にて不仕候。左

様可被思召候。且又僕は独居苦敷事故、品川迄御先え出懸申候。明朝御途中迄御送り可罷出候へは縷々は申上へく候。草々頓首

廿四日　　　　　　　　　　　　　　佯狂拝白

（巻封）広寒老兄呈足下

58 井上　馨

2　文久(3)年(4)月(25)日　人一六七

匆々別情実に遺憾々々、只今より駕に乗し早打にして帰り申候。永く御別御察し可被下候。何卒万端為国家御短慮御慎み、是弟之呈一言候。且亦金之事駕賃彼是詮議仕候得は少々不足歟と奉存候故、作二郎所持之分押而借用仕、甚如何敷候得共不悪御聞済せ是祈候。い細は作より御聞可被下候、勝麟之説篤と御聞正し被成候上は早く御報知奉希候。其他格別御頼仕候事も無之候。草々頓首

けふ迄は蟬の小河の都鳥友なき里にまたうき身なり

広寒老台　　　　　　　　　　　　　佯狂拝白

〔注〕年月日推定は謄本による。

58 井上　馨

3　文久(3)年4月28日　人三八

匆々御離別今以遺憾奉存候。漸廿八日出足仕候。村翁、長野両大津駅迄送別仕呉候。就而は婦人送別に参り、何歟此度之別情は胸中御推察奉祈候。従僕も江戸迄連参り候。江戸よりは老兄を差てかへし候間御召遣ひ奉頼候。且又勝之様子は是非々々御報知奉祈候。為国家御精勤御短慮万々御慎み、僕之一言に御座候。他はいつれ再会を期し候。頓首

四月廿八日

又云、愛婦事は種々探索致見候処、一向格別無之、君尾と云も四人御座候故、決而彼婦人には無之、僕と被思召必々御愛し可被下候。奉頼候。

松菊老台足下　　　　　　　　　　　佯狂拝白

〔上包〕木圭小五郎様内要用急キ、草山多美二郎。

58 井上　馨

4　慶応(元)年7月19日

↓42　伊藤博文　11書簡参照

5　慶応(元)年7月26日

↓42　伊藤博文　12書簡参照

6　慶応(元)年7月27日

↓42　伊藤博文　13書簡参照

7　慶応(元)年7月27日

↓42　伊藤博文　14書簡参照

58　井上　馨

8　慶応(元)年(8〔カ〕)月(　)日　F一―八

一、拾九日迄に水夫。

右尤差急き候事。

一、乗込士官中嶋と外に実事を好み議論に渡らぬ様の人壱人、彼の船に測量方は弐人丈、随分上手にてセキスタント用方も出来候由、是に随而学ふならは外に弐人三人位は見習士官乗組はよろしく。

一、火焚。

一、米千弐百石入用之由、伊地知壮之丞より伝言。

一、ケヘトル損し候而十ポントよりは蒸気上されす、是非とも直様仕替不申候而は、又無益之船買入候迚人にやかましく、御互の罪と相成候半。

一、ケヘトルの代は早速例之茶之坐を大塚え被仰付候而、ガラハ茶に而相渡し候得は、少々之徳と相成可申候。

一、士人乗組はいつおろすと云期限は定られ不申。

一、給金之事。

一、飲食の出納司る人壱人、勘定を聞定、印を突人は中嶋にてよろしく候。

一、薩より合衆船に仕度由。

一、綱具等古き分取替候而相渡候筈一向無之由、ガラハ無筈申候事。

一、此度は大塚正蔵乗組候而、薩と長崎え参り候はゝ、先見込も相立可然様奉考候。

一、春輔は是非崎陽え参り不申而は、未た先之筒の始末残りタス弾薬、猶此度船具之不足、他人に而は甚六つヶ敷、世上よりは又好而行のなんのと云れ候事は必定候得とも、ケヘトル其外之事、つまらぬ異人馴ぬ者か参り候而はまた無益に相成候。匆々どうぞ〳〵あなたさまより政事堂之人えも御弁し被成候而、春輔え被仰付候様、是祈候。
一、此船丈は活物と相成、内外産物之事早く手を附御急き無之而は、薩之咄も幕は何一つもかなわす断然之事由、実にあんまり尻にのりしかれ候と他日之遺憾と相成候而も不及申、是非とも持久相調、当戦も無之候得は断然片時も早く御手下し不被成候而は、又々後来之変難計候。

〔注〕年月推定は謄本による。8月か9月であろう。

58　井上　馨

9　慶応(元)年(9)(カ)月3日　人三八

此度買入船之の事は、必北氏と山県両出監被仰付、何も東子と相論し候様、御周旋は如何に候哉と奉存候。以上

三日

〔注〕年月推定は謄本によるが、謄本にも「カ」とある。

58　井上　馨

10　慶応(元)年9月25日　人三八

過る廿二日御仕出し御芳墨同廿四日相届奉拝読候。益御多祥御憤発為家邦奉(ママ)欣喜候。御帰り後者別而御精勤之由、実に奉感服候。宇翁も不快定而御込り可被成候。況如故成敗利鈍は臣子之云事にあらす、前途之目途相立人事尽し不申而は、今日邦家を維持之良策之外に無之、何とそ老兄にて根元御堅め、東子は馬関と力を合せ候様相成候はゝ、弟等仮令粉骨砕身すとも恨むる処無之候。関地も本藩え相属し候都合之由、誠に弟之病根に候処、実に大慶至極、最早此上何も兄弟之如く親交、片時も早く武備も充実致し候様相成候様渇望仕候。誠に長府え対し候而も、奇隊申合、長さん之方と真に合力、実備之用意無之而は気之毒千万に御座候。

崎陽より取帰り候ミネー幷ケベール不残送り方仕候様との御事、明日は出帆仕らせ申候。乍去萩廻しは風合不宜候故、未た見合せ置申候。長府之分弐百挺は過日応接場より相渡し候との事に御座候。外に少しも残り不申候故、崎陽より帰り候分四拾挺と先日宇翁より申参り候様ケベール三百挺丈残置申候。右様御承知可被下候。

一、軍太郎風邪は先ぢえきの様に候得とも今日頃は少し

快候。石田、大塚も只今之都合ならは追而快気候と慥に中候。無愚打寄気を付させ候故、少しも御懸念被成間敷候。

一、御愛妾事も山口え送り度候得とも、定而老兄にも一応は御出関に而、替地之始末不被成而は、万事高杉氏も間より請取候而は手続きも不分ら〔カ〕候故、早速御出浮荒増御成功可被成と相考へ候故、其節御面談之後と延引仕置候。

大塚庄蔵え御伝言之事早速御伝申候。猶彼よりも何歟御頼仕置候間、御配慮被成遣候様御頼申上呉候様重畳頼候。

一、御出足前、弟、伊藤両人之処当分隠遁之事、実に弟も其意有之候間、進退如何可仕候哉。老兄や東行子を師とも親とも思ひ候故、実に年は取りては不相変向不見之人故、手綱之ゆるまぬ様御指揮偏に奉頼候。只弟等之死生二兄之命之まゝ、何そすまぬ事ども有之候はゝ、死をすゝめられ候而も立腹抔は思ひも寄ぬ事に候。士は知己者の為に死すと云事、実に両国中に我心事を克知り呉候者は他に無之遺憾に候。弟等之不徳、乍去為邦家之為なら、未た死すら辞し候事迚〔ママ〕は無之候。何も御推察候而進退如何可仕哉、御答是祈候。

○且亦処々隠し台場も弟より長府え命し候而も甚以如何敷候間、是は早速奇隊え被仰付申合せ、人力等は本藩より御出費有之候様奉祈候。

一、十五拇に而船かぬけぬと云様な事は無之候。乍去成丈大き之炮馬関えは御差出し奉祈候。実に玄関之処に候故、御疎は無之候と奉考候。

一、アルムストロンク拾五挺之ガラハえ上杉を以御頼之一件、薩之酒匂氏え右之事談し候処、野邨と云人伊地知え丈相談仕候後酒匂之手を以送り方可仕との事に候。却而此方か便利には無之哉と奉愚考候。御都合次第御決答可被成下候はゝ相頼可申候。

一、大嶋郡よりいりこ九千斤余有之候様応接場え申参り候由、何卒早々御沙汰を以新地迄送り付候はゝ、是は早く金に相成申候。

一、茶当節御国中より大分持出候様子、若し座にとも相成候はゝ、早く御沙汰不相成而は少々に而も御損に相成候事。

書他は拝面と万申上縮候。其内随分時季為家国御自愛専要奉存候。謹言

九月廿五日　　聞多（花押）

二白　幾重も為国家御尽力是祈候。

広寒老兄坐下　　世外

58　井上　馨

11　慶応(元)年(11)月9日　人三八

態々急飛被成下委曲奉承知候。且上杉より之書状致披見候。十五日迄には是非とも帰関仕呉候様との事、実着先生故、心をしらぬ人には委曲語り申間敷と相考申候。十一日七ツ頃迄には帰山可申候間、十二日朝より帰関仕られ候様、御用とも御座候はゝ御仕向置可被成下候。他は拝青と万申上縮候。草々頓首

九日

二白　中嶌〔カ〕氏事は奉承知候。以上

允先生座下　　世外

58　井上　馨

12　慶応(元)年(11)月13日　F一一八

昨夜は御投翰奉謹読候。越荷之一件は実に残念至極に御座候。例目鏡金御請取被成遣候由奉承知候。春生より承り候には、三百五拾金丈御請取置申候由、就利徳五拾金に付四百金差出呉候様との事に御座候。吉印より弐百、楊より百、時計より百、合して四百之算に御座候。其故時計百は弟より差出候積りに御座候。併該金も爰元有合無之候故、追而取寄差出可申候。若し弟胸算相違候はゝ被仰聞候様奉頼候。無相違候はゝ目鏡金三拾九両一歩差引、残り六拾両三歩差出し候都合に可仕候。私は只算用入狂ひ候半と相考へ、時計代差出し、目鏡金請取と相決し候のみに御座候。不悪御聞取可被成下候。い曲は拝青と万申上縮候。草々頓首

十三日

〔巻封〕木盟兄坐下拝報　　世外拝

58　井上　馨

13　慶応(元)年(12)月21日　人三八

一昨日は御馳走奉多謝候。昨朝瓦屋迄参り候処、大田之議論有之、心痛此事に御座候。老兄も嘸々御苦労と御察申上候得とも、とふも弟之心底に不任、廟堂は是迄之度々論決之違ひ候事有之候故、大田之気遣も尤千万、併大田之死者え対し薩と合力同心は是迄同有志之恥る処との説、乍去死者も捨生国家を維持する之見込みに而、其場に立至り候事ならは不同、生は国家維持之策を施し候而も死者之遺憾は無之様愚考仕候。一身を以独立独行は被行候得とも、国家を維持すれは断然独立に而は迚も被行不申候。余り正しき事計踏行ときは、必今日迄之失策少々術数策略にあらされは、維持割拠抔をは矢張嘘喝と思ひ詰申候。是は弟一人之論にに〔ママ〕付老兄迄申上置候。御斟酌可被成下候。死者え対し和解不相成事ならは、古来より敵と和解は出来ぬ者と相定り可申候。とふも政府はずる〳〵、大田之論は一人之潔白之様に而、弟抔之口を入候時節に無之、昨夜も後来之事抔相考へ候に、維持割拠富国強兵抔とは夢々不思寄、人心も面は合体候得とも銘々少々之私論相交り候様被相窺、実に艫柁のなき船の如き故、自然之風浪に任せ候方却而宜、人為には六つヶ敷、最早御上京も御進め不申、篤と前後御考合可被成候。何も兼而御恩遇を蒙り候故、弟の見込丈陳述仕候。勿論釈前説法之如き御一笑可被成下候。今日湯田迄罷出候様大田よりも申参り候得とも、昨夜より少々風邪に被悩、今朝は頭痛差起り未た発汗仕候後故、御免可被成下候。迚も此都合に而今日発途不仕候。他は又々可申上候。草々頓首

廿一日　　　　　　　　　　　　　　　世外

二白　御上京に不相成節は老兄も弟も黒田え甚以面皮無之故、改一同相揃ひ候而、此事は是非とも今日中え相答候様相成度奉存候。又湯田之方早く相済候はゝ御帰り懸少々御廻り可被下候。以上

〔巻封〕猶堂老兄

内御密披禁他見

〔裏〕封　　　　　　　　　　　　　　御読後は御火中

58　井上　馨

14　慶応(元)年(12)月23日　人三八

定而不遠御発途、御多忙御苦心此事に御座候。昨夜北氏え参り候処、如何程に而可然哉と申し候故、凡四、五百金は是非と申置候。且亦御繁多中申上兼候得とも、舎兄え馬関婦人一件且妊之事、来嶋え遣し候約談も相調ひ候次第迄、老母と兄え御出足より前に、い曲御申聞せ被成遣候様奉頼候。あまりぐだ〳〵敷事迄御頼申出奉恐入候得とも、外に依頼仕候人も無之候間、御憐察可被下候。以上

廿三日　高田春太郎

〔巻封〕木戸貫治様内呈

〔注〕謄本の推定は11月カ。

58　井上　馨

15　慶応(元)年(12)月24日　人四二

別後嘸々御苦心奉察候。今日吉田迄参り山県え相対片野之事相談仕候処、奇隊にも此人他出候と山県は一歩も留主を明られ不申候由、実に引取れては困窮之体に御座候故、終軍太郎を相談仕候処、此人ならは差出可申との事に御座候。御望み通りに不参、嘸々御不平と相考へ候得とも、此人に而御折合可被成候。且亦福三、中四両人え於途中出逢候処、又々船中議論有之候由、坂本之論之様老兄御乗船に而上国行之上、薩諸子え御談決一先相付候方可然奉愚考候とふて〔そカ〕早災害を除き候方宜歟被存候。左すれは早々福、中両士御同道に而、一応馬関迄御運ひ被成候而御乗船に相成候はゝ、金論も相片付候而よろしく相考へ申候。弟は帰関之上も又乗組、諸子と相対し候と先達而之議論に復し候に無相違、又内居候と定而論決に参り候様成行、左すれは色々事よりして又差違える之なんのと云事出来と被相考候。此余は老兄、谷氏之又候御心痛を懸候而は奉恐入候故、当分老兄之御着関迄は潜伏誰にも相対仕らぬ覚悟決し居申候。実一事済は又一事御心痛之断なく、甚以奉恐入候得とも、一応御出関奉待候。他は拝青之上万申上縮候。匆々頓首

廿四日　春太郎

〔巻封〕貫治様

58 井上　馨

16　慶応(2)年3月14日　人三九

分袂後益御多祥奉賀候。今に形勢も不変、実に陰晴無度諸事曖昧之事のみ、世の習ひとは乍申、行末の事如何成果候哉と云て、曠日弥久うるさき事に候。今度谷、林両士薩行之事、色々遠大之策も有之少々は滞留之由、帰関之上承り候也。去留共に弟等は敢而異論不仕、事柄は克々承り居り申候。中々書中抔に申上候次第にも参り不申、後謁口述可仕候。追々真知己も去り、弟も同行之意も起り候得とも、山狂、林半、久保抔よりも一先芸の模様見合候様との事故、是も異論なく順ひ申候。格別戦争之模様も不相見候はゝ、弟も追跡候内心に御座候。当月中も見合せ候はゝ、粗時勢相分り候半と案し居候。乍去日々心細く、世上よりは癈物にいたされ、一身の所置にも込り候得とも、凡模様の決し候迄は小郡え幽居の覚悟に御座候。

乍去廿日頃に両士出立之積り故、見立次第引移り之心積りに仕居候。今一応拝青万申上度事も色々御座候間、山口迄罷出候歟、御出関とも御座候歟、御聞せ奉頼候。若し勢も時も不来曖昧之事のみ打続き候はゝ、弟も早々去国の意に候。此の事は必々兄又老母え洩ぬ様奉頼候。他は拝青の上と万申上縮候。草々謹言

三月十四日　　世外

広寒老兄

58 井上　馨

17　慶応(2)年3月18日　人三九

急飛を以申上候。過日井留帰り便も申上候様、谷、林両士薩行之儀に付而は、表は其名に而薩之方相済候上は支那辺に而留学之積り、何れ方今は空日消光候よりも未来之大策肝要之時節には尤之事に候。就而は未来之事抔は弟一人承知候而至而重荷之事故、是非とも老兄には御出関諸事御申合せ被成下候はゝ、凡内事を致す人丈は篤と談不仕而は、内外齟齬候而は成業之目的も無覚束候。且弟一人承知候而他之有志抔に被責候而申開き無覚束次第に御座候而、又一人荷担足も腰も立ぬ目に逢候而は実に苦敷候間、御憐察候而何も御打置此書届次第御発途奉頼

候。廿日間には定而ガラバ船着仕候半と奉存候。若自然夫より内に出帆に相成候迚も、一応御出関伏而奉希候。他は拝青と万申上縮候。草々頓首

三月十八日

二白　幾重早々御出浮奉待候。以上

広寒老兄　　世外

58　井上　馨

18　慶応(2)年(4)月8日　人三九

昨夜は御疲労且御気分如何被為在哉、御保養専一奉存候。軍太えは篤と申聞せ置、実に合衆新所帯持故是非柱石之臣と相成、御在家は不及言御留主抔は別而意を用ひ不申而は不宜と種々申聞、篤と彼も諾承仕候故、御令愛も彼を相談人数にして諸事取計ひ候様御諭説可被成置候。且又黒田え昨夜相対候得共格別之事も無之、只当節の模様窺ひ候迄に御座候。とふそ断然之意を彼にも見せ候様御周旋乍陰祈居申候。弟之申上候様宍備も高森迄引取候はゝ、急速蔵六等御談合之上、砲台新築之事実に一策と奉存候。且臨機実に益ある事故、御工夫是祈候。弟事も外事一条不成は内之念を絶ち候積り、就而は色々成敗共に後の策仕置度候間、公然留関之相成様ならては、追々世人にも小郡え引込の論噂仕候故、甚以曖昧、留関も如何敷候間、何そ名を付而おられる様御心配奉頼候。昨日粗宇翁えは咄置申候。不成時之遠策ともならは、今日そろそろ金策之意を用ひ不申而は望機困窮可仕候間、可然御判考是祈候。乍去此一件はとふそ〳〵一策相行はれ候得は日本一変之模様相見へ候故、少々は御苦辛可被成下候。他は期後便縷々可申上候。匆々頓首

八日　　世外

〔巻封〕松菊老兄内御密披

〔裏〕緘　御覧後は御火中

58　井上　馨

19　慶応(2)年4月10日　人三九

別後益御多祥御精勤奉敬賀候。弟昨夜帰関候処、春一昨夜帰関之由、い曲は御連名書え申上置候間御覧可被成下候。東行より送り候書翰呈貴覧候。金少く而余程込り候様子、就而は諸事老台之重荷に相成候而も却而彼是御苦

心と相考へ、当度宇翁出関可然相考へ申候。左すれは久保も相談候得は、彼是都合宜鋪相考居申候。

一、其後山狂えも御高諭之通り咄し、又弟も元来始より後来之目的は無之事故、成敗は左程に心頭に不関候。乍併別紙申上候様、肥築〔筑〕も君公崎陽まて罷出候位之形勢なれは、四境切迫候得は、別而為後来一策致度事に候故、判然之事承り候得は、全く行而わるいと云説は無之、府局諸事切実に本相立、所詮ぬけ目なき様に致候得は、後来之議論を押へ候位は出来候様申事に候。何も政府諸彦等被仰合、此上は一かバチか之事故、只老兄之命に相従ひ可申候。春畝至而差急き候様子故、宇翁片時も早く出関奉祈候。東行は最早上海え渡り候様諸彦え申上置呉候様との事故、御連名書えは其都合申上置候間、右様御承知可被成下候。

一、大田も定御面会御談判と奉察候。如何之論に候哉、定而誰も只是迄之政府一定之論立ぬを嘆くのみ洞察罷在候。委曲急速幸便次第、老兄之御心事御熟決之所御申越可被成下候。只弟は夫を相待居申候。

一、相成事に候はゝ宇翁御同道共御座候はゝ大きに仕合せ申候。多事之節故望み通りは六つヶ敷と奉考候。弟も帰り懸風を引床に伏し居申候。他は後鴻と申上縮候。匆々謹言

四月十日　　世外

松菊老台

58　井上　馨

20　慶応(2)年4月24日　人四〇

三白　廿一日御出し之御書も廿二日奉落掌候。弟身上之事は凡而御願申上候。

廿二日御認め之御書今廿四日相届奉披見候。野村其外費金も御尽力、実に嘸々御苦心之段御洞察罷在候。如命萩より急速送来、既に昨日現物は到着誠に奉安心候。春生も格別幸便有兼候故、月末薩之酒匂同道罷帰り候積りに御座候。

一、東行子金之事も余程御周旋之由、実に金論は中に相立候もの不仕合、彼よりは不心配之様被思、金銀局には私しを致候様被相考、旁以気の毒千万、乍去此度は何も相運ひ候而、御同慶存奉候。

一、酒匂之事は更に御懸念被成下間敷、意味克徹底仕候。又彼も利を争ふを主張不致事相しれ候得は、何も心事挟み候事は無之と申事に御座候。孰れ野村当着之上篤と談合被成候而、官府と交易するものは条約を相立、其他は勝手次第私に被相行候様、双方上下之為と相成候様に無之而は、永久之論は六つヶ敷奉存候。

一、庚申艦之事は爰元に而越荷方え現物差出させ、於越荷方改印鑑突候上売払に相成候様と大塚其外之論に御座候。往先永く被相妨候而は後害と相成可申との事に御座候。夫故印鑑は不相渡との事に候。

一、紅喜之御失念物と、谷より久保氏え預置候松陰先師之物は、三浦文吉便り差送り候との事に御座候。たばこ入も同断。

一、長沓は大塚古き分差送り候由、新規御入用ならは御申越可被成下候。

一、合羽は春畝持合せ之分差贈り候間、御落掌と存奉候。

一、南奇一条実に残念之至、斯迄も御誠意を妨け御国恥を招き且背軍令魁、剰政府之命とたばかり外聞疑惑を生し、実に大罪至極、此意趣外藩えも早々徹底仕候様被仰付御尤千万、書面抔は写取早々他所え流布致候様、精々心配可仕候。仮令多人数迚も必厳科に御所置、御国内之者えも御示し断然奉祈候。就而現物を以外藩えも相洩れ候方可然、左すれ〔は〕馬関に而拾人、上之関に而拾人、山口に而五人、萩表に而五人と云様に、処々に而御所置有之候得は、不日他所えも相知れ可申候。又馬関抔は実に他所人入込之地故、現物を見候得は隣藩えは書面抔より神速と被相考候。とふそ御手数とは奉存候得とも、必々右様御所置奉祈候。

一、カラバより之書面は戸田え訳しに御遣し之由、何卒早々御贈り返し被可成下候。外に私ともと内勘定之事も書込有之候間可然奉頼候。

一、揚井手附金証文御贈り届奉落掌候。又壬戌丸之証文写しも御送り、此分も本書に無之而は甚如何敷候間、後便御送り方奉頼候。相成事は精々春畝申合せ、キニーフル之方銃請取候様可仕候。壬戌丸之分は極密ガラハえ相談可仕候。御安心可被成下候。又八幡隊三拾人計りも脱走と風聞慥成様承り候間如何之事に候哉、若真ならは実に込り入候次第、又御手煩事と奉存候。

一、芸州備後之介殿如何之相接と相成候哉奉懸念候。後便御聞せ可被成下候。

一、弟事御用掛りと云事、甚以半途千万に而大塚已下も所遇に込り候様子被相窺候。又弟も他之用事有之、役座迄罷出候而も何歟諸事承りたがり候様被思、却而気の毒に存奉候。如何之所勤方仕候而宜敷候哉、内々被仰聞候様奉頼候。今之様な人数でなき様なとふも心外、勿論強而私世話やきたき事は一向無之候。是非拘り候事ならは東行同様に無之而は甚以苦心に御座候。左も無之而は御差除別名目御願申上候。甚以我儘ら敷事且私事申立、御多端之折柄恐入候得とも、御高配奉頼申候。

一、いりこ干鮑等追々ぬけ売仕候由大塚噺に御座候。何分郡方に玉翁之論主張候而は、国産に而金をもふける手段は六つヶ敷込り入候次第、金に成ものは人にたゞとられ口おしき事に御座候。荒増廉々用事申上候。いり曲又々後鴻と申上縮候。草々謹言

四月廿四日

尚々、御気体為邦家御用心専一存奉候。宇翁え可然御伝意奉頼候。何分所々軍令に背き候やふ相成候而は、別而政府は神交結盟無之而は諸事難被行奉存候。前段之罪人は是非とも申上候様御所置有之度奉祈候。此義は久保えも相談仕候事。

貫治様座下

58　井上　馨

21　慶応(2)年4月28日　人四〇

幸介便り御投書難有奉謹読候。御多忙奉察候。御頼之笠出来候故御贈り方仕候。是を御蒙り被成、炎暑を不厭、日々政堂え御出勤被成候様奉祈候。

一、過日迂論申上候南奇敗帰、是非々々右様御所置可被成哉、向地夫故、是より襲行之萌専ら有之候由、実に外からは長州がと一口に噺候故、一日も早く外境え軍令に背き粗暴致し候者誅伐之名顕れ候様、御所置有之度奉存候。

一、田中之金談之事如何仕候而宜敷候哉、其外に而も何そ右等之事に而差閊候節は越荷に而取替させ置、後に老兄迄申上候而宜敷哉、御答奉祈候。筑前之様子田中

よりい曲御聞取可被成候。幕より一左右次第築君御出馬との事に候。馬関より北浦辺を目懸候風聞有之候。当地は長府一手、奇兵隊、其他に諸歟足軽歟の一大隊とも出され候と、誠に都合克奉存候間、如何之御手組に候哉、後便御聞せ可被成下候。上国も追々騒々敷様子、定而少々之戦争は有之候半奉存候。

一、集義隊、八幡隊等始末実に妙也。春畝も今三、四日之中には出帆可仕候。芸の模様如何相成候哉、委曲御聞せ可被成下候。

一、長府は蒸気船買入之義に付、三好より是非彼之宅迄参り候而、是非海軍に非されは持久不相成次第及議論呉様申事に付、少々辞退も仕見候得とも、乍卒爾参り候而説得仕候処、とふ歟方便可仕勢に相成、誠に相運ひかしと奉祈候。其内随分時下兼々御自愛専一奉祈候。匆々敬白

四月廿八日

二白　南奇之事はとふぞ早く相片付候方宜敷様奉存候。以上

広寒盟兄　　　　世外

58　井上　馨

22　慶応(2)年5月3日　人四〇

田中帰関之節御投書被成遣難有奉謹読候。申上候事件一々御六つヶ敷由奉承知候。無理にと云訳は一向無之、嘸々事々物々御苦心之程奉洞察候。東行帰関又蒸気船一艘買入候。実に必用之具に而、争闘相始り候得は此上之妙機械は無之候得とも、此内学徒金彼是も実に御苦心之中え漸相運ひ候処、又候後山押懸誠に以不一方御苦心と春幷弟奉気遣候。何分御短慮なく御周旋、東子も於崎陽承り候得は真に戦争と相成候説故此次第に立至り、無理からぬ事に候得とも、先日御噺之様、金の出る事は中々六つヶ敷、大沸騰相生し候半と寒胆も縮る思冷汗を生し申候。老兄、山翁別而御苦慮此時と奉察候。最早当節は弟抔も戦争にも相成候覚悟に候処、芸州辺之模様無事、上国も薩上書抔に而は又諸侯よりも論説相起り候半奉考候。とふも何の目的も無之、只人の不平抔を聞のみ、一人弐人如何人事を尽し候而も実以六つヶ敷、大きに志を興し、再学問仕候而も弟等一生可行時節には不至様相考

候。又落魄常に乞食と云とも防長之外寸歩難し、進退爰に窮る、故に越荷に管係致居候而も先之見込みを思ふとても戦に至るより内、内地瓦解之機被察候故、是非とも東子も帰り、猶久保もおり候故、御用掛りは御除免被仰付候やう御配慮奉祈候。ヶ様申上候得は何歟不平も有之候様相見へ候得とも、実に虚心茫然、且一人に而も無用之者窃官居候而は不宜様相考へ申候。誰にも決而御相談なく御一人之御議論に而被差除候様奉祈候。今日之事々忠が不忠と成やら、不忠が忠と相成やら、霧雲中故眼力不及候。変態は浮世のあり様と人心と相考へ居候。往先天下の事は打置、差当る二州如何と相変し候哉矢張不分、春生も明日より一応崎陽え参り申候。心事申上度事は御座候得とも拙筆不能尽其情候。後便い曲可申上候。其内随分御不平興らぬ様御尽力此時と奉存候。謹言

五月三日

二白　決而東子に而も其外えも弟之深情は必々御洩し被下間敷候。そして御免の事は必宇翁と御談し急速御免に相成候様御計ひ奉頼候。

一、中間定吉事は取しらへさせ候得とも格別外に不審無之故、徳山すまえ送り帰させ候都合に仕候。

右様御承知可被成下候。以上

世外拝

神交

広寒先生

御覧後は御火中

58　井上　馨

23　慶応(2)年5月9日　人四一

過る三日之御投翰奉謹読候。日々切迫之趣御多端御察申上候。芸之方も手切の様な切れぬ様な実に曖昧無量、乍愚考最早従是断然を御示し、宍太夫抔も御引取に相成、此後於四境諸事御応接と相成、兼而之持論之様、小瀬川辺え岩国と申合、村田先生え被仰談、砲台御築被成候而割拠持久を御示し被成候方、内地之者え必死を示し、亦彼えも決戦を示し一挙両得と愚考仕候。

一、ヲテントサマ崎陽行之事も四日既に出帆之期、蒸気も用意候内、外に崎陽よりカラハ之船一艘参着、折から夕方御仕出し之金も到着故、異人は其船え乗替薩人も夫に而崎陽、何も不行と相済み申候。先達之小松、

西郷之御投翰も慥に右之船之薩人え託し、五大〔代〕才助迄相届候様重畳相頼申候。夫故春畝も延引仕候。且芸国之模様に而、山田君之仰に十日頃には戦階相生し候哉之御見込も有之候故、態と差控申候。

一、酒匂一条は先書申上通り故御安心可被成下候。既に今日出帆仕申候。然る処御申越之塩松茸は何処え御送り着に相成候哉、今以弟之所えは着不申候故、後に薩行之船便に送り届候様約束仕置候。

一、野村宗七事過る三日馬関迄着、五日之暁出帆仕候而大坂より越前迄商法に付罷越、六月中には帰り候由、就而は船之一条、先日米之一件、且商法之事も実に大産物は官府と官府条約致し、其他下に而勝手に交易し、上下一統得宜懇和永続之策相立候様致置度申候処、是非六月帰り之節は老兄方にも拝謁仕候而荒増取結度候故、右之都合に仕置呉候様、重畳に申事に候。

一、元込小銃之事仰之通態々飛脚を立、今朝より遣し置候間、代金凡三拾両余之積りに而、越荷迄御送り出し置可被成下候。

一、過る四日ガラバより書翰遣し候処、水師提督二日に長崎え着仕候故、追付ミニストールも馬関通行可致との事に候。

一、絹物之事もい細承知仕候。

一、長府船之事は追々心配仕見候得とも、又々報国隊政府と論を生し、政府も二つに相成、三好抔も引籠り居候様子故、中々心底に不任候。報国隊も役付微力故、兵卒に勝手次第之事申立られ候。実に驕兵中々実地に益に立候気色は無之、何分無覚束相考へ申候。馬関は海軍突衝第一之地に而、右等之不法兵は必望事億〔臆〕病を生し敗れを取必也故、大隊は山口之遊軍にて諸方援兵之御様子御繰合六つヶ敷由、乍去彼海軍に而来り候はゝ、必今一大隊は援兵御頼不申上而は六つヶ敷被相考、実に虎口故清末船木辺之援兵も当地無事ならは随分是も出来申候。且今一大隊有之候はゝ、此方角其他に援兵無之而も決御請合申候而、此余不残死亡之後に無之而は援兵御願不仕而相済み可申候間、何卒四番大隊出張相成候様御繰合奉希候。

一、弟身上之事は先日申上置候通り故、必々御免相成候様是祈候。何分うるさくて込り入候。且色々之世上より怨言を聞に第一込り入候。是非とも御所置奉頼候。

一、先日船之金差閊候故、学徒金後に相払候約束カラバへ申遣し置候間、後の手紙は必書かへ申来ると相考へ候間、又言は弟等か迷惑言はぬと彼等え不済、中え立誠に込り入候間、如何取計ひ候而宜敷哉、前以御窺ひ申上置候間、必々金銀局之人等早々御断決被成遣候而被仰聞置候様奉頼候。毎々老兄え申出候も難御堪次第候得とも、弟等が心中も御推察可被下候。彼はミニストル抔之事も身に入心配仕候而、余り不取合之事申も如何敷、且彼之金はカラバ之金にて無之ケセキ之金故、猶彼より催促仕候と相考へ申候。

一、芸之方愈手切れに相成候はゝ、早々御知らせ可〔被〕下候。且亦別手組三百人脱走と云説有之候間真偽如何候哉、御聞せ可被成下候。書他期後鴻候。其内随分時下廉々御用心専一奉祈候。敬白

　　五月九日

　二白　別封乍御面倒御届可被成下候。以上

貫治様坐下　　　　　　　　春太郎

追啓　酒匂之事本書今日出帆と申上候処、今朝より出帆六つヶ敷、実は金之事に而議論差起り、甚以難堪、酒匂も内情承り候得は長人に疑念を入られ候説国本於ても気遣候由、且は酒匂も放蕩之名高く相成、今度野村抔よりも手強くしかられ、旁以金持帰り不申候而は不都合之様子、且船之間違有之、英米之言違、又此度之事実に不都〔合〕之事多く候故、とふぞ彦助よりい曲御聞取被成候而、相成るならは此度丈は一応御払切と相成候と実に都合宜敷候処、越荷方にて強て弟論し候と、何か酒匂之カタを持候気味に被思、且弟兼而云様腰懸之事故甚以言苦敷候得とも、兼々酒匂之事被仰聞置候故押而論判仕候而、一応論判窺候事に談合相詰、右様無之時は直様帰らせ候積りに越荷之論故、可然御論判可被成下候。為其呈寸楮候。匆々頓首

　　五月九日　　　　　　　　世外

広寒先生

〔注〕追啓は、料紙が異なる。謄本では二通に扱っている。

58　井上　馨

24　慶応(2)年(4～5)月(　)日　人四二

一、一件之賜物ハ春畝とも相談仕候。
ミニストール
水師提督
　大判弐枚
　刀又は具足壹領
　紅白縮緬四疋
尤好き広盆に而も有之候はゝ、夫え御居被下度候。
船将
通辞
　刀又は具足壱領
　紅白縮緬又は羽二重
此外に不意有之候はゝ、縮緬五、六疋と其外漆器之五つ、六つも御出し置可被成候。
一、場所は三田尻が宜敷候哉、関が宜敷候哉、幸便被仰聞候様奉頼候。
一、カラハより之書翰最早翻訳も相済候半と奉考候。春生崎行迄には是非入用御座候故早々御贈り方奉頼候。
一、御中間定吉事、幸介見当り報国隊え別当仕居候故、とふも不審故、新地会所より山口え送り届仕らせ申候。い曲ハ幸介より御聞取可被成下候。以上

同日　　世外

広寒先生

〔注〕謄本の推定は12月。英国水師提督キング来航時と推定か。22番・23番書簡、伊藤博文書簡28・29から、4～5月と推定。

58　井上　馨

25　慶応(2)年5月19日＊　人四八　(山田宇右衛門宛)

御多忙御遠察申上候。十六日御認之御投翰昨日落掌仕候。尚谷氏えも直様相届け申候。幕之暴動実に可悪次第、宍太夫も気之毒千万、共事する者是非宍〔太〕夫は兵力を以て取返し不申而は不尽情様被相考候。最早此上は一日も早く襲圧芸国之一勝に而八方之兵力は如返手相成可申候。九州は薩論に而圧倒故向地え兵も不出候。且亦廟堂諸隊等色々不和不起様、御所置是祈候。

一、谷氏御勘渡金千五百之所、此度返納仕候様申来り、然る処崎陽に而遠行之仕度相調、且船買入之雑費に而金も費ひ候様子、然る処大不平に而、脇方に而少々は借り、其他は持合之具も売払□〔書損じカ、返カ〕納致との事、ヶ様世間よりも一兵卒も同様被見候事ならは、尽すも尽さぬも矢張同様抔、実に彼之先生不平勝に而、至今日右様之事有之候而は不可然、千金余位は彼の邦家の危急を救ひ候御褒美に而よろしく被相考候故、とふそ〳〵あれは右之次第故七百金は薩行船買入の雑用にして残り八百金暫時彼氏之借金に而も相成候而は如何候哉、真之内々申上置候。若し不条理に被思召候はゝ申上ぬ前と奉頼候。あまり不平起ると此節角之急難之凌き邪魔と相考へ候故、真之内々申上候。

一、芸辺之模様春輔えい曲被仰聞可被下候。

一、山口辺は怪事も有之候風説有之、爰元に而は甚以懸念此時に候。何分先機俗論御所置肝要此事に奉存候。

一、四番大隊之事、春畝え申含め置候間、何卒是迄之罪を此一件に而相雪き度候間、管轄被仰付候はゝ、諸隊同力芸え一発仕覚悟候間、此事も春印より御聞取被下、御周旋是祈候。他は譲後鴻候。敬白

五月十九日

二白　谷氏之事は誰とも御噺被下間敷候。四番大隊之事幾重も御憐察を以被仰付候はゝ兼而之思ふ事も相届き候故、可然御配慮奉祈候。以上

宇右衛門様坐下

58　井上　馨

26　慶応(2)年5月24日　人四一

御多忙奉遠察候。春畝着当地之論い曲御聞取御安心可被成候。何分今日持久之論は一統不可と相考え申候。決而い細谷氏より可申上候間閣筆候。弟事は又奥阿武郡参謀との事、讃州公を奉し諸隊正督するは吾任に余る也。夫より春畝より申上候四番大隊総轄被仰付候やう是非とも御願申上候。兼而不行跡之身故当度は一憤発支〔技カ〕量相尽度存念此時候間、必芸口え一発之節、山代口辺より先鋒、一功業相遂度覚悟此時に御座候。兼而之事故心事克々御憐察被下、山翁被仰合、御配慮被仰付候やう奉祈候。春畝帰之上は早々出山之積りに御座候。先は為其呈寸楮候。

草々敬白

五月廿四日

二白　幾重も御周旋是祈候。以上

広寒先生　　世外

58 井上 馨

27　慶応(2)年(7)月30日　人四一

昨夜は嘸々御疲労奉察候。実に根基之論決肝要に候処、前途甚以無覚束被考候故、贅言奉恐入候。渡辺、黒田是非芸使え相対候而、薩芸合併之見込論し込候上、渡辺も黒田同道に而上京、薩士芸と結せ候様尽力仕候はゝ、別而面白き事共には無之哉奉愚考候。芸人えも両人より説立候はゝ別而聞入もよろしく哉と、旁都合御熟考被為在候様是祈候。愚衷御一笑可被成下候。敬白

卅日　　高田春太郎

〔巻封〕木戸貫治様内御密訴

58 井上 馨

28　慶応(2)年7月30日　人四一

於途中承り候得は、膺懲隊御楯隊戦争仕候様子、芸兵も交り候歟の風説、実に昨夜申上候様大患既に生し遺憾千万、何も手後候得とも、今朝申上置候様渡辺、黒田両士此上は為〔ママ〕邦家之為、芸長之間を双方五歩宛折合候外無手段様奉考候。弟広沢え申談し死力を尽し可申候得とも、根元之論御一定無之而は込り入申候。何分申上候も乍愚御配慮此時と存奉候。差急き真之大意迄申上縮候。草々敬白

七月卅日　　春太郎

貫治様

58 井上 馨

29　慶応(2)年11月13日　人四一

昨夜は御妨申上候。今朝より出足仕候。何分芽〔出〕度快気祈居候。陳は藤吉御遺し之五百目、帰り候而勘定仕候而は加印より請取之内ニ而十分に候間、五百目呈上仕置候。御落掌奉祈候。陳又帰り之上御手翰拝読、軍太事は広沢え奉公口兼而申上置候様篤と御頼置可被遺候。御帰りも候はゝ弟程克料理可仕候。善心事も心事は御留主

中に尋置可申候。其他は馬関拝青と万申上縮候。敬白
　　霜月十三日　乱筆高許　　　　　　　　　春太
〔巻封〕
準一郎様浄机下

〔注〕年代推定は謄本による。

58　井上　馨

30　慶応(2)年11月14日　人四一

今暁着関仕候。春畝も意外之病体、時々譫語等有之、絶食に而誠に危く相見へ、乍併少々得処〔カ〕は雑談も出来候。只今之内坪井に見せ度候間、別紙も御届被下、且急速出発仕られ候様御配慮被成遣候様奉頼候。実に是非とも人事を尽し保養不仕而は不叶候間、御出足前甚以恐入候得とも、兼而之事故御周旋可被成遣候。其為。草々敬白
　　霜月十四日　　　　　　　　　　　　　　　世外
　松菊老兄座下
二白　一刻も急き候間、丸而御配心奉頼候。以上

58　井上　馨

31　慶応(3)年9月7日＊　人四八　(御堀耕助宛)

三白　老母え安心仕候様御説諭被成置候様奉添候。

謹啓　過日は匆々御分袂奉残懐候。爾後御清壮御精勤と奉遙察候。木戸も只様遅帰に相成御一人嘸々御痛心此事と奉察候。弟も木氏一同帰鴻之様御約諾申上置候得とも、木氏帰関前途見込之論も御坐候付、春畝、遠藤他行、弟は関地に暫留候方可然との事故、滞関と相決し申候。いは曲は木氏より御聞取と奉存候。勿論弟之自論今日に至り変換と云次第は無之、只今暫見合候迄に御座候。中々浅見薄識之者交啄之時にあらす、見れは目の毒とか云俗諭之通り故、坐而益なく去り而損なきもの、又身後の名利は敢而好まさる事に御坐候。併老兄、木氏を詐き候様之事は不仕、必今暫時勢を見合申し滞関も仕候得は、夫丈之力を尽さぬ事は無之候。又仮令事によりては異同之論差起り候ても、情交之信は死後至る迄背き度本心無之候。御推察之通り、腹心之親友迚は実に少き者に御坐候。陳山口も政局所詮一和六つヶ敷候様相考候。何卒優柔不断に日送り候も男子之所為にあらす、何も丸くと云事はとふも六つヶ敷、何れ国家今日之間に至り候て改革抔は幕に送〔遅〕れて行先之目途相立候事は無覚束、大に伸張之勢を

生し益薩と真之合力と云事に立至り不申而は六つヶ敷候。併常人之見は退縮と被相考、是に付而定而異論出来は必然と奉察候。其機こそ断然伸張之論を起し大改革を行ふ歟、又断然退縮論に譲り一身を退こそ、是丈夫之果断と愚考仕候。因循姑息に日を送り、只三弦之取〆、茶器之取〆、人の凛気抔の事に日を渡り候ては末葉之事のみ、国家安危際一刀両段之決羨敷奉存候。何分上国之事迚内政凡一和不仕候而は出兵も六つヶ敷、若し兵端と相成候上不挫不屈と豪胆之気政局之諸君満腹に無之候而は、子の年京師之一敗之如にて、其機に至ては先之徹〔轍〕に被行兼、亡滅を速に相招き様の者に候と懸念此事に御坐候。申も愚に候得とも、第一政局根元御固め被成方当今之急務と奉存候。又老兄も其職に被為在候上は進而不顧歟、又退而遁る歟、前途之御見込断然之御所置奉仰候。甚以御憤怒之程如何敷候得とも、傍観黙視するは親友之する所になしと考詰候故申上候。不堪汗顔候。又弟根元を固る論は木戸え申入置候間御聞取可被成下候。其内随時兼々御自愛専一奉存候。頓首再拝

九月七日

二白　幾重降恕是祈候。何も虚心平気にて御考味可被成下候。

御読後は御投火必々奉頼候。

春江盟台呈机下　　世外拝

58　井上　馨

32　慶応(3)年9月7日＊　人四八　(吉富簡一宛)

両度之御投翰一日相届奉拝読候。爾後少々御気分も御快との事、馬関御気保養之御処御坐候而、於弟も本懐不少候。さて事之起りと云ものは妙な者にて、兼而善人え夫丈の果報御座候はゝヶ様之当国第一繁華之場え住居出来候様に相成、路頭之花抔愛し、或は読書等にて日を送り申候。過日一人差出候節一書呈し置候間御落掌と奉考候。い曲は其書中申上候通りにて暫時滞関仕候。繁婦論も其儘差置可申候。敢而滞関は好ます候得とも、木氏、春畝も是非暫時留候様との事故、一両月見合申候。家之議は丸て御駈引可被下候。孰れ山口に留り候目途は無之候間、何分好買手を求め度覚悟御坐候間、其段御願申上候。又桑も来春は一先御売可被成下候。

一、薯蕷饅頭は伊藤兵太帰り候便にて贈り可申候。瓦屋に姥奴を立ぬ様御相談候付留主番之義御差図奉憚候。又常六之払其外等入江角老兄之請合候由、彼より払ふとの事故彼え相談致置候。又木氏よりも昨日書翰到来候処、政局も何分不和、事被行不申候由、実に前途更に見込無之候。木戸の瓦之一件相片付候はゝ、其金丈は御差贈り被成下候様奉頼候。

一、出足懸之消金は是御用に相成哉と奉存候。

一、又少々快に乗し酒食色事等少々にても御勉め被成ぬ様奉祈候。兎角命は物種にて候間、必々御療養第一也。藤村娘抔決而当分御退け可被成候。其内時下兼々御自愛専一奉存候。早々頓首敬白

九月七日

二白　幾重御自愛専一奉存候。陳虎事脱走仕候由、実に驚愕之至御座候。甚以是迄不束之者差出御厄害且終に主人を後にして出奔抔言語に絶し候。誠以御堪かたき事に御坐候。好意も至而迷惑且は老兄え対し甚以不済事故、兄弟之因縁も去絶可仕抔申候はゝ、弟より慎て御礼程克申上呉れ候様呉も申出候。追而彼よりも御礼申出候との事に御座候。当地えは未た参り不申候。以上

楽水老兄　　　　世外拝

58　井上　馨

33　慶応(3)年( )月24日　F一一八

昨日は御降駕被成遣候所折悪敷他行空敷御引帰し之由、御奔走何とも奉恐入候。被仰聞候趣い曲奉承知候。然る処軍太一件は入隊之儀如何被為在候哉。入口相定り候はゝ是も急速弟よりよき様申聞せ可申候。善心も右様不心得御坐候而は、似忠不忠に立行候間、是も急速被仰合、作事肝煎奉公口御定め可被成候。其上明極朝別紙以呼寄篤と談合可仕、右様弟は何時方付可申候間、奉公口之御詮議急速御頼申上候。他は拝謁と万申上縮候。頓首再拝

廿四日

〔封筒表〕木戸様内呈、高田。

〔注〕年代推定は謄本による。あるいは29書簡に関連して慶応2年か。

58　井上　馨

34　明治(元)年(　)月(　)日*　F一―八

一、茶、白糸等え少々宛税を出させ、諸開港場にて運上なしに商売致者は其品物取揚候に相成度奉存候。

一、茶屋、料理屋、揚屋、遊女、芸妓又は其体に準し候者抔は不残税銀を出さしめ、病院、困窮者救助又は橋普請等之失費に用ひ候様相成度候事。

一、普く諸藩御領地等え布告して養蚕之為桑を植しめ候事、第一之事と奉存候。

一、干海鼠、干鮑等は是迄幕府取行ひ候様定直段に而官府へ買揚、官府産物相成候はゝ、尤莫大之利益相帰可申候。

一、トルラルを以一分銀吹替、片時も御取行ひ無之候而は開港場余程之難に御座候。

一、唐津土地替尤差急き申候。又同隣郡松浦郡と申は嶋原え幕より預け置候地にて是又石炭有之候地故、御預けは御免被仰付、併て長崎才判所管轄に相成候様是非御周旋可被成下候。

一、〔この箇条、前条の上張〕唐津幷松浦郡等管轄は製鉄場懸り之人え不仰付候而は不便利有之候。其次第製鉄場一ヶ年石炭三百万斤余に而有之候故、自今已後再興被仰付候得は石炭は倍増も費し候様可相成に付、唐津松浦郡より掘出し候炭直に彼局に用ひ候得は石炭代金之費丈成共省き候様相成可申、旁以右之都合宜舗哉に奉存候事。〔カ〕

一、造船之三万金相成事に候はゝ、早々御差廻し被成下候様奉願候。

一、ドツク凡二万両余之金に御座候間、早速取懸候得は差問候に付、ホートヱン又はガラバ抔にても壱割五分位之利足にて借用仕候て作立候而は如何に候哉、御決論之上早々御下知可被下候事。

一、川蒸気之事も御決論次第御報相待居候事。

一、長崎才判所之儀は判事三人にて宜敷、若し御帰京之上御改革多人数に相成居候はゝ、今一御改革被成、右人員に御定め之方相当と相心得申候。且凡職掌も京師より希くは定り来り候方宜敷候。町田内改向、佐々木外国向、弟製鉄場と唐津幷松浦県令と相成候得は宜敷候。弟は日々才判所え出候而は、飽浦住居仕候故、日々之渡海難渋罷在候に付、右郡之事丈ならは彼の地に五、六日参り、又帰り候得は何も御用欠には相成申間舗と奉存候。是非右様被仰付度候事。

但野村は他郡之郡代に御用ひ可然、松方は日田其外九州内旧幕領郡代に御用ひ尤可然事と存奉候。

一、御用立置候金は京油ノ小路中屋町上る井筒屋九郎兵衛と申者諸藤久兵衛親類之者故、其え御渡し方被成下候而、替セ請取手形丈御送り方被成下候得は当地にて弟金子を請取可申候。

一、阿常一件御托申上候事。

一、異宗一件書類宇和島公え差出置候間、外に当地控へ無之候故、急速御差返しに相成候様御周旋可被下候。

一、金五拾両丈俊介え御渡し方奉届候。

一、世界之球、戦之図、其外買物代取替払致候様佐々木、野村書状御残置可被下候事。

〔注〕長崎裁判所は明治元年二月二日設置、五月四日長崎府に改変。

58 井上　馨

35 明治(元)年5月27日　人四二

炎暑一入難堪御座候所、先船中御順克御帰京被為在候半と奉欣然候。御滞留中も所詮御配慮之御事のみ恐縮罷在候。陳廉々申出候一条中、小銃等は製作六つヶ敷様申上置候処、爾後出勤種々吟味仕候て一統も大に憤発、終に不残機械も於彼場製作仕らせ候て五、六日中には出来揚り候て、直に短ミネーと英国発明之元込銃丈凡十挺宛作らせ、太政官え差出可申候。真に是は引札同様にて一先店を広め候一端に御座候。且亦不遠内彼局にて相調ひ候品等不残図を書き入新聞紙にして、是又差登せ候積りに御座候。何分とも右之船製作之金相運ひ候様御周旋尤急々奉頼候。若し不運に候はヽ日田之金、当節季迄に三万金計は集り候様子故、此金を遣ひ候ては如何に候哉。是亦御吟味奉冀候。

一、唐津一条は定而火急御取行は六つヶ敷御座有へく候と奉遙察候。併相成事に候はヽ早々御運方奉待候。松浦郡之方は何も御差支りも御座有間敷候に付、早々嶋原之方へ御免被仰付候はゝ、弟之管轄に被仰付候様奉願候。実は鉄局之石炭そろ〳〵払底に至り懸申候。凡七月中位は且々有之候間、右早々御運ひ方不仰付候と、又石炭を買込候様相成候而は中々出金方不容易事に候間、御沙汰次第石炭掘出し方取懸り度存奉候。

一、当地判事は是非三人に被仰付度、多人数と相成候而は往先目途更に無之候。何とぞ町田は帰崎仕候様是亦奉嘆願候。

一、邪徒人名差上申候。写真今日昼後迄に調ひ候約束故後便差送り可申候。誠に道路区々之風説、慶喜再江戸城に帰り上京と申説人気に障り申候。何分徳の御決局早く相運候事、実に大失策と相考候。会も謝罪之道申立候由如何に候哉。後便荒増御多忙中申上兼候得とも、凡前途方向、猶東北之様子、御手附に而もよろしく被仰付御しらせ方奉冀候。其内随時兼々御自愛専一奉存候。敬白

五月廿七日朝

二白　広沢其外え可然御伝声奉祈候。以上

準一郎様　聞多

58　井上　馨

36　明治(元)年6月4日　人四二

炎暑殊之外難凌相成候所、益御清適被為在欣然之至に御座候。次に野生無事消日罷在候間御放念是祈候。陳従太政官五月三日仕出之御用状一昨二日到着、色々御承知之通り御改革有之委曲奉承領候。何分弟等任官之儀思ひも不寄事、且是迄之同勤之人え対し候ても甚以痛心之至、大きに人心にも係り込り入候。任官丈は御断申出へく相考へ候得とも、一統之事に而一人之事に無之候故、是も如何敷哉と困迫此事に御座候。何分一、弐年も相立功労有之候而任官御座候得は誠に難有事に候得共、只今にては難有すぎて迷惑仕候。且又沢公も余程権柄も無之相成、旁以諸方不平多く込り果、御存之通り当地は未た旧弊中々捨つ兼、階級抔尤申所に而、先今度之次第に而沢公戴き万事処致仕と申次第にも無之様に御座候。且政体書には府藩県と御座候て順序相立候所、府は名重くして実は至而軽き者に御座候。当地にても今度之御沙汰に相成候得は、府之実相立候様重而御配慮奉祈候。其実と云は

格別も無之、只松浦郡と唐津土地替にて、崎陽知府属地と不相成候而は、年々廻米抔之患殊之外面倒之手数と相成申候。且未た東賊も日々勢を張り候様子にては、会計局を空敷仰き居候ても隔遠之地故差当り之事に手詰り、甚以差困り申候。さすれは石炭之事へ早々手を附、少しにても自由相叶候上は、製鉄局も終には会計局之手を借らずも立行候様相成可申候。何分議論先生等を相手にして致し候事故、是非行先之目的丈は附置不申而は前途之事業不相立候。松方も帰り、関東北越等之事実等もい曲承り奥羽も多分賊に与し候由、大山覚〔格〕之助、世良修蔵抔は可憐之次第に御座候。此余は只天運を仰き申候。併関東官軍諸藩も大きに憤発之様子に承り、可賀事に御座候。申上置候崎陽兵隊も是非戦地え差出度候間、御沙汰相待申候。

一、肥前大隈事は是非大坂海軍局え被定置候事尤妙と相考へ、且崎陽之人員は先達中申上置候通り町田帰崎相待申候。佐々木天草え被仰付候故、其儘にてもよろしく候。野村と三人に相成候得は至而宜敷、尤不相成事に候得は無理御願は不仕候。只大限丈は大坂え御差留置無之而は、根元之所乏敷歟と相考申候故、御願申上置候。

一、地球玉、ヲールゴール且世界図等差出申候。戦争之図は未着故、後便差送り申候。直段は三品にて百六拾トルにて御座候。野村帰便御渡方奉祈候。其他は野村より篤と御聞取被成下候様奉頼候。其内別暑中御気体御用心専一奉存候。謹言

六月四日

二白　唐津謹慎丈は御差免有之候得とも、替地は是非御運ひ方無之候而は行策立不申候。

準一郎様　　聞多

58 井上　馨

37 明治(元)年6月5日　人四二

追啓　追々承り候得は、三岡金札も余程失策に出候由、世間融通手づまり、殊之外困難此事に御座候。何分此間に当て良策なくんば、実に東賊に愈仙台米沢等は相与し候由、戦争之金は実に無而は相叶ひ不申、北越も随分激戦の由、金策尤急なり。早く外国にても只今之弐百万

トル計りも借り揚、其内に而金を作る機械を買入一分銀に吹直すに如す、併一両月之間成功覚束なし、故に何も打置、崎陽之製鉄局え被仰付候はゝ、暫時之間右トルラル急速御差廻し相成候はゝ、三十日限り一分銀作り出し可申候。此儀如何被思召候哉。此急を救はすんば、如何程強兵有之とも弁慶立往生と相成可申候。深く御勘考可被下候。敬白

六月五日　　聞多

準一郎老兄

〔注〕36書簡の追啓。料紙は異る。

58　井上　馨

38　明治(元)年6月16日　人四二

酷暑凌難候得共、益御清適被為渡欣喜之至奉存候。野生無事消日罷在候。御放念可被下候。野村上京之節一書差出候間、定而御落掌と奉存候。当地金銀至而払底と立至り、七月之仕払旁余程困窮罷在候。別紙申立之趣両条之内一口丈御決議被成下候様奉祈候。則会計局え野村よりも差出させ申候。実に今日渡りの活計にも余程苦心仕候。何分再三申出候松浦郡丈は急速御沙汰不被成下候而は、方今困迫之上、尚後来迚も方今之太政官活計御手詰に而、御仕送り金も至而六つヶ敷相考へ申候。随而唐津一件も如何之御見込に候哉、若し不運之節は天草か日向辺成共附属地に不相成候而は殆立行兼候故、何分御詮議振奉伺度候。其上佐々木抔も面色え顕然不仕候へとも甚以心事不平と相見へ、万事心痛のみ御憐察可被成下候。何分先達而申上置候通、弟生涯之御願に候間、何卒御垂憐被下候而、弟丈右属地県官と且製鉄場之一巻丈承り候得は事実も被相行、只今之如く外国且総而内政と申候ては、第一同原〔僚〕え対し候ても自ら所置致がたき事有之、思之儘力を尽す能す、又諸藩士迚も弟筆頭になり候故歟、崎陽全権は井上か掌握する抔申触、市中之者色々疑惑を生し候様之事も有之、誠に事々致し苦敷、随而当節気分も所詮不快候得共、押て出ねば今日之事不運候故、出勤丈は仕居候。何分にも方今之事且弟身上世間議論之多き事大概は勉強之積り候得共、とふも筆端に述がたき事情有之候間、是迄之友誼に被為対候て、一先右県官と製鉄之事に被仰付候やう是非御周旋被成下候様偏に奉祈候。当節林

御史も薩行之帰り出崎仕られ候て、い細情実相述誠憐察致呉候故別書被差添候間、何卒可然御計ひ方奉祈候。又野村抔御謀り被下候と必異論差起り候間、断然之御沙汰相待居申候。御別後は至而衰弱顔色も甚不宜実に痛心罷在候。

一、先達申立候金策如何被思召候哉、四方金之手詰り甚困迫、何とそ御良策奉祈候。且銀相場被差留候故、崎陽抔大坂え現金を以入込候分、銀相場百五、六拾目之頃より之分多分有之候而、余程之損失相立候様子に而騒立申候。其内随時兼々御自愛専一奉存候。　謹言

六月十六日

二白　東北之賊如何相成候哉、遠境事情不貫徹込り入申候。乍御面倒善心え阿常一件御探索奉憚候。

製鉄局も弟出勤仕と否とは大きに精不精に拘り申候。

竿令盟兄閣下　　　　　　　　　　世外

58　井上　馨

39　明治(2)年4月1日　人四六

近頃は御無沙汰のみ奉恐入候。承り候得は当節腫物にて御苦痛之由、如何被為在候哉。弟も過る廿七日当地え着仕候。会計殆瓦解之勢追々伝承、憂苦之余一時之楮幣を救はんと欲する一策を献し申候。い曲は岩卿え申上終、明日より金策のため一度崎陽え罷帰り、亦十三、四日迄に帰坂之都合に御坐候。各今日死力を尽し此急を救わすんばあらす。百事の元基不相立候而は維持之目的も甚以覚束なし。又東京御会議も実に一大事、昨年伏水一戦にて正邪分別今日に至るといへども、未た忽卒之間万事不規則、此一会議にて朝政被行と地に墜るとの機に候。就而は弟、伊藤之論よりは甚緩に思ひ来り申候。併遂一主意承り候処、誠に憾服仕候て飽まで同意に候。是非とも々〔是非ともノ意〕藩政御請取之方至当に候。実行て不成ば瓦解、政権を失し、主張同志は只被暗殺に至る歟、又被為罪歟、両段之決極、不行ば必政権は地に陥、空権を以藩政を駕御に術なし。斉敷瓦解に至るなれは行て斃るゝを為男子故に、岩公に献言仕置候処、尊兄、大久保御合議之上決之との事故、一入御尽力此時と奉存候。弟等も乍微力尾従可仕候。御国之論、実に浩歎之極也。ヘチヤの第一言も恥るの心あり。何れ十三、四日迄には金策を立再ひ上

坂仕候間、拝尊顔万縷可申上候。其内随時御自愛専一奉存。敬白

四月一日

二白 乍御面倒別封金子井筒屋え御送り届被下、請取御取附被遣候て崎陽まて御送り方奉願候。勿論御家来え被仰付候て不苦候。弟は留主に相成候而もよろしく候間、請取丈は幾重も御面倒奉憚候。以上

聞多

準一郎様

58 井上 馨

40 明治(2)年10月7日 人四三

過月初旬崎陽え向出帆、其節一書呈上仕置候。定て御落掌と奉存候。爾後御病気如何被為在候哉、最早当節御帰府御復官と奉想像候。小弟事、過る十六日大坂知事同道着崎候処、野邨余程憤然、既改革も被行存外運ひ付、兵隊四百人之分迄も凡半は癈止、役人癈員之分、上等五人口、中等三人口、下等弐人口と相行、実に形勢之趣と追々知見之文明に至ると不思議に被考候。就而は下崎候得共、此方えは格別手出し不申候。只是迄勘定詰と前途貧困之者多く相成可申に付、其段之工夫等、勿論今日に顕れ不申候得共、必他日之予防丈は申合置候。是迄弟独立致し置候故、凡拾壱万金丈当度引揚帰坂仕候。廿六日帰関、廿七日より山口行、陰に探索致し見候所、是亦改革も既に被行、追々朝家保護之論も相立候由故、廿九日は両君上、備前大夫、政府之人等一同近情申上度由願出候て、胸間之病を不治終に健剛之四足に及ぶ時維持無覚束、魯之カラフト暴挙、今日会計難渋且借財金札之憂、前途会計之不立所以、兵卒之多員に過き弱に陥事、海軍を張るに失費之出る所なき事、一人朝政を軽んずれは百人蔑視する所より、終に今日御一新薩長力に依て事を創め、此終り不有時は、他日文筆の人如何書記せん、巨細明弁、誠に天幸にて君上も至而御尤と被仰出、最早此上は飽迄力を尽すの外実に防禦之術無之との事にて、誠に欣喜之至に不堪候。夫より杉、久保、中村等集、追々論を承り候所、弟等敢て異論更に無之候。此度老公御召之一件も当月末御発途之御積りに候也。

一、此度薩より両人使節有之、修理公弐千之兵を引て東下す、大政維持之秋と御相談有之由。我藩には久保、

豊石を放し候より、諸隊弐千人を養ふの目的更になきよし故、終に杉抔申合諸隊則精撰五百人大隊に詰、朝廷え差出す論を隊中発せし由。隊中十分不同意、一は君臣之別なきに至、一は矢張二州之柱石と成時は則朝廷之為と云を以種々論判ありと雖も、杉、久保断然不動、終五日計もして諸隊其論に憾服之由。野村和印抔漸服し、終杉宅え行、是迄之事凡て見込違ひに候間誤るとの事なり。故に其論を以当節出坂、大村に談し、彼為可、則差出に一決之由なり。就ては山田も当節上坂せり。両三日中には諸隊一先賞典を行ひ分散を懸、其内精撰四大隊として士列も入組由。杉等如何と云。僕答云、実に妙、併此間一利一害あり、今日不察れは後日之事甚害あり、今日薩改革を発せり、乍併政府之力にあらす、我国一変動後何も兵力に依て事被行候勢と同日なり、修理公東下も兵隊之論ありて勢に乗して改するの意あらん、若し此論と同日之論なれは甚害あり、褒罰進退権は必薩長之兵隊にあり、さすれ〔は〕同じく朝廷は空権ならん、故に老公御東下は誠に御供も別て減少、兵は御召連無之、只今日之朝政御維持之御論にて、自然王政を妨ぐる者あれは兵を以討滅と云様、二様に事別れざれは、兵力を以事を行と云とも兵は不得止して用ゆるの論になけれは必大害、故に諸隊抔も隊長人撰と規則は尤肝要ならん、又隊も是より差出と云より、従朝廷有命て行ふをよしとす、如何となれは、政府之論容易に不変と、布令を克く守ると、兵力備はると、此三つなり、然れは是より起るは却て兵力を以て朝廷を行ふと云説紛々と起るあらんか。杉曰、実に同意、必々其害起らさるよふ尤肝要と。就而は帰坂之上、山田、野村和作え対、其論判篤と相談致呉候様との事。僕諾せり。改革も千石已上十分之一、千石より百石迄平均百石、々々以下は其儘不残蔵米渡し、実に畢竟山狂、御耕外国行と時勢変遷之御陰と、杉難船に逢候て自ら蘇生之思ひ生し候て憤発、山田之尽力とに出候と推考仕候。誠に老台久敷御憂情も有之候て、陰に御尽力之目的相立候事と奉存候。最早諸隊にても大きな顔をし〔ママ〕、大手を振て御咄し可被成、奇隊能野等にも出逢候て咄し候処、更に異論無之候。此上は老台にも小情は御捨、一御尽力有之候て、御隠遁は止るの御決心有之度奉存候。老公御着之上必何事も御差置一先拝謁被成候て、薩が云が土云が誰が云ても姑息之情と不被行事は屹度御請合無之、且兵隊を十分頭を出させぬ様丈之御見込は御申上置申も疎に御坐候。政府之人も同様御気附可被成候。老公御東下に付而は、陪従之者実に大任と奉存候。十分を云は、是迄朝廷を篤と知りたる者従随候も妙と奉存候。先以為如何。

一、何分にも冗官冗員は十分御減少にて、会計之元相立候様肝要に奉存候。

一、大隈一人は是非参議に居候方至而都合よろしくと奉存候。会計は春畝少輔にて兼て居候ても十分歟と奉存候。前印、添島〔副〕ぐらいはとふなりてもよきと奉考候。何分此勢にて一所業丈は御運ひ置奉祈候。

一、此度は老母をつれ候て上坂、蒸気はきらいと云事にて、終馬関より飛船にて登坂いたし候。

一、贋金之諸藩御罰し無之時は、中々田舎迄も贋金遣ふ者罰せらるゝの理なき、製作せし者先罰あらん抔とて今以流通、中々不可防勢也。是非とも老兄之御説通り先被行候て始末付不申ては、必所々一揆抔之憂眼前に可有之と奉推考候。

一、此書翰御覧後は俊介えも御咄し可被下候。別に当度は不認候。

一、先達長崎より御堀便りに、春畝え一封遣し候て御堀を早く外出の事申遣し置候。勿論是迄之御堀には無之候得共、若又節〔ママ〕御国も十分運ひ付そうな所え野村抔と出逢色々一論を起せし時は、百日之説法も屁一つなり。只今之順なれは、外国迄遣し候時は此度人佛〔物カ〕は上け可申、彼も元来圧力之ある人故、是非とも御周旋可被下候。病気等之往還に金を尽し候由故、フラスえ拾三万トルラル計残り居候金有之候故、誰歟一人通弁と徳川氏其事を承知いたし居候者付候て出す様書中申遣候。併色々国え帰ると不利抔之事、若し披封し見られ候と大変と思ひ当り、前事計り書込置申候。尤此事件は御急き之方可然奉存候。

一、老公世子公之間、矢張於崎陽も御耕咄に出候故、種々探索も仕見候得共、更憂候事は無之候。当君も余程御勉強、併御、山両人少当公より忌まるゝ事共ありはせぬかと奉存候。此事可秘々々。此他は着坂之上、

い曲可申上候。草々拝白
十月七日
二白　御耕外国、必々御急き無之而は山口政府之人も彼若帰り候と込ると申候間、是非当月中に出帆致し候様御周旋奉祈候。此書状、船中備後灘にて相認め申候。

準一郎様　　聞多

58　井上　馨

41　明治(3)年1月3日　人四四

昨日日付之御書両度奉拝諸候。実に機械〔会〕を失し残念不少候。御国中諸隊之用ひ相立候との御事、併人心は只勢之ある所え帰向いたし申候間、此先御国是も如何成行候哉と懸念至極に御座候。既に奇隊より両三人肥後え参り居由。京摂間其外甚以懸念千万に御坐候。勿論御高論通り弟、杉は従ひ申候。既今朝萩表えも一封遣し屯集を促し候得共、高論に従ひ只今より留遣し可申候。右様候得は、和智は御主意を以早々萩へ御返し可被遣候。何分諸隊山口を引去候而は弟之策は是に尽果申候。此上は東京之五百人を克く遇し真物に致す之外無他候。又是え迄彼等に先せられ候時は、最早手段は無之候。且右様成行候得は、弟国に留り候而も嫌疑之者故、今両三日致候はゝ早々上坂、急速東下、山市其外とも手都〔ママ〕いたし置度存念に候。何分太政官も余程確乎と致し不申而は、是迄も動き候様に可相成と奉考候。何分にも何も相済候跡には候得共、最早一歩も御曲被成ぬ様第一と奉存候。弟も一昨日より熱発にて食事も不進、実に不面白年越仕候。尤一室に潜居仕候事故、関地に留り候と云事は知り候得共、何れにあり候事は更に知りては無之候。先は御請答迄、匆々如斯御座候。拝復
正月三日夜九字

竿鈴賢兄　　二郎

58　井上　馨

42　明治(3)年(1)月21日　F一一八

被仰聞候件々逐一奉承知候。今晩之一挙にて別て干城も色めき可申候。併只又恐れ候は、こづち〔つ、カ〕へ勢付候と手の合ぬ内事を始め候様立行候哉と懸念此事に御坐候。常備

は弟丸て御請合申上候。更に御懸念被下間敷候。府之三好抔は早く帰り候方よろしく候間、御願申上候。以上

廿一日　　世外

〔巻封〕竿鈴賢兄

58　井上　馨

43　明治(3)年2月12日　F一—八

過日る〔ママ〕五日付にして、非士非町人之一人を以て初春第二幕切狂言取組役者取合廻り舞台之趣向件々申出置候所、実に不人気にて座元も千両役無之故、作者も心痛之御様子、実に此間憮々御苦配と奉存候。下手を打ては家名に係り、七年来家ノ役も滅する事と立行可申候。乍蔭浩歎に不堪候。併時日を遷延候ては当り兼候間、至て心もせき存候。何分元役者之面々は長、岩両末厳重御預け被成候而は如何哉。又一昨日萩よりも一人参り候故、是非第二之狂言之外作者無説故、暫時流浪謹慎之方よろしく申遣し、今朝より返し置申候。何分江戸新役者え早く手を付不申而は、坐元之論もふにや々々は止み不申と奉思考候。此とつたりも、一室に十二、三日火燵之櫓を相手にこふして居は益々気分いらたち候故、只今先日差出候一人帰て相待候得共、萩え行たとか申事にて未帰、心事切迫候間、千万乍御面倒一言是非之御答相待候上にて、何時も出帆可仕候。尤海之船へは河印、佐印丈は急々御懸け置不被下而は差込り申候。二度東京より帰り候時、内情を聞都合も有之候。剛鋏艦も為運用三田〔尻〕辺え廻し候積りに候也。何分御多忙中恐入候得共、有無此御返書伏て奉請候。此書は長府より態飛脚を時田迄差立もらひ候間、其手続きにて御返書御仕出し可被下候。為其。匆々拝白

二月十二日第十一字　　御存より

番丁殿

58　井上　馨

44　明治(3)年2月25日　F一—八

昨夜は御疲労奉察候。陳は馬関始末今朝かしまも参り、実に追々人も沢山遣ひ放し、且神戸丸其外等決極に付、鳥渡参り度、全く名を謀り候訳には無之候。三日、四日迄には帰り可申候。右様候得者、明後日辺りより発足可

仕候。罪人御始末之義は幾重も御急き被成下度、就而は野、杉えも今朝一書投し置申候。為其。匆々頓首

二月廿五日　　井上聞多

〔巻封〕木戸準一郎様坐下

58 井上　馨

45 明治(3)年3月8日　人四四

謹読。引続き無御苦配奉恐縮候。実に御深御憂国とは乍申、中々小生輩之腹立易き者抔敢企及する所に無之、感服此事に御坐候。陳過日之手順、廉書にして申出候様との御事、則相認差出候間、御取捨奉祈候。又小幡且久保と会計之長吏丈は今一応集会論し見度候。尤明日明後は俗客事故不能其義候。何れ十二日朝より出関、十六、七日に帰鴻之上と相考へ候間、小幡、久保抔にも御噂丈は老台より被成置候様奉祈候。民政其外大略は必々六韜を授置可申候。又野靖、三軍抔え談置候事件は奉承知候。先は為貴答。匆々拝復

三月初八

二白　於馬関周旋仕置候様との御下命、併先罰金を得候上に無之而は不相済候事、我領地度御掃〔侵〕掠有之、遺憾骨髄に微〔ママ〕し居申候。以上

〔巻封〕松菊台雅　　世外

58 井上　馨

46 明治(3)年3月(　)日　人四四

一、国力を計り兵員御定め有之度候事。

但、壱ヶ年之歳入を以壱万五千之兵員養、且武器衣服等十分相調へ、三十日之連戦は勿論六つヶ敷事故、弟之愚考真之兵員前員之三分之一と目的相立度候事。尤、干城、照武其外隊之体、且世禄悉く止み候上にて無之而は算勘無覚束候事。故に一先三千之常備と相定め、士官丈先学はしめ、規則を以て責付、其節は人の力に応し無用之人は庶人と為し、帯刀を取揚、禄は十年之間一ヶ年に付一分宛之を除き、其積金抔を以物産を起し、真に窮する時之を与ふ。

一、兵規則等は仏式に相定り、永不替様一決之事。

但、此礎と成は当時仏兵学生之人員故、士官幼年より此学校に入を主とすへし。此学生は干城、照武、常備

人等より人撰すへし。

兵卒は少し宛入学、摂制を学はしむへし。故に此度干城は必六月相立候上帰国人撰を第一に要す。

常備は再集之節人撰を以て浪華へ入校せしむべし。且常備兵員不能出分丈は教師を招き厳重学ばしむべし。

帰順兵は早く常備に合併して、握り拳しにして不意に備ふるを第一とす。
一、改革事は当時之体を今少し結末を付て五ヶ年の間見合すへし。
但、八家等の分は弐部〔歩〕半を定として八ヶ一借を年賦取揚、其残りは先配分と云名義にして置、他日農工に就しむへし。八ヶ一借と弐部〔歩〕に定るときは、是迄拾三石懸りの御馳走之間に少公に利あるへし。是亦物産を起し土地開拓等に遣ふへし。且、均禄の始末等未た片付ぬ故、是又早く結末を合すへし。
一、民政之事。
但、合懸〔県〕合村を第一とす。且政堂其他懸〔県〕令所に村をいて郡夫を是迄の十分之一にすへし。諸県令を会同し克く謀り、且先説を主とすへし。

一、会計局改革之事。
但、仲取を廃し、御撫育を合併し、主事たる者は毫末の事と云とも自ら任し、小吏に権を取しめさるを第一とす。且民政之事迄も小事と云とも能知るを主とす。

又売買物等之一件は総して一封之書を以て越荷に委任すべし。此弊実に夥し。
一、政堂を始め諸郡に至る迄役員を減すへき事。
一、歳入歳出悉く小民に至る迄知しむへき事。
但、公禄を喰人員往先壱万五千兵に致し難き元根、借銀高等なり。
一、御家禄判然と相成度事。且家従抔減少相成度事。
但、御家禄も修甫銀抔今日より始り置さるときは、吉凶共に此内より出る様相成ざれは判然と云がたし。
一、朝廷より兵則、兵の失費等申出候様御沙汰に応し、兵は仏式に相定度、失費過日久保え相渡し置候分にて急速御届出し有之度候事。
一、若し兵之失費朝廷より御下渡しある時は、凡拾弐万両余且諸隊解散に付拾万余之是迄より失費少く候故、五ヶ年間は且々維持相成候半歟。六、七年之間には必遂〔ママ〕一算勘悉く相立不申時は、必滅疑なしと愚考候なり。
一、楮幣の器械は朝令に従ひ急に焼捨つへし。且年々歩割合を以て引替無之ときは、七、八年間新金充満するときは人民是を便利する故、下落救ふへからす。之かために瓦解必然ならん。
一、二朱利米御沙汰返しに相成度候事。
但、修甫は過日申出置候通り可然歟。
右廉々弟之見込之儘書認め申候。御取捨可被成遣候。
以上
三月

58　井上　馨

47　明治(3)年3月20日　人四四

私願、長岡精之助なる者遠嶋に相成候間、罪科は馬関にて相場いたし負候故なり。最早日数も相立候事故、帰宅御沙汰御尽力可被下候。

過日は御出萩、其節は御投書且老母え厚御祝被成下、誠に以御深情之段恐縮罷在候。重て萩より之御芳墨も拝読仕候。如命昨日久保、宍戸等柏氏は十分論し置申候。杉、野村は当節一先退役故面識論する不能、実に遺憾此事に御坐候。併夫々書残し置申候。且老君上にも懇々申立置候。弟之略は只々先日廉書に認置候事計りに十分意を尽し候賦に御坐候。逐一是を本として行時は必無害、二十年之後は算勘相立可申候。併厚く時勢を考、人情を察する時は、防長も内にて維持を付るより、外より他日之策相立置候方可然奉存候。過日千五百人之貢兵之事相起り、常備抔は矢張出候方が上策と奉存候。実は今日至り過日之国難を熟考するに、矢張此後は朝廷之兵力十分相備え置、他日有事時は必藩内之所置は前途之目的無之候。必四、五藩は是を以討滅する時は初て朝廷之威権相立候而、藩勢を駕御する自由と奉存候。此事無くては何も前途は六つヶ敷と奉存候。何れ両三年間に、ヶ様之事可有之と相考へ申候。此一事有之候得は、藩政改革等も朝廷より定員之兵等実を以相立、其他は月給或は世禄之士等為庶人事、弐十年間禄分割にて公廨え収る等之事迄断然被行申候。此事は屹度岩、条公辺りえも論し度覚悟に御坐候。

過日書残し候廉々は左に有之候。
一、衣服居住三絃抔自由に任す抔と御沙汰なしにて、行成にて不問を上策とす。

尤上関、馬関、中関、越浜等致方なし。其他芸妓、売女抔は実に遊民を助くるの悪弊故、厳禁相成度事。
一、常備は集り次第、長官有力者は浪華え入熟〔塾〕候事。
一、野村靖は兵局之役員と御登用相当と奉存候。然れは常備駕御に当を得ん歟。
一、会計は是迄公廨と御家禄之間甚以不分明、且御撫育抔は御家禄之方に相成居候由。此一事は昨年久保之尤高論あり。然れとも終に不被行候由。是則不当第一、国札等之責を御家禄に自任すれは敢て不問、併任する甚難し。此間は老兄御別け置有之度候。
一、会計合一、御撫育は頭人なしに相成度候事。検使はいらぬ者にて、会計局中今監督一、二人あれは十分ならんか。
一、会計民政合一無之而は、会計之元は民政に有之候処、細末之事克相分居不申、甚以迂也。何分司長たる者は必些少之事迄克取調へ有之度に候。
一、杉と小幡之人物にて、実に久保之云処も尤あり。杉は民之世話に長し自認する厚し。小幡は大勢を知て自任するは薄くよふ有之申候。只杉は頑固故、餅蒲鉾論抔時々出し候気味故、一先浪華、東京出し候はゝ、弟幷い藤力を尽、外国人其他之事抔見聞も有之候はゝ開化するもあらんと柏村、久保え論し候処、妙と申候間、老台以為如何、化すれは実に妙也。御熟考有之度。
一、兵事は幸木梨上坂故、能同人え相謀り可申候。
一、監察は実に無用之者に候。御癈し可有之候事。
一、御末家方、政府之人等今一応被召寄、国力を謀り兵員を定る、今日改革等之事同徹有之度候事。
但、此一事に就而は杉、野村抔再御登用之上、君上御末家中を御廻り候而相定り候得は至当と奉存候事。
一、御家禄と公廨、是迄朝廷え御付出之面にては分明に無之、判然有之度候事。
一、両君上共に家従其他、無用規則、無用之人は御減少有之度候事。
一、宍翁と昨日又郡懸〔ママ〕封懸〔ママ〕之論彼より相発し、未た大勢暁達せす、只々知事其藩永世、其臣は世臣と云論出し、種々大勢を以論し出し候得共、実正実頑固に御座候間、今一応御論破有之度候事。

一、小川市、楫取等はとふも不十分に候得共、其儘之論に有之候事。
一、民政え手を付、石懸り物減する事第一なり。
一、今日国札高価、金札当節六拾目位に相登り実全体え取大利を失す之元なり。漸々新金を人民好むに至り国札下落之時、救ふ術今日より目算相立不申而は無算なり。金札より国札上に置時は此勢強く、内地之金札は外へ出、外之金札は内地え不入、二州は国札に崩るゝの憂実に深し。此術は久保え得と相話し置申候。是非とも七拾五匁位に定め相場を出し、国札を以金札買、始終金札を上に置、国札を下地を置を上策とす。
一、御撫育之金、今拾万両計りも馬関に差出候方、実に大利に相考へ申候。
一、今日之大眼目、国力を計り兵員を定る時は、壱万人〔マヽ〕五千〔マヽ〕之禄を喰ふ人あり。三分の一養之無覚束なし。壱万人之人を農工に付け、窮民と一時なりても前途救之術相立度候事。
一、国論不可替大眼目。
二州は先心実抛て朝廷之者に追々相成候事。
一、兵勢仏式之事。
付、兵員五千と相考候得共先三千人之目的。常備幷外え出る干城隊規則厳重、公上自ら日々教場へも一騎に而御出被遊候様有之、驕兵と不相成様有之度候事。
一、一万人余を救民に至らさる様所置候事。
一、養蚕を開く事。
一、漢学を廃し機械究理之学を起す事。
一、人民自由之権を束縛せさる事。
一、褒賞は一時に限る事。
一、世禄漸を以廃する事。
右九ヶ条は実に今日大会議を以各自血判にて致し、永く以防長之心と相成度候故、御直筆にて此事一決仕度候事。

先は右之廉々先日之書有之候廉も有之可申候。深く御勘考可被下候。弟は今日出足、明朝は乗船、当分大坂え相留り候積りに御坐候。外之模様は匆々可申上候。其内時下兼々御自愛専一奉存候。謹言

三月廿日

二白　支那行之御節気附廉申上候様との事に候得共、是西洋各国と条約書を得と御一見被成候之外手段無

之候。其内気附候事は追々可申候。又人口嘖々は勿論今日にあらす候故、最早いとふも、すやふも無之候。又此論にて斃るゝとも、千歳後老台幷弟抔之論通りに不相成時は必滅に相考候故、死て甘する所なり。外国より帰り今日至一日人口如剣、生日は更に無之、併暗殺死余之身に候得は、随分世上人情も無情と相考へ申候。ヶ様之事抔連綿夜中抔思ひ出す時は、実に薄命恐縮之心を生し、愁心深燈亦暗く相成申候故、美人之事抔思ひ出し気を転し申候。以上

世外

〔巻封〕松菊老台座下

58　井上　馨

48　明治(3)年(3)月(　)日　人四四

覚

一、田高壱石に付

四つ成

四斗

壱升弐合　壱反に付

種元え四割之利米

壱升壱合　壱石に付

作付飯米、三割利米

弐升余　口米

二分五厘　浮役

右正税に当る、古来相替り不申分

九升　諸出米勘場請入用代、官給

庄屋畝頭小触郡夫島領代等、

其外廉々多く有之候事、此

分年々多少有之候事。

先昨年分　盆暮両度足役銀

十六、七匁宛

一、畠高壱石に付

十匁　石貫銀

弐分五厘　浮役銀

弐升弐合　現大豆、尤四石わし〔カ〕にて御

買揚之都合故、追々右勘定

を以代銀御下渡し之事

九升弐合　諸出米、田方に同し

昨年分

十六、七夕宛　　足役銀、田方に同し

58　井上　馨

49　明治(3)年6月18日　F一一八

過日は態々神戸より御投翰被成下、爾後御多祥御着御多忙と奉洞察候。竹田之帰たいこの事は何も御懸念に不及、よろしきもの御恵投奉祈候。御出足前之山田と申合候一事、格別主意は相違不仕候。先両三年之内、兵部省え凡三、四千丈之精兵有之候得共〔は〕如何様之舞台も出来可申候。何分にも諸事方略に乏敷候而、承り候得は、於東京諸藩え五分一税兵費之為為出との御内決に相成候付、既に御布令可有之との事、是亦不行事、当事不行事空令のみ、却而威権を落し候迄、只々愚にして手を拱し、府県之政令改革と立法之威権相備之我を責るを第一とすに非ば、今藩早く乱ても朝廷之を如何共無為、亦事締る時は他日之害故、実に廟堂方略之無き、甚以遺憾至極に奉存候。近頃は御地之模様も成行更に不奉承知。此度品川弥二其外登坂候得共、東京え向差出し申候。何分広沢え論しさせて弁事え可然手を廻す第一と奉存候。第二は少し兵部省之力にも可相成歟と奉存候。可然御指揮是祈候。書他期後便候。匆々謹言

六月十八日　　世外

松菊盟兄閣下

58　井上　馨

50　明治(3)〔カ〕年(7)〔カ〕月(　)日*　F一一八

民部　租税　堤防　鉱山（井上）　増船（〃）

大蔵　通商（ボードーフワレード）　修船（山尾）　土木

一、府県知事参事之間を以年一廻或は三十日位集議院に出会、民部大蔵刑部等集議し刑律民政其他一般に相成、之を立法官と見て太政官六省も一省相論を以変換する能はさる様一定、年を追て駭〔カ〕規則書相備申度候事。

一、金札四千八百万両始末之事。

一、政府六省と合は大少輔之内半は政府え出頭、合議に非されは一令も不出を要す。

一、民部大蔵より布告も細辺になして施行に便なる様有之度候事。

58 井上　馨

51 明治(3)年9月28日　人四五

同月十七日附之御投書奉拝読候。爾後は御歯痛如何被為在候哉、御療養第一奉存候。今以御地形勢も都合御同様之由、俊介より毎々申越、実以遺憾至極に御坐候。併退て考ふるに、天に有陰晴、人に有浮沈、古今之常とあきらめ申候。此間に憤る鄙夫之勇に候間、此時こそ方略を尽力する時歟と奉存候。必々御衰耗之念なく、今一御憤発為邦家所祈候。弟抔も実に繁務、最早今日より銅銭鋳造相始、造営と両方にて官員も不足旁苦慮千万に候得共、堅忍不抜斃休の志を以、毎朝八字より五字迄は寸暇も無之、又外人も多く候故、一点も彼より不足は受不申間に合せ申候間、御憐察可被下候。老台未た御出勤も無之との事、是非とも今一御尽力公然として御勉励、偏に奉祈候。

一、山田之事は決て御懸念被下間敷候。山狂荷物着候故定て下坂と相心得、既に一昨朝其辺は篤と申翻ひ置、且山田は山狂事は敬て棚に置、使役するを為上策之論抔も致置申候。今朝より同人は紀州え鳥渡罷越候。同人も別て不屈之意を生し候て、弟抔も相楽しみ居申候。鳥尾も十一日二日頃より紀行勉強仕候。

三浦五郎東行之節一書差出置、定て御落掌と相考へ申候。同人事も申上候間、御同意にて安心仕候。是非とも鳥、三両人は出省候様御尽力有之度、三浦は大坂詰之方可然と奉存候。併山狂長く坂地に滞留は必々よろしからす、退い候が花の香に御坐候。

一、過る十四、五日頃久保鳥渡上坂、実に同人之精実は憾心、益々憤発罷在候。色々会計之事抔相談し、既に廿五日帰国仕候。同人も一難事之思慮は前原事、御免に相成候由、同人帰国候と迚も異論のみにて万事不被行、且杉抔も必不平を生し可申とて苦慮罷在候。実に尤に候間、何と歟御高按を以前印事どこ歟の知県事歟又は東京詰の両条御押付、陰に御周旋偏に奉祈候。

一、過日被仰越候京焼茶碗は、山城屋帰便に差贈り可申候。何分弟等は近来之勉強に候間、山尾抔ぐすぐす空敷光陰を消し候而は不相済、且不平は打、横須賀え出張候様呉々も御説諭有之度奉存候。今日之陰晴人知之及処に無之、仮令⊕〔薩摩藩〕兵力あるも役人征伐とも少し六つヶ敷、落馬する迄は鞭を揚、奔馬之積に無之而は万事成功は無覚束候。先は後便に譲申候。其内時下兼々御自愛専一奉存候。草々謹言

九月廿八日　　聞多

準一郎様

御覧後は御火中々々

58 井上 馨

52 明治(4)年1月10日　人四四

別後益御清福被為在候と奉遠察候。小生事も過月廿日東着仕候。西隅之模様も一向不相分候。折角被仰聞候件々抔は広沢え申入候間、同人も余程憤発手を附候所、定て同人之負荷候を篤と承知候て終に九日夜及狼藉、誠以遺憾千万、実如斯大臣生殺之権草莽に有之而は有力識者も束手之外無手段、元来は廟堂連絡之筋有之候事故、斯密議も洩候事と奉存候。併最早強に弊〔斃〕歟弱に止歟両条之外目途無之候。弱に墜候則奸計不至所なく、終邦家瓦解は不及申滅国と立行候は必然候也。又死者え対し候而も已を保護抔之思慮は大に恥る所に御座候。大隈一層憤発之気を起し候。就而は老兄にも速に御帰東、力及丈従驥尾欲致死なり。今朝条公え出候所、今度は御心胆に徹し候と見へ余程御発怒にて、兵を十分用ゆる之外無策との御事に候。就而は後藤至急御登庸と、兼て申上候人弾中之一人を転し候事丈は多分今明日中相運候事歟奉存候。米田を弾中え入、毛利を引返し、弾之方向を改め、醜奴輩を狩尽す之外無策に候。乗此機今一憤発禍を幸に転する之方略第一と奉存候。信州も当地兵部より三百人余出に相成申候。是は強而之事に及候訳には無之候。一揆抔は必々沢山有之可申候。尤武威を布、余程強気に出懸不申而は、終従彼被制之勢と成果可申候。一日も早々御出浮奉待候。

一、野靖事東京府大参に進め置申候。至急出東候様御伝言可被下候。最早一歩も退かぬの決心に候間、此辺篤と御了解可被下候。

一、紀の兵も一大隊丈被召寄候議も建置申候。

一、広沢事は柳の広田彦麻呂と申者捕縛之手都合を刑部、東京府申付候故、余其身に切迫候事故先して発し候事

と相考へ申候。尤広田は未た手に入不申候得共、既に昨日同人連類三人丈東府に召捕申候。必此輩之手に出し事と奉存候。先は至急早々右之始末前後迄申上縮候。早々頓首拝白

正月十日

二白　幾重至急御帰東是祈候。御道中其外別て御要心専一奉存候。

孝允様　　馨

久保、杉抔え別書不仕候間、可然御伝話奉憚候。

58　井上　馨

53　明治(4)年2月13日　人四五

昨日は罷出御妨申上候。其節御噂御坐候義は今朝岩亜相公え申上置、実に廉々至当之事、至公至理を本筋にして万事業引付候様との事、篤と御承知之由に候。上下一件之事も申上候処、甚以不都合千万との事に候。何分老台之義は御不平無之様有之度に付、微細之事と云とも御腹臓無之様陰に御心附被下候様、重々頼置呉候様に、との事に候。陳又御気筋之件々も有之候に付、三藩え之御沙汰書は今日御見合に相成候由。就而は是非とも明日は九字頃より十二字頃迄にて宜舗候間、御病気に候得共扶けて御出勤被成候様、私より御願申出候様と、屹度御咄に御坐候間、明日は一応御出頭被成、早く御取極め被成候様奉祈候。且亦明日は御下懸御立寄御一泊可被下候。先は右申上度。匆々拝白

二月十三日　　少輔井上

〔巻封〕参議木戸殿内御直披

58　井上　馨

54　明治(4)年2月14日　F一―八

謹読。昨日御外出御坐候処、却て再ひ御不快之由。就而は岩公え其段御断り可申上置候様被仰聞奉畏候。とふ歟今日御沙汰書三藩え御渡、明日より西翁も出浜、十六日飛脚便より帰帆と相成候に付、今日是非とも御出勤を御促し之模様に御坐候。尚亦御便船よりは井田五蔵事も日田行巡察使参謀被命下坂之都合にて、実は御咄し之助七を附属致させ度、且脱隊人員且是迄之書類手続等い曲同人え先為差含置候義に付、節角今四字頃野村、杉両人も

拙宅え集会を乞、井田えも引合候覚悟に御坐候。彼是以残念千万に奉存候。井田下坂に付而は、使書を以伺取置事抔は大概昨夜同人と会し相伺、且東京府広田之書類等も持参可仕候覚悟に御坐候。右之様切迫之事多く候間、相成義に候はゝ駕籠にて鳥渡一字間丈にも御出勤被為候はゝ、実以重畳と奉存候故、為試今一応申上候。匆々頓首

二月十四日　　世外

〔巻封〕松菊盟賢兄

58　井上　馨

55　明治5年2月14日　人一六七（伊藤博文と連名宛）

サンフランシスコより両位御投翰被成下、御多務中御懇篤奉謝候。益御清壮御旅行奉遙察候。二に劣生無事奉勤罷在候。御放念是祈。別袂後は未た呈翰も不仕、失敬之段御海容可被下候。別後百事輻輳、新置県彼是人撰等実に一身に集り、多忙不可弁に至り申候。御憐察可被下候。併当節は正院と異論を不生事之運ひは至て宜鋪、官員中互に嫌疑多く有之候従来之風習相改り、就而は誹謗も少く相成候而所業を行ひ易く候而仕合申候。追々所々百姓一揆を起し候得共大概直に沈静に至り、浪士も存外悪行少く、併当正月初度会県え浪士三拾人計り集会、神宮を守衛すると之名唱にて直に県庁へ迫り候を、克都合に其場を申諭し、直に兵を召衆して弐拾九人迄捕縛し候而より外は浪士之害も未た無之、当春は定て混雑を引出し可申と深く山県抔とも注意置候処、何之気色も無之、旧藩々之士卒族も只々糊口のみ前途案し候呉にて何の勢も無之、併偵索にも手抔は充分行届候而、決て懸念御坐有間敷候。

一、当正月榎本徒も赦免被行候而、既に大鳥は開拓使え登用、永井は少議官、榎本は未親類え被預、近日是も御免と成行可申候。此施行に付、静岡藩の士卒族等余り寛大に驚愕、世間も従て朝政の公平を承知せり。又中野と云静岡の人山口の参事に遣し候処、当人至て人物故大に人望を帰し、山口県も誠に静謐なり。御安心可被下候。其四方之人を登庸候故、至て人気は余程和解致し申候。

伊藤兄は定て御不同意とは存し候得共、別紙に書載の如禄消滅方法相立申候。随分迂論と御譴責も有之候へ共、道理ありて不被行事多く候而不止得、兼て木戸先醒の御着目に習ひ終に決議し、公債も起すに至り申候。何分実際と道理と少し差有之候得共、爰は充分御海容被下度、五、七年相立候は如夢過候故、空論傍観するよりましと御あきらめ被下度候。併木戸先醒は御満足と相考へ申候。

一、土の容堂公ちうぶして甚危難なり。全身不動言語不通、今夜六つヶ敷勢也。陸奥妻君過る十一死去せり。当月六日芸州大地震、山は石転し、人家多く崩、死人も多し。未た明細不申来、当地も少しは同日震せり。山口の報は未た不承候事。

御留主は皆々様御無事、木戸先醒の内え山尾転宅せり。伊藤先醒御留主御無事、併御安産候て御誕生は矢張女子にて御死去、御折合は至而宜敷候。御放念可被成候。何分に一日も早く御帰朝御交代申度、実微力難支従来の事務に殆五倍せり。何分英学者好人御返しは呉々も御頼申上候。先は任幸便呈一書候。随時御自愛専一奉存候。謹言

壬申二月十四日認　　　井上馨

木戸参議様

伊藤大輔様

58　井上　馨

56　明治5年6月10日　F一一八

益御多祥御滞在敬賀之至奉存候。華盛頓御滞留存外御遷延にて御苦慮中別て御退屈と奉察候。毎々御懇篤御投書成被下奉憾謝候。従是は兼て之随情〔惰〕と近来之多忙とにて呈書も不申上、甚以恐縮之仕合に御坐候。過日御投書之中には種々之御配慮有之候由、内外共従来より始終御不幸恐察罷在候。森之事御申越に候得共、格別文部え任用せられ候事も無之候。実に人心は不可計候。定此書御落手之節は英国え御着と奉存候。内地近情は大久保、伊藤両人御面会之節御聴に達し候事故差控申候。昨年袂別来は可也に調子も合候得〔共〕、大蔵省は従来之病痕も有之候事時々発起し困窮罷在候。実に置県来外国々債払方、或は内地人民え藩々より之払方所置、地方請取渡混雑、

昨年九月来之精勘定等に而苦心のみ。微力には候得共力を尽し候積には御坐候。併左院或は正院辺、隠に生が再威権掌握せし抔世間よりは過酷之風説、実に不幸不知所訴。元来国力を不計事業創立するは日本人之幣〔弊〕風にて、其理を論すれは人情悖戻し、黙従すれは会計之目的不達のみならす邦家衰滅に関し、如何程開化するとも用ゆる所無之抔相考へ申候。一事を起すも只今之形様にて不得止と歟、或は格段と歟云様成行、今日之進歩神速にて冗足候而は中々生等之及ふ所に無之、癈藩已前は生等之類駆足と云様世人より誹謗を受候得共、今日は其勢を倒に致し候姿にて、何分御者え従ひ千里を致す事不能、実に此形様にては三、四年之内会計之窮迫自今懸念至極に御坐候。併公債利足其他年々借銀等に関する払方遅延する様有之候はゝ、政府之信は最早地墜再不可救に至り可申候。会計之困難は不可言事に御坐候。御憐察奉頼候。大久保とい藤は為改正滞在候而、先醒は一先御帰朝相成候様呉々も奉祈候。何分正院に威権無之候故、成丈正院へ威権を附し候之外策無之候。又、今日如何程条約改正は御尽力を以充分全備可申候得共、内務今日之都合にては内外平均を失し可申候様相考へ申候。何分世間開化之なまきゝの人多人数に相成、実以生等之見込とは相違候事多く、遺憾至極に御坐候。此辺は過日之御書中にも御教誨有之、実に御同意に御座候。且禄制一件は吉田より定て御聞取之事と恐察仕候。尤公債之成否にて決局候事に而、未内々取調候迄にて手を下し不申候得共、華族之分丈は近々制禄相行ひ不申而は不相叶次第に御坐候。併公債不調、則別に減禄し其高を以年々減却之算当にても起し可申候覚悟に御坐候。○山口県も至て御都合宜、人心も穏当且中野え帰服候間、御安心可被成候。御留主も御無事に候間、此段も御放念可被下候。府知事も大久保一翁被任候。未旧名聞之人被重候体は未た不致除去、書生中相応之人物は御差返し不被下候而は何一事に就而も充分之人無之故、種々混雑を生し候仕合故、且々事務之出来候者は此間力を尽す至当と奉存候。尤学問充分を好み帰来を不好人多きは承知罷在候得共、費用も政府より相払候上は、政府之命に従ひ進退不仕者は敢て費用も不渡様厳重御決定有之度事に候。渡辺昇も近来は人物を揚勉強罷在候。先は幸便故呈一書候。其内随時御自愛専一奉

存候。敬白

　壬申六月十日　　　　　　　　井上馨

木戸孝允様

二白　野邨、山田其他へも可然御伝声奉憚候。い曲
　之事は大久保、伊藤え申遣し候間御聞取可被下候。

〔封筒表〕木戸孝允殿御直披、井上大蔵大輔。

58　井上　馨

57　明治5年10月18日　F一一八

八月廿日之御投翰、御地之御情実報告承り、別て御苦心之御様子奉恐察候。約定取結ひも先御地にてに〔ママ〕御調印無之由、就而は大久保、伊藤帰朝も水泡に属し、却て御滞在之延長と相成、甚困脚と奉存候。欧米辺剣客或は囲碁の功〔巧カ〕手も多く、伊藤先生抔も面小手をつき等にて、日本一刀流も擲込候由、実に残念至極に候。又老台之碁手之通にも参り兼、且助言多く、いつでも御負と成行、就而は三十年も五十年も本人坊〔ママ〕之口気功〔巧カ〕手を見習、終に独力対磐〔盤カ〕之思召、実に御同意千万に御坐候。当地抔は開化文明流行候間、一昨年頃と勢を顚倒し、中々吾輩老人足は従行六ヶ敷、御承知通愚輩はアラビヤの醜名を蒙り居候処、日本出来のアラビヤ沢山出産候而、各省も銘々出店を起し候気位にて、其店を盛にせんと種々無量の思考を致し、大概米欧は如此、魯西亜の此々啄々諸説如沸、従来の形勢も方今の模様も金穀を以て云は、英は二十六億万余の公債あり、米は二十三億余万之公債、其他何国は何程、終国を守は攻の勢を備へざれは不能守、之を備へ経済を主とす、今我国も公債を起さゞる不能抔、実に苦心に不堪へ候。只々来春使節帰朝之上は速に退役之外手段無之、中々微力の及処に無之、既爰一難事あり。琉球王使臣を東に送り終藩と相成、正朔も我を奉し、従来鹿児嶋え収入せし八千石計に代る砂糖を大蔵省え収るに至り、又同藩も是迄鹿児嶋より凶歳等之節は救助を受、併人民は至愚故従来之束縛を辛しとも思ひ不申、今度はこの産物は何れ之地へも持参売却する様に相成、且通用貨幣は日本銅銭のみ故、政府より新貨三万円を賜、旁以其恩沢に浴、満面得意なり。然るに同嶋人民ホルモサに於て五拾人計難船に逢候処之不幸を見込、嶋人荷物を奪領し人は打殺し、実に可憐事なり。之を琉球より日本政

〔府〕へ訴訟せり。是則当然之順序にして、且又方今同嶋を為藩せし上は其保護を受べき理なり。夫よりして当時の論に曰、ホルモサは要衝の一嶋、嘗て蘭人の関する地と〔な〕り、英米孛等窺之久し、併未た其罪名を得されはなり、故に此機に乗し支配候談判に及ひ〔原文ニアリ〕［注、同国よりもホルモサの地半分は其政令被行、半分は終政令も不被行よりし〔て〕夷狄の巣窟と相成候由〕なは、同政府は百事錯雑之を統轄するの意なし故、リコーシヨウ人名に命し此吾使節に応接をなせし〔ママ〕むるならん、当時同人は支那一人の人物故、之離間之策を施す、必免官なるべし、さすれは彼の嶋は同政府に更に保護するの論はなく、故日本政府より自由に其罪を問ふへしと返答する必然なり、との大意にて、殆我掌握の内と云気色なり。終に諸長官の会議となり、吾輩尤不同意を申立たり。其故は、外に趣き〔ママ〕吾国威を拡張するは誰歟不楽、然国威を揚んとせは先内務を調、内富強の基礎相立、然後他に及ふを順序とす、方今上は諸大名、町人、百姓、士卒族等に至迄今日迄其身代を破るを以て政府の為務、併之は国を愛するの情義、終に人情を不顧断然之を施行するは不得止、所謂国の基をなさんと前途の目的あるに依なり、雖然人情恟々未た安堵せさるなり、且既に当冬諸大名の禄を発〔ママ〕する論も一決せり、又来春は士族卒の禄券も発行するに決せり、内百端事を起し外百端事を起さんと企望する、何れ所え開化文明する哉、実に方向を失せり、故防之。大蔵省の威権強大の説あり。不言国事を誤。併不満に思ふ者、大蔵連中と山狂、鳥尾抔のみ。生は別紙の不幸中故未た会議に不例〔列カ〕。両三日中再会議の企あり。終に論破する不能、職を辞するの決心なり。共に国害を引起を快とせさるなり。外に談する先生方はなし。百端の苦慮爰に極れり。御憐察可被下候。彼是に付先生成共御帰朝懇願する処に御坐候。大隈も居場に依て思考起り、且正院の中にても随分苦心不少事に候。

老西郷は実に可憐事なり。隅州の頑、主上御巡行〔幸〕之節も献言あり。西郷は盗石、王莽を為一人たる人物、如此物を御登庸候而は王業の盛挙を企望被遊候迚不被行、且神州の風を変する抔大禁物の様子。老人之心事御垂憐可被下候。当節も自分一応帰郷候はゝ同人御召上有之候而上京可仕に付一先帰郷と申論有之候得共、我輩は自然も老人を返し候と世人の思考も如何変し候哉と懸念至極に御坐候。未決に有之候。何分政府之人々えは岩倉公、大久保等より御連名に、空名之開化に走らす時々物々心を用、第一会計の不立一身之滋養を絶候と同徹〔轍〕故、其元を固め其力に応するの事務を起す様、御投書時々有之度奉祈候。当時之如き勢に進歩せは、十年後も衣服を脱し髪を結はゝ元の日本人なり。決て開化の人と云へからさるべし。

〔一、欠カ〕御新来は改革も無用に属する歟、煩慮至極に候。

一、御留主も御無事に候。又御留主は余程御取締も付、妻君も御節倹有之候て、月余金弟へ御預け被成候故、年七歩〔分〕二の利足にて三井え月々御預仕置候。御放念可被下候。財本を増すよりは財本を守るの論に候間、更に御懸念被成間敷候。

一、生も大なる不幸にて、同月三日第六字老母死亡したり。年来不孝を尽し、従今孝養仕度候処、其詮なく遠行、愁傷千万に候。

一、来春は何月御帰朝候哉、御序之節御洩し可被下候。

其内時下兼々御自愛専一奉存候。謹言。

壬申十月十八日　大蔵大輔井上馨

参議木戸孝允様

二白　山口県都合相運ひ、人の咲も不受申候。従三位公も御機嫌候間、御安心可被成候。以上。

一、先便当年の会計不足弐千万と申立候は全く相違にて、来九月迄弐千万の不足なり。併一時金札にて融通し、八ヶ年位には返却の目途既に有之候。終に来九月迄凡て従来太政官札、藩札等不残札を引換候高先九千万にて決て上に出不申不足弐千万も組入。岩公、大久保、山口え別段申遣さす候間、可然御伝声可被下。此書御覧後は、い藤え御示し奉頼候。

〔封筒表〕木戸参議殿至急要用、井上馨。

58　井上　馨

58　明治6年1月22日　F一一八

九月十四日附之芳墨難有奉拝読候。益御清栄御奉勤御巡廻被為在候由敬賀仕候。生依旧且々無事消日罷在候。御放念可被成下候。御書状中御苦心之廉々多く、実に至る処別て御配慮奉像想候。且亦往時御逐懐被成候に付而も、吾老公兼而御誠心之貫徹、今日盛挙に至立候趣意等遂〔ママ〕一

奉敬服候。併御文意中何歟生抔え充分御不愉快被為含候様にも恐察像想仕候には、定て生之今日事業に於ても追々被聞召候事有之候事哉に奉存候。且於生未た今日迄は格別軽薄之心を顕出致候心底は無之様相考申候。尤深切と思考候而却て不深切と成行候事共有之候哉は難計、実以恐縮且痛心千万に候。又御書中表面之開化進歩却て国を害し心服之開化は如何と被思召、実に其形を変する易く、故に爰に急にして終に国力損耗は如不問等、或は人情之不実軽薄只一己之名利に是馳候より相起り候由。是亦実に寸分も於生等敢て一言以啄容るゝべけんや。今日生等之思考且正院抔建言する事も、敢て爰に不外候。抑昨年大使一行解纜已来、尚今日迄大蔵之事務に従事し、只大蔵前途之目的を達せんと欲するの基楚〔ママ〕を開かんとす。然と雖劣生不才不能不学にして日用之事務尚不能挙、況や基礎に於てをや。且壱人以て費用を制せんと欲るも、他省に至ては只方今欧羅巴と対立の主意歟、拡張するの策のみ。又恐なから正院も此説へ附加し終に大蔵省の責に帰し、不得止抗論せさるを得す、屢之をなす。他省は申に及ばす正院よりも忌諱を蒙り、且廃藩立県の事たるや、其事務十に八、九は大蔵省え関係し、且従来藩々自儘の租税、自由の出納をなせし官員をして新地の令官となす故に、一銭の事たりと〔ママ〕も大蔵省伺なしに出すを得す、一人の使部、門番と雖制限を付、又県庁畳の表に至る迄伺はせ候迄に束縛を極め申候。是も一時止を不得、只金穀の濫出する恐れ、或は旧藩々貸借の不始末等の起らん事を予防するの策なり。然るに県官より劣生の酷を訴る者多し。実に八方敵中に坐するの思をなせり。然に〔ママ〕る昨年大久保、伊藤中帰之節も於正院も劣生の威権強盛の説起り、終に板垣、大隈も金穀の権は大蔵え仰の外なしと渋沢へ向て答るに至る。之を聞、驚歎の余直大蔵卿代理の権返上せり。大久保へも其事情厚く申出れとも、終に代理の権を辞す能す、大久保、伊藤の説諭を蒙り、又戦々競々従事するに至る。故に同両氏解纜後は心中不快なからも或は己の異見も曲従し、務て抗論は大異同の外は致さゝる様注意候て、只々使節一行と御留主中番人相勤候事之約言を踏迄を目途し、日々御帰朝企望するの外、豈他あらんや。然るに当年諸省定額の論九月末より相始り候節、兵部は一千万円、海軍二百万円、文部弐百万円、司法も二百万円、工部は五百万円計と云様相成、漸歳入は凡四千〇一万計有之、右の外に大蔵省に於て旧知事士卒族禄、地方常費、困窮の救恤、水理堤防、宮堂上家禄、米穀の運輸の費用共に凡て二千九百万円、此外宮内、外務、大使の入費等五千万円余と成行、中々給与の手段に尽果候故、陸軍八百万、海軍百八拾万、宮内六拾万、司法四拾五万、文部百三拾万、工部二百九拾万と一先内決相成候。然るに其後工部は凡て鉄道を官費にて建築する故、同省にて人民へ公債を起し、夫を以て鉄道布延するの建議あり、正院是を許せり。右内決の省定額も海陸軍、宮内、外務を除く之外は、又額を増加する事を十一月四日劣生を呼出し条公よ〔り〕達せり。生思ふ、世間八方敵視を蒙り、且之抗論すれは威権を弄する論起り、不論大蔵の瓦解は目前の如し。元来内決の額にしても癈藩より当癸酉年末迄凡二千万円の不足あり。実に此間の苦心進退維谷、如何ともする能はす。辞職すれは渋沢始不残去るは必然の勢故、病に託し帰県し、県より辞職せんと決し、又正院の命は今日事を決する正院にあり、只命の儘金穀の有る限は出金可仕と答へ候迄。然るに終に劣生之意中も渋沢其他山県、上野等にも説明せさるを不得場合起り候故、昨年癈藩来の苦情且一朝相決し候定額も如此相変し、又工部の如きは劣生の力足らさる故に別に同省へ内地公債の手続等御委任に相成候事に付、工部は一部分の経済事務をも相添ひ候位ならば、他省目的を相立候借財を大蔵省に於て年済之都合抔は、別而不能不才の劣生の任に堪さるは至当之事と存候故、敢一言も正院へ不足申立候筋無之、又正院之命決て之拒み候権利は更に無之、併如此次第に相成候上、生は愚才丈尽すの志も正院、他省より之を瓦解せ〔し〕むるに至、何分にも如此表面開化は逐一敬服不仕候故、不得止一先帰農之策の外敢て手段無之段申候処、終海陸軍、外務等の官員申合正院へ建言切迫にして、終に元一決の定額、鉄道も人民会社にて建築するの下命ありてよりは、八方より又是非再勤候て使節の帰朝迄と云て夜白議論を受、又鉄面皮を当月十四日より出し、劣生に於ても老台同様之苦心を帯、今日進歩を留め候者生一人と相成、誠に昔日に相反し実に不開化の人と成果申候。御文中には生抔表面開化之魁之様に被思召候哉に奉推読候。又一には料理之趣向等御聞込候由。併此儘に而御巡回被成度思召、定て御帰朝をい藤迄御促遣し候事歟と奉存候。併先生は小生之意中より自由に逐遣ふ様思召候と奉存候。又自顧御役に可相立目的も無之、将来之广〔ママ〕魔に不相成様御奉公抔被仰聞、実御投書を一読、方今之苦難且再勤候上は別て他省之敵は強く相成、只一死を的に懸て今日を過せし心中、思之彼を察し涕泣自ら処する処を知らす。定て私種々威権を奪領し己之自由を計、浮薄軽卒之処分のみ多くと定て追々申上人も有之、之を御信心有之候事と奉存候。去なから右様被思召候上決て弁解は不申上候。自然も生方今之事務上において不行届も多きは勿論と奉存候間、国害に相成候様之事件も候はゝ、老台は参議之大任、劣生は一省次官故、於官職只々御一報被成下候はゝ即時退隠は望所に御坐候。又友道に於ても御一報伝信なりとも至急御贈り被成下候様伏て奉懇願候。且亦御留主月給残り御預り申上候事、敢て私論を立申出せしには無之候。是は山尾より半方丈生御預申置、三井方へなりとも預け呉候様との事故、今日迄三井方へ七歩余の利付にて預け置申候。併是亦御気に合不申候はゝ何時も御留主へ御返し可申候。定めて種々之風説御耳に入、人之無用之世話迄手を懸候と思召も可有之、御尤と奉存候。是は此書御受取次第一伝信屹度奉願候。其内時下為邦家専一奉存候。

匆々敬白

癸酉一月廿二日夜　　井上大蔵大輔

木戸参議様

御覧後は御投火奉祈候。

58　井上　馨

59　明治(6)年7月31日　人四五

如命酷暑一入難凌益御清適欣然之至奉存候。過日は態々御降駕被成下為何風情も無之、且心事吐露上は全苦情を愁訴する之模様に類似候而誠に以御気毒千万に奉恐縮候。陳又御高志之廉々遂一以奉敬服候。於生等も過日申上候通り民力上を重ぜす只欧米模様之今日之開明は他日衰弱を来すは必然に候。併生は最早官途之風波には余程滅却仕候事故、既にプライベトビシネスを相始め候事故、善悪共敢て関係仕候了簡は更に断念に御座候。其子細は過日申上候様再任之面皮も無之、且は多人数コンパニーを組立候而自然も彼等に損害を蒙らしむる等之難渋に立至り候而は上下え失信、終に身を容地も無之に至可申と愁歎此事に御座候。且老賢台においては余り過去を御痛歎有之候而は、終に御気分にも相支り可申歟と奉懸念候故、人世之着目或は議論古今を渉帰一せさるも人面其形様を異する之類にて、又邦家進歩之一端と相成、一人にとり異説を聞其才識を隆むるの具と被思召候様専一奉祈候。且亦生北行は伊藤も近々帰朝之事故面会後出立候様御下命候得は、過日来鉱山之所業秋田之方手を空敷相待為此之損失、且外国人も空敷当地無手に差置旁今日迄相留り候訳にも無之候得共、過日申上候新聞紙え奏議書載せし罰と且は老台之御帰朝拝青にと相済せ度思考候様遅延に打過候事故、此辺は不悪被聞召分候而北行御免被下度奉祈候。就而は明朝第七字前に参堂仕度候間御都合御聞せ可被下候。昨日は他行中御答もも〔ママ〕遅々に及ひ候段御海容奉仰候。匆々拝復

七月三十一日

御書物則差出し申候。御落手奉祈候。

松菊老賢台　　馨拝

〔注〕謄本の推定は明治8年。

58　井上　馨

60　明治(6)年8月8日　F一－八

今朝は態々御降駕被成下、誠に以御懇情之程奉憾銘仕候。御高諭をも不用出立候事、於御交誼不相済事とは愚考候得共、追々申上候様第一利益を増加し、生涯之事業を興起し、後世へ名誉を残し置度志願相達し度方へシンパシー走り行候事故、定て御不快には可被思召候得共、何分にも宿志相達し候様御保護奉祈候。且亦鉄山一件に付而は山尾之処御論破不被成下而は迚も許可六つヶ敷様相考へ申候。此辺は御尽力被成下候様奉祈候。且亦過日御約束申上候コングレス章程之訳書差出し置申候。御落掌可被下候。品川知事公え之御書は可然御頼申上候。伊藤帰朝候上は、第番〔一欠カ〕御面会被為在候而御見込之筋、夫々御脇〔協〕議有之度、且野生レザインせし所謂も一通り御弁解御依頼申上置候。其内時下兼々御自愛専一奉存候。謹言

八月八日

二白　山県事、十五日より九州行御留置被成候方

都合歟と奉存候。

馨

松菊先醒坐下

58　井上　馨

61　明治(7)年2月12日　F—一—八

益御多祥御精勤と奉敬賀候。当節は春暖之如く御坐候故、定て御病気も追日御快方と奉察候。野生も別後当地にても一方之大将を失し、日々敵に自ら望、フイチング之心得に御坐候。勿論世評も種々可有之候得共、仮令平蔵身代如何成行候とも、銘々身元金を出し其業を始候事、必平蔵身代を依依〔ママ〕頼し会社を組立候次第にも無之、只当人之高潔を見込組合候事故、自然も同人跡式相続之者同意に候得は社と見認、不同意に候得は資本を返却し除名する迄にて何もトロブル無之候間、此辺は御休神可被下候。御地之模様も当地は更に不相分申候。定て軍国之御決心は相変り候事無之と奉存候。肥前も随分動揺仕候様子、殊江藤抔は自ら称して議長と自立候由、言語同断〔ママ〕之所処〔ママ〕と歎息之至に御坐候。追々久留米、柳川辺も響き日々勢援盛に相成候由、併自然も乗此機御決心、事を処するにわ〔ママ〕先日之如く暗刺又は暴行より事易く、病根を顕然し謀逆之形認候以上は、機を不誤候様御断行奉祈候。尤昨日中野梧一より信報にて萩へも少々火移り候而、又脱隊抔動揺仕候様子、何程之事に候哉未た確報を不得候得共、余り僊〔遷〕延候と終に各県に及ひ可申候。又山口は別て慣習も甚しく事直に差起り候故、最早九州辺は御出兵候而一段略御付被成候而可然。只々方今会社頭取中御脇〔ママ〕和も成候而急事を御援可成候共百事去る之時に候間、最早御出勤とは奉存候得共色々懸念至極に候間、何卒御出勤被成候而夫々神速御処分有之候様祈処に御坐候。吉富も一昨々日着坂候得共、夫迄は何も気色は無之由。又商用に付両三日中同人も差返し再上坂之都合に御坐候間、山口之確報も承り次第再陳可仕候。其内時下兼々御自愛専一奉存候。草々拝白

二月十二日　　井上馨

木戸孝允様

58　井上　馨

62　明治(7)年3月30日　F一一八

爾後御伺も不申上甚以失敬仕候。益御多祥御精勤奉南寿候。陳は野生も廿八日出帆之メールにて下坂と相決、調度も仕候処、仏郵便等之新聞より異論を生し終に陸行と相変、愈明日より出足仕候。過日御願上置候勝之進事、帰港候はゝ帰東迄御厄害御願申上候。甚以御面倒之儀恐入候得共、可然御依頼申上候。

家作一件も既に伊藤えも依頼仕置候間、何卒御工夫を以相運候様偏に奉願候。過日申上候様、当年は屹度セツトルメント之積に候処、豈図んや丸て大はづれ困却罷在候間、決て高価を以売附候了簡には無御座候。トエンチーフイフソウセンドにて宜鋪候。野生留主之方却て面白相運ひ可申候。何卒宮内より起り御買揚と申都合に相運ひ候様御尽力、伏て奉祈候。持合之品を以コンミッション呈し可申候。

陳又過日申上置候司法之探索も当節は先延引と申事、小野之方へも申参り候由。実に野生も己之利を不顧為邦家と見込、八方え抗抵候より、今日之退職に至候而も誹謗一身に集り、往事顧念する処、人心之度に不逢事務を見識らしく相勤、且怨望誹謗は度外に置、愚直を相守、少しくフイナアシアル之根基を相立、政府之テツト等期限を不誤、其信を厚くせんと相考へ、無用之費を除き、且表面之開化を押へんと我力らを不計抗言之度に過き、終に今日人情不〔ママ〕薄身を容る地なき至り、実に不快、其情を伸る処無之候。何卒若し御垂憐被下候而洋行被仰付候はゝ、誠に以難有仕合申候。勿論当年限コンメルシヤル之ビシネスも相止申度候。左候はゝ二、三年間は勉強候而学文も致し度、左候はゝ少しは世間之目標も薄く相成り可申候。何卒伊藤被仰合、相成事に候はゝ、米英之内好処に御坐候。尤御都合次第何れ之地にても敢て地を撰ひ不申候間、御高庇を以且々レピテーション保護仕度候。何も御憐察候而御扶助偏に奉祈候。拝趨可申上筈候得共、最早出立前彼是取紛候故、書中を以再願申出候。御聞取奉仰候。其内時下御自愛専一奉存候。草々拝白

三月卅日　馨

松菊先生台下

〔注〕謄本は明治7年と9年の二様に推定。

58　井上　馨

63　**明治(7)年6月9日　F一一八**

□□〔虫損〕之候差向候得共益御多祥、昨夜御無異御着京之由、恐賀之至奉存候。追々御投翰被成下毎々御懇情之至、従是は所詮失敬計申上御海容奉祈候。終御志願通御辞職も相運候由、実如斯世態に成果候事、如何に万事水泡に属し遺憾千万、誠以従来之御苦心え対し候而定て御不快多く可為御座〔ママ〕、御洞察申上候。併無心時は傍観之手手段〔ママ〕無御座候。野〔生〕も昨晩帰坂候而不得拝顔、残念至極に御坐候。何日頃当地え御下坂相成候哉、鳥渡御一報被下度候。且亦東京道路之風説に而種々御座候由と相見へ、則別紙只今到着仕候。勿論風説取に不足事に候得□〔虫損、共カ〕、別て御用心専一と奉存候。右家来はきたせと可申遣歟否も被仰知度候。用心に国不亡之諺に候間、壱人呼下し置候方可然哉とも奉存候。尤今朝伊藤えは無事御着京之段はテレカラフ仕置申候。先は不遠内御下坂と相考候故不贅他事候。草々謹言

六月九日　井上馨

木戸孝允様

58　井上　馨

64　**明治(7)年6月10日　F一一八**

昨日一書呈上仕候間、定て御落掌と奉存候。久振西京之風景も御気鬱を慰するに為り可申候。陳は当地御旅寓北之新地裏に百又と申者誠に別品之別荘持合せ居候故、御支り無之様用意仕置候間、何日頃御下坂に候哉、御一報奉待候。何卒御着は一応幣〔弊〕居前迄御着程被成下候はヽ、直に御供可仕候。先は右御案内迄呈一書置申候。謹言

六月十日　馨

松菊先生坐下

58　井上　馨

65　**明治(7)年7月16日　F一一八**

益御多祥御着と奉察上候。御滞坂中は毎々失敬計御海容奉祈候。久振御帰県田舎之光景如何被思召候哉、実に寂寥之至と奉存候。東京模様も更に不相分候得共、嶋津之

建言御採用無之との事太政大臣より附紙に而、嶋津も不平之由。嶋津えも色々参謀も有之風説に御座候。又ホルモサ一件も支那より解兵申来り、政府は其意同し候得共、出先之兵引揚六つヶ敷、何歟異論も有之、随分支那合戦之意ある説に御座候。御地は御着手如何御座候哉、定て不相換難者と奉存候。且亦何日頃御発途に相成候哉承り置度候。尤野生来月中旬より鳥渡帰東京候而、月末帰坂之積りに御座候。相成事に候はゝ右前後に中野御同伴御上坂不被成下而は、兼被仰示候人民一般会計事件御相談も六つヶ敷候間、御様子中野と被仰談、一応御報知被成下候はゝ、別て難有奉多謝候。爰元相応之御用も候はゝ被仰聞候様奉祈候。別封は例之スイートハールより差出し呉候様との事御座候。其内時下兼々御自愛専一奉存候。

匆々謹言

七月十六日　馨拝

孝允様

58　井上　馨

66　明治(7)年9月27日　人一六七

朝夕寒冷之候に候得共、益々御多祥御滞在被為在奉敬賀候。野生も都合無事昨夜十一字着神、今朝大坂え帰宅候間、御放慮可被下候。爾後は御投翰被成下、従是乍早晩御答も不申上甚以失敬計、御海容可被下候。生も出京以来何分不快にて、終長与之指揮に随ひ先月十五日箱根え湯治、当月二日帰浜候処、終に風邪に被悩候而臥床、出立迄出東も不得仕次第、近来殊之外弱質と相成、今以終に聢々無之、最早神罰之当る頃と覚悟は仕居候。御諒察可被下候。

一、東京之模様も格別相替り候事も無之、只々勢之行形に任之外他事無之候。大久保支那行之後も未た何たる釣合も無御座候得共、北京英公使よりハークスへテレカラフにて、同人も皇帝え面謁等有之、中々悠々たる事之様子に候間、和戦共に中々容易に決し不申候由。愚考抔には支那政府も戦は大義〔儀〕之様子、日本政府之沸立連も少しは止めたき情も有之候哉に被察候に付而は迚も戦に相成不申歟、又戦に相成候共必欧米之親玉連小児之騒々敷を見、両方叱かられ、一方不止時は必強く打擲を蒙り候位歟と奉想像候。併御出立後之小形勢之行成は有之候得共、何れ不遠内帰県之節い曲可申上候。伊藤も実に可憐事に而、先大なる失策幾廉も有之候得共、とふこふ歟同人之尽力にて此位に成行候次第、可歎事に御座候。

一、生も二日光運丸便船より帰県可仕候間、何卒御苦労なから山口に而御待被仰付候はゝ、分て難有奉存候。何分人力車抔え長途行候事、頭を悩み込り入候間、自由ヶ間敷候得共右之都合伏て奉祈候。

一、別紙は先達て伊藤差出し候後之柳原之手続きに候間、直に先生へ差出し呉候様との事に御座候。

一、於当地河北に面会候処、壮士出京為致候義に付候而は中令処分を失し、大に先生にも御不平之由。就而は山口県内之事御関係御断被成候と之思召と之事。実は於東京杉、野村より少々承り、誠に以懸念仕候。右様に立至り候ては終に山口士族之方向も愈失し、可憐事に候間、何分にも御勘弁被成下候様奉仰候。同人も尊家之仕過しより起り候事も有之、旁以右様之次第之由。同人え屹度忠告も仕、夫々とふか可仕候間、何分此度之事は生え御任せ被下度奉願候。何れ同道帰県之上い曲可申上候。先他人え御不平御洩し不被下候様有之度候。且於東京も従三位様役人等え夫々談し候而集金之策も出来、且追々産に付る之良工夫も愚考有之候間、旁以是迄も水泡と相成候而は如何にも残念至極に御座候。生も相応ビシネス之用も有之候得共、夫等も捨置候而御補助申度、実に此度好機再不可得故、何も面語に無之而は筆頭不尽其情候。五日頃には何卒山口迄御足労奉祈候。

一、何分にも前原萩に居留り候而は、甚以着手之不都合も可生候間、何卒外え同人を出し候様之御工夫第一と奉存候。河北氏より承り候得、老台之御話にも随分出ぬ事は有之間敷哉に被仰候由、右様候得は尤妙と奉愚考候。何も書外近々拝語い曲可申上候。其内時下兼々御自愛専一奉存候。謹言

九月廿七日　　馨

孝允老台下　御覧後は御火中々々

58　井上　馨

67　明治(7)年10月9日　F一—八

御疲労奉察候。和合丸明日三字無相違出帆仕候段申参り候に付、夫々手当申付置候。左候得は、明晩は宮市一泊と御決意奉祈候。先は為其。匆々拝白

十月九日　　　　　　　　　　　　馨拝

〔巻封〕孝允老台下

58　井上　馨

68　明治(7)年10月29日　F一一八

過日御投翰被成遣奉謝候。平右衛門殿を以伝信入尊覧候。如此に不仕候由申上候は御推察之通り御坐候。生は御下命之授産規則書相調へ旁以出関不仕候。尤一日又は二日には当地出立と愚考罷在候。漸昨日より書始め候位、随分大勉強に御座候。

一、伊藤に御面会候はゝ、支那戦争之模様至急御伝信不被下候而は、実は阿部平え弐千石計之相場為致、自然損失相立候はゝ野生償ひ遣し、利益あれは同人を救助する事を約し置申候。余り近来損失計仕、可憐事に候間、伝信丈之御保庇奉祈候。

一、山林之事は是非伊藤え御迫り不被成候而は授産之目途大に相違仕候。是は屹度御尽力可被成下候。

一、諫早、福原も今朝帰萩為仕置申候。昨日三浦、高橋も帰山申候。過日之脱隊一件も一向格別之事無之、更に御懸念被成間敷候。

一、前原事、何分早く出候方可然候間、至急相運ひ候様い藤え御談合可被下候。

一、生も今朝より少々外邪被悩、込り入申候。尤格別之事にも無御座候間、御懸念被下間敷候。何れ不遠内出関之上拝青万可申上候。其内時下御自愛専一奉存候。謹言

十月廿九日　　　　　　　　　　　　馨

孝允盟兄台下

〔封筒表〕木戸孝允様内御直披、馨。

58　井上　馨

69　明治(7)年11月10日　F一一八

益御多祥奉賀候。陳は長々滞関中別て御厄害を戴き奉万謝候。生等も昨日着坂候間、御放慮可被下候。支那関係一件も終に償金迄も相払候様立至り候由。実以をけし之

算外に出る不可量、ひよんな事から東洋に武名を顕し、往先上つりに不相成候様人心を撫育方第一と奉存候。所謂怪我之高名なる者に御座候。此先又此勢ひを他え用ゆる等之事再発候而は、人民立処無之候。深く御高案此時と奉存候。就ては萩士族出京之約条書も不用に属し可申候。差出し不申、生も陸軍省約条一件御座候而、和議と相成候上は自然も不用に候はゝ、とふ歟始末も有之候故、鳥渡伊藤同道にて出京仕候。尤凡廿五日迄には必帰坂可仕候。決て人民を痩させ先収社之肥大は計り不申、御放慮可被下候。

一、兼て申上候番頭等不埒之損毛之義、帰来矢原将軍孤腕を振起し、西川抔を鼓動し終始十の八分の損を引返し、生も舌を巻申候。実以強性之人為愕入申候。損に愕、又将軍之腕力に愕き申候。御一笑可被下候。

一、御約束之ぶどう酒六本差出し申候。何卒御用ひ被成候而、嗅婦を酔に乗し御狙撃は御用捨可被下候。此度細君馬関に御打置被成候は何そ御見込有之事と被察候。定て貞永水晶瓶之如く押乗と奉存候。

一、河北事は於当地面会候処、同人はマネラえ出張懸に候。最早入用無之事に候得共、参るとの事に御座候。其内時下御自愛専一奉存候。謹言

十一月十日　　　　馨

孝允様

二白　帰坂候はゝ早速テレガラフ可仕候。

58　井上　馨

70　明治(7)年12月1日　人四五

朝夕寒冷弥増候処、別御地は烈寒に而御難儀と奉存候。過日出立之節一書呈し置候間、御落掌と奉存候。生も昨日帰坂仕候。東京も何も相換事無御座候。御放慮可被成候。

一、大久保も二十七日朝帰浜候而、兵隊之御迎同処人民之祝詞抔殊之外盛に御座候。定て新聞紙上に而御一覧と差控へ申候。御投書被下候而、後来又朝鮮又は其他戦を好み候様之事無之、富強之術開明之手段、無用之費を除く等之事を伊藤、山県抔も充分注意と奉存候。大久保も余程此度は好き修行と相見へ、何歟充分引〆る覚悟とは相見へ候由、伊藤申事に御座候。併実に内

外之威権一度又政府に帰し申候。此期を不失、芋論に被圧勢を生し曲従する様に而は、人民も迷死する之外無之様愚考仕候。老台之御注目に於て御同意申上候。当節小室、古沢と同行下坂仕候。同人等も芋を一除不仕ては政府之事業不挙事を吐露仕候。板垣も不遠下坂仕候由に候。色々脇〔ママ〕和面白論も有之候間、此期を不失、少々官員之黜陟して公平脇和を計り、政府之目的を立候事に候はゝ、今一層事務も揚り可申歟と奉想像候。就而は小、古両人も、是非至急老台え浪花迄御出浮を生より催促仕呉候はゝ、板垣も至急呼寄色々前途御談し仕度志願之由に候間、至急御出坂被成候而、当地に而御越年被成事之相調ひ候はゝ、人民之大幸と奉存候。又必従来之如く土長合力政府を助くる抔之主意に組立不申候。只政府之目的を立、法を重んする之方法に依て御論談有之候はゝ、面白相運ひ可申、又伊藤も曰く、此期に乗し是非老台に出京を促し、前途之目的を大久保と御談合候而、此両大将之力を併せ後来を図度、再ひ不可得之時と於生も至極同論に御座候。何を申も書中不悉其意候間、兎角至急御上坂被下候はゝ、い曲奉呈愚意度候。此期を過し候而は実に不可得時と奉存候。寒中別御苦労に候得共、是非とも御願上候。御上坂候はゝ至急テレカラフ御打被下度候。

一、萩表之方、如何御運ひ候哉。定て御面倒と奉存候。士族え御着手も日々御煩念計と奉恐察候。此事半途にても一応御出坂奉願度候。

一、小野も分散、中々東京大騒動に御座候。幸に三井と銀行は焼留り可申候。併ホルモサ費用も凡九百万計、償金差引八百万余之損失、此金はホルモサ人民之処有に属す。小野の分散は日本人民之手に属する。未た小野之分散全計を取候は人民之為歟奉愚考候。先は近情申上度迄。草々拝白

十二月一日　　　　　　馨

松菊先醒坐下

山口之醜婦定て御独行故、狙撃も可有之候。併浪華之紅葉も又一入あてやかに候間、是非とも御出坂奉願候。相成事に候はゝ、十四、五日頃御出帆候得は誠に上都合と奉存候。

58　井上　馨

71　明治(7)年12月5日　F一―八

去月廿七日附之尊翰奉落掌候。益御多祥御滞在苦々敷御多忙之由、奉恐縮候。生よりも二日細書差出し候間、定て御落掌と奉存候。

東京之模様も其節申上候通、例之空威張先生にも、小野分散前に三つ井と銀行を扶助仕置度志願より、両三度も面会候得共、格別無法之事も不申、とうか引〆将来戒心不仕候而は前途愈艱難に立至り可申、就而は是非先生に出東を催促し、大久保と将来御約定被成下度との事は、同人申居候。併同人も此挙を失策と不〔ママ〕相考事は無御座、只一時悪役色男役に面を改めんとの心より生し候事と奉察候。旁以先醒一応当地迄至急御出有之候はゝ、過日も申上候様脇和之端緒も出来、時機不可失好時節歟と奉存候。最早先生京摂間迄は御自由に御養生之為御出有之候とも、更に朝廷え対し御不敬之筋は無之様伊藤も申居候間、御高案奉伺度候。一行之御沙汰書云々は如何様にも内蜜〔密〕尽力仕候事、更に受合申上候。

一、士族三等に御分ち云々は奉承知候。御高案御尤千万に候間、第一等之分を第一之目的に授産候而、其余力あれは第二、第三え及し候様無之而は、御考へ之如く壱名弐名余位之新物え力を尽す様有之而は中々行届無覚束候。又彼等第二、三農工之間何歟是迄聊も自立有之候事故、余力なき時は不為及事に御取極置奉願候。又彼等迄此挙を待つ心を生し、自ら惰情を生し可申候。不成事をなまきゝに申出し、授産局之力不及時は衆口喋々不可防事に至り可申歟奉懸念候。授産資本金は農民より第一士族え授産之為分配すると申事に相定り候上は、第二、第三之者何故我々には不与之道理有之歟と申出す事も有之間〔敷〕哉と奉愚考候。

一、例の一条は御出立後月別フイフチインエン生より内々与へ置候得共、只命に随今日にも京久え破約談判申渡し可仕候。何分六、七拾円之損金と相成、迚も老台え申出すも博奕後之貸を取付候様之工合に同しく、定て前フ〔フ、欠か〕イチインエンよりは御苦顔と奉存候。仮令国家如何相成候共、政府之令に習ホルモサ親征可仕覚悟に御座候。是は兼て御咄し口と違、一番鎗之功名は既に先醒之功名と相成、二番鑓り拾ひ首にても後より功名らしき顔にても不仕候而は、全計に於て之損失歟と廟算を定め申候。併御心残念相生し候はゝ、右金御償之後は生亦破談候上にて、ホルモサ属地は貴政府之地と御認め可被成候。明日より吉富一日西京迄用事に而罷越、両三日滞留仕候故、今日破約申渡し候上にて同行仕候而内々相試み候心得に御座候。如何〔破レ〕□被思召候哉伺度候。可咲々々。

御上坂御内決候はゝテレカラフにて御一報奉願候。其内時下御自愛専一と奉存候。謹言

十二月五日　　　　馨

孝允様

58　井上　馨

72　明治(7)年12月18日　人一六七

再三之御投書奉落掌候。益御清適奉賀候。生も六日より西京行候而、一昨日帰坂仕候。御来書之趣、則古沢えも相通し候処、板垣も呼下し可申との事に候間、成丈早々御仕舞被成候而御出坂、為邦家所祈に御座候。実以方今之好機を不失様と奉存候。只々野生祈る所は、従来之如く法を人に存し、時其人の想像に依りて事務を施行するよりは、法律を立、其に依りて不可動様無之而は、幾度事を変換候而も次第順序相立不申、無益之事と奉存候。夫に付而はヲンリッチンロー之政府へ反対する人多く候而は愈以朝三暮四と変し、終政府之目的を達す不能必然候間、老台之論を以板垣抔之論を折衷し、我国性質に相応する議院之方法を以、充分政府え権を取開院せは、脇和之道も相立可申哉と奉存候。此辺之子細は面語ならては不尽紙上候。只々御登坂を相待居候計に御座候。

一、廿四、五日頃には中野上坂可仕との事、且亦士族之方向脇〔協〕同会社之都合も至て面白被行候由、偏に老台之御保庇より一般人民之幸福と奉欣喜候。

一、二番鑓之奏功は既に過日申上候通終に於西京相遂、則国旗迄揚換申候。則ホルモサへ支那政府より誘道之事務不揚と同様之事故、従来貴国之御出費御取替候分半方御払被成云々奉承知候。就ては御登坂之上は速に利子共御受方仕度候。併未た御残念も候はゝ、金高御払有之候上は貴国之国旗御引揚被成候とも敢て遺憾は

無御座候。又馬関之コンパニーは定てマネーシメント御猶予と奉愚〔考〕候。定てコロニーと御本国之間トロブルも可有之と奉存候。尤萩表にて、たんさまといやらしー事をなさんすな之連中御狙撃にて、御猟銃玉薬御衰損とも奉愚考候。如何程御力開き有之候とも、細君御同行ありて可然事を態と御独行、是可怪第〔一〕也。且亦岡本の如きヒンヒキ御召連候事可怪第二候。何れ御登坂之上、夫々裁判官を命し夫々裁判仕度、生はローヤルは細君を人撰可仕覚悟候。先生は至当と被思召候人物御人撰可被成候。

先は過日之御答迄。匆々拝白

十二月十八日　馨

孝允様

58 井上　馨

73 明治(8)年(1)月9日　F一―八

昨夜御約束之通最早刻限に候間御降駕奉待候。以上

九日

〔巻封〕孝允様急用　馨

〔注〕年月推定は謄本によるが、謄本は1月と8月の両様に推定している可能性が高い。79書簡参照。

58 井上　馨

74 明治(8)年2月1日　人四五

奉謹誦候。今日は拝趨種々苦情申立御苦心恐縮之至に候得共、同病相憐之御洞察も可有之と奉存候処、矢張病勢を相増す之御口気、如此八方敵中に安坐する危険難保有様涕泣に不堪候。実に従前之事亦将来之都合等想像候而も身の毛もよたつ様にて遁世之外心判も付兼申候。且亦老台も御同病と被仰候得共、既に老台は山口行前より血中え病根含蓄罷在終に於大坂御発症、成程少々生も御誘導候罪は難遁候得共少々区別有之候は衆人之知る所に御座候。又如命生も日本之一民に候得共、一旦日本人民にも欲食肉迄至る処被飽、十二年前英国より帰国以来日として世間歯牙間如剣相応堪忍力尽せし心事、癈藩置県之間苦心且多端、事業も纔に緒に付地形を組立家作に取懸らんとする処に一朝之暴風に百事瓦解、却て負其罪殆欲為罪人、纔に一言友情を得て以て今日迄身を全ふする事

得、再一身を禍海に自ら投するは歎敷候間、何卒御憐察を以て一身の保護所仰御座候。功名らしく政府之事を議し或は情義と思ひ陰に朋友間之苦心を救わんと思ふ等、皆今より想像候得は禍胎と成行、此上は口を閉ち遁世にても致す之外絶て道なく、併老台え対し候而は何とも恐入候得共、其他へ対して不義理と申事は更に無御座候。何も不悪御聞済せ置奉祈候。今朝又古沢参り候様子、何分返答にも込り入候間迚も一両日中に一身潜伏する外防禦之術尽果申候。御諒察奉願候。何分老台丈恐入候得共、第一小室信又は伊藤抔えも御弁解奉仰候。先は大略。草々拝復

二月一日　　　　馨

松菊先生坐下

58　井上　馨

75　明治(8)年2月8日　F一―八

昨宵は深更別て御疲労奉察候。内外御紛乱如何御落着被成候哉。your wife 探索之筋は森之方一昨日御出被成候而、妹は何心なく四方山之話より写真冊等取り出し其名を云、終に写真手に入候次第の由、夫より顕露に及候由、今朝相分り申候。且追々内探に及候処勝尻を押クズリ之意気有之由に付、何々にも小才御拒絶の御方略至急と奉存候。且亦今朝大久保は帰坂仕候哉如何、被仰知可被下候。先は為右。匆々拝白

二月八日　　　　馨

孝允先生

58　井上　馨

76　明治(8)年2月10日　人四五

昨日は御投書難有奉謝候。昨日被仰聞候都合は尊意の通り別に按思も無御座候。実は伊藤えも相談し置申候。其辺は於東京如何共御差図に従ひ可申候。只私一身之義に付此集会に事寄再ひ官職得候様之世評無之様御高按奉祈候迄に御座候。今朝板垣等は十字頃に参り候様返答御座候。其御含にて御枉駕伏て奉祈候。京師行之義は伊藤え余り世間えもはてな事を相咄候処、同人も尤故大久保、い藤は当地より出立之方可然と申事に御座候。書外後刻拝青と申縮候。謹言

二月十日　　　　馨

〔巻封〕松菊老台下

58　井上　馨

77　明治(8)年3月7日　F一―八

連日之好天気梅桜一時競娟之節にも可至と奉存候。昨日は態々御枉駕被仰付候由、憎生も俄に発狂之如く愛疾差起、半字も停処する不能念慮より終に数多之シンキンキ抔連行候而深川辺え出養生、漸今朝本心に立帰り、実に病には無主君と俗諺故、御海容是祈候。夫に引換先生には定て御苦慮、併終に丸く御終局之由、昨夜第二玄ちやん参り候而承り、誠に以て為邦家老台之御尽力より先眉を延し候心地にて、今朝天気と共に心胸も快明仕候。此上は何分には明日は必板垣え御遣ひ被成下候而、御召之方略今日にも御運ひ置偏に奉煩候。是非とも至急御切組無之而は実に世間もうるさく、且早く集頭御合議御切出し之都合に無之而は所詮老台仲居之役御放れ不被遊、御苦悩計と奉存候。何れ明早朝は御伺可申上筈に候得共、昨日之御断且取込候儘呈寸楮候。今日は二字頃より板垣抔饗する為向両国柏亭迄罷越し候間、御遊歩旁御出懸奉待候。歩行(アルケ)は犬も棒に逢之俗言に候間、又御折柳之一端も梅暦之筆者之種も出来候間、ハイ々々之声にて軽走之馬車に而御一走奉煩候。謹言

三月七日　　馨

松菊先生坐下

58　井上　馨

78　明治(8)年7月4日　人四五

奉謹読候。昨日は終に御脳痛に至り候由、誠に以御勉強に過候事と奉存候。何分命が物種に候間御自愛申迄も無御座候得は御加養専一と奉存候。板垣事県令を集め候而民権論尻押し云々とも承り込候故、過日(一日之事)小室えも屹度相論し、終昨日は板垣え面会候処、同人にも色々之不平多此儘にては最早長休息仕度との事にて、紙上にも難尽候。如此形様にては目的を一つにして成果候事は無覚束、生も先止むにまさると申分れ候。迚も仲居役も勤り兼可申候間、帰坂之外手段無之候。県官は充分手を附候間、最早半数位は御見込之説に同意之者も粗出来申候由、

今日は極密中野と約し四、五名県令も出逢候都合に御座候。鳥山事は既に梶山より叩き置申候て、是も只今梶山より承り候得は格別之論も無之候。既に今夕同人も梶山同道にて生旅寓え罷越し候筈に御座候。必御受合申上候。併政府上之事は此儘にてはまとまり候事は見込無之候。明朝歟又は明夕方には必参堂い曲可申上候。先は貴答迄。匆々拝白

七月四日　　　　馨

松菊先生

58　井上　馨

79　明治(8)年(8)月9日＊＊

昨夜御約束之通最早刻限に候間御降駕奉待候。

九日　　　　馨

孝允様急用

〔注〕年月推定は謄本による。本書簡は原本を欠き、73書簡と同一のものか。但し本書簡には「以上」がない。

58　井上　馨

80　明治(8)年8月13日　人四六

昨日は御降(ママ)被成下憎一歩之違にて不得拝顔残懐至極に奉存候。第一番に虎口を遁纔三、四円之損失無之安心仕候。陳亦昨朝も申上候様、曠日前非御後悔候而も今日に而は致し方も無之候間、断然御進発之外手段無之候故、何卒内閣諸省之分離と内蔵兼勤に不相成時は物情忽然、又板も海之者とも河の者とも誘導付兼申候。何分にも大久え御人撰等も御押詰之方第一と奉愚考候。又林勇蔵等も近来は小室、古沢、生等え同論し板を悩し候との疑心を生し候説も起り居候様子、八方如此に相成候而は日に込り入り候間、何卒林事は至急官途え出候様御尽力奉祈候。今朝伊藤えも参り談し置申候。然る処新潟え向る之見込に候由。林事新潟は不好酒田又は愛知県を好み候間、愛知え参り候様大久保えも御論し被下度候。且小室も過日はとふ歟東京府えも向けくれ候哉之処、少々大久保之見込有之楠本東京府え被任候御都合との事に候処、相成事に候はゝ東京府え小室を御向け被下度候。是亦内情も御

座候間大久と御談合之上東京府え早く相運ひ候様相成候得は誠に好都合と奉存候。少しは彼等之意見も不被行候而は生之論する処も立兼候間御斟酌被下度候。且亦昨朝も中上候様民撰議院之弊害は将来可恐事に候間、何とそ生之見込之通り板を欧行は上策と愚考候故、生も其事御決局相付候上は何官え成共御好み次第頭を出し候上清鮮之空気に心胸を一洗し、帰来充分老台之四足と相成身命之限りは勉強可仕候。やかましき奴等を同行候而不苦、如何にも屹度軽進家を変しさせ可申見込充分に御座候。深く御考へ奉祈候。又小室、林等之事は成丈至急相運ひ不申而は誠に難渋候間、今日にも伊藤と御談合可被下候。先は為其。匆々拝白

八月十三日　馨

松菊老台下

58　井上　馨

81　明治(8)年9月9日　人四六

昨日は御不例中長坐候而御妨且御馳走被仰付奉多謝候。剰存外之御引手迄御恩賜之程不知所謝候。又想像候に炎暑を不厭義務を勉励する故造主之意に叶聊以其褒賜歟とも奉存候。就而は御證文は陳置今日初戦之十五円と後戦二十三円、合三十八円之辻は直に御払方被下度候。

自立する者は、無用に字間を消耗する、甚諱所に御座候。陳又直に伊藤え面会候而、板垣え談し込候次第等も逐一申入、且老台えも例之中策を懇切申上置候と則一纏り相付候而只分離論一先にして人撰後挙之所也答置候。併一先御勘考之由御答有之候様申入置候。然る処同人は定て中策を上策とし明日は参殿御催促可申上候。自然も又候老台も其情を曲従被成候而中策にて御憤発有之候と中々人撰後挙等思立候迄に、万端苦情相生可申は必然之勢と奉存候。兎角御決心は上策を御目的被為在候而、其辺不行は中間屹立は生と之戦争之如き御負続きと奉存候。愈事実上より御着手に而其法方を御附与と申事に候はゝ板位は自由之陰より動し可申、又不平を人え洩し或は急進を鳴し又は小節を論議し元老院を立法官と雛形論等は、生と之間に而屹度小室、岡本等証人相立約束仕如何共自在に変換可仕、必御受合可申上候。其代り生も只此間恐縮候は一身上え又候重任落懸り可申歟、是計念頭を悩し

申候。実に期〔斯〕迄名挙〔誉〕汚穢し今日迄泥棒同様之取扱に逢し者不愉快千万にて再勤之鉄面も事に寄り申候間、斯迄尽力候功労被思召候はゝ一ヶ年間之御暇にて清涼なる空気にて英気を養ひ度候。是は御聞届奉祈候。就而は一通り御決意之上大久、伊藤え御答有之候前に、今一応御談申上度候。明日は伊藤え矢張御勘考中と御答置候方と奉存候。先は内々思想之儘申上試み候間可然御裁判可被下候。謹言

九月九日　馨

松菊老台下　御読後は後火中

今日伊藤参り候はゝ生も昨日切迫に中策之処促し居様御咄出し置奉祈候。其辺伊藤申置候都合に候也。

58　井上　馨

82　明治(8)年9月10日＊　F一一八

奉謹読候。浄手可仕決心にも無之候得共、不知に天之則に従ひたる妙手と奉存候間、最早其後老台も商議を御引被成候而、玉垣連中え御加り被成候方と存奉候。故に昨日之三拾八円を御払切被成候上は土俵を御止め被成候様御忠告申候。毎々之御敗北少々御門下之者共も憤怒、白のふんどしにて先生之顔打抔威張居候人も無之御座候哉、彼是之嫌ひ更に不仕候。只金のふ〔ん〕どしさえしめ居候得は出会頭に打擲可申、只己の力を頼み居申し候。彼之一条に付縷々被仰越一応御尤千万に候得共、何れ身思ひ苦しめ候事は天賦と御あきらめ被成度、サブ之幅員は御受合と御座候而も、夫は先生御一人にて誰も御証人之中間無之候。只々御困却は事実之不進と板之急進申咄し不平を鳴し候迄ににて〔ママ〕、此両条之運転力を用ひ、其敵を防き候得は御苦情も不相生、又老台之様に方今御退去を御目的被成候而は弟子等込り申候。前途運動力を相尽す策御立被成候而は、道被行時被行、不行御退去と御再考可被下候。就而は昨夜相認め今朝生よりも一番差出し置候間篤と御勘考奉祈候。故に小折合之節に御従ひ無之、生申上候上策に候得は前途目的無之とは難申奉存候。其策グルメ先生御打被成下候而、生も少々迷惑仕居候。尚今日伊藤御対之決末も可有之候間、又々拝話に相譲り可申候。先は為貴答。匆々拝白

九月十日　馨

孝允老台

二白　明日は猿若壱丁目え愚妻一同参り候間、何とそ細君え御出之様御咄し被仰付度候。茶屋等は荆妻より細君え可申上候。併昨日之三十八円之御勘定は細君え御渡可被下候はゝ、明日細君より御受方仕度候。

58　井上　馨

83　**明治(8)年9月22日　F一一八**

今朝岡本え出会候処、未た板垣之方今少し極り兼候事御座候に付、今明日中には取詰可申候。陳亦別紙書状到来候に付入尊覧候間、何卒吉富申出次第御任被成候而は如何。元金返済候得は御充分と奉存候。御採用候はゝ吉富え一封御投し可被下候。其為。匆々拝白

九月廿二日　馨

松菊老仁台

〔裏〕

以倹而獲罪猶遠乎夢

以退而遇傍尚逾乎慮

58　井上　馨

84　**明治(8)年9月28日　F一一八**

謹読仕候。只今は御妨申出候。勿論被仰越候事御尤とは奉存候得共、最早虎に乗る之勢にて、此間御立除は何分にも生等は御尽力仕兼候。実に蒼生を御見捨被成候も余り歟と奉存候。何分にも今再三御考合奉祈候。幾度も参上候而申上候迄之外無之、此上は伊藤同道にて参殿夫々可申上候。為其。匆々拝白

九月廿八日　馨

孝允様

二白　伊藤え御宅へ参り可申遣候処最〔早〕出懸候哉と奉愚考候。

58　井上　馨

85　**明治(8)年9月29日　人四六**

奉拝誦候。如命昨又伊藤より嶋津壱件は篤と承知仕候。勿論不珍事に而其実事は不存候得共、世間にては条公えせまり候と歟華族荷担する等之事は風説も有之、一向信

用も不仕候得共、老台御退去と申事に至り候はゝ時勢一変は当然と愚考仕候事に御座候。此上は不得止一度御勇退之由、誠以為邦家奉賀候。就而は板え御申切之御一言云々は、同人より小室成共差出し候様今朝運ひ相付可申候。尤片時も後るゝ被制之勢に候間、少々之御気済位は御捨置奉祈候。昼前迄には参上可仕候。勿論小室等えも更に口外は不仕候。此辺御安心可被下候。匆々拝白

九月廿九日　　馨

孝允老台

58 井上　馨

86　**明治(8)年9月30日　人四六**

今日は御投輸被下候而驚愕、直に伊藤え馳付候処憎他行、帰宅候処尊邸より帰り懸立寄候而、何も生えは解し難く候。何分当節之様御心慮を御苦め被成候而終御病気を増加するに立至り申候。何分にも虚心に御加養専一に、又例之一条に付而は生為〔ママ〕老台之為必死力を尽し可申、御懸念被下間敷候。就而は明朝参殿候間田舎行少々御見合被下度奉祈候。必々万事御安心被下度候。為其。匆々拝白

九月卅日　　馨

松菊老台

二白　今日司法之方は真之御式迄にて十ミニユート計に而相済み申候。是亦偏老台の御蔭と奉万謝候。

58 井上　馨

87　**明治(8)年9月30日＊　F一一八**

態々御答書被仰付奉多謝候。今日は染井え御降駕被為在候由、何卒閑静に御養生第一と奉存候。就而は明後御帰宅之由御承知、明朝は大久保え生出懸候而屹度其功験を顕し可申候。尤御委任と申事今日公然御沙汰有之候様には六つヶ敷、大久保且三条公丈御承知に候はゝ大丈夫と奉存候。其上にて明日天気に候得は染井迄御伺可申候。何分にも当節之如く精神御費耗被成候ては、又御脳病を増加する迄にて、病を自ら御買被成候様なる故に候間、此度之御処分可有様伏て奉祈候。先は貴答迄。匆々拝復

九月卅日夜　　馨

松菊老仁台

58　井上　馨

88　明治(8)年10月7日　人四六

昨日御投翰被成下憎他行御答も不申上失敬仕候。北代も帰京罷在候由に付、早山田へ御通し被仰付候段、誠に以御厚誼奉多謝候。此上は至急夫々処相運ひ候様大木、山田え御迫り立偏に奉願候。相済み候上は生も一応帰坂候而夫々取片付度心組に御座候。幾重御助け奉祈候。陳亦昨日伊藤え面会候処例之分離論之事に付大久保、伊藤御同案之由、於生は何も異論之何之と申事は無之、只板垣え生面皮を失し候事故、板氏も出勤之上公然たる論を御起し被成候而、此度之事件に付御不弁理之都合強く議論相生し候はゝ御止め之都合に無之而、於生も又候同氏説諭抔は不得仕候。定此事より同氏は退辞も仕候歟と被察候間、別て大久保等とは親密御謀計相立候様有之度候。且亦昨日古沢より昨日申来候而、例之集会何日にて宜舗尤板垣未た坐立六つヶ敷故両尊家え罷出歟、又は同氏御引受候ても失敬計に而込り入候間於拙宅受引呉候様との事に候得共、生も病人且手狭故板垣全快之上可然と申遣し置候。何れ破裂は目前之事故一小事を取纏め候而無益之事と奉存候間、ネンゾに被成候而可然と奉存候。其内には伊藤出立前至急分離御見合之事件は公然発論相成候様処祈に御座候。書外い曲は拝青に譲申候。草々拝白

十月七日　　馨

松菊老仁台

58　井上　馨

89　明治(8)年10月20日　人四六

奉謹読候。昨夜は不相換失敬仕候。如命御目的前途も無之と之仰候得共、中々急にも全快は御六つヶ敷候得共、此度之切断治療にて衰弱を増すか或は快端を発する歟に候間、先此間は御精神を如鬼被成度外致し方無之候。勿論一片付候而平愉〔癒〕之姿と相成候上は、御退去之段は乍微力飽迄尽力可仕候。御細字云々は定て世評と奉伺候。生も伊藤え浪士え着手之事は論し置候。昨日も被仰聞候に成るに任すとの思召に候得共〔ママ〕、決て御黙坐被成候而は御損に御座候間、伊藤出立前に充分御論し置候而同人よりも条、大えも論し詰、老台よりも大久え度々魂気進め

催促被成候方歟と奉存候。大久之長技は魂気長く、老台は御気短故早く事を御見切被成候様奉愚考候。何分にも此間は魂気之外手段無之事と奉存候。何れ又々相伺候付御細注之御主意も承り置度候。先は為其。匆々拝白

十月廿日　馨

松菊老仁台

58　井上　馨

90　明治(8)年10月26日　F一一八

奉謹読候。昨日既に小室え面会候処、同人も板垣え丸く相成様論し候処如前日には至り申間敷故、却て其辺は捨置大坂已来之儀に付而木戸君食言抔被成候次第無之段とホリチツク上之見込違は致方無之事故、私交際上より怨体抔相生し不申様、且江藤抔之所業無之様等呉々も屹度忠告仕候積、尤昨夕生え一応相談之上可仕候思想之間に候故、い曲生より夫え同意仕、且昨朝之被仰聞候次第は御主意不違様相通し候間、御放慮可被下候。就而は小室之書翰も則返上仕候。御落手可被下候。匆々拝白

十月廿六日　馨

孝允様

58　井上　馨

91　明治(8)年10月29日　F一一八

謹読仕候。如命一昨日青江来り候故、不得止次第生も口を出し候事弐百円丈出金可申、其代り最早此事件に付一言も苦情受不申候間、其外は何れえ成参り工夫可致と申聞せ申候。実は御互に御迷惑千万奉恐察候。生も先収社えも不申出、実は渋沢え内借申談候而私借仕候而遣し候積、渋沢借与候との返事昨日有之申候。一昨夜い藤えも右苦情申入置候間、尚至急相運ひ候様同人え御激論有之度候。御懐中判金云々奉承知候。左候はゝ其判金は先収社え御遣し候而同社より弐百差出せ可申候。実以近来之迷惑此事に御座候。伊藤も少々は其情を察し呉候而も可然と乍陰怨居申候。

且又評論一件は夫位之事は仕出し候事と奉存候。何分にも先んすれは人を制し後るれは人に被制之勢に御座候。兎〔角〕彼奴等を至急御着手候而捕縛之方可然段は伊藤えも申入聞候間、大久え屹度御論し被成候而は如何候哉。

陳林勇蔵事は愈以板抔とは論も相違せしに保証仕候間、何卒相成事に候はゝ奈古屋え御遣し被成候様条公えも充分御論し置、且大久保え少々怒り候而も不構御論し被成下候。同人之板え去就は時勢之模様大に瀬を顕し候間御尽力伏て奉祈候。定て小室より申出候哉も難計候間、自然申出候はゝ一応井上よりも申出候計に而強而申候事に無之と御応答可被下候。先は貴答旁呈一書候。匆々敬白

十月廿九日　　　　馨

松菊老台下

御覧後は御火中々々。

58　井上　馨

92　明治(8)年10月30日　F一一八

昨日之御答は慥に奉落掌候。段々御切迫之御情実誠に以奉恐縮候。陳又青江一条に付而は如何にも奉対老台候而御気の毒千万に候得共、生前に百五拾円貸置又此度弐百円遣し、以上三百五十円之損失を蒙り申候。同人言上候には五百円無之候而は維持六つヶ敷由申出候に付周旋仕候様御下命に候得共、昨日も申上候様生は先収社より出金為仕候も社中之頭え是等之損失を懸候訳にも至り兼候間、渋沢え借財仕候仕合に御座候。老台之分は矢張二百円丈御出金候而、後之百円丈は同人も自分尽力仕候而も可然と相考へ申候。又自然今日六つヶ敷と申候而も来月十日より先に而も相済み可申、其節は其節之事に致し置候而は如何に候哉。今朝青江参り合居候故其辺に談し置候而承服仕候間、右様御承知可被下候。老台之分弐百円御差問に候はゝ、今日にも先収社え右小判と一行之御書付御持せ被下候はゝ何時も右金差上可申、尤青江申分には今日之昼頃迄頂戴仕候得は別而難有と申事故、野生分は今朝相渡し申候。尤先収社え御持せ之一書行証書は青江え貸すと申訳には無之候。其辺も御含置奉祈候。尚従只今い藤えも此辺之情実論進置可申覚悟に御座候。匆々拝白

十月卅日　　　　馨

松菊老台

〔別紙〕

追啓

司法一条は如何相成候哉。自然御承知候はゝ御洩し被下

〔封表〕木戸孝允様差置、井上馨。

58 井上 馨

94 明治(8)年11月6日 F一一八

拝読仕候。昨日は態々御誘導を蒙り奉謝候。余り多人数故少々雑談多く充分を得尽し不申、来十一日於小室方福沢に再会を約し申候。於浪華妹君え御送金為換承知候。早速今日テレカラフ打可申候。御身上御苦悩之義実以傍観者も恐察之外無他事候。林氏等之事は何卒岡本被召寄候而御話し被下候得は誠に以都合宜敷様相考へ申候。無左時は同人え之徹底も六つヶ敷候。終に朝鮮事済迄は苦死する共致方無之云々に候得共、既に昨夜もポリチツク上之事有之候而老台迄只今当今之人数え加へ置候てはあしくと云説も有之候故、篤と御深考候而無理に名分を御求め不被成、只ずるい考を以是非とも御退隠可然様為老台且為人民と存付居申候。尤明朝罷出候而何も心事可申上候。且亦山田より昨日来書に、四、五日前司法省より政府え伺に相成候由、未た御沙汰無之故催促する云々有之候間、何卒早く相運候様御面倒なから奉願候。書外拝度奉願候。

58 井上 馨

93 明治(8)年(10)月(30)日＊ F一一八

謹読仕候。定て御迷惑之段幾重も御気之毒千万に奉存候。御互に如此事後にて損失は丸て引受之如く候間、御互様に此上敢て口を開かぬ上策と奉存候。尤上天明白故只人を救助候はゝ睫々之内幸福は有之可申候。判金は如命包之儘にて御預り置候間、先収社より出金為仕可申候。尤三百円と被仰越候得共、先は先之事と今朝青江えもらし聞せ、且脇方にても心配仕候様申聞せ候処、充分配心可仕と申候間、先青江え弐百円相渡し候而借用証文別紙之通受取候故、則持せ差出し申候。尤御末文い藤えも誰え不申様被仰越候得共、既に今朝い藤方え参り、現場有様且老台、野生両人又候終に弐百円宛出金候事迄相話し、尚跡式日報社え申付候事催促仕候。甚以不相済次第に候得共致方無之間、御勘弁奉祈候。兎角少々ずるくもい藤を御せり立被成候而、終にても損失不相立様御互に仕度ものに御座候。

青と万可申上候。匆々拝白

十一月六日　　　馨

松菊老仁台

58　井上　馨

95　明治(8)年11月8日　人四七

謹読。終に涕血(ママ)之外他事無御座候。如斯条理を御逐ひ被成候事に候得は愚意陳述も却て恐縮、且過日御引籠之機色々申上候機を失し候姿に類似仕候故、愈以対老台生も不相済と相考へ、今日に至り尚政府は孤立之処行只々無味乾燥之体に候而、陸軍之力を頼み候辺も如何にも前途方術尽果候心得に御坐候故、何分にも老台を汚中に進め出し候て其之儘に仕置候ては心事不安次第に付度呈(ママ)愚意し申候。何卒今一応御深案を奉祈候。元来弟等過日御進め申上候節も義理と時之模様に係り候而今一度之御心相生し候事と相考へ申候。左候得は此度も又義理と模様にて斃るゝ御決心候而は余り御短慮歟とも愚考仕候。自然当事(ママ)御退職御六つヶ敷候はゝ挺身朝鮮え御出懸丈にても御勘考物歟と奉存候。末文所有物云々之御事は例の藤森社茶還之事と奉存候て可然事に候哉、今一応承り度奉存候。三浦事は御呼登せ候而可然事と奉存候。書外は近日拝眉に譲申候。敬白

十一月八日　　　馨

松菊老仁台

二白　司法より政府え擬律を付相伺候由山田より申事に候間、成丈早く相済み候様御願申上候。自然未た山田之考へ違にて政府へ差出し不申候はゝ、至急差出し候様今一応御催促奉祈候。

58　井上　馨

96　明治(8)年11月18日　人四七

奉謹読候。昨宵は憎来客中失敬仕候。最早御心中飽迄承知仕候。追々切迫に忠告ヶ間敷申出却て御脳病を増加仕候様にて、何も益なき事計にて恐縮之千万に御座候。実に度々御退隠之御志望有之候を無識之愚を以事を是に寄せ御進め申上今日之勢を醸成、於生も如何にも不安心事故度々申上候次第に候。不悪御聞済せ奉祈候。勿論老台他人之察し不能御脳痛に御苦労被成候事は劣弟承知仕居

申候。此上は致方無之福沢幷生等も只ヒースを保護するは一点老台之ヲノールを御保護仕度迄之注目仕候処、何とも致方無御座流血之至に御座候。併成丈国安を維持する之御方略は万々奉祈候。先は御請迄。匆々拝白

十一月十八日　　馨

木戸老仁台

58　井上　馨

97　**明治(8)年12月4日　F一一八**

益御多祥奉敬賀候。近来は御見舞にも御無沙汰申上候。実は只此節は玄宗も漸力を減し候而遊猟のみに消日仕候。昨日も御投翰被成下且於大坂御取換仕候由にて金二百五拾円早速為御持被下、憎遊猟中御答も失敬仕候。今朝三浦、正木参り候付山口之様子も粗承り候而、追々手段可仕候。当節は老仁台にも別て御保養中故、何も御聞不被下候而も如何様にも野生尽力可仕候。御放慮可被下候。三浦、正木両人之気附有之候故今朝佐々木男也呼出し伝信打置申候。今日も昼後より遊猟に正木を誘出懸候間、明朝は参殿夫々御相談も可申上候。先は御答旁呈寸楮置候。匆々謹言

十二月四日　　馨

松菊老台

58　井上　馨

98　**明治(8)年12月13日　F一一八**

奉謹読候。爾後は御伺も不申上甚以失敬申上候。寒気別て御不自由と奉存候。如命佐々木も昨夜参候。未た入々談話も不得仕定て今夕参り可申候。勝間田事は脇同社之義に付部坂なる相続候而可然哉、又は閉店候而可然之問題に付色々談しも御座候故、勝間田を呼寄申候。且前原徒之細綱も占め不申而は弥以相糺す之姿に候故彼是に御座候。生一身之事は爾後山県も迫り被立随分困迫候得共未た何とも返事も不仕、只々地獄落し無之候得は少々の間違ひは構ひ不申候。欧州行は屹度山、伊両人受合候と被促居申候。於老台は如何被思召候哉。自然洋行之事慥なる事に候得は一六勝負をはり試み可申歟とも相考へ居申候。御高按奉祈候。先は其為。匆々拝白

十二月十三日　　馨

松菊老仁台

58　井　上　馨

99　明治(8)年12月26日　F一一八

爾後は御伺も不申上失敬計高許奉祈候。御依頼一条伊藤えは懇々申入置候。尤生一身之事件も未た司法一条決し不申而手間取候次第、且伊藤も病気にて今以出勤不仕候。尤明日は押て出勤夫々相片付候様申居候。右に付而ビシネスも夫々片付彼是殊之外多忙に取紛呈書不仕候。今日は用事御座候而出浜、明朝は罷帰り明夕方は参上候而山口県之始末等夫々い曲可申上候間、不悪御聞済せ奉願候。草々拝白

十二月廿六日　馨

松菊老台

58　井　上　馨

100　明治(8)年12月27日　F一一八

昨日は御投書被成下、憎司法省より呼立に預り旁以御答も失敬仕候。彼一条裁判も終局と相成三拾円罰金に而相済み申候。誠に以長々御苦配被仰付且は老台之名誉迄も汚すに至り、実以心事不安恐縮之至に御座候。先是にて束縛を被解平気と相成申候。陳は過日申上候義に付御高按も有之故大久保え面会候前一応拝趨之御下命奉承知候。今日参上之覚悟に候処、憎今日十字拝命之呼出し、拝命に付礼服新調旁昼後は出浜仕候覚悟に付、明朝は必拝趨万奉伺候間其迄御有余奉願候。為其。匆々拝白

十二月廿七日　馨

松菊老台足下

58　井　上　馨

101　明治(9)年1月3日　F一一八

新春之吉祥芽出度奉存候。別後御不快如何被為在候哉。昨今は寒冷も相増候而別に御苦痛共には無御座哉と御案思申上候。何分にも多事御考按当分御用捨候而御療養一方御心を被用候事専一と奉存候。生も三十一日着神候而同日直に上京、今朝帰坂候仕合故、未た呈書も不得仕御海容奉祈候。両度之郵便慥に落掌仕候。其後大久保も参り候処何歟ホンヤリ之咄し申上候故、伊藤えも重て生よ

り申遣し候様御承知候。則刻同氏えも差出し候間必御放慮奉願候。出足懸も伊藤、山県共に横浜迄送別候故重畳相頼置申候間、伊藤え御用捨無御座御召寄之上、野生より申残し候前を御催促為成候方上策と奉存候。実に早々御保養之上自然も変〔カ〕と立行候節は老台御出張候而万分一も御用ひ被下候て御輔翼候得は、於生も満足無此上奉存候。只々方今懸念候に、御病気故些少なる事柄迄御精神を御費耗被成候様相考、自然御病気も増加仕様相成不申候哉。且八方無心之雑談実と成行、交際上之妨害を生し候様に共立到り候而は、同志之死者え対候ても不相済事に相考候間、只々偏に御寛容、他人之説御信用無之様万々御願候。必此辺は不悪虚心平気にて御聞取伏て奉願候。愈黒田も六日四字出足申越し候間八日着と奉存候。左候得は九日十日之間神戸出帆と奉存候。勿論対州迄着之上一模様可申上候。其内時下御自愛為邦家専一奉存候。

草々謹言

一月三日　　馨

孝允様

58　井上　馨

102　明治(9)年1月8日　人四七

寒冷弥増候処御病体如何被為在候哉実以奉懸念候。生も先は無事愈今夜二字出帆仕候。御放慮可被下候。勿論如命伊藤えも差遣し置候間、伊藤被召寄候而充分御論し可被成下候。生之見込も十に九は平穏は六つヶ敷事と奉存候。今日も又伊藤え申遣し置申候。

一、於大坂山口県之事も夫々相片付申候。先収社よりは不残一月中には公債証書相渡し可申候。協同会社も中野見込にては取続き不申而は人民租税払之見込無之に付、是非相纏め度志願に候故、先吉田を授産協同社長と相決し度候。幸ひ新県治条例に付吉田は不用に相成候故、同人免職にて右様相成度候。且先収も先三月限閉店候故協同社も別て多用に付、吉富先収社之決局相付次第協同社之頭取と致度候。左候得は勝間田と両人にて事務相勤候はゝ大丈夫と奉存候。且先収社閉店後は頭取之中壱人大坂え罷出候而、藤田伝三郎店を借り米売捌仕事に仕候。勿論其権は丸て右出張之頭取に御座候而店を借る迄にて、金権等は銀行都合を付置申候。御安心可被下候。

一、中野えは申上置候様壱万円遣し候事に取定め申候。老台之分七百宛先別に何時も御用次第昨年分払出し相成候様仕置候而、矢張脇同社え預け置申候。○馬関迄木梨、吉田等罷出候故何も同人等と脇議可仕候。何も御安心可被下候。先は臨出立呈一書置候。其内随分御療養第一と奉存候。謹言

一月八日　　馨

松菊老台

二白　山口県え裁判所を被置候に付、木梨、吉田等も別懸念之由申越し候間、何卒関口帰京仕候はゝ、同人と裁判所長と見込違之人必異論之本と成行候間、同人に人撰被仰付候はゝ好都合歟と奉存候間、伊藤えも其辺申遣し置申候。何卒伊藤被仰合御尽力奉祈候。

58　井上　馨

103　明治(9)年(1)月8日　人四七

吉富事先収社始末之上帰県、脇同社之事担任不為仕候而は、迚も吉田、勝間田両人にては米之捌等駈引無覚束候故、色々相進め候得共未た不奉命候間、多分老盟台えも何歟苦情申立候事と奉存候間、老台より厳敷御責候而担任候様御投書被下度候。無左而は同人折合兼申候。此段別て御願申上候。以上

八日　　馨

松菊先生

（巻封）木戸様内陳　　井上

58　井上　馨

104　明治(9)年3月15日　人四七

昨日は御妨且御馳走被仰付御懇情奉多謝候。陳亦今日早足（ママ）条公え罷出候而顧問之義大概折合も相付可申候。併同人も従来政府上且内情不可謂苦心も多く、終に方今之脳病も引起し候形様誠に以可憐次第に候間、特典を以欧羅巴巡行被仰付候はゝ望外の大幸故、何卒御工夫被下度段、申出し候。然る処大久保折合相付候得は至極尤との御事に御座候。又顧問にて且々折合相付候事、并老台御心事

通暢候為、今晩明朝之間大久えも面会之都合懸合置候間、出会候はゝ八方試み可申候間、昨日も申上候様不行則元引何も御損失は無之候間、生之心得にて尽力可仕候。併自然も不行届有之候とも御叱りを不蒙様奉願候。且顧問之処にて最早御折合汐〔済カ〕と奉愚考候。あまり充分を御望み有之候と、終に大久保え出懸、従来伏水戦争辺より説出し候而は却て御迷惑を相生し可申歟と奉懸念候。先欧行一条克出来れは実に幸ひと被思召、顧問一条にて一落着之処は相運ひ候様可仕候間御高按被仰下度候。左候得は特典之御都合も申出し候事誠に上策と奉存候。

一、福地事今日三字頃より登台可仕候由に候。右様被思召被下度候。先は為其。匆々拝白

三月十五日　　　馨

松菊老台

58　井上　馨

105　明治(9)年4月2日　人四七

奉謹読候。一昨日は不相変失敬を働き何とも恐縮之仕合に御座候。於生老台之御不幸を歎き居申候。既往之事跡并御心事も野生第一に透明に承知罷在候故、勿論此度御退職も些少之名義にても御残し被成候事は只々為老台に候得は不相好次第と奉存候。然る処真以平和を一先保持し候方第一と目的相付候故、朝鮮行も心中不安、黒田之副官と相成己之名誉も打捨只々平均論より心を曲候次第故、此度も老台御退身に付而も名義丈御存し置之方申上候而、先可也相運ひ候得共、誠に以老台之御心脳を被為安候迄に不至は生之不周旋とも被思召候半と、従て多少之苦慮此事に御座候。且月給之事も何卒生之一言御採用被下候而月俸之半丈御請置候はゝ誠に以当然、且御心事を他より推察候とも決て如何と相考へ候者は有之間敷候。無左而は条公始めも多少之御配慮に候間、此義丈は御不肖今一先御あきらめ不被下候而は生も込り申候。此余之義は更に不申上候。尤明早朝今一応拝趨候而万御伺可申候得とも、是は押献言仕候。御納言偏に奉祈候。左候はゝ一ヶ月も相立候上西京え御出被成候而御保養被為候とも更に子細無之事と奉存候。先は為尊答。匆々拝復

四月二日　　　馨

松菊老仁台

58 井上　馨

106 明治(9)年4月5日　F一一八

拝読候。御高按御尤千万に候得共、従来迚も只均力にて此世渡り之形様故、仮令少々表面に而も坐して行成を御傍観被成候得は夫にて充分世の為と相成可申候。亦西京行抔は何時被遊候とも決て不筋とは不奉存候。御名目は存し居候方矢張可然哉と奉想像候。何れ面語之上万可申上候。草々拝復

四月五日　　馨

松菊老仁台

58 井上　馨

107 明治(9)年5月3日　F一一八

過日は拝青御妨申上候。弥生も五日朝十字出帆之船にて下坂と決着仕候。同日は御出浜と被仰聞候得共、時刻も十字と申候得は閑話を得候暇も無御座候故、却て恐縮候間御断申上候。就而は明日十二字頃参殿万相伺可申候間、御内居奉祈候。且亦過日御忠誥申上候様伊藤え御一言被成候事至急と奉存候。尚野児えも無御腹蔵い曲御洩し可被成候。草々謹言

五月三日　　馨

松菊老台

58 井上　馨

108 明治(9)年6月12日　F一一八

二白　岩公え条公より之書翰参り候前宮内之事は御内約相調候様御注意可被下候。

聖上益御機嫌克順々御巡行被為在恐悦之至御同喜此事に御座候。老台御健康御供と奉南賀候。弥生も日々切迫仕候而多忙（勿論プライベートのミーチングも其中にあり）を極め候。且亦彼之御洋行一条も今朝伊藤に面会候処、同氏之尽力に而最早相運ひ候都合に相成り候由にて、定て福嶋駅辺にて大久保と御出合之由故、其頃を考へ同氏えも一書遣し可申との事に御座候。伊印余程尽力仕候様子に御座候。定て御大悦と奉想像候。実に思ふより生するが安き事に候。御袂別之時宮内并に千住にて同氏と御相談有之候由、勿論前以生度々伊印え充分御内情を明し御依頼候而御咄し有之候得

は被行候事と申上候を、只様御延引有之候故今日迄延期と相成候迄に御座候。兎角誠に御僥倖之事故御異論なしに御旅行喜望仕候。尤兼て同氏申上候様顧問御辞し被成候様なる事に候得は尽力は止めと申居候。且御願書に而宮内より内々金を出し候都合之由に御座候。ヱキスビシヨンより帰路欧羅巴え御廻りと申都合宜舗様同氏申事に候。爰に生一之愚考有之候。左に。

此度御巡行中は終始岩倉と種々御談話も可有之事と奉存候。老台にも御毛きらひ不被成候而御洋行前何卒宮内一等出仕を本官に被成、顧問之方兼官と被成候方上策と奉存候。定めて岩倉公も其辺之内慮無之にはなきかと兼て野生之推察に御座候。実は御洋行に付ても随分先達て使節にて御旅行故御費用も相応相嵩み可申、左候得は今日老台御壱人潔白バンズイ長兵衛を御立被成候もつまらぬ事と愚考仕候。左候得は月給も先月別五百円は可有之、只今之年給にては御不足あ〔ら〕ん事を恐れ申候。尚宮内より出金候にも同省出仕に候得は余程都合も宜鋪候間、左候得は旅行費を除き凡月別三、四百円宛位之積りを以て出金に不相成候而は引足り不申は必然と奉存候。合て月別月給共に八百円に候。彼是洋行之御都合且宮内之事平生御心頭に被悩候事も多く候間、何分例のごまかしを以て岩倉より宮内出仕之処口出しをする様うまく御やり付候事出来候得は、献策通り被行候事は必然と奉存候。千住に而岩公伊藤え申候には、此行は木戸とも克宮内辺之処其他も縷々談合仕置との事口出し仕候様子、伊印ちらと野生え相話し、かれ屹度相調ひ候事と見込献言仕候。併過日伊藤え御一言之事も実以御六つヶ敷、何分あの様なる御狭隘な事にて行不申、女之周旋仕而御内床の上開股腰廻等は御自力に無之ては媒婆も行届き兼申候。

一、老台之御望沙汰今朝迄不分り故、最早生は衣類土産物遠用物等は不残英国え直渡しに今日積出し、家具も不残預け方等仕候而廿五日出帆と相決し、何一つも家には残り不申仕合にて御待合可仕筈候得共、又一つには今以条公、黒田辺え参り候而生之洋行を留め候人あり、自然又難論を被起候而は再ひ取帰し付不申懸念も御座候間、当節は方々え別盃抔にも被招候都合故、克々算当候得は御巡行御帰東先七月末と可相成、左候得は御急き候而も八月中頃に無之而は老台御出立と申事にに運ひ申間敷、夫々マゴ〳〵仕候と如何様之事変差起り候も難計、甚以御気に支り御吃怒を受候は必然と奉存候得は、生丈は廿五日之便出発亜米利にて屹度御待合せ可仕候。且御出立之日限相分候上は桑港之高木と申領事迄テレカラフ被下候得は桑港迄は御迎ひに出可申候間、其功労と、蔭になり日向になり御望之洋行も相運ひ候都合迄に立至り候勤功に被為対、特別之御寛待を以不悪御聞済せ被下度、只船中十七、八日之間計御同行不得仕のみに候間、御神怒無之様百拝頓首懇祈仕候。尤御出立は八月十二、三日頃出発船可有之候間、是を不遁様御出途無之而は海上も荒く相成別て御難義と奉存候。自然も生先きえ出立候故最早洋行止め抔被仰候而は、余り三条公其他を遊ひ道具に致し候様に相当り候間、此辺は一言もいわれては迷惑こまるなり。

一、細君御同行之思召と奉存候故、今朝は参上候て一通り都合を御相談仕候。愈御帰東之上八月初旬過き御発に候はゝ、衣類其外御仕度不相成而は御帰り之上御着手にては迚も間に合不申故、細君え仕度之御布令書御遣し候はゝ決て金之いらぬ様夫々御運ひ付置可申候。中々女之仕度は手間取、生抔先月山口行之前より取懸らせ置候而漸廿一日頃に仕調ひ候様なる事に候。急くと仕立等見苦敷相成候間、お末を遣し置候。ミイスブラウンと申女唐人は克日本語を話し候故、妻抔も泊懸にやり置指図を受候都合故、御承知に候得は横浜え細君御同行候而克相頼み、衣類等之用意御手伝仕置度候。又細君衣類勿論途中之御用ひ計に被成候而、倫敦着之上に御調之方可然奉存候。妻抔も其都合に仕置申候。尤日本絹至て宜敷故、女衣裳に相成候様之物は買入御持参恰好に付申候。生抔も縮緬又は海気琥珀等之反物買求め申候故、其辺は細君と御相談仕度候間思召奉伺候。

一、御供は何卒不被召連、只壱人通弁を御雇に被成候歟、又は宮内之方より従行と云都合に共被成候而沢山と奉存候。

一、只今此書状相認候最中条公より呼に参り候故、直に老台之事も承り候処、矢張伊藤同様之申分且福嶋にて大久保出会之節頃岩倉公えも一書遣すと之事に御座候。

大久保異論之有無も承り合候処、必格別は有之間敷との事に御座候。金之事も申上置候。勿論一等官之分位は被下候様、如何様とも可相成との事に御座候故、只々此上は岩公を甘く御談合被成候而宮内一等出仕を本官と相成、月給増加候様くるめ付候事第一に御座候。

一、細君之御仕度は御帰り迄には屹度間に合候様尽力仕置候間御放念可被下、且亦愈御洋行と御決着之上は是非とも御普請は御止め之方可然、人任せに被成置候而も又無用之入費多くと奉存候。定て細君よりもい曲御申遣しと奉存候。書外匆々謹言

六月十二日　　　　馨

孝允様

58　井上　馨

109　明治(9)年6月17日　F一―八

十五日附之尊書難有奉拝読候。且政太郎え御口上之趣等い曲奉承知候。然るに生之献策宮内省一等出仕を御本官に不被成候而は月給少く、只今にては三千円年給にて十分一税を引弐千七百円に御座候。宮内省一等出仕本官に候得は壱ヶ年六千円、税を引候而も五千四百円と相成申候。故に幸如案宮内省之事岩公より咄し出し候はゝ、是非共宮内を本官に被成候而内閣顧問を兼官に被成候様有之度候。顧問本官宮内兼官に而は依然たる年給に御座候間、岩公へ其辺を甘く御説付有之度候。実以御同行不得仕候は残念に候得共不悪被思召可被下候。

長州人之中にて異論を生し候人有之而は御込りとの事に候得共、只生は政太を飛脚に遣し候事も未弥児、伊藤えも一言も不仕呉〔ママ〕故、突然老台之洋行論出候而は不面白事故口出不仕候間、左様被思召可被下候。

一、旅費等之義は勿論一等官位之処は出来可申と三条公御咄し有之候。円之事は品川弥児え宅〔ママ〕し置候間同人充分尽力可仕候。其辺は何も御帰り之上に無之而は極り兼候事と奉存候。尚三条公え委細内々申上置候積御座候。

一、壱人洋語を能くし人仏〔物〕宜舗者御下命有之承知仕候。益田孝え極内相談可仕候間、御帰着之上は同人罷出可申故御聞取可被下候。

一、細君御仕度之処、無論不都合無之様是又極内御仕度

相調居候様夫々道を附置可申候。勿論道中丈之者にして他は於英国御調之方可然、其絹物等は夫々横浜弐百十一番之女唐人に克く相願置可申候。夫に付明十九日は細君御一同出浜仕候覚悟に御座候。

一、伊藤え何も御依頼候而、願書面等も御咄し有之候方上策と奉存候。定て当人よりも呈書仕候事と奉存候。直に御返書候而、願書并に金も旅行費を除き月給を合せ八百円位（日当賄料等之費〆）有之候様尽力致し候様御依頼御遣し可被成候。是迄之様同人えは申さぬ抔と御狭隘論は丸て御止不被成候而〔は〕運ぶ事も不運様相成、不自由千万に御座候。第一ポリチカル上論を異にするとも私交は益厚く無之而は不相成事と奉存候故、同人に於て敢て抵抗する心事は無之候間、生御請合申上候故必御依頼屹度有之度候。仙台辺より御伝報候はゝ誠に仕合申候。極り次第生出立候て桑港え未着候とも高木迄御伝報被成置候様奉祈候。先は再応の事故托郵便一書差出し申候。草々拝白

六月十七日　馨

孝允老台

再白　幾重も宮内本官顧問兼官御都合可被成候。

58　井上　馨

110　明治9年8月28日　F一一八

ニウヨルク

不尽拝語出発、誠に以残念至極に奉存候。追々御旅中迄度々呈書仕候得共遠隔意を不尽候。当月十六日に伊藤より之電報を以想像候得は、御巡行中色々岩公其他之説にて宮内一事に付御遁逃も難被成勢生来せしならんと愚考候。実に此も亦不可得止事情と奉存候。外国御再行之好機未た不来歟、天未た令〔ママ〕老台国務を負荷せしむる之兆歟、何卒広大之位地にブレインを御占居候てピースフルに政府上之事被行候様、只々祈る処に候。且亦口乳生の無用に属し候得共、伊藤と両立之勢を生し候ては長州人之方向も異にし候故、別て御注意此事に候。又自然御不平多く候はゝ是非とも外国行被思召立、其時は伊藤え御依頼候得は屹度相調候事敢て不疑候。何分人心面の如く思想を異にし候故、老台の不如意十に九分九リン則夫か方今の形容と御認候事、僕之所望老仁台に候。御再行之事も

色々と申上候て少しは細君之御仕度も有之、却て御内向之御損費せしならんと却て恐縮を増し候。不悪御仁免可被下候。

一、生も七月十八日桑港着、五日計同所滞在、ナバタ金銀山一見せり。実に広大〔な〕る事にて、数百ヶ所機械又は会社を異にし隆盛を極め申候。カリホルニアマインと申一会社一日の出金高凡十万円なり。如此社四つ計有之候。其他は小会社なり。同地に二日滞留してデロングに出会、懇切に諸山等誘引申候。△夫よりチカゴーに二日。ナイガラえ二日。フイラデルフイヤに二二七日。同所はヱキスヒビシヨン広大なる建築に候。各国其技を争ひ美を競ひ、我国の産物も鉄器は殊の外評判を得たり。第二陶器。絹に至りては仏之木綿品よりも下品なり。併鉄器抔は只キエーリアルシテーにて消滅する物産に無之、只金満家抔の驕具にして決して不可頼産なり。只我物産は名を与ふる者は一の茶のみ。絹は粗にして他国え対し産物と云に不足候。前後来想像するに只絹をし〔て〕物産たらしむるより外一物なし。近来政府より蚕卵紙え力を用ゆ。我思ふ、大きに誤りならん。先第一絹を織出し一の産となすに注意する為上策。茶も近来青緑茶最早米国人え少し多量に過き其価を下落せり。未ブラツキテーを呑む人数多し。故に当時我国茶の高を増加するも其制をフラツキ〔○ハ原文ニアリ〕。テーに変するを不成は労して無功に至らん。

一、当国も役員の交代早く、経済上抔は政府より注意する不能勢、且役人は月給より自分之朋友に利益を与へん事を謀り、其利益より己を利する弊夥しく、中央政府之借財と各州の借財高を合算すれは凡三十億万計も有之、且ハクトリー又は鉄道等其業にて利を得るよりは、其ストツクにてスペキレーシヨを以て利を争わんとする、実に人民は自由を言過、何卒如此風習を誘導する事を好み不申、只々於政府節倹を第一にし、悪税を減し力を民に与え、運輸の便利等実に経済上のフリンシツプルと奉存候。△より此迄の主意は大久保えも御論し被下〔度〕候。誠に以肝要の事に候。其方法の如きは吾輩大き見込あり。要用と同氏思考候はゝ一書を遣し候はゝ送達可申候。

此行生は生涯の勉強候て三ヶ年間屹度学問実際に心を用

ひ宿志を達し、我国民の幸福を増す事を孜々相勉め可申候。今日迄徒に光陰を消候事残念至極、終身孜々勉学の心志を起し申、所謂六十の手習に候得共敢恥ち不申候。来月二日当り出発し渡海決定申候。何れ彼の地より追々可申上候。其内時下益々御自愛専一奉存候。何ぞ御用候はゝ被仰越度候。謹言

明治九年八月廿八日　　　　　　　　馨

木戸孝允様

山口一件は出足前佐々木男也を呼寄、近江饗庭（アイバ）野も買入之約条粗相調申候。約条書等は同人え与へ置申候。又授産資本二十五万円人民より分与之分も山田え下書相渡置、法律上異論無之様注意之上取極候て吉田え与へ候様山田え相談仕置候故、同人よりい曲御聞取可被下候。江州開墾地約条は木邨にても御呼被成候はゝ同人下書等夫々所持仕居候。格別萩地も最早異論は起し申間敷候。

〔封筒表〕　木戸参議殿／Mr. Kido Esqr.〔New York, Windsor Hotel の封筒、印刷あり〕

〔注〕　この封筒は109書簡の封筒として整理されているが、本書簡の封筒であろう。

58　井上　馨

111　明治（9）年9月20日　F一一八

八月十五日御認之尊書昨十九日落掌仕候。先以御〔無〕異御帰着之由奉躍雀候。生も存外米国滞留長く相成候而終に過る十二着英仕候。未たボージンク詮義中にて、暫く公使館近辺之プライベツトホテルに止宿候間先御安心可被下、近々よりハミリー同居候而此度老後の思ひ出し苦学候決心なり。

米国迄伊藤より伝報にて最早御渡海之御失機は粗拝承候而、尚御投書に而い曲御通し、定て六つヶ敷事とは奉存候得共、可也相運ひ可申と御待申上候。如何にも残念千万に候。併兼て宮内之事件は御心頭に被懸候事多く故何卒御尽力此時と奉祈候。御存慮不達御不快にも可有之候得共、実に時と運故無致方候故充分御堪忍可祈候。且亦伊藤とは日に増御親睦有之候様奉願候。只々世間又は長州人間にも或は不和とか兼て議論か不合と歟申者も多く、又其間小言を以て終人を迷惑致させ候事可有之候間、御

注意可被下候。

一、米国より一書差出し置候間定て御落掌と奉存候。先米を一見する処は将来北米プリンシリプルは面白く考え不申候。

一、トルコ内乱に付色々新聞紙上にも種々有之候得共、只々英政府当時のポリシーは可成丈不用して魯のシビリア辺え頭を出させぬ工夫多く、然るに英人民は新聞紙其他方々にて集会、只トルコの戦兵セルビヤ人民宗旨之敵且政府敵せし故歟妊婦を割き又強婬〔姪カ〕暴業を極め候故、クリスチヤンを如〔此〕く悪虐を加え候上は宗旨の敵とシビリアを不扶を不得と云説紛々起り、ロードターベー外務卿えアツタックを起し居候処、セルビアを英より助くるに至りては英政は最早魯の説と表面丈同説の如き様に成行、此先如何論の決極有之候哉不相分候得共、迚ても英魯の戦とは相成申間敷、終に議論中にトルコ当時のセルタンは少しく取処ありとの説なりセルビヤに戦勝を必然と奉存候。近来は度々之失敗せり故英も戦は不好、必安然無を持ち可申候。

一、随分書中は〔生、欠カ〕ブリーの論を以てアッタックに参り、日々三、四人抔参り候得共、生も頑中の頑故未た洋人の如きプリンシツプルに変し不申候故争論く〔多、欠カ〕、併近日より学問に取懸り候迄之事故格別人も妨き不申、其機に至る時は凡て出会候事は用事の外は面会不仕と決心罷在候。

一、嫡子一件に付而は御忠告被下候段難有感銘仕候。勿論乞度詮義申付候而未た一度も其端を不発、追々聖境に入候事と奉存候間御放心可被下候。

一、仏博覧会共には御出立今より御用意有之度候。

一、生事は何卒三ヶ年丈と条公約し置候間、今より御願申上候間其間は必滞在相成様御尽力は伏て奉祈候。

一、御帰着後は御気分も御快き様子一段と奉存候。何分にも当冬抔は別て御保養第一と奉祈候。御家さまえ別紙不申候間可然御伝言可被下候。定而御渡海相成候事と被思召少々は御仕度も有之彼是御損失歟と奉想像候。何卒此御支度再度御用に相立候様奉祈候。草々謹言

九月廿日　　井上馨

木戸孝允様

〔封筒表〕 Mr. Kido Esqr.／Kudan at／Tokio

58　井上　馨

112　明治（9）年10月9日　F一一八

秋冷相催候得共益御多祥御精勤奉賀候。生も無事罷在候間御放慮可被下候。追々寒気に差向ひ候間別て御自病御保養第一奉存候。日々凡二マイル位は必御運動被成度、日々御出勤何卒馬車よりは御歩行之方可然と奉想像候。生も此度は嫡子共に至て謹身、実は数多之書生も滞在候而成丈生之申事信用為仕度候故実に謹身と極め、当節は住居も落着候故日夜読書に勉励仕候間、此度は屹度実効を顕し可申候。福沢書生三人罷在候処至て行跡等も克く勉強罷在申候。人物も宜敷、且従来在日本之時はフリイ計をロジカルに唱候者に候処、近来は大に悔悟候而至てコンソルベーチーブと相成、民撰議院抔も中々被行難き事も相分り、フラクチースに無之ては国の第一たるウエルスを増植〔ママ〕する等不出来と云説を起し、毎サチユーテー毎に生の居処に集合候てポリチカルエコノミーの書を輪読仕候而、夫より其書を日本之実事に宛はめ論し大なる益と奉存候位に候故、真之学問を志す人又真に憂国心ある人は追々コンソルベーチーフに趣き、中々相楽み居申候。愈以急進する事は不宜様相考へ、併如当時中央え集権は実に大害を生し可申、両条中間之御自論愈以御同意仕候。必々エネルジーを基本と被成何も御堪忍被成候而、責て御自論之一部とて被行候様成行候時は、実将来之幸福と奉存候間、何分にも少し之事にて御退身論発し候事如何にも遺憾至極に御座候。重而御忠告仕候。

一、禄之決末も愈以御発しに相成候段被仰越、先善悪之方法は打置至極宜敷事と奉存候。然るに華族之分は是非共売買免許無之様御禁令相成度、何卒日本之古風を存しジクニチーを保存する事第一と奉存候。如米国すら家柄を論し如英は尚倍之候故、愈以日本も帝国之体裁たれは王室を保存するの一端とも相成候間、御注意第一と奉存候。尤士族之方は敢て論無之事と愚考仕候。此辺は一口三条公迄も申上置候。

一、何分にも節倹を第〔一〕として、人民え力を付るの処分と中央の権を分つ事大眼目的と愈以相考へ申候。第二は事を起して止る事実以其害夥〔ママ〕し敷様相考へ申候。

一、当地之書生も追々善に趣き候得共、只々ロジカルと放蕩者之多きは閉口千万に御座候。何分に誰歟慥なる人仏〔物〕を撰挙し、英仏共に一手に総括し全権を与へ公私費を不論処分する様無之ては、実に無用之金を費し其功を不見、兎角フラクチースに係り候事に無之て当時之業起り申間敷相考へ候間、此度古藤治郎介帰朝に付口頭に托し候間御聞取可被下候。且亦同人より生之当時之模様も御聞取被成下度候。又生は一度渡英候上は必三年は御差置奉願候。半途にして帰朝する抔成行候而は其功験無之故、必御保護被下度従今懇祈罷在候。

一、追々宮内之事も御着手可有之候得共、全局之事丸御廃止は少し込りますねー。御新築も追々御運ひ被成候而一入御楽みと奉存候。其内別て寒中は御用心第一と奉存候。草々謹言

十月九日　井上馨

木戸孝允様

〔封筒表〕木戸孝允様／H. E. Kido Sqr. ／Kudan in Tokio

58　井上　馨

113　明治(9)年12月20日　F一一八

九月三日於箱根御認め之尊翰難有奉拝読候。益御満堂様御清適被為在候由誠に以重畳と奉存候。近来は又下痢に而一入御苦痛之由、実以御病悩之廉々甚以御気毒千万と奉存候。尤最早御全快候而当節は定而御新築え御転住と奉像想候。右地は別て風景も殊勝、定て時々弱輩之少年抔群集候而三光猪鹿蝶赤丹抔と小銭之御戦争に付て老額上百皺を生し候事を如見、三尺棒にて渋沢的之災害別而御用心専一奉祈候。此地には時々ジャプ同志集り候時は上等之ウイスト或はナポレヲン等仕候得共、不相替博長にて天運今以不去且棒的之恐れも無之平穏無事に候。

一、山口県之士族等又候反逆を企、終に前原、奥天〔平、カ〕等は就縛候由風聞、実以固陋に身を終り候事如何にも可憐次第、乍去何卒助命相成候丈は御扶助有之度候。只々頑愚のポリチカルの反対説は可成其罪を軽くする方後来之為と奉存候。又克々相考へ候得は人間之第一必要は饑渇に切迫すれは必す乱する小人之常、吾輩如きも

或は然らんかと反省仕候。士族も後来を推考候得は可憐事は其職業に従事せし経験無之、其地を令為得るは大難題と奉存候。追々世間切迫するに従ひ種々之小変動未た相生し可申候と奉愚考候。且又租税改革之功験当冬は如何相顕れ候哉。是又艱難を来し可申候。御序も候はゝ御洩し可被下候。

一、老台も御渡海の機を御失し被成候得共尚未た好機御考案有之候由、実に御宿志通り被行候得は至て重畳と奉存候。右に付而は妻君御同行之義御尋有之候処何とも難申上候。随分言語不通者にては殊之外難渋多く、且老兄には元〔ママ〕当地抔にて人も克く承知仕居候事故、方々インビテーシヨン抔盛に有之候と、衣服抔余程御込り被成候事可有之、愚妻も種々苦情多く候得共、先生は敢て交際抔え更に手出し不仕、只々日々学業のみに志を移し居候仕合に候故、他方より被招候様なる事も無之、近来は殊之外節倹家と相成衣服も食事も更に不構申候。雖然老台は如生被成候事は六つヶ敷、併御同行被成候得は細君之為には余程宜敷、且老台も御弱質旁以御同行可然奉存候。只御滞留月別弐百ポントは充分御引当不被成而は引足り不申候尤往返之旅費は除之。仰希くは御同行有之度奉存候。自然も御渡海候はゝ前以御一報被下度、左候はゝ御居処等もホテル抔に御滞留候而は莫大之入費に候故、生等居処の近方え相定め可申候。何卒来春は御思召立奉待候。

一、当地も格別新聞無之候。只々トルコの勢追々切迫に相成候得共、当節はコンスタンチノーブルにて各国之コンミツシヨネル集議中に而未た何とも相決し不申候得共、生等考は迚も脇和は難調哉に奉存候。当節はクリストムスデーも近く相成候て人心も少し蕩然たる形容に候間、定て来月中旬頃には何と歟決極相付可申候。

一、クリストムスタイムは学業も不出来候故、独逸え参り久し振青木と一面会且同地も一見仕度候相企居候。廿四日夕方より当地出立可仕候。青木度々来書あり、同人は独逸白眼婦人と婚姻を欲為既に日本政府え伺書を差出せしよし、定て老台えも御相談書呈上候事と奉存候。実に後世可恐々々、少し嫉妬を起し度者に御座候。生は日々頑固に相成洋羅巴風抔更に不好故歟、白開も未た一度も不試申、追々之御教訓奉感銘候。最早於当地開を為致、併新橋辺之風味は別段之物に御座候。近来は棒的之厳重よりして世間至て淋敷相成候由。併花の三月頃に相成候はゝ追々再興可相成奉想像候。最早年内無余日候はゝ別て寒気御厭ひ被成、明春は芽出度好機を御調制候而御〔渡〕海被為在候而猪鹿蝶之御相手願度偏に奉待候。恐惶謹言

十二月廿日　　井上馨

木戸孝允様

〔封筒表〕木戸孝允殿／H. Ex. Kido／Tokio of Japan

58　井上　馨

114　明治(10)年2月5日　F一―八

十二月六御認め之尊翰にて近況幷山口県等之委細之事情縷々御報知被下誠に以御懇情奉謝候。実に前原等食言は不及云悪行と奉存候得共、小人は不伍君子者故強て不足咎、彼等君子を以て目するは虚唱と相考申候。彼必小人なり。致方無之候。併一先決局相付此後は平穏と奉存候。

一、政府も未た中央之権勢強く候て日々種々之働きを顕し、且禄制一件に而は薩摩より苦情を起し、終格段之処分と立至り候由、実以恐愕之至に御座候。右様候得は世間所謂足軽以下又は旧幕之御小人等なる者も売買を許し候者故、是亦前段之所分と相成候而可然奉存候。如此不公平之挙有之候而は如命天下は薩之天下、人民之所為以に非らす、遺憾至極に御座候。雖然勢之生する処人心も亦強従する、知者之恥る処と奉想像候。如此形容世界に御在留は実以御苦心御尤千万と奉存候。故に嘗て出帆前御外行を御進め申候得共、何分にも老兄は他人に食席を為調候て自分は食主とならん事を所詮御考有之所謂関白又ヌケタ之気味と奉存候。何にしても自分に働き其事を果すを上策と奉存候。何んぞ世間哉他人之為に己れ曲けたり又自己之目的を変する等之あ〔ら〕んや。御書中一言之明春パリース之博覧会行云々実に妙策と相考へ申候。実は先月廿四日パリースより一書差出し申候。内々博覧行を御進め申上候て都合克御同考故、尚亦御進め申上候。是非とも今度は御都合候而御出立有之度、右に付薩摩之生前田と申人過月廿五日出立候故同人え相托し、其書中に委曲申述置

申候。同人も老兄を長として此博覧会迄任し度候覚悟故、委曲老台をも御進め申上候様申含め置候。尤至急御着手候て早く御取極め被成候事専一と奉存候。右に付而は大倉組之社中横山なる者も当地に罷在、屹度同人も御助勢可仕候付、必人に其位地を不奪領様御配慮第一と奉存候。且役人も多人数御仕立は御無用に御座候。就而は大倉屋喜八郎事早速御召寄候而、薩人右前田なる人を御尋ね被成候而同人遣被成候而なりとも、又は喜八郎を御遣被成候て同人御呼寄候て右手紙も又同人之見込も御聞込可被成候。自然御出に相成候はゝ必妻君御同行候て、凡当十月頃は必御女

出立候而先英国迄御出被成、其上万事面語可申上候。生は近来は何も気に懸り不申、只学文に心を移し近来は少々宛読書も出来候様相成候故、少々読書に味を生し一心不乱面白事に覚へ申候。其内時下万々御自愛専一奉存候。草々頓首

二月五日　馨

孝允様

二白　細君え可然御鶴声奉祈候。必参議え御再勤は御病気を増加する種と相成成〔ママ〕行候間御用捨有之、是非共博覧会と御尽力専一奉存候。以上

〔封筒表〕　木戸孝允殿／T. Kido Esqr. ／Tokio Japan

58　井上　馨

115　（　）年（　）月（　）日＊　F一一八

追啓

別紙乍御面倒御届奉頼候。大田えは只因循姑息日を送候より伸張之論に而押立候様責付候迄之事、障を生し候事抔は一向不申候。以上

同日

〔注〕　13書簡に関連か。

59　井上　小太郎

1　安政(5)年9月24日＊　F一一五四

一筆啓上仕候。秋冷之節に御座候処上々様方益御機嫌能被遊御座恐悦至極奉存候。将又尊公様愈以御堅固被成御

勤之由奉賀候。二私儀剣術益出精仕候間乍憚御休意可被遣候。扨先達而は尊公様大検使役を御蒙被成誠に以重畳目出度奉存候。猶又来春は御帰国之程奉待候。右は御歓為可申上如此に御座候。恐惶謹言

九月廿四日　　小太郎再拝

尚々、此度は流行之コロリ病御当地如何御座候哉。萩は誠に大荒に而死人夥く御座候間、随分御用心専一に奉存候。以上

伯父様貴下大らん筆御免

〔別紙〕おためよりも御歓申上呉候様奉頼候。

〔上包表〕江戸、伯父様貴下、小太郎より。

〔裏〕封、自萩、九月廿四日。

60　井上五郎三郎

1　（　）年9月24日　F一―五五

鈴木方一件只様延引相成居候処、気毒千万に奉存候。且又当節之形勢に付御懸念可被為在候段、御同様之御事に奉存候故、爰元より今暁壱人鈴木方え遣し候処、途中に而間違ひ彼方よりも只今壱人来居候処、本人も追々全快仕候に付、来る廿六日に弊家迄罷越、翌廿七日吉辰に付先方え入家之日取りに申参り候由。御堀氏には日取り旁御差閊も無御坐候様には愚考仕候得共、其内尊兄君迄鳥渡御乞合申上候間、乍御面倒御裏書被仰聞候様に奉頼候。左候はゝ弥御決定之処直様申遣し、鈴木より之下人只今より差返し可然と奉存候。余は明朝登館仕候而委曲万々可申上候。早々敬白

九月廿四日

尚々、乍失敬、御堀氏にも御出勤被為在候はゝ早々前文之趣御伝声奉惶候。可祝

〔巻封〕木戸準一郎様待史御急き　　井上五郎三郎

〔注〕　謄本の年代推定は明治3年だが、井上五郎三郎（光遠、馨の兄）は明治2年11月に病死。

61　井上斉治

1　嘉永(5)年8月(　)日＊　人二二四　（宍道恒太・永田健吉・才谷松之助と連名）

覚

此度剣術為修行、斉藤新太郎御当地罷越候処、彼者儀は私共昨年為見習江戸罷登候節、追々御屋敷えも被召呼稽古仕、彼方稽古場えも引続罷越稽古仕、不容易引立に預り候付、彼者旅宿え罷越、積る一礼申述度奉存候間、被聞召届「被聞召届」被下候様奉願候。此段稽古方之儀に付、御役座え申出候間、宜御沙汰可被下候。以上

八月

井上壮太郎
宍道恒太
永田健吉
才谷松之助

〔注〕「　」内は繰り返し、紙を継いだ為か。
61の書簡類は、謄本では、井上壮太郎、与四郎、井上斉治の三種に分類している。2・3が壮太郎、4〜7が与四郎、8〜14が斉治。なお1は謄本欠で、憲政の目録では斉治。書陵部新規公開分では、F一―五七が斉治、五八が壮太郎、六〇が小豊後で分類されている。

井上斉治は、壮太郎、与四郎勝一、維新後斉治と名を変えている。壮太郎時代は、父井上小豊後（のち孫兵衛）が与四郎と名乗っている。文久二、三年の4・5書簡の与四郎は、斉治であることを確認できず、特に4書簡は筆跡が異なると思われるが、一応まとめて掲載する。

なお本書簡は斉治の筆跡ではない。

61 井上斉治

2 安政(6)年3月21日　人二二四

奉啓呈候。

尊君愈御壮健可被為在之旨珍重不少奉欣躍候。次に私事も都合無異消光仕候間、乍憚御放念可被下候。陳追々御書翰難有、所詮取紛御無沙汰過恥入候。御地形勢如何、御作興奉祈居候。僕も恥入候へとも小銃隊少々詮義仕度志あり、四郎之助方え厄害に相成候而修行仕候。長崎方人数如何や。定而追々熟練と奉察候。何卒来原先生に御出懸け論奉願上候。人数も段々御座候へとも、兎角御減勝故込入申候。余は申縮候。乍疎時下御保護専一之御事奉存候。何も後便万可申述候。頓首

三月廿一日　　壮太郎（花押）

小五郎様

再白　時下御厭肝要之御事奉存候。知ぬなから兼而

の事故、御内室様え御一声奉希上候。尚又御序之節、良三兄、又兵衛兄可然様御一声奉願上候。重々乍恐赤翁えも程克奉頼み候。以上
三白　歓之助も弥過る三日出足故、追付萩えと奉存候。何卒々々御配意為家国と奉祈上候。
大村連と梅を見候間、御序も御坐候はゝ御きき可被下候。以上

61　井上斉治

3　文久(元)年7月9日　F一―五八

愈御清適奉抃賀候。随而不佞無異消光、御放慮是禱。陳者此一封甚恐入候得とも、僕着迄窃御預置被下候様所希候。万不日拝謁可申陳候。頓首

七月九日　壮太郎拝

小五郎様

〔注〕年代推定は謄本による。

61　井上斉治

4　文久(2)年1月21日　F一―六〇

足軽以下え御貸頭巾胴服立掛大隊人数之外に、大炮手弐拾計当日入用に御坐候故、其員数に被成御承知追注文相成居候哉。御手元手替不分明に付、得御意申候。若右之数に引合不申者早々御注文相成候様存候。昨日福原迄申越候様に、廿六、七日比御覧被遊候儀、御噂有之候。希は夫迄に調候様に御駈引専一に存候。為其如此に御坐候。以上

正月廿一日　井上与四郎

尚々、御病気中無御承知事ならは御同役被仰合可被下候。以上

〔巻封〕桂小五郎様

〔注〕年代推定は謄本による。本書簡は井上孫兵衛書簡の可能性が高い。64井上孫兵衛参照。

61　井上斉治

5　文久(3)年3月2日　F一―六〇

弥御壮健引続御周旋珍重之御義奉欣喜候。御留守勝三郎様御身元、来原御部屋子供方御揃御壮栄に被為在、御満悦可被成候。次に親子とも且々無異消光仕居候間、乍憚

御放念可被成遣候。さ而時勢于日逼迫、嘸々御苦心御作興奉推察候。萩も一種之俗論有之、于今一致奮起致申間敷、奉恐縮候。何卒々々鳥渡御帰郷ともは如何哉、奉待居候。

一、御請合之鍔、于今細工人不調奉恐入候。

一、祖式翁え所詮無音仕候間、御序之節御一声可然様奉願上候。

先者時下御気分御保護御奉公之御為と奉存候。申上度沢山々々、万又々何も申縮候。恐惶頓首

三月二日　与四郎

二白　幾応も時下御用心専一之御事に奉存上候。御帰京に相成候はゝ、雄三事御厄害と奉存候。よろしく御願々々。以上

小五郎様

〔注〕年代推定は謄本による。

61　井上斉治

6　慶応(2)年8月25日　F一―六〇

拝啓　弥御壮栄可被成御坐之旨弥珍重不少奉欣喜候。相続御尽力御作興可被為在、別而此節よりは御大事之御儀に奉存候。左而先達而は御繁多中愚親一件に付御懇書被遣、難有奉万謝候。御承知之通り最早真の流行に後れ、其上近来は所詮不気分に罷居候儀に付、此往き之処御時勢は如何大変転仕候哉、いつれ難計場合旁、此節山宇翁、賢君えも相願書面差出候に付、何分にも乍御厄害早々御役之御免有之候様奉願上候。此節に候得は折も宜候故、一日も早く御配意之程奉祈上候。過日井聞宮市通行之節、幸便之儀に付相対、書状而已に而も不分旁懇々相願候処、別而都合も宜候間、何卒々々御配慮之段を奉待居候。天保度之行詰千万恥入候得共、実は三十年間在役、御承知之通り僕は不孝不容易、其外も相応之心痛を懸け、誠に以今更其罪無致方、乍恐御役被差替候而御奥番頭之席え被差置候様之儀ともは出来間敷哉。余り申上候は如何敷候得共、親子之愚情より兼而之義御役席も不顧奉呈上候。昨日井聞も帰山之由、左候はゝい曲相咄置候間御直に被聞召、何卒可然様奉希上候。此度相改別紙之通り御断之書面差出申候。

一、賢君には近々より芸国え御出之咄有之候。其節相成

義には宮市、三田尻御一泊にも相成候はヽ御知せ之程奉願候。甚以乍恐私も最早司令流行に後相勤兼、実以奉恐入候次第に付、後役を有地志津摩え被仰付候而可然候に付、是も御厄害序に御詮義之程御周旋奉願候。先は真之前条内願而已。何分にも可然様奉祈上候。書余は万申上縮候。匆々頓首

八月念五

二白　幾重も御厄害之御義奉恐入候得共、是も御奉公之御端と被思召、宜御詮義之程奉願上候。為其。

不一

賢兄足下

〔別紙〕

追啓

別紙相成儀に候はヽ、御手附え被仰付相届候様に奉願候。以上

木圭君坐下　　与

〔注〕　年代推定は謄本による。

61　井上斉治

7　慶応(2)年9月20日　F一—六〇

先日は御壮栄御帰山に相成候由、相続御苦慮之御義奉察上候。然者父子とも転役被仰付、難有仕合奉万拝候。何分とも乍此上御引立之程偏に奉願上候。寸楮一応之御礼奉呈候。孰れ近々出山緩々奉得拝顔候而万可申上候。其内御気分御用心御精勤之程、乍疎奉祈上候。謹言

九月廿日　　与四郎九拝

再白　時下御厭御作興奉祈候。小学舎も講習堂え転居に相成候由。当境之義、俗習沢山には決而岡彦も心配之様子と奉察候。大津兄なりとも鳥渡出浮有之、改革御坐候而は如何哉。右御願旁今日より三橋出山に相成申候。賢兄方には定て御多忙、何卒三田尻奮起之御良策、少し奉祈上候。以上

木圭賢兄坐下

〔注〕　年代推定は謄本による。

61　井上斉治

8　明治(元)年閏4月25日　F一―五七

過日は若君益御機嫌能被遊御帰山、恐悦至極に奉存候。乍疎何分にも就而は別而此節御繁忙之御儀と奉愚察候。尊兄には御精心〔ママ〕御保護専一之御義と而耳乍蔭奉祈上候。暫時之御帰山之由、何日頃御発足に御決意被為成候哉、一寸奉伺候。為其。匆々頓首拝

後四月廿五日　斉治三拝

準一郎賢君虎皮下

再白　毎々乍恐宜御願仕候。最早余り之儀故、痛哭(コク)胸中而耳に相暮居候。窮奇檮杌は勿論当然に候得共、身分々々相応之得手勝手之御坐候事に而込入申候。余は御邪魔投筆申候。以上

溪間病臥守微得　握腕床頭万恨長
世味甜酸更堪想　帰来早已六旬強
梅天時節雨連宵　空対沈燈送寂寥
唯是溪流偏得勢　追思展画黯魂銷

御一笑、手簡は火中え奉願上候。以上

〔巻封〕干鈴先生足下内呈　蛙水拝

61　井上斉治

9　明治(2)年1月3日　F一―五七

廻天千里同風奉敬賀候。益御壮栄御越年御作興可被成御坐之旨、珍重不少奉存候。二に私も御蔭に而且々御奉公無事加年滞陣仕居候間、乍憚御放念可被成遣候。

一、万々乍恐広沢、御堀、大村兄えは別紙此度は不呈出候故、御序之節御一声可然様奉願上候。

一、先達而松本え時計難有奉万謝候。先は年頭御祝詞、御見廻旁寸楮奉呈上候。時下御気分御用心専一之御義に奉存候。恐惶謹言

正月三日　斉治（花押）

準一郎様虎皮下

二白　幾重も時下御厭肝要之御事に奉祈候。万々乍恐御序之節、諸君え宜御一声之程奉願上候。別紙御一笑可被成遣候。兼而之御懇情故、御役席は不抱差〔ママ〕出申候。以上

61　井上斉治

10　明治(3)年(4)月20日　F一一五七

今朝迄は差急候御用向之由、拙も差急き一口と相考、来原御部屋御留守と承り候故、只今一寸罷出候処、勿論御留守に而、又々参堂と奉存候。今朝迄之御用、世人の耳に入候様に候間何卒万御密策、何も此時之次第御尽力一入は申も疎、書外は態と相控投筆。拝

廿日

二白　昨夜涕涙少々之壮士と乍恐殿中えふし申候。愚情御推察々々。以上

〔巻封〕準様呈上　　斉

〔注〕　年月推定、差出人推定は謄本による。

61　井上斉治

11　明治(3)年(5)月19日　F一一五七

益御多祥奉大賀候。此間御帰鴻之由、直様御休息も不為在明日より御発足に相成候由、相続御精勤御苦慮万々奉推察候。さ而今日は御多用中御使柄其上存掛もなき頂戴物被仰付、難有奉多謝候。雄三儀も昨日出足登坂仕候。弥吉、雄三共不相替御世話御厄害、何分にも可然様御引立之程伏而奉願上候。愚老儀も御承知之通りに近々より弥吉住居え罷越候積りに候処、六月十四日之御正忌日、当年は御三百廻忌に相当り候故、右日限りに登坂相含居候。然は御暇乞万御礼御見舞旁一寸なりとも参堂可仕筈之処、実は過日久振出萩候処、惰足故乎其後足痛相煩、于今保養中、外勤六ヶ敷、無拠御無沙汰申上候。明朝都合次第柊迄なりとも罷出御暇乞、猶久振り奉得拝顔度と相含居候。最も是も天気次第。拝青も不相成故、残念涕涙に罷居候。何分にも恐入候得共、御気分御保養乍蔭奉祈上候。為其、何も御妨、投筆。謹言

十九日　　斉治拝

準一郎賢君虎皮下

再白　幾応も意外頂戴物難有万々奉恐入候。赤川よりも昨日出足、家内壱人之仕合故、今日は御不音に御坐候。此段丸々御海恕之程奉願上候。御礼猶御暇乞之儀、愚老始皆々よりも加筆申上候様、呉々も申付候。右而已、余は尊兄御用心御所勤計り祈是々々。

頓首拝

三白　床頭に涕涙別而例之悪筆御免御推読奉希上候。

以上　　　　　　　　　　　　斉拝

準［巻封］大兄足下

〔別紙〕

追啓

先達而内々御咄申上候財満氏儀、相成儀も御坐候はゝ御序之節御工夫奉願候。いつも乍恐御留守え残り候御馬具何卒々々借用被仰付之程奉願上候。孰れ足痛全快に候へは御留守え御見舞に罷出候間、万々恐入候得共御家来え被仰置之程偏に奉希上候。以上

愚拝

61　井上斉治

12　明治(7)年7月28日　F一—五七

二白　幾重も御厭々々候。

酷暑之節、益御壮健久振之御帰県如何に候哉。兼而之御苦慮、乍蔭少々は御休息御保護之一端とも相成りかしと祈之而已。乍併彼是雑説恐入申候。○来原妹一先御帰県、彦太郎にも壮栄帰国、一応は同行帰県、御安心々々、御同慶仕候。当年は御祖先之御祭事も有之候由。野生輩、乍恐何卒少し残暑に相成候はゝ、御帰京に而近辺御入湯又は染井に而御鬱散も可然には無之や。無用之者長文言は御妨々々、何分にも御気分御保養此時と奉祈上候迄。

謹言

七月廿八日　　　　　　　　　　　斉治九拝

準一賢兄膝下

追啓　愚老其外よりも御見舞可然様申上呉候様申付候。千万乍恐御序も被為在候はゝ、御家内さまえも宜御一声之程願上申候。○御発足後は両三日種々風評、可笑々々。乍併御帰京之節には御船も可然や。いつも乍恐寄留に而安心之相成候様御厚情之程奉願上候。拝顔に而も難願御憐愍御笑留可被成遊候。平日は却而御邪魔故、愚札差扣申候。御無沙汰御免々々。

61　井上斉治

13　明治(8)年(11)月29日　人二一六

先日は参堂御妨仕候。其節は柏邨氏同様に御馳走被仰付、難有奉万拝候。さ而其後は御無沙汰恐縮軽薄之至也。昨今浪華之御到来如何之御様子に被為在候や。何も懸け〳〵の義、嘸々御懸念之義奉察上候。御埋葬は孰之御地え被為済候や。昇堂可相伺筈之処、此間より少し風邪外出不仕、紙中乍恐右御伺御見舞旁奉捧愚札候。頓首

廿九日　　　　　　　　斉治拝

孝允賢君坐下

61　井上斉治

14　明治(9)年4月16日　F一―五七

一昨日は大慶之至り、乍蔭奉大悦候。さて十三日には御多忙中赤川一条に付態と御投書、難有奉万拝候。過日来追々聞糺候処、先不正と申分は無之やに相聞候得とも、身分不相応之借財と相聞候間、当人之苦しみは無致方様奉存候。御高諭之通り奉愚考候。為其重而昇堂、書余は奉得拝青候而可申上と申残候。頓首拝

四月十六日

〔巻封〕孝允君膝下　　　　　　斉治拝

〔注〕　謄本は、明治4年と両様に推定。

62　井上省三

1　明治5年10月31日(西暦)　F一―五六

一翰拝呈仕候。爾後益御機嫌克被為成御渡奉拝賀候。陳千万卒爾且以書中甚失敬之義恐縮仕候得共、私学課之義に付幸欧洲御滞留中仰御指揮度、日夜屈指奉待居候得共、当国迄御巡に相成候者余程御日限も被為懸候御様子、甚痛心之折柄、佐々木君当都御滞留中甚御懇切を蒙り候に乗し、私着眼之概略彼君迄陳述仕置候間、彼君御面会之節逐一弁解之都合に御願仕置候間、其件々御聴執之上何分之御指点奉願上候。実は其故書中不能一二、万端彼君之舌頭より御諒察之程奉頼上候。併此事件当地に在而は甚相秘居候故、只々御胸裏に被為収置候様奉祈候。是等之義も拝眉に非されは委細不能尽意候。先は為其、々内時下御自愛、早々当国えも御出奉待候。謹言

西洋千八百七十二年十月卅一日米留林

井上省三拝

木戸様下執事

千万乍失敬、写真壱葉差送申候間、御笑留奉頼上候。尚県々も本文之次第不悪御酌執、早速御指図奉頼候。実は御一封次第明春より方向之学術修行之覚悟に御座候。其内先専門之学勉強仕居候。以上

62　井上省三

2　明治6年3月26日　F―一五六

過日者数度御障仕候。其後は御撮影御恵投重畳奉拝謝候。千万乍憚奴僕写真壱葉呈上仕度差送申候間、御笑納可被成下奉禱上候。陳帰郷之後は終に御別をも告不得申、甚失敬且残念之至に奉存候。只偏に奉願候義は、何卒一日も此地に長く足を止得候様、如何となれは只今修行仕候業を根元より学得、帰朝之上は確に実行に施度、若し中途にして御呼返に相成候而は、今日奴僕野人と共に賤き業に身体を労するも無益の労と相成候事、幾重も遺憾之至に奉存候。此等之条、委曲不申上候共御賢察可被成下、尚又他日追々御願申上候廉可多、此節は不悪御指揮奉願候。其内時下御自愛目出度御帰朝之程、万々所禱御坐候。

謹言

千八百七十三年三月廿六日　　井上省三

木戸様待史

千万失敬之至に御座候得共、在中之写真伊藤殿下え御持せ可被成下奉頼候。実者当日は仕業之秋にて休日も無き為体故、甚取混(マギレ)如此御座候。敬首

62　井上省三

3　明治7年4月25日　F―一五六

久敷打絶御安否も不得奉窺候得共、爾後益御機嫌克可被成御渡と遙に奉太賀候。陳旧年当国に於て拝謁之後は打続田舎に潜居修業罷在、本国人との交際も甚打絶、本朝之形勢には甚疎く相暮居候処、豈料去月之半頓に文部省より海外留学之書生無残帰朝被仰付之命到着、愕然之至、真に失方向罷在候。此度斯る厳命之下るに、畢竟省三輩之如き鈍痴之輩学業之験無之大金を海外に費候よりと深く奉恐縮居候。乍去、一端志を決し郷里を去り親戚を離れ海外数千里外に奴隷と等しく筋骨を労するも、他日一業を学得度耳なり。然るに今日中道にして宝山に入手を

空して帰朝之面目無之故、今務むる所之業を全し得すんは再度皇朝之地を踏間敷と意を定め、有余金之尽る日を以て吾生命之終る日と覚悟罷在、一先自力を以留学仕候段、過日既に当国公使館えも相達置候。乍然僥倖にして天未た省三を棄す、万に一も糊口之策有らは、手を空して餓死を待も至愚に候故、左に愚策之一、二を記し呈候間、省三今日之位置等御賢察被成下、我国に利ありて害無くは御採用之程奉願度候。

其一、本朝え当国殊に当州より輸入之羅紗不容易反数にて、省三知己之人も年々数千反之羅紗を横浜、大阪等え輸送し候間、殿下之御周旋にて此往兵部省其外諸部え御買入之品物、直に省三え御注文被仰付候は丶、私居合之製造所或は他の製造所にて直に注文し、商人之手を不経輸送仕度、左候時は正品耳下直にして御手に入可く、今米英仏蘭其他より御買入之品は勿論十に七、八は独逸国之品物、又当国に在ては当地之品物有名なり。旁之都合故、決而御利益に可相当愚考仕居候。左候時は、省三は周旋之労に当り、他之商人得る所之利より反別僅之利を主人若しくは他之商人より得て学資之扶と仕度、併反別真に僅之事故、少し共千□〔破レ〕反已上年々御注文輸入仕度、左無くては糊口之扶と難相成覚候。又御注文之節は只省三迄幅長寸尺色合見手本御送被相成候得は、御望次第織済無傷にして直に横浜或は神戸等え輸送仕候間、何も御不便利之義は無御座、兎角可相成義に候得は、御周旋之程奉願上候。

若し前条難相行候は丶、

其二、今本朝に羅紗製造所を官より御開せ相成候時は勿論不年御利益に相成候事は算前分明なり。如何となれは、吾輩当地より種々之商人を経て両米洲、支那、日本え輸出する所之品物不少候処、吾朝より米、支那等え之運送便なるは不待論事故、吾国内え充分之品有る時は又輸出之目算あり。然れとも方今新に其局を開く時は、諸器械及熟練之工人を要し、其始不容易候間、外国人吾国に斯る局を開かんと欲者有之候時は、朝廷よりも少し御扶助可被仰付哉。若し右之御都合可相成義に候は丶、省三尽力其人を探索し、与に国に帰り其職を始む可し。然して年々得る所之利潤を以て朝廷え者年賦返済す可し。其内朝廷より出る所の元金え者器械其外を貿〔ママ、買カ〕とし置候時は、仮令彼商人利潤を得す共、彼製造所は吾国に残り、朝廷に在ては新に局を開き、利潤無き程之御損は有之間敷、尚其術は不難国内に広る可し。万事始め無き時は必す終り有る無く候得者、往々数十年之御利益等此又御熟考被成下度、兼々省三申上候通、諸製造術及商法国に盛ならすして何に依て富国強兵、文明開化に至る可き乎。此等之義は三尺之童子も所知にし〔て〕不待論候。前条に付而商法製造等之利害得失等委敷申上度奉存候得共、一端難尽紙上候間、可然御諒察御指点奉待候。

○前条之内、本朝にて御採用可被仰付廉も候得は、其術に仍て省三も兼而之宿志を貫き、今日迄官金を費し候鴻恩之万一をも報し得、本懐之至に可有御座候間、千万御多端中に者可有之候得共、可成急速御賢慮御一封奉頼上候。実は省三今日進退死生之間に窮し居候故、其他御賢慮も候はゝ何卒急々御指図奉禱候。又委曲之義は青木君帰孛之節御伝え被成下度、万端幾重も不悪御推察伏而泣血奉願上候。其内時下御自愛専一之御義に奉存候。恐惶謹言

孛国千八百七十四年四月廿五日　　井上省三

木戸参議殿下下執事

千万乍失敬、青木君え可然御致声奉頼上候。尚又幾重も本文之条御洞察御一封奉禱上候。右志願相叶候時は三、四年之後成業拝謁可仕、実は今一年半当地に修業仕候時は一応其業成就仕候得共、尚精成之為、尚商法等之修行今三、四年は是非共留学之覚悟に御座候。其内金策尽る時は乍残念孛国之土或は大西洋之泡と成る外、他之目的も無之候。不備

省三

〔封筒表〕東京番町、木戸参議殿下下執事、孛国より井上省三。

〔封筒裏〕孛国サガン、千八百七十四年第四月廿五日認む。

62　井上省三

4　明治9年12月15日　F一―五六

爾後益御機嫌克可被為遊御座奉恐賀候。省三儀も爰元到着後、万事青木公使閣下之指点を仰き、概略着手罷在候間、乍恐右様御安堵奉禱上候。勿論大金且挙大之事件に

付軽卒之処置難相成、意外時日を費し候廉も有之候得共、万端功者之人に協議し不都合無之様注意罷在候。陳者突然申上候而は稍御驚愕且御譴責之程も奉恐縮候得共、省三前年当地修行之節親敷相交候処女有之候処、此度再ひ渡海之上其情実愈相重り難黙止勢に付、青木公使閣下えも相伺候上、終に婚姻約定取結候。此段奉御吹聴度、彼婦人は省三先年修行罷在候家之第二女にて、学問も可也。其上甚質素之長生にて、省三終身之幸福にも有之候歟と奉存候。巨細は青木閣下御承知に候間、定而既に御聞及にも可有之。横山孫一郎過日商用にて省三を訪ひ候節面会候故、彼者よりも御報仕候歟と奉存候。然る処、本邦に在ては白哲人種を娶候事、今日猶事新敷相聞候故、省三義に付而は内務卿其外松方勧業頭殿已下省三之上に立候諸君子之御議論も難計候に付、御序之節御執成置被下度奉願上候。右婚姻に付而者省三当地に力を得て、万事注文等之廉に就而も既に余程其便宜を得候事不少候。先は此段為御報尚御願如此御座候。其内時下御保護専一奉存候。敬具百拝

明治九年十二月十五日　　井上省三

木戸参議閣下

再陳　省三出立之節被仰聞候西洋向漆器之義、諸方聞糺候処、累年各国共商法不景気に付、右様之玩弄物は自然売口甚た悪く、其上我邦之職人西洋之風音を真似候故、漆器耳ならす陶器、銅器に至る迄大に声価を陥し候様相聞候。乍去手袋箱。〔原文二〇アリ、以下同〕菤煙草箱。菤入小棚子。枕卓等之如き品者少々相売候。即ち横山孫一郎之頼に応し小商会え雑物引合之応接致し置候間、右之都合次第当地之換様も相分候に付、何分可申上候。〇此地より日本え輸入し利益ある者は羅紗〇布〇木綿之類にして、恐くは英国よりも下直なる可し。横山も程次第当地より羅紗を求む可し。〇童子の遊道具と申候而は種々之品物有之候得共、学問之助にも相成候品と申候時は、理学、器械学を基とし候品等に可有之、或は又セーミ術に渉り候品、併し此部は常に毒薬之憂ありて小童之遊道具にて不適当かと奉存候。〇日本新聞にも見る如く、土耳其魯国等之争ひ、或は米の紛擾〇英奥〔ママ〕之不和抔相起候而者、欧洲之工商は実に可悲嘆之形に至る可し。今日

すら工業場を有つ人は背に大山を荷負する如く、日々身代限に赴居者不少候。先は為其如此御座候。

頓首

千八百七十六年第十二月十六日　井上省三

木戸様下執事

63　井上登人

1　**慶応(3)年12月20日　F―五九**

寒威難凌当此時気尊台益御安静可被成御渡海之旨欣幸不斜奉敬賀候。扨過日当駅御一泊之節荒都合御談仕置候通間地一条に付、百姓中呼出色々説得仕、山野立出之場所樹木不残郡方山方役人被差廻切払被仰付候而も聊否申間敷段、急度申聞せ置候。此義に付少も御掛念無之候。乍併当春長防御国境被差建候御証拠物、且御用掛両人より申聞せ之趣如何被仰付候哉之段、頻に歎願仕候。実に一朝一夕之論に無之故軽易に取計苦敷候。廟堂之諸君御指揮を請万端取計可申候。先は為其奉捧愚毫候。草々頓首
敬白

蠟〔臘〕月廿日　□〔汚レ〕人再拝

二陳　尊体御保護専要に奉祈上候。猶又前文之趣一際御英断無之而は御厄害無止期、申上も疎には候得とも万端御駈引奉願候。再白

奉呈　準一郎様侍史下

〔注〕　差出人は謄本推定によるが、謄本にも「カ」とあり。年代推定は謄本による。

64　井上孫兵衛（小豊後）

1　**明治(4)年8月20日　F―六〇**

涼気相催候処に被為揃御勇壮被為渉奉抃賀候。扨々追々得失迄御懇情に被仰聞難有、乍御邪魔参殿得拝顔度過日罷出候処に御他出遺憾、乍併御奥様高楼被召出結構御酒頂戴難有多謝、其後是非共一度御在館之節可相伺含に御坐候処に日々之雨空、一日々々と猶予之内終今日出足と昨朝決し、乍不本意失敬に打過申候。老体御垂憐之尊慮悖り候次第恐怖此事に御坐候。右御断御礼迄呈禿毫申候。追日冷気募り可申、御自重為時御尽力申疎に奉存候。

草々頓首

八月廿日

尚々、老人ヶ様之儀申出候も奉恐入候得共、馬屋原閑輔と申者太政官幾等出伺〔仕〕乎に被召出候由難有、老人孫聟に而静岡其外修行罷在愛情深く私之太慶も無此上、且両児は申迄も無之御憐愍御引立奉希上候。

以上

井上孫兵衛

〔巻封〕木戸侯虎皮下

〔注〕年代推定は謄本による。書陵部は井上小豊後で分類し61の4～7書簡と同一人物としているが、5～7とは明かに字体が異るので、別人とした。4とは類似している。61の1・4書簡の注記参照。

65　井上　勝（野村弥吉）

1　万延(元)年8月20日　人二四二

秋冷之節に御坐候得共、御壮栄可被為在御勤珍喜不少奉南山候。二に小生も都合無事、過る十四日に着船仕候。則〔ママ〕日竹田〔武田〕え入塾之儀も六ヶ敷様子にて、北岡方え三、四日滞留仕候而、一昨日竹田え引越仕候。船中以来不容易北岡には世話に相成申候間、尊君様よりよりも〔ママ〕可然様に御礼奉願上候。着之上五日計も滞留にて月捧〔ママ〕等も取不申、甚以仕ぬく御坐候。当暮共は上より御勤にても少々にて可然候間御取計被成下候相願申候。在府中、殊に出足前御厚精〔ママ〕筆紙申尽し難く候。執れも不相替、異敵〔ママ〕之跋扈には驚き申候。当節は異人もイキリス」〔ママ〕之学問出来仕候者居り不申、神奈川え罷越候様子に御坐候。長、横と替り商売方は盛には無御座候。ヲロシヤ」〔ママ〕共は余程大き成館を立候而士官計罷越候様子に御坐候。不毛之地故、余程公辺にも御手当無御坐と、異敵之箱館に相成可申と考候。随分時下御厭専一に奉存候。孰れ後便之節に万々申上候。先は御礼御伺迄申縮候。謹言

八月廿日　　弥吉百拜

小五郎様足下

二陣　幾重も時下御自愛専一に奉存候。呉々も北岡之儀可然御詮議奉願上候。以上

65　井上　勝

2　文久(元)年7月12日　人二一三

前略御仁免、御壮健奉賀候。近来御地之風噂種々真に本朝之鑑共相成候事故、兵食不足等は不足論、各為国舎生取義、天下之人心一致之御周旋乍憚祈る所に候。其内時下御保養専一に奉存候。早卒相認失敬、心中他日万々可申上候。謹言

七月十二日　弥吉百拝

小五郎様

二陳　其内昇平中に而は旁困り入申候間、先達て申上候金子、何卒早便御送り方奉願上候。アムル行も追付帰り候に付、然る上はホンコンえ罷越候故、旁差閊有之候間、可然御取計奉願上候。

65　井上　勝

3　文久(元)年(8)月(　)日　F一―六一

狂愚多年誤此身、立志自今事忠勤、屈指春風十有九、窓前鶯声也愧聞、苟不明義貫日月、何面靦然謁父君

実父え差送り候間、御一笑可被成下候。

〔巻封〕桂小五郎様平安要用　野村弥吉

〔注〕月推定は謄本による。

65　井上　勝

4　(　)年7月21日＊　F一―六一

長々御厚精乍此上不相替可然様奉希上候。さて者千万をかしき品に御坐候得共御一笑迄に差出候間、御稽古着に成共奉願上候。時下御保養専一に奉存候。

七月廿一日　弥吉拝

〔巻封〕桂様拝呈　弥吉

65　井上　勝

5　慶応(3)年12月10日　F一―六一

十二月十日認　井上弥吉

木圭小五郎様

八月廿三日之御投書、西洋十一月三十日相達奉謹読候。私帰朝可仕との君命奉承知候。当国渡来已来、成へく速に帰来せん事を祈候得共、今以て其業成に乏しく帰国仕

兼候仕合、節格之君命早速復命し兼、万々恐入候得共、今十ヶ月計之御暇押而願出申度候。只十ヶ月早く帰国を以て是迄苦心之功を十一分に得さるは、私之願而已ならす為国とも相考難く候。文錯雑心事御推量困〔ママ〕るしく候得共、何卒可然様君上ゑ言上奉希候。謹言

二白　幸に南貞介帰朝、同生一力相尽し可申事に付、差当り君上私帰国を御待も左迄無之と奉推量候。久しく流〔ママ〕学、諸友之如く速に帰国致し不克、恥辱之至り苦心仕候。其内時下貴体御保養専一に奉存候。以上

二大夫其外音見、竹田壮健勉強之様子、各生皆々当時英都に在り。私此節ニューカーソルと申所ゑ滞留修業、山尾は五十里許西之方に此二、三年滞留、造艦学頗る達業、為国賀し申候。

此書御落手已来、無間御一声御聞せ可被下候。多分山尾も同様十ヶ月之余は帰国仕得申候間、何か差当り要用之器械当国に於て求むへきと御考合有之候は丶、御申越被成へく候。

井、遠、伊三友其外政府之方に可然御一声是祈候。

〔封筒表〕Katsra　Kogoro　Eqr ／Shimonoseki ／Nagato.

65　井上　勝

6　明治(元)年11月18日＊　F一一六一（山尾庸三と連名）

私共昨夜当港迄帰帆仕候。附而者若し貴兄御閑暇に候は丶僕等帰国前御面会仕度、且万事之御差図被成下候は丶山海難有奉存候。僕等早々御尋可仕之処未た日本之様子専ら不存且衣服之不心得旁一先貴兄之御差図有之候迄は当地に止居仕候。私共凡七、八日位は当所に滞留仕候。其より直様蒸気船に而馬関迄罷帰候間左様御承知奉願上候。以上

十一月十八日　　井上弥吉

山尾庸造

呈

桂君坐下

二白　若し御答御返被下候は丶横浜本町四丁目中蔦や半兵へ方迄御送り奉願上候。以上

65　井上　勝

7　明治(7)年(8)月17日＊＊

東下難論日々荏苒、若武者数多之大臣〔有、欠カ〕等は兎も角も、我君を始め一、二之大臣等、老台之御帰省被為在を患る者は無かし心細きものあらんかと、兼而之職掌は唯クロカネ之道作に候へ共、過日来東下之形勢聞の儘□〔ママ〕円思ひ付、尊台御帰京之時かと勘考之余り、素より御進退之御気付可申上迄も無之候へ共、我心に思ひ之儘一書呈上仕候。中野令帰県、直に拝顔、尚精々可入御聴候。多年乍不肖も御心端に被為掛候に付、不顧失敬前文申上候。頓首

十七日　　勝拝

〔注〕　謄本では、八年八月と推定。

66　井上庸一

1　明治(9)年12月29日　F—Ⅰ—六二

爾後御清安可被成御座奉拝賀候。さて先夜鳥渡登堂仕候処折柄御它行中不得拝青遺憾に奉存上候。然処此度陪行に付出立前に一応御伺仕度事も有之、最早余月無之、一月には早々は例年之御規式事彼是繁忙に付、明三十日晩刻より拝趨可仕と存候間、千万難申上候得共強而御差閊不被為在候はゝ御差操被成置可被下候様伏て奉希上候。先は為其草略。它は拝芝万可申上候。恐々敬白

十二月廿九日　　庸一

〔巻封〕孝允老台閣下拝呈

66　井上庸一

2　明治(10)年5月11日　F—Ⅰ—六二

其後御気分如何被為成御座候哉と御案申上候。決而追々御快く被為在候半んと奉拝察候。さては従三位殿一昨日御京発、無御滞神戸御着、引続き御機嫌克被成御座候間御安意被思召可被下候。御滞京中は彼是不容易御厄害に相成事拝謝候。将又飛脚船今以入港不致、今晩頃には長崎より電報も可有之由に付相待居候。甚心急き候故困り入申候。明後日頃には入港候哉と会社之噂に御座候。左候へは一夜碇泊出港候由に候得共未た聢と不相分、何れ御乗船前には御一報可申上候。先は御見舞旁寸毫拝呈仕

候。何卒幾重も御気分御加養専要に奉存上候。它は後鴻万可申上候。恐々敬白

五月十一日夜　　庸一拝

二白　当地御旅宿も専崎方は頃日陸軍事務所にて現場混雑に付、専崎方より諏訪山常盤楼え御旅宿御仕向仕り御止宿被為在候間、此段御含迄に申上候。千万乍御無礼御序之節杉老台え宜御致声被成下候様奉冀上候。頓首拝

〔巻封〕木戸殿閣下内拝呈

67　猪口義輔

1　明治(7)年12月19日＊　人一七八（又太郎宛）

寒冷弥々御坐候得共先以御両表様益御機嫌克可被遊御座之旨恐悦至極奉太賀候。次に雅兄御健剛に御奉務被為在欣然之至に奉存候。扨近来は申〔無、欠カ〕訳義出来、意外之御無沙汰申上候段、丸々御海恕可被下候。当表に於て御留守殿中都合無別条且弊生之義も御願を以勧業寮え拝命被仰付日々勉強仕候。就而は早速御礼旁御伺状をも可差上之処、御遙滞之場所も相分り兼彼是御無沙汰仕候間、此段不懸様奉願上候。書外御帰京之上万々御伺申上候。其内、寒さ御厭ひ専要に奉存候間、程克被仰上可被下候。草々頓首

十二月十九日　　義輔拝

又太郎様

68　井原小七郎

1　慶応(2)年9月23日　人二二四

華翰奉捧読候。匆々不奉告別甚遺憾奉存候。然処高諭之趣委細品弥えも申談、乍不及何とも周旋可仕候。清水事も弥相決野生におゐては大に仕合、黒田之喜悦如何にも想像々々、是又品弥え申合不都合無之様取計可申積に御坐候間、御掛念被下間敷奉存候。唯今発程真の一書乱筆認置申候間、前段可然御承知奉希上候。乍去為御国家御自重所禱に御坐候。敬白

九月廿三日　　井原小七郎

〔巻封〕木戸貫治様侍史

69　入江九一

1　安政5年12月2日　人一六八

〔コノ行ハ写本ニノミアリ〕直々御咄可申上廉々

一、勤王一事。君心は勿論御政府に於も大略御決着之由、大義は不及申御国利害を慮候而も無此上難有奉存候。

一、当節御貴族之内或は世上之俗論甚苦心之至奉存候。此体にては御一致難被成奉考候。

一、右は乍恐御政府之決議御半途故起り申候。

一、勤王は大事也。容易に出来るものには無之候。

一、右故御政府も御決着之上猶又御顧念起り可申候。夫故此節窃に推察仕候は、御政府之議論君心之弥決不決を御伺之御様子と奉存候。君心も御決着に候へ共、政府之顧念を抱て御伺有之候而は、御再思なき事あたわず。此故に脇目より見候へは、上下丸て御決議は無之やうに御座候。

一、右之次第、世上一統無心元相見へ候故色々俗論起り申候。此等之弱き力に而は、乍恐大事之勤王は出来申間布と奉存候。

一、幕府之姦吏覆敗はいつれ不遠事、且江戸彼是御混雑之中へ毎常之御参府は不及申御危計と奉存候。然に右御正義、俗論頽れに相成候時は、数々之御危難出来不穏事、乍恐御国之御衰弱に至るへし。且御国恥は無此上、奉対洞春公御代々恐多御儀奉存候。

一、荒増御決着に候処、御国是弥勤王に御一定被成候はゝ、速に実地之御処置有之度奉存候。

一、勤王は大事、容易之御処置に而は調ひ申間布候。

一、先両御政府之御撰充無之而は不相捌候。別紙撰充論御熟読可被成候。

一、江戸方御政府勤王之元に候得は、是迄之通御繁用に而は不調候。分職之議別紙に有之候。

一、九州辺は勿論正議之国々え、人物御撰之上御小姓格に被成、忍之御使被差越定論御聞質之事。

一、御三末、巌〔岩〕国へ御定論御申合せ、又御八家処へ被仰喩へく候。

一、御正議不服之ものは、仮令御貴族たりとも其御処置可有之、其外も御始末之道筋兼而御定論有之事。

一、乏しきものは人才に御座候。大事は人才なくては御

成就決而難被成に付、非常之御抜擢有之道を先御開発之事。

一、第一に君公御召出しに相成、初は御小姓に被成、無間番頭格にも被仰付、御直旨を以政府之機密へ御政務座同様御予らせ可被成人物有之候。姓名面陳ならては不申上候。

一、右は六ヶ敷事件之大略に御座候。此余にも尋常之外御先例なき事柄も数々可有之候。所謂容易には調ぬ事に御座候。是さへ出来ねば勤王之大事はいつれ挙り不申候。

一、勤王必しも干戈を用るにも有之間布候へ共、公武不御合体之中故、勿論御決心可有之事に候。窃に思ふに、一番に君公御上京は余り御軽挙之やうに奉存候。私策には一先御使上京宜敷可有之、人臣之分も当然と被存候。

一、前段之通、九州之定議さへ聞取もせす俗論沸湯之中に而、今更君心之決未決を伺ふやうな成る事に而は、君公へ恐多奉存候。御政府内には格別御重任之方も有之由、窃に申候へは不堪責人も可有之候。

一、呉之孫権赤壁之決戦に未決之時、魯粛勧て周兪〔瑜〕を召して孫権之心を決し候由、大事は所詮顧念之起る故、決し候上猶又決し難く候。

一、私は軽卒至賤之身に而御国家之大議を申上且御政府之事迄論及候事、罪科難免恐多奉存候。乍爾兼而感激仕候義有之、此度国家之御大事に付而はいつれ一死に期候。御誅戮避所に無御座候。以上

戊午十二月二日　　杉蔵申上候

余話

一、君心より両御政府御決心之上にて勤王之御処置は、誠甚難き事も有之間敷候。唯御決心に至る迄御大事に而、容易之事に無御座候。昔之危急存亡之境此時に候なり。

70　入江文郎

1　明治5年9月13日　F一一六八

謹啓仕候。秋冷日加候処益御多祥被為渉奉慶賀候。扨過日柏村氏を以て懇々御伝論被成下奉万謝候。即願書認直

し拝呈仕候。但年限之儀者一年にて者不十分に御座候間、矢張二ヶ年奉願度候。僅々之月日難成事候段者別に論弁を待たざる所に御座候間、何卒願書之通被仰付候様御尽力被成下度奉懇願候。右拝陣〔陳〕仕度如此御座候。誠惶謹言

申九月十三日　　入江文郎

木戸参議殿閣下

〔封筒表〕英国駐在木戸参議殿閣下、パリ寓居入江文郎。

本巻の概観

本書の解題は最終巻に載せ、各巻ではその巻の概観を述べることとするが、木戸孝允の文書について最低限触れて置こう。木戸の文書は、「関係文書」を含めて、ほとんどが、戦後木戸家から宮内庁に寄贈され、そのうち多くが公開されている（「木戸家文書」）。今回刊行する『木戸孝允関係文書』は、宮内庁が所蔵する「木戸家文書」のうち、これまでまとまっては活字化されていない木戸宛の書簡を翻刻したものである。原本が残っている書簡はそれを底本とし、『松菊木戸公伝』編集の為に作成された写本（「謄本」と呼ばれている）しかない、あるいは閲覧できない書簡はそれを用い、約三五〇〇点を納める予定である。

さて、数の多い書簡を中心に、順に本巻を概観しよう。

1青江秀の書簡は、木戸の肝いりで創刊された『新聞雑誌』（雑誌名）の廃刊前の状況を示す。

青木周蔵(3)の書簡は九三通あり、ほとんどが平成一一年になって公開されたものである。木戸孝允の文書は、妻木忠太が『松菊木戸公伝』を編纂する段階までに整理されていたと考えられる。重要な書簡はほとんどが表装され巻子本の形で保存されている。宮内庁書陵部が文書を引き継いだ後、巻子本形態のものは早くに公開された。しかし巻子本になっていない書簡はそのまま一点物として保存され、平成に入って整理が済んだ物から順次公開されるようになった。

妻木は、またそれ以前に木戸家では、なぜ表装しなかったのであろうか。表装されていない書簡の多くも、謄本という写本が作成されているのに。その最も大きな理由は、書簡の形態にあると考えられる。表裏に文が書かれている物、巻封等で本文と宛名が裏表になる物、こうした書簡が技術的な点で表装できなかったのであろう。

青木の書簡は、表裏に書かれている書簡が多い。青木は長州藩出身、明治元年にドイツに留学、明治七年三月に帰朝、一〇月に全権公使として再度ドイツに赴いている。青木がドイツから木戸に出した手紙は、当時の通信事情から、紙の表裏に細かい字でびっしり書かれている。また洋紙にインクで書いた場合、インクの鉄分が酸化し紙を劣化させてしまう。**口絵の図版1**に掲げた書簡（*3*番書簡II、以下書簡番号はイタリック数字のみで示す）は、表裏に書かれて一部破損している書簡である。こうした状態のために表装されなかったのであろう。さらに青木の場合謄本も作成されていないものが多い。長文である上に、国内政局と切り離されたため木戸の伝記としては重要でないと考えられ、謄本が作成されなかったのではないだろうか。

たしかに青木は在外期間が長く、そのため国内政局の詳しい状況は分からない。しかし留学生の眼を通した日本、あるいは木戸派を考える材料にはなろう。青木は、ドイツ留学後一年余りでドイツの学問の状況を「政事科陸軍科医科舎密科〔化学〕等」は「孛露生〔プロシア〕に及ぶもの無之候」と褒め称えている（*3*—I）。のちの日本は多くの分野でドイツを模範国としたが、その魁である。明治四年一一月岩倉使節団の一員として出発した木戸に対して、青木は宗教問題を注意した（*9*）。当時日本はまだキリスト教を禁止しており、政府と使節団に対して諸外国の批判は強かった。

木戸は憲法に着目していたが、『青木周蔵自伝』（平凡社東洋文庫）でも述べられているように、ドイツで憲法について献策したのは青木であった。二人はどのような点で憲法に着目していたのであろうか。青木は日本の政治状況を「定規なき随意政治」では「国威之隆盛ならざるのみならず」「艱難之際に陥候も難計（はかりがたく）」（*36*）と捉えている。政策決定を明瞭化するために憲法の導入を考えていたのである。

帰国後半年で青木は再度ドイツに赴くが、帰国中に木戸は台湾出兵に反対して政府を去った。青木にとっても、台湾出兵は前年に政治決定した内治優先論への違反であり、それこそ「随意政治」と映った。そこで青木は憲法（「政規」）制定に向けて活動を始めた(*51*)。木戸派の憲法導入の一つの動機が明らかになろう。成功への兆しを見ぬままに青木はドイツに旅立つ。青木は、この明治七年夏頃の木戸派の認識を保持したまま異国から日本の政局を見ていくことになる。青木は、日本の政治を「随意政治」と批判し続ける。また対外出兵論を厳しく非難する。「破所帯（やぶれしょたい）」(*66*)の日本にその余力があるのか。そして対外強硬論の薩摩閥を警戒し、「「ポテーツス」嫌ひ」と自称する(*71*)。potato＝さつま芋＝薩摩、である。明治七年の木戸派の内治優先論が判明するとともに、薩摩派と長州派の抜きがたい不信が窺える。

私生活では、青木は養子先の妻と離婚し、ドイツ人女性と再婚する。明治七年以後の書簡では離婚に当たってのもめ事が縷々述べられ、明治九年になると新しい恋が報告されている（*86*・*89*・*90*）。なお青木の書簡には下半身の話題が多い。

留学生の眼という点では、青木の他に、18天野清三郎（渡辺蒿蔵）（長州藩士、のち長崎造船局長）・23有福次郎（徳山藩士、六八年ロンドンで客死）・28飯田吉次郎（長州藩士、帰国後工部省入省という）・62井上省三（奇兵隊士、のち千住製絨所長）・65井上勝（長州藩士、のち工部省鉄道頭・工部大輔）などの手紙がある。彼等が留学先でどのような生活を送っていたか、何を目標としていたかを考えることができよう。天野はイギリス北部ダンバートンで「奴隷之境」に陥っていたらしい。もっとも三週間ロンドン・パリで遊ぶ余裕はあるのだが（18―*2*）。井上省三は輸入代行を行って留学費を稼ごうとしている（62―*3*）。なお省三もドイツ人女性と結婚している（62―*4*）。井上勝は自らの職を「クロカネ之道作」と述べ政局への関与を自制する（65―*7*）。以後鉄道官僚として特化していく姿が窺える。

7赤川半兵衛書簡二通は、木戸の最初の結婚に関する書簡である。宍戸富子との結婚はなぜか半年で破鏡となっている。

会津藩士秋月悌次郎(10)が木戸に宛てた書簡は、文久二年閏八月藩主松平容保が京都守護職になった際に、木戸に京都の情勢の教示を乞う書簡である。表装はされているが、謄本は作成されておらず、想像を逞しくさせる扱いである。

伊勢華(さかえ)(48)は長州藩士、慶応元年表番頭格として所帯方役、三年二月には上々勘算用聞役となり倒幕軍の輜重会計に当たった。維新後は奈良府判事、倉敷県知事を歴任した。*4*では慶応二年の薩摩藩への渡米の件が述べられているが、前年の薩長間の薩摩藩を通じた武器購入と長州藩の薩摩藩への兵糧米供与に関連する物であろう。不作の中での米の提供の苦しさが表れている。*6*～*18*書簡では維新後の地方官としての分析が述べられている。また書簡中には、骨董趣味がしばしば述べられている。伊勢は木戸より一一歳年長で、青木周蔵によれば木戸を「御前」と呼ぶ仲であった（3青木―*58*）。木戸を支えた木戸より若い伊藤博文や井上馨とは異なる交流が垣間見られる。

54伊藤博文の書簡は文久二年から明治一〇年まで一八四通を数える。長州藩内で、維新後は新政府内で、如何に木戸と行動を共にしていたかを窺える通数である。*1*は伊藤が最初に従った来原良蔵の死後の始末に関する書簡である。なお来原の妻は木戸の妹治子であり、両者の間に生まれた次男正次郎が木戸の養子となり、正次郎没後は長男彦太郎が木戸家を嗣いでいる。また伊藤は、来原の紹介で木戸に出会い、木戸の引き立ての下で政治的成長を遂げていった。さて本書簡では、来原良蔵が脱藩を企て切腹したために、父良右衛門は藩主世子毛利定広（元徳）の「御思召」があったにもかかわらず「乱心」と捉え「古き墓」へ「合葬」とした。伊藤はこの措置に憤っている。

慶応元年長州藩の藩論が武備恭順に転換し、伊藤は高杉晋作・井上馨と長崎に赴き、薩摩藩仲介の下で、武器の購入に従事した。*10*～*16*はその際の報告である。薩摩藩への感謝、決定を超えた買い入れの事後承諾などが述べられている。*10*には坂本竜馬の名前も出てくる。この薩摩藩の援助を受けて、翌年薩長同盟が成立する。慶応二年伊藤は高杉の副使として薩摩行きが命じられ、まずは長崎に出掛ける。*23*～*27*がそれに関する書簡だが、*27*では長崎で薩摩藩士市来六左衛門から「彼の国にても少壮輩、未解両国之真情実ものも有之」と聞き、使者の責を長崎で果たしたこととするなどの情報が伝えられている。

維新後伊藤は新政府で兵庫県知事となる。明治二年一月「兵庫論」と呼ばれる廃藩意見を建白した。そのため辞職に追い込まれる。*45*は木戸の説諭に対する返答で、「一歩退之論」を受け入れるともに、国内の統一がなければ列強と対峙できないと嘆いている。維新後木戸派は中央集権の確立と西欧化に熱心に活動するが、その背景を成す考え方が示されている。

明治四年七月廃藩置県が達成されたが、折悪しく伊藤は大阪造幣寮に赴き、大蔵省機構改正作業をも行っていた。ところが廃藩置県のために伊藤の準備は全て無駄となった。*54*は無駄となった事への不満を表しているが、重事に立ち会えなかった無念も含まれているのかもしれない。

一一月から木戸と伊藤は岩倉使節団の副使として米欧回覧に旅立った。明治六年九月伊藤が帰国したところ、長州派で留守を預かっていた井上馨は政府を追い出され、西郷隆盛の朝鮮への使節派遣が内決していた。伊藤は政府の建て直しを決意し奔走する。*59*・*60*から読みとれる木戸と伊藤の構想は、大久保利通を参議に復帰させ、西郷と他の政府首脳とを分離させることであった。大久保の参議復帰は実現するが、西郷の使節就任意志は固く、結局は開戦可能性の高い使節派遣が中止され、西郷達が下野する政変となった。*61*・*62*はそのただ中の書簡である。**口絵の図版2**に掲げた*63*は政変後の状況を知らせる書簡で、新出史料である。岩倉の上奏文問題、三条の処遇、下野参議の動向など興味深い情報がもたらされている。政変後伊藤は参議に就任、病臥の木戸に替わり長州派を代表して閣議に出席する。明治六年後半の書簡は木戸にその情報を伝えるものが多い。

明治七年五月、木戸は台湾出兵を不満に下野し、山口に向かったが、途中暗殺の噂が流れたらしい。*102*は、それを案ずる緊迫した手紙である。その後伊藤は東京の政府の状況を報告し続けた。山口に到着した木戸は士族救済の活動を行うとともに、政府を離れ故郷に盤踞する前原一誠に出仕を説得したようで、108・112では伊藤から前原のポストが伝えられている。しかし前原は出仕しなかった。明治九年三月には政府の間諜に挙兵の決意を洩らしてしまい（147）、長州内部で内々に処理するために派遣された品川弥二郎に対し「前原も丸々品川へ委身降伏」の事態となった（151）。明治九年一一月、前原はついに萩の乱を起こし処刑されるに至った（162〜167）。

台湾出兵問題で清国との交渉に成功した大久保が帰国すると、伊藤は木戸と大久保の仲介を行い大阪会議に漕ぎ着け（113〜115）、木戸の政府復帰を実現させている。その後も伊藤は、体調不良で、下野を望み続ける木戸に対し、政府への意見を取次ぎ、政府の情報を伝えている。

岩倉使節団中の意見対立以来、木戸と伊藤との中はしっくりしていなかったと伝えられる。木戸も明治八年以後憤懣を洩らすようになる。また伊藤は参議兼工部卿として大久保政権を支えたため、〝本籍木戸派、現住所大久保派〟ともいわれる。しかし伊藤が出した書簡を見る限り、伊藤は、少なくとも明治八年中は、義は果たして誠実に対応しているように思われるが、いかがであろうか。明治一〇年一月明治政府は木戸の批判を受け入れ地租を減額する。三条実美・岩倉具視・大久保利通はそれとともに木戸の政府への完全復帰を求めた（木戸は当時内閣顧問）。伊藤は地租減額に対し「充分の改革」を行うと伝える一方（171）、三条らの意向に対して木戸の退隠希望を尊重していたようである（172）。

井上馨（58）の書簡も伊藤博文と連名を含め一一五通と、質・量ともに豊富である。8〜10は、伊藤の箇所で述べたように武器購入に関する書簡である。10では幾松のことにも触れている（54伊藤—10も参照）。慶応二年前半の書簡では（16〜26）、第二次長州征伐を前にした準備が種々述べられている。ところで伊藤の箇所で述べたように、二年の春高杉と伊藤は長崎に赴いていた。そこで高杉は、開戦間近とはいえ独断で船を購入してきた（オテント号、丙寅丸）。22では井上は憂慮するとともに木戸に周旋を依頼している。さらに高杉は洋行費として藩庁から一五〇〇両を出させていたが、洋行を中止したため返金を求められた。高杉はこのように一兵卒と見なされるなら「尽すも尽さぬも矢張同様」と不満を爆発、井上は木戸に「邦家の危急を救ひ候御褒美」とするよう依頼している（*25*）。高杉の人となりが窺える事件である。

維新後井上は長崎府に出仕する。伊藤が神戸を抱える兵庫県知事になったように、外国語をある程度理解し交渉できる人材として、開港地長崎に派遣されたのであろう。新出の*34*から*38*までが関連する書簡である。幕府直轄地を新政府が引き継いでどのように統治するかについて、井上は、税を含め政府の収入をどのように確保するか、産業施設をいかに経営するか、民政をどのように展開するかにいち早く着目している。歳入確保とそれに見合った支出という井上の発想が窺える。慶応二年期でも支出に関する記述が多かった。井上の優れた財政家としての資質を示していよう。

明治二年一月長州藩で脱隊騒動が起こる。戊辰戦争で自信と自負を高めた兵士達が、軍を整理しようとする藩庁に反乱を起こした。帰郷中の木戸と井上は、鎮圧に成功する。井上はそのまま山口に暫く留まり、藩政改革に着手した。*41*〜*48*がそれに関する書簡であるが、*46*〜*47*では改革の具体例が列挙されている。財政に見合った軍の維持とそれ以外の武士の秩禄処分を含む解体、禄の均一化、歳出入の公開、会計部局と民政部局の統合、藩主家禄と公費の分離、漢学の廃止、自由の権の尊重など、長州藩の改革ではあるが全国規模に拡大しうる構想であり、当時の木戸派の政策を検討する材料となる。*50*は明治三年頃の中央政府の機構改正案である。

木戸と伊藤が岩倉使節団で外遊中、井上は大蔵大輔として廃藩後の財政整理に着手した。その方針が均衡財政論で歳出を抑制がちであったために、開化のための新規事業を展開しようとする諸省と対立するようになった。*55*〜*58*は井上の窮状を訴える書簡である。結局井上は明治六年五月に辞職する。帰国した木戸は井上の政府復帰を望むが、井上は「プライベトビシネス」を始めるとして拒んでいる(59)。しかし井上は木戸を、木戸派を支えることを放棄できなかったし、木戸もまた井上を必要とした。大阪会議の直前、井上は板垣退助派との提携を模索する。明治七年一二月一日の書簡では「芋論に被圧〔あっせられ〕」ては「人民も迷死」と薩摩派の対外強硬論を批判し、「土長合力」ではなく「政府之目的を立、法を重んする之方法」で板垣と対談するように木戸に提案している(70)。72とあわせ木戸派の構想が窺える書簡である。大阪会議の結果木戸と板垣は政府に復帰する。井上はその後も木戸と板垣派との調整を果たしている(78〜83)。しかし板垣はとかく原則論を保持したために、木戸は辞職を考えるようになったらしい(84)。また井上の政府復帰も汚職裁判の結果が出ず(たとえば88)、簡単にはいかなかった。そうした中で江華島事件が起こり、木戸は政府維持のため板垣との提携を断念、板垣は下野する。木戸が経緯を説明した書簡に対し、井上は「涕血〔泣カ〕之外他事無御坐候」と応じたのであった(95)。

井上は明治八年一二月元老院議官に任命され、朝鮮との国交交渉に赴いた。その功もあり、イギリスへの遊学が認められた。木戸も再度の欧行を希望した。伊藤を巻き込んで二人の間では計画が進められて行った(104・108)。しかし大久保ら政府首脳は木戸の外遊を望まず、宮内省関係の仕事を担わせた。井上は木戸が追いかけてくることを期待して先発、夫人松子の衣装の心配までしていたにもかかわらず(108)、木戸の再渡欧は叶わず、井上は木戸の存命中に帰国することはなかった。なお井上の出帆に際しては、見送りに行った渋沢栄一と福地源一郎が骨牌賭博の現場に警察官に踏み込まれたという珍事が報告されている(54伊藤―154)。

井上は政府から離れていた為もあろう、木戸を最後まで支えた。伊藤は義を果たしたと述べたが、井上は情に於いても木戸に報いようとした。そして木戸に「第一ポリチカル上論を異にするとも私交は益厚く無之而は不相成事」、伊藤も「敢て抵抗する心事は無之候」と述べ(109)、伊藤との仲を取りなそうとしている。

井上の書簡は通数においては伊藤に劣っている。しかし井上は、書き出すと文脈のねじれを度外視して長文を認める。木戸派の課題、意向を探るという点で、伊藤書簡に決して劣らない内容を湛えている。

以上本巻を概観した。伊藤博文・井上馨という木戸の一つ下の世代で木戸を支えた人物の書簡があわせて二〇四頁、その一つ下の世代の青木周蔵が一一四頁で、合わせると総頁の四分の三を占めている。木戸派の中核の検討するに十分な情報を本巻は含んでいる。

西川　誠

木戸孝充関係文書研究会会員〈編者一覧〉

伊藤　隆	東京大学名誉教授
岩壁義光	宮内庁書陵部編修課長
落合弘樹	明治大学文学部助教授
梶田明宏	宮内庁書陵部主任研究官
狐塚裕子	清泉女子大学文学部助教授
小林和幸	駒沢大学文学部助教授
坂本一登	國學院大学法学部教授
佐々木隆	聖心女子大学文学部教授
長井純市	法政大学文学部助教授
西川　誠	川村学園女子大学文学部助教授
沼田　哲	元青山学院大学文学部教授
堀口　修	宮内庁書陵部首席研究官
村瀬信一	文部省教科書調査官
山口輝臣	九州大学文学部助教授
山崎有恒	立命館大学文学部助教授

木戸孝允関係文書　第一巻

2005年10月25日　初　版

［検印廃止］

編　者　木戸孝允関係文書研究会（代表　伊藤隆）

発行所　財団法人　東京大学出版会

代表者　岡本和夫

113-8654 東京都文京区本郷7-3-1 東大構内
電話 03-3811-8814　Fax 03-3812-6958
振替 00160-6-59964

装　幀　高麗隆彦
印刷所　三美印刷株式会社
製本所　誠製本株式会社

ISBN 4-13-097991-4　Printed in Japan